JN330176

図説

建築構造設計

植村典人・藤田光男・大津秀夫　著

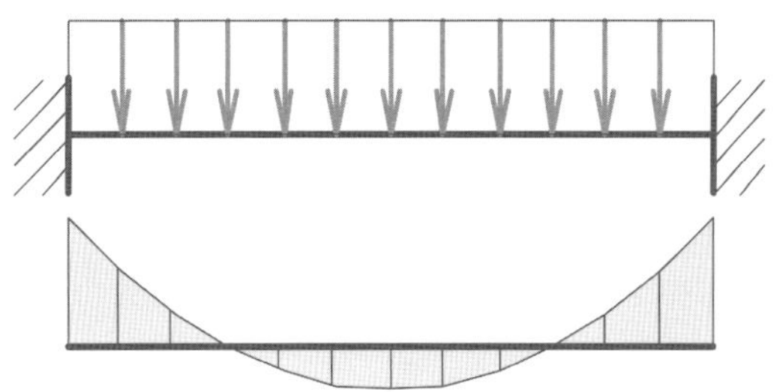

学芸出版社

まえがき

構造計算に関する書籍は数多く出版されているが、鉄筋コンクリート構造のみの書籍か、鉄骨構造のみを扱ったものが多い。

そこで、本書は、鉄筋コンクリート構造については、構造設計のあらまし・プロセス・許容応力度・荷重を基礎知識とし、5章からの梁・柱などの構造部材を中心に具体的に許容応力度設計と二次設計を学ぶことにより、6章の計算事例に進むことができるように構成した書籍とし、さらに、5章の後半には鉄骨構造についても引張材・圧縮材および梁材・柱材の設計さらに継手・仕口の設計までを学ぶことができるよう教科書としての内容を充実させた。

すなわち、本書の各章を次のように構成し、構造設計を学ぶにあたっての基本的な考え方を示した。

- **1章　構造設計のあらまし**
  構造設計について、その必要性や設計法の変遷などについて学ぶ。
- **2章　構造計画と構造計算のプロセス**
  構造形式、構造計画および断面計画について学び、構造計算のプロセスを考える。
- **3章　鉄筋コンクリート造と鉄骨造に用いる躯体材料と許容応力度**
  鉄筋コンクリート構造の躯体として用いる鉄筋およびコンクリートの許容応力度について学ぶ。さらに、鉄骨構造の躯体としての鋼材の許容応力度についても学ぶ。
- **4章　建築物に作用する荷重**
  構造物に作用する固定荷重、積載荷重、積雪荷重、風圧力、地震力などの荷重について学び、さらにこれらの荷重に対して安全となる組合せについて学ぶ。
- **5章　構造計算の進め方 —許容応力度設計と二次設計—**
  鉄筋コンクリート構造と鉄骨構造の許容応力度設計について学び、さらに二次設計についても学ぶ。
- **6章　鉄筋コンクリート構造の構造計算例**
  鉄筋コンクリート造2階建の事務所建築の計算例を示し、許容応力度計算ができるようになることを目標に構成している。

以上の各章を学ぶことによって、簡単な鉄筋コンクリート構造の建築物の許容応力度計算による構造計算を学ぶことができ、さらに二次設計についての基本的な知識を身につけることができよう。また、5章を学ぶことによって鉄骨構造の部材の断面計算を理解し、鉄骨構造の許容応力度計算まで自主学習を進めることができるように計画した。

2015年10月

著者一同

もくじ

1章

構造設計のあらまし

1・1　構造設計とは

建築はその企画・立案から完成に至るまで、おおよそ図 1-1 のように進められる。

建築物のデザインや各室の間取りを考える意匠計画、電気・給排水・空調設備等の設備を考える設備計画、建築物の骨組みが安全であるかを検討する**構造計画**、これらは相互に連携しながら進められる。そして、それぞれ意匠図、設備図、**構造図**（**構造計算書**を含む）としてまとめられる。すなわち構造設計は、構造計画によってまとめられた建築物の骨組みの安全性を**構造計算**によって裏付けし、構造図として表す一連の作業である。

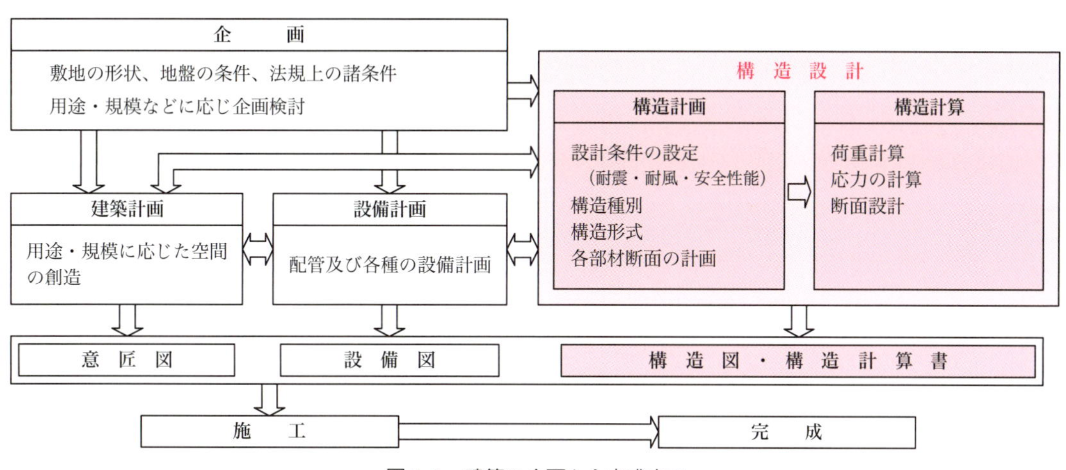

図 1-1　建築の企画から完成まで

1・2　構造設計の必要性

建築物がそれを利用する人などに対し安全かつ十分にその機能を果たすためには、構造設計上、以下のような点が重要となる。

・使用上支障となるたわみや変形が生じないこと
・地震などの自然災害に対する安全性の確保
・耐久性

地震多発国である日本では、特に耐震性が最重要課題とされることが多い。建築基準法の目的にも「…国民の生命、健康及び財産の保護を図り…」とあるように、大地震に対しても、最低限、人の命を守るという観点が重要である。

現在の耐震設計の考え方は、次のような2段階になっている。

①発生頻度が比較的高い中小規模の地震に対しては、ほとんど補修なしで使用できるような耐震性を確保すること。各部材に生じる応力度が降伏点以下の弾性の範囲内に収まるようにする（弾性設計または許容応力度設計）。

②極めてまれに起こる大地震に対しては、最低限人命を守るため、建築物が倒壊しないような耐震性を確保すること。塑性範囲の変形も取り入れ、部材の抵抗力を保持できるようにする（塑性設計または終局強度設計）。

耐震設計では、それぞれ一次設計、二次設計における保有水平耐力設計という。

1・3　構造設計法の変遷

現在の建築法規は、1919（大正8）年に制定された市街地建築物法をもとに、1950（昭和25）年に、建築基準法および建築基準法施行令として制定され、その後様々な改正が加えられ、今日に至っている。市街地建築物法では、構造設計法として許容応力度設計法が採用され、自重と積載荷重による鉛直力に対する構造強度を要求していたが、地震力に関する規定は設けられていなかった。しかし、1923（大正12）年に関東大震災が起こり、翌年に耐震基準が設けられ、水平震度を0.1とするなどの改定がなされた。近年では、1978（昭和53）年の宮城県沖地震の経験をふまえ、1981（昭和56）年に建築基準法施行令が大改正（通称「新耐震設計基準」）された。このように、大地震を教訓として建築の法改正がなされてきた。以下に、年度順に地震と主な法改正を並べてみた。

表 1-1 日本の建築法規の変遷

年	地震と法の制定･改正	ポイント
1919（大正 8）年	市街地建築物法制定	日本初の建築法規の制定
1923（大正 12）年	関東大震災（M7.9）	死者約 10 万人以上
1924（大正 13）年	市街地建築物法改正	耐震基準の導入
1948（昭和 23）年	福井地震（M7.1）	都市直下型
1950（昭和 25）年	建築基準法制定	市街地建築物法廃止 地震力に対する必要壁量制定 許容応力度設計の地震力を水平震度 0.2 に
1964（昭和 39）年	新潟地震（M7.5）	地盤液状化現象
1968（昭和 43）年	十勝沖地震（M7.9）	RC 造せん断破壊
1971（昭和 46）年	建築基準法・施行令改正	RC 造の柱のせん断補強について改正 日本建築学会 RC 規準の改定
1978（昭和 53）年	宮城県沖地震（M7.4）	
1981（昭和 56）年	建築基準法・施行令改正（大改正）	新耐震設計法の導入 一次設計と二次設計、靭性に応じた保有水平耐力、剛性率・偏心率、変形制限等
1993（平成 5）年	北海道南西沖地震	津波被害
1995（平成 7）年	兵庫県南部地震 （阪神・淡路大震災、M7.3）	死者 6434 人
1995（平成 7）年	建築基準法改正	接合金物等の奨励 建築物の耐震改修の促進に関する法律（耐震改修促進法）の施行
2000（平成 12）年	建築基準法施行令改正	性能規定・性能設計（限界耐力計算法）
2004（平成 16）年	新潟県中越地震（M6.8）	地滑りの被害
2011（平成 23）年	東北地方太平洋沖地震 （東日本大震災、M9.0）	津波による大きな被害 死者・行方不明者約 2 万人、全壊・半壊計約 38 万棟

2章

構造計画と構造計算のプロセス

2・1　構造形式

構造形式は、建築物に作用する力の流れを決定づける骨組みの形式で、主に次のようなものがある。

●ラーメン（Rahmen）構造

接合部を剛接合とした骨組みをいう。通常は、柱と梁を剛接合で一体化した構造で、耐震壁を配する建築物もある。柱と梁を基本に構成されるため、プランニングの自由度が高く、開口部についても取りやすい（図 2-1）。ラーメン構造は、変形能力は大きく、粘り強い構造である。

●壁式構造

柱や梁を用いず、建築物にかかる力を壁（耐震壁）で支える構造をいう。柱や梁の出っ張りはない反面、構造上、開口部の取り方が制限される（図 2-2）。壁式構造はラーメン構造に比べて強い構造体であるが、変更能力が小さく、粘りが少ない構造である。

●トラス（Truss）構造

構成部材の節点をピン接合とし、三角形を基本にして構成した骨組みをいう。荷重を節点に集中荷重として受けるため、部材にモーメントはかからないが、座屈の検討が必要である（図 2-3）。トラス構造は、工場などスパンが大きな建築物に適する。

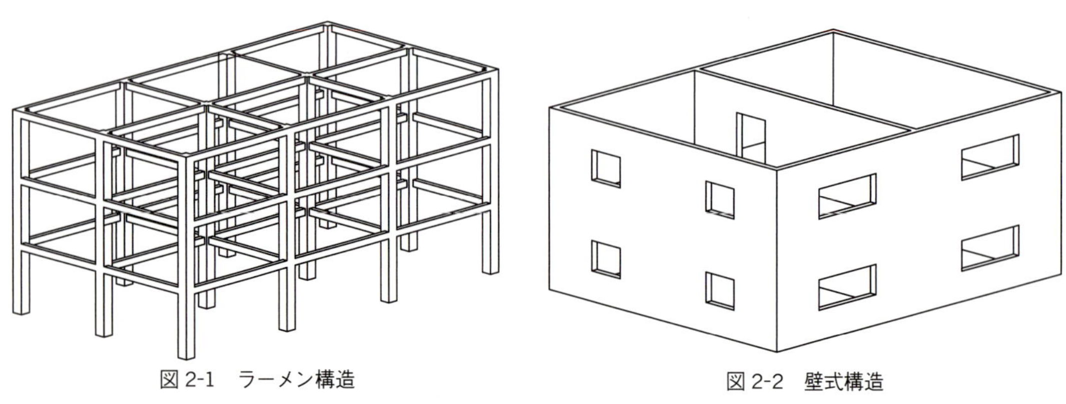

図 2-1　ラーメン構造　　図 2-2　壁式構造

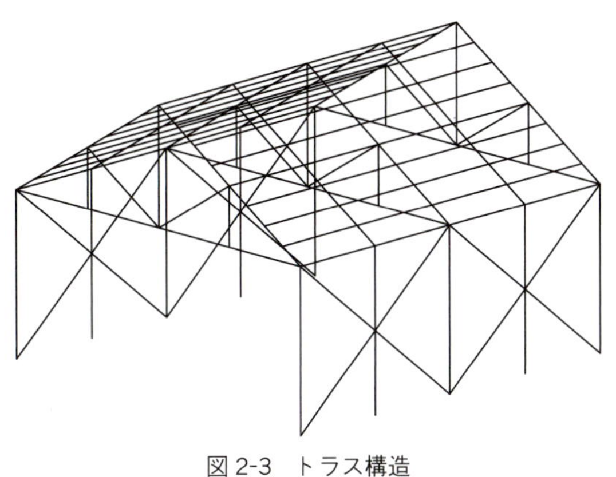

図 2-3　トラス構造

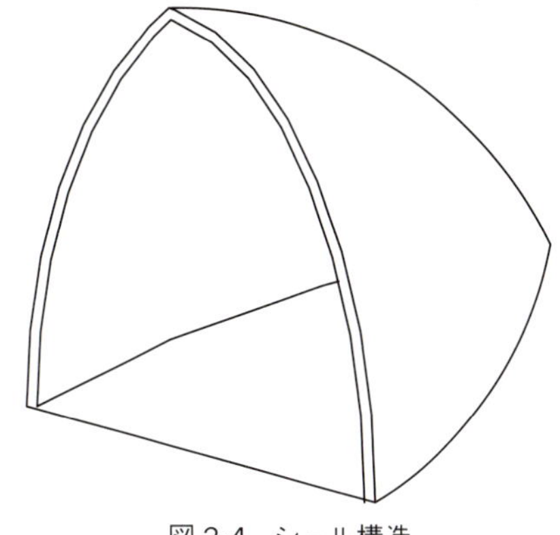

図 2-4　シェル構造

●シェル（Shell）構造

貝殻のように薄い曲面板形式の構造をいう。応力を適切に分散させれば、柱の少ない大空間が可能である（図 2-4）。

2・2　構造の種類

構造の種類としては、以下のようなものがある。

●鉄筋コンクリート造（RC 造）

コンクリートと鋼材（鉄筋）の欠点を補いあった合理的で造形的な自由度の高い構造で、重量が大きい欠点はあるが、耐火性・耐久性・気密性・遮音性に優れている構造である。5・6 階までの小・中規模建築物に適している。

●鉄骨造（S 造）

鋼材の比重はコンクリートの約 3 倍だが、強度は約 10 倍ある。このため、部材断面が小さくてすみ、軽量化が図れる。大規模の建築物から小規模の建築物まで幅広く用いられている。RC 造と比較すると、剛性が小さいため、振動や、座屈に対する配慮が必要である。

●鉄骨鉄筋コンクリート造（SRC 造）

RC 造の規模を超える建築物に RC 造の特徴を求めたい場合には SRC 造が用いられる。中規模から大規模の建築物に適している。SRC 造は、鉄骨が RC 造で覆われるため、強度にも優れ、S 造より耐火性にも優れている。柱や梁の断面内に鉄骨と鉄筋を配するので、コンクリートを流し込むための断面内の収まりに配慮が必要である。

●壁式鉄筋コンクリート造（WRC 造）

壁とスラブを鉄筋コンクリートで一体に構成する構造で、耐力壁は上・下階連続して配置し、室内に柱形や梁形が出ない。集合住宅などの 5 階建以下、軒高 16m 以下の比較的小規模な建築物に用いられる。

●補強コンクリートブロック造（RCB 造）

ブロック造の耐力壁を鉄筋コンクリートで補強した構造で、住宅など、3 階建以下の比較的壁の多い小規模な建築物に用いられる。

● **木造（W 造）**

木材を骨組みとする構造で、在来（軸組）工法、ツーバイフォー工法、ログハウスなどの工法がある。通常は 3 階建以下、高さ 13m 以下の建築物に用いられる。

2・3　構造計画

構造設計にあたって、初期の段階で検討される構造計画が非常に重要となる。

基本計画を立てる際、意匠・設備・構造が相互に連携し、それぞれの立場からの提案や要求を調整・確認しながら、求められる建築物の空間や機能・性能・デザインを満たすような計画を立案し、そうしてまとめられた基本計画に沿って、求める建築空間をどのような構造で実現するかを検討する。

構造計画を検討する際、はじめに構造形式を選択し、それに適した構造の種類と使用材料を決定する。構造形式は骨組の基本となるもので、建設しようとする建築物の諸条件を満たし、力の流れがスムーズな形式を選ぶ方が良い。また、構造の種類については、構造材料の市場性、地域性、施工方法についても配慮が必要である。

構造計画で重要なことは、柱や大梁小梁の配置、床・壁の構造など、建築物全体をバランス良

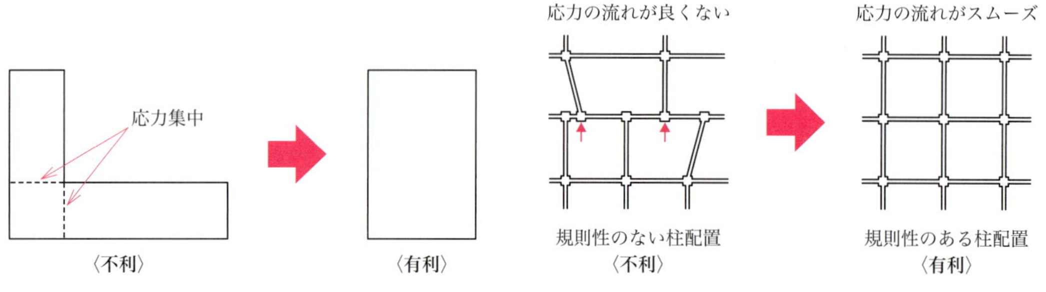

図 2-5　平面形から見た有利・不利

図 2-6　柱割から見た有利・不利

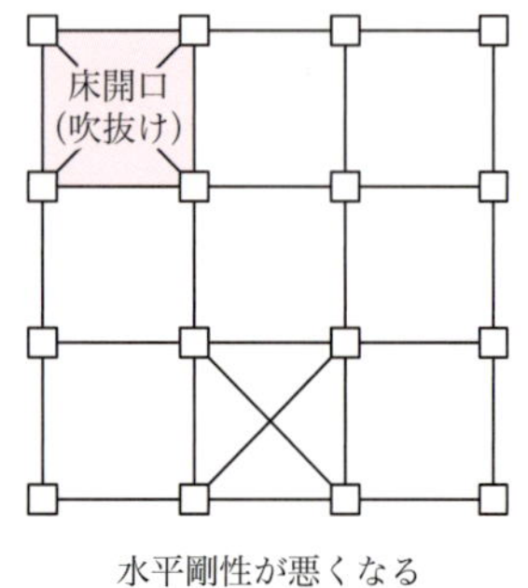

床開口(吹抜け)

不規則に変形する

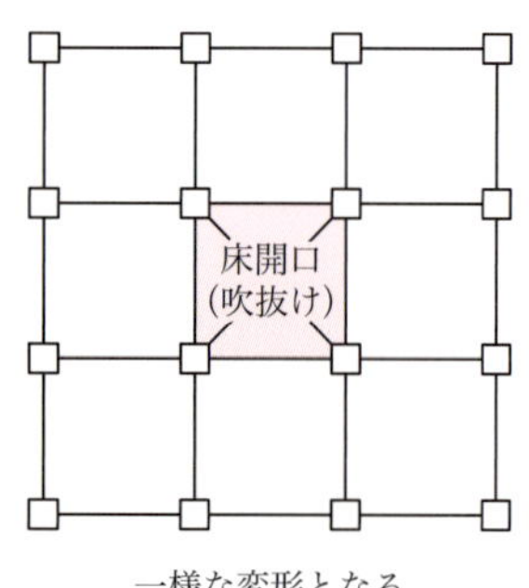

図 2-7　床開口（吹抜け）の位置

くまとめることである。建築物の骨組がバランス良くまとまった建築物は、鉛直荷重や水平荷重に対して、平面的にも立面的にも無理なく抵抗できる。

先ず、平面的に見てみると、建築物は、正方形や長方形といった単純でまとまりの良い形にする方が有利である。長方形といってもあまり細長い長方形だと、積載荷重や剛性の偏りによっては不利になる。平面形がL字形やT字形などの複雑な形の大きな建築物では、突出部が長い場合は、地震時に主要部分に対して突出部分が振られて、接続部に応力が集中し不利になる場合がある（その部分をエキスパンションジョイントとするとよい)。柱の配置（柱割）についても、力がなめらかに伝わるよう規則的な配置とすることが大切である。たとえば、柱の配置は図2-6のようにグリッドの交点に配する方が良い。また、吹抜けを設ける場合は、水平剛性を確保するよう、床開口の位置に配慮が必要である（図2-7)。

立面的に見てみると、建築物は図2-8のように、階数に差がなく凹凸が少ない形状の方が有利である。屋上に突出部や階がある場合、地震時に大きな力を受けるため配慮が必要となる。また、上下階の柱が一致するように計画し、柱を減じた室が必要な場合は、最上階に設ける方が有利である（図2-9)。

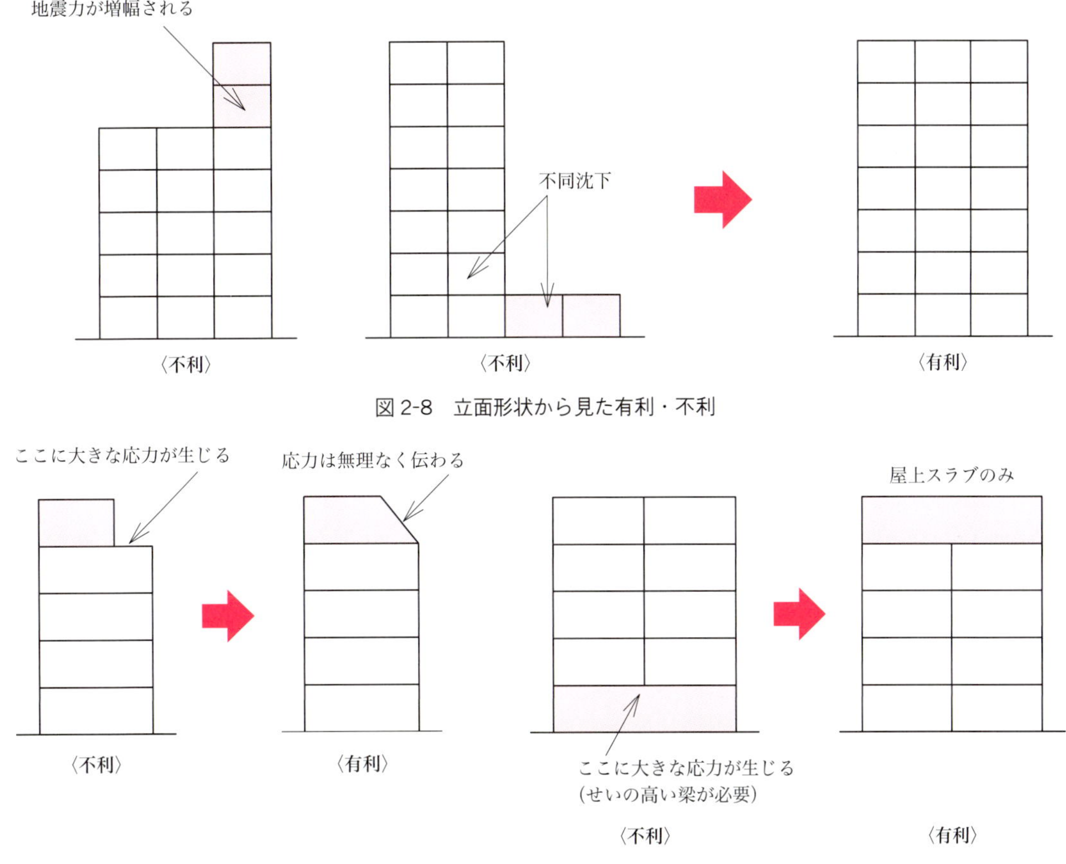

図2-8　立面形状から見た有利・不利

図2-9　柱・梁の立面配置

耐震壁やブレース（筋かい）の配置について

耐震壁やブレース（筋かい）は、建築物に作用する水平荷重を負担する重要な構成要素である。耐震壁やブレースの平面配置については、剛性が大きいため、平面計画上、効果的かつ対称的にバランスよく配置する必要がある（図 2-10）。偏って配置すると、地震時にねじれが生じて崩壊する危険性がある。また、耐震壁やブレースなどの破壊が建築物の崩壊につながる可能性が大きいため、耐震壁やブレースなどの剛性を過大に評価しないようにする。

立面的に見てみると、耐震壁などの配置については、図 2-11 のように連続配置と部分配置とがあるが、それぞれ長所、短所がある。

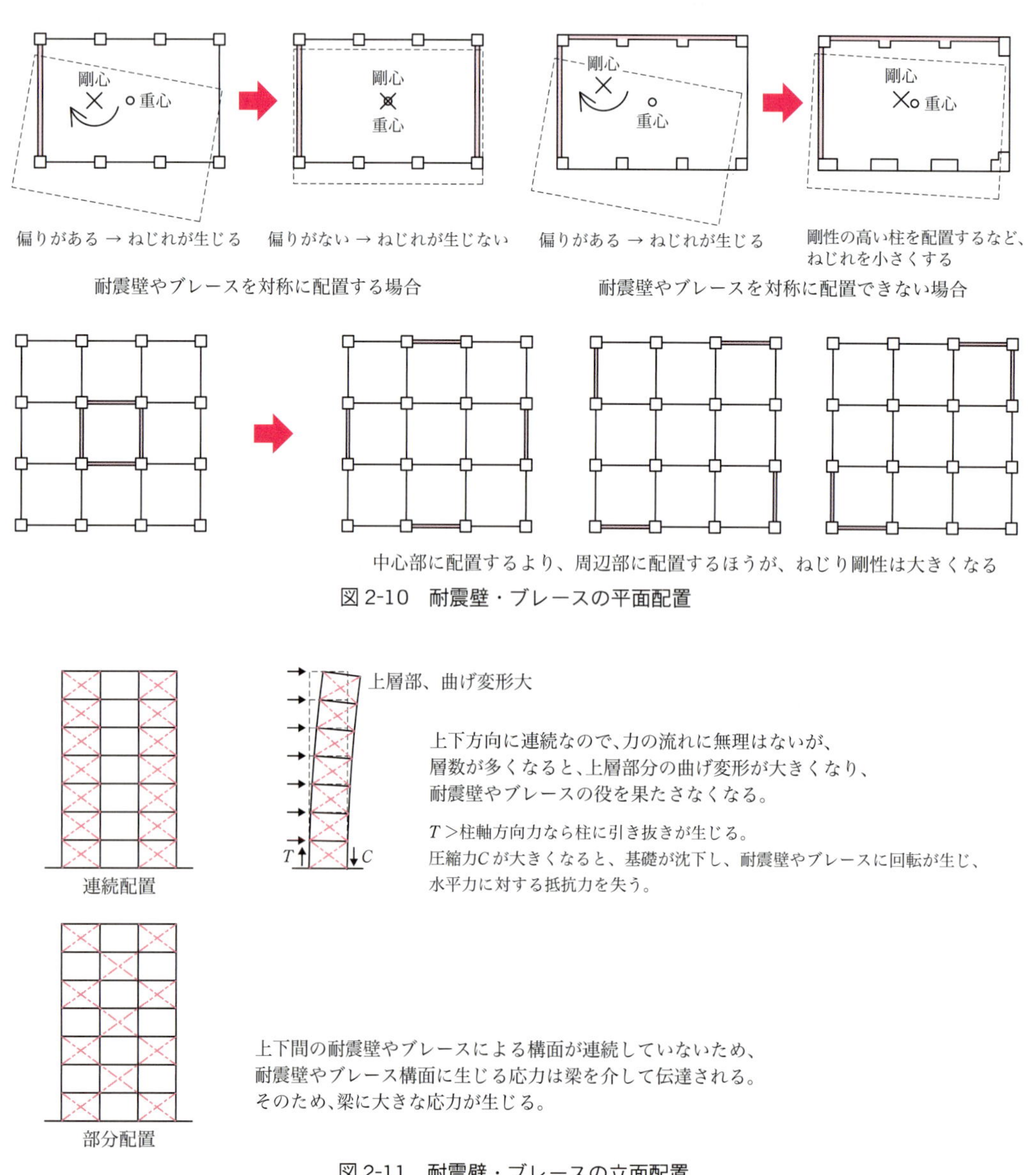

図 2-10　耐震壁・ブレースの平面配置

図 2-11　耐震壁・ブレースの立面配置

2・4　断面計画

1　鉄筋コンクリート構造の断面計画

事務所などの一般的な RC 造建築物では、柱間隔（スパン）6 ～ 9m 程度、階高 3 ～ 4m、階数は 6 階以下とするのが標準的とされている。柱間隔が大きくなると、柱断面や梁せいも大きくなり、階高にも影響する。柱間隔はその建築物の用途によって左右される。たとえば教室の幅を 8m にしたい場合は、それと直角方向の柱間隔を 4m にするなどの工夫が必要になる。

大梁の寸法は図 2-12 のような範囲で仮定される。また、梁のハンチは施工が煩雑であるが、力学的には大変有効である。小梁は床スラブの面積が 25m² 以内になるように配することが望ましい。小梁のせいは、図 2-13 のように柱間隔の 1/12 ～ 1/10 程度で、一般に 6m スパンでは、30cm × 60cm または 35cm × 55cm 程度である。参考に、図 2-13 に小梁の配置例を示す。

基礎梁は基礎スラブを強固につないで各柱の水平移動と不同沈下を防ぎ、柱脚からの全曲げモーメントをすべて受け持ち、この曲げモーメントを基礎スラブに伝えない役割も担っている。このため、最下階の柱の剛比の 2 倍以上の剛性を基礎梁に持たせたい（表 2-1）。

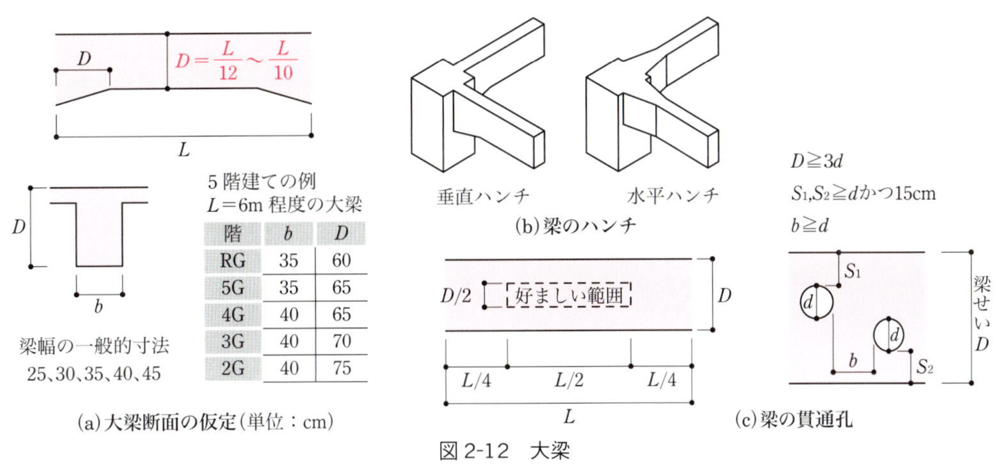

図 2-12　大梁

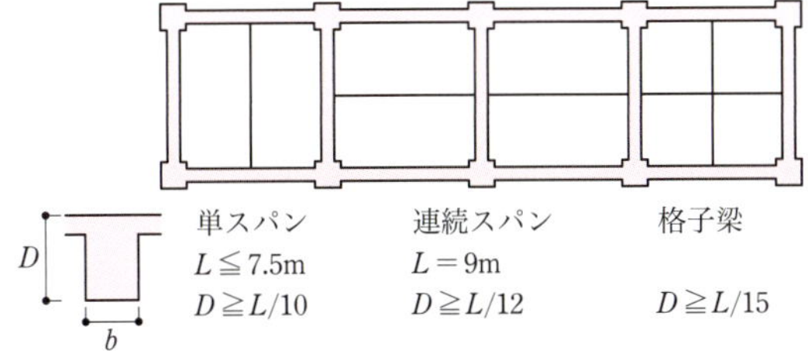

図 2-13　小梁

表 2-1　基礎梁のせいと幅（単位:cm）

建築物の階数	1	2	3	4	5	6	7
せい（D）	80	90	100	110	120	130	140
幅（b）	30		35		40		45

独立基礎：D ± 20cm　べた基礎：D ± 60cm、b ＋ 20cm

柱の最小径は主要支点間の距離の 1/15 以上（建築基準法施行令第 77 条）と定められている。その上で、柱については、短期軸方向力を柱の全断面積で割った値が $F_c/3$ 以下となるように仮定する。長方形断面の柱とする場合は、辺長比を 1.4 以下とし、求められた正方形断面積と同断面積となるよう仮定する。

柱の寸法の仮定について、次の①と②の方法を示しておく。

①最上階の柱より断面を仮定する方法

一般に 6m スパンの柱の最小寸法は、50cm ～ 55cm 程度であり、1 ～ 2 階下がるごとに 5cm 増しとすることが多い。1 階部分で他の階より階高が高い場合は 10cm 増しとすることもある。

② 1 階柱より断面を仮定する方法

図 2-14 のように、一階柱の軸方向力 N（床単位面積あたりの荷重に標準となる負担面積を乗じて階数倍する）を求め、$0.2F_c$ 程度で除した値を柱断面積とし、柱の辺長を仮定する。耐震壁がある場合は、柱の辺長を 1 辺 5cm ～ 10cm 程度小さくし、上層の柱は一階を基準にして 1 層あたり 5cm 程度減らしていく。

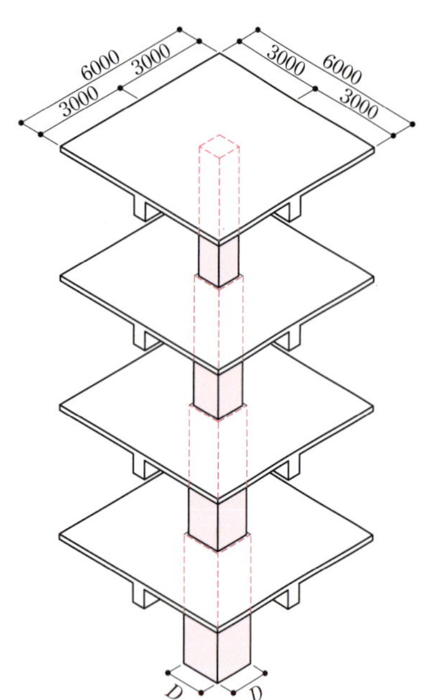

（例）事務所（4 階建、6m×6m スパン）の柱断面を求める。
ただし、コンクリートの設計基準強度 $Fc = 21\text{N/mm}^2$、
事務所の床単位面積重量 $w = 12\text{kN/m}^2$ として計算。

柱の負担面積：$A = 6 \times 6 = 36\text{m}^2$
階数：$n = 4$
1 階柱の概算軸方向力：$N = n \times w \times A = 4 \times 12 \times 36 = 1728\text{kN}$

柱の辺長を D として、

$$D^2 = \frac{A}{0.2Fc} = \frac{1728 \times 10^3}{0.2 \times 21} = 411429\text{mm}^2 = 4114.29\text{cm}^2$$

$D = 64.1\text{cm} \rightarrow 65\text{cm}$

1 階　65cm×65cm
2 階　60cm×60cm
3 階　55cm×55cm
4 階　50cm×50cm

図 2-14　柱断面の仮定

2 鉄骨構造の断面計画

鉄骨構造では、柱割は構造形式によって大きく異なる。小規模のラーメン構造やブレース構造では、柱一本当たりの負担面積の上限は 50m² 程度と考えられるが、経済的には 30m² 程度が適当である。

柱・梁の断面寸法については、次のように①〜⑤の手順で仮定する。

（1階柱・梁の例）

①鉛直荷重時の固定端モーメント C から、外端 $1.1C$、内端 $1.3C$ 程度として長期鉛直荷重時の梁曲げモーメントを概算する。

② 1階の地震層せん断力を求め、D 値を外柱 0.9、内柱を 1.1 とし、柱 1 本あたりのせん断力を求める。

③柱脚は固定と考えて、反曲点高さを $0.5h$ 程度とし、柱頭・柱脚の曲げモーメントを求め、同時に梁の曲げモーメントも概算する。

④ ①および③から、短期の梁、柱の曲げモーメントを概算する。

⑤形鋼の標準断面寸法表から部材の仮定寸法を求める。

2・5　構造計算のプロセス

構造計算を進めるためには、まず建築物に作用する荷重の大きさを決めなければならない。これを**荷重計算**という。荷重には、長期的に作用する荷重と、短期的に作用する荷重がある。長期的に作用する荷重には、**固定荷重**（建築物の自重）、**積載荷重**（家具・物品・人など）、多雪区域の**積雪荷重**、**水圧**、**土圧**などがあり、短期的に作用する荷重には、暴風時の**風圧力**、地震時の**地震力**、一般地域の**積雪荷重**がある。通常時は、長期的な荷重のみが作用した状態で、この時の荷重を長期荷重という。非常時は、長期荷重に暴風や地震などによる短期的な荷重が加わった状態で、この時の荷重を短期荷重という。荷重計算では、長期荷重と短期荷重に分け、さらに長期荷重は常時と積雪時の場合に分け、短期荷重は積雪時や暴風時、地震時の場合に分けて計算する。なお、暴風と地震が同時に発生する確率は極めて小さいため、同時に扱わないものとする。詳細については 4 章で記述する。

次に、コンクリートや鉄筋など使用する材料、建築物の地盤等についての**許容応力度**を設定する。たとえば RC 造であれば、使用するコンクリートの**設計基準強度** F_c をまず定め、これを基に、長期・短期の各許容応力度が決定される。さらに使用する鉄筋の各許容応力度は、建築基準法施行令第 90 条に従って定める。基になる基準強度 F は鉄筋の種類により定められている（平成 12 年建設省告示第 2464 号）。地盤の許容応力度及び基礎杭の許容支持力は地盤調査に基づいて決定する（平成 13 年国土交通省告示第 1113 号）。地盤の許容応力度については建築基準法施行令第 93 条の表によることができる。

建築物の耐震設計の進め方には、大きく分けて三つの方法（ルート）がある。

耐震計算ルート 1 は、比較的小規模な建築物の場合に適用できる方法で、鉄筋コンクリート構造では高さ 20m 以下、鉄骨構造では階数 3 以下、高さ 13m 以下などの建築物を対象とし、地震に対して各部材の強度で抵抗する方法である。鉄筋コンクリート構造では、一定以上の壁量や柱量をもたせて大地震に対する安全性を確保する。鉄骨構造では、**標準せん断力係数**を 50%割増し

て $C_0 = 0.3$ とし、各部材に生じる応力度を許容応力度設計法により検討する。また、地震に対して各部材の抵抗力が十分発揮できるように、ブレース端部および接合部の破断防止も検討する。

耐震計算ルート 2 は、高さ 31m 以下の建築物に適用する方法で、粘りをもたせつつ強度で抵抗する方法である。地震力によって生じる層間変位を、層間変形角の検討により、過大にならないようにし、さらに、剛性率、偏心率の検討により、高さ方向の剛性分布の均一化、ねじりの防止をめざし、特定層・特定骨組への応力集中や過度な変形を抑える。そのうえで、鉄筋コンクリート構造では、一定以上の壁量や柱量をもたせたうえで、粘りのあるものとする。鉄骨構造では、ブレース端部および接合部の破断や、柱・梁およびこれらの接合部の局部座屈と破断を防止し、大地震に対する安全性を確保する。

耐震計算ルート 3 は、大地震に対して粘りで抵抗する方法である。この方法は主として、各部材の塑性変形能力に期待し、地震エネルギーの吸収能力を建築物にもたせることにより、大地震に対する安全性を確保する。そのため、層間変形角の確認を行った後、建築物のもつ保有水平耐力が必要保有水平耐力を上回っているかどうかを確認する。

この計算方法では、X 軸方向と Y 軸方向の方向別には異なった耐震計算ルートを適用してもよいが、階ごとに異なった耐震計算ルートを適用することはできない。

2000 年の建築基準法第 81 条の改正で限界耐力計算法が導入された。ここではその考え方を示す。中小規模の地震に対し層せん断力が損傷限界耐力（短期許容応力度に基づく水平耐力）以下であること、大規模地震に対し層せん断力が安全限界耐力（保有水平耐力）以下であることを確認する。この確認内容は同じだが、層せん断力を求める場合、その値が規定に基づき定められるのに対し、限界耐力設計法では、建築物の耐力、変形性能、減衰性能を考慮したモデルにより応答スペクトル法で算定された応答値から求めるという方法をとっている。

図 2-15 に建築物の耐震設計の進め方をまとめた。

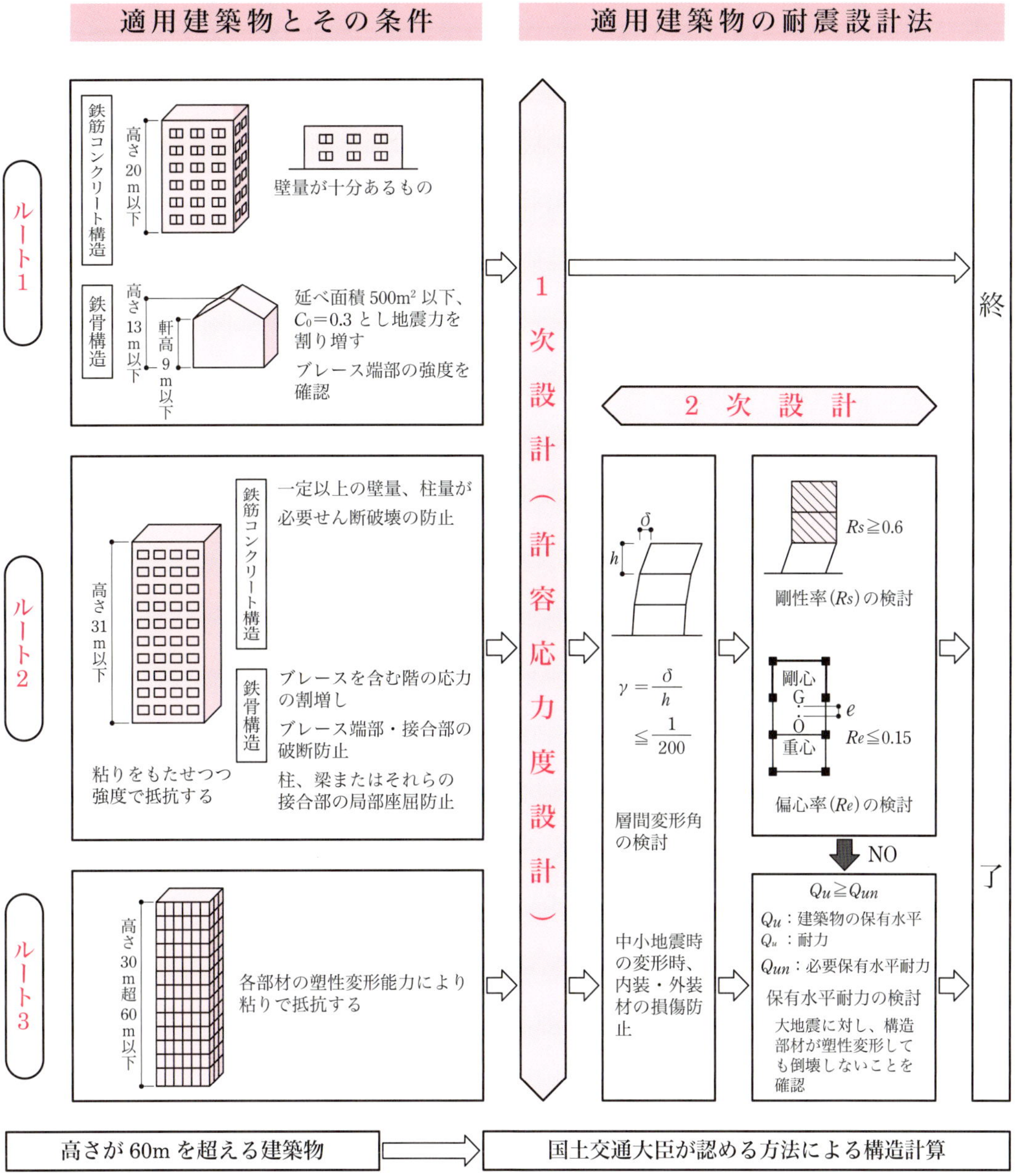

適用建築物とその条件 / 適用建築物の耐震設計法

ルート1
- 鉄筋コンクリート構造：高さ20m以下、壁量が十分あるもの
- 鉄骨構造：高さ13m以下、軒高9m以下。延べ面積500m²以下、C_0=0.3とし地震力を割り増す。ブレース端部の強度を確認
→ 1次設計（許容応力度設計）→ 終了

ルート2（高さ31m以下）
- 鉄筋コンクリート構造：一定以上の壁量、柱量が必要せん断破壊の防止
- 鉄骨構造：ブレースを含む階の応力の割増し。ブレース端部・接合部の破断防止。柱、梁またはそれらの接合部の局部座屈防止
- 粘りをもたせつつ強度で抵抗する
→ 1次設計（許容応力度設計）→ 2次設計：層間変形角の検討（$\gamma=\frac{\delta}{h}\leqq\frac{1}{200}$）→ 剛性率（$Rs$）の検討（$Rs\geqq0.6$）、偏心率（$Re$）の検討（$Re\leqq0.15$、剛心、重心、$e$）→ 終了
→ NO → 保有水平耐力の検討

ルート3（高さ30m超60m以下）
- 各部材の塑性変形能力により粘りで抵抗する
→ 1次設計（許容応力度設計）→ 2次設計：中小地震時の変形時、内装・外装材の損傷防止 → 保有水平耐力の検討 → 終了
- $Q_u\geqq Q_{un}$
- Q_u：建築物の保有水平耐力
- Q_{un}：必要保有水平耐力
- 大地震に対し、構造部材が塑性変形しても倒壊しないことを確認

高さが60mを超える建築物 → 国土交通大臣が認める方法による構造計算

※RC造・S造で、階数≦1、延べ面積≦200m²のものは構造計算不要

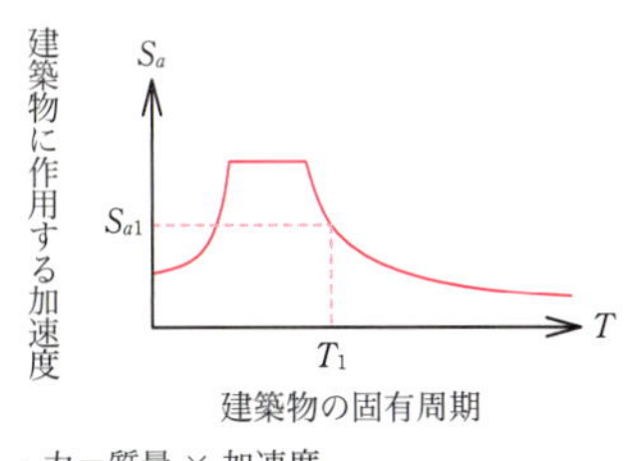

・力＝質量×加速度
・地震力＝建築物の質量×建築物に作用する加速度
・大地震時には建築物が損傷して、
・減衰性が増加し、加速度が低減する

荷重・外力の規模	許容応力度等計算		限界耐力計算	
	雪・風	地震	雪・風	地震
比較的発生頻度の高い中規模のもの	許容応力度計算	許容応力度計算（一次設計）	損傷限界耐力計算（許容応力度計算）	損傷限界耐力計算
極めてまれな大規模のもの	規定なし	保有水平耐力計算（二次設計）	安全限界耐力計算（積雪荷重は1.4倍し、風圧力は1.6倍して塑性設計を行う）*	安全限界耐力計算

＊積雪荷重は1.4倍と記したのは積雪深さ、風圧力は1.6倍と記したのは年最大10分間平均風速として、それぞれ500年期待値をもとに定められた

図2-15　建築物の耐震設計の進め方

3章

鉄筋コンクリート造と鉄骨造に用いる躯体材料と許容応力度

コンクリートは圧縮力には強いが、引張力に弱い。鉄筋は圧縮力にも引張力にも同じ強さをもち、その強度は一般的なコンクリートの圧縮強度の10倍以上あるが、線材なので座屈しやすく、そのままでは錆びる。鉄筋をコンクリートで固める構造とすることで、主に鉄筋が引張力を、コンクリートが圧縮力を負担し、かつ座屈や錆も防ぐことができる。また、帯筋やあばら筋で包むことによって、靱性を向上させることができる。このように鉄筋とコンクリートの長所を生かし短所を補い合う構造が鉄筋コンクリート造である。

鉄骨構造に用いられる鋼材は、コンクリートの約3倍の比重をもつが、約10倍の強度があり、粘り強い性質がある。このため、部材断面積を小さくすることができ、軽量化が図れる。しかし、薄くすると座屈しやすく、たわみが生じ、また、温度が300°を超えると強度は急激に落ちる。このため、座屈や防錆の対策や耐火被覆などが必要となる。

部材の接合には、主に溶接や高力ボルトが使用される。

この章では、コンクリートと鉄筋、鋼材について、許容応力度を中心に学習する。

3・1 コンクリート

1 コンクリートの種類

コンクリートは、骨材をセメントペースト（セメントと水）で接着したもので、施工性を確保するため、硬化に必要な量より多い水分を使う。硬化すると余分な水分が乾燥して収縮や微細な

表3-1 コンクリートの種類と設計基準強度の下限値

コンクリートの種類		F_c の下限値 [N/mm²]	使用する骨材	
			粗骨材	細骨材
普通コンクリート		18	砂利、砕石、高炉スラグ砕石 注1)	砂、砕砂、スラグ砂 注2)
軽量コンクリート	1種	18	人工軽量骨材	砂、砕砂、スラグ砂
	2種	18	人工軽量骨材	人工軽量骨材またはこの一部を砂、砕砂、スラグ砂で置き換えたもの

注1) 砂利・砕石・高炉スラグ砕石は、これらを混合して用いる場合を含む。
　2) 砂・砕砂・スラグ砂は、これらを混合して用いる場合を含む。

（日本建築学会『鉄筋コンクリート構造計算規準・同解説』による）

空隙ができる。この空隙がコンクリートが引張力に弱い理由の一因とされている。このため、骨材が同じならコンクリート強度は水セメント比によって決まる。

コンクリートは使用する骨材により、普通コンクリートと軽量コンクリートに区別される（表3-1）。

2 コンクリートの設計基準強度

コンクリートの**設計基準強度**（F_c）は、構造計算を行う際に基準とするコンクリートの圧縮強度で、その建築物に設計荷重が加わりうる時期、すなわちコンクリート打設後28日（材齢4週）に確保すべき圧縮強度である。

3 コンクリートの許容応力度

コンクリートの**許容応力度**は、設計基準強度（F_c）を基に決められている（図3-1）。

長期荷重及び短期荷重に対し、それぞれ長期許容応力度と短期許容応力度（表3-2）が定められており、また、鉄筋のコンクリートに対する許容付着応力度（表3-3）が定められている。

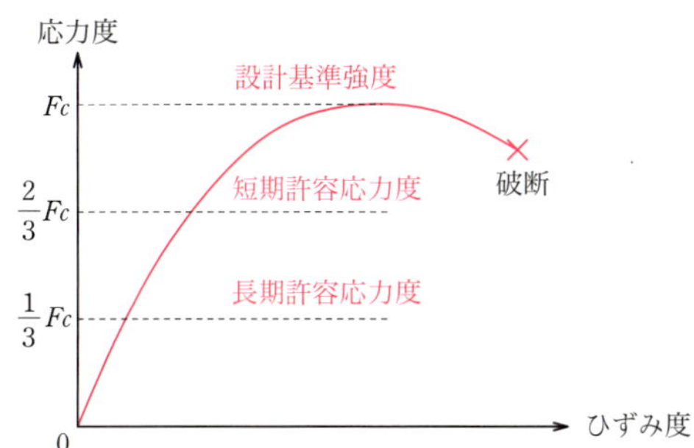

図3-1　コンクリートの設計基準強度と許容応力度

表3-2　コンクリートの許容応力度［単位：N/mm²］

コンクリートの種類	長期			短期		
	圧縮	引張	せん断	圧縮	引張	せん断
普通コンクリート	$\frac{1}{3}F_c$	―	$\frac{1}{30}F_c$ かつ $(0.5+\frac{1}{100}F_c)$ 以下	長期に対する値の2倍	―	長期に対する値の1.5倍
軽量コンクリート1種および2種			普通コンクリートに対する値の0.9倍			

注）F_cは、コンクリート設計基準強度［N/mm²］を表す。

（日本建築学会『鉄筋コンクリート構造計算規準・同解説』による）

表3-3　異形鉄筋のコンクリートに対する許容付着応力度

［単位：N/mm²］

コンクリートの種類	長期		せん断
	上端筋	その他の鉄筋	
普通コンクリート	$0.8\times(\frac{F_c}{60}+0.6)$	$\frac{F_c}{60}+0.6$	長期に対する値の1.5倍

注1）上端筋とは曲げ材にあってその鉄筋の下に300mm以上のコンクリートが打ち込まれる場合の水平鉄筋をいう。
2）F_cは、コンクリート設計基準強度［N/mm²］を表す。
3）軽量コンクリートでは本表の値に0.8を乗じる。

（日本建築学会『鉄筋コンクリート構造計算規準・同解説』による）

コンクリートの引張強度は圧縮強度の1/10程度で非常に小さく、ひび割れ発生も予期されることから、引張強度は無視される。したがって許容引張応力度は規定されていない。

基準強度 $F_c = 24\mathrm{N/mm^2}$ としたときの各許容応力度は、表3-2、表3-3に当てはめて求めてみると、表3-4のようになる。

表3-4 $F_c = 24\mathrm{kN/mm^2}$ としたときの各許容応力度［単位：$\mathrm{N/mm^2}$］

コンクリートの種類	長期				短期			
	圧縮	せん断	付着（異形鉄筋）		圧縮	せん断	付着（異形鉄筋）	
			上端筋	その他			上端筋	その他
$F_c = 24$	8	0.74	0.8	1.0	16	1.1	1.2	1.5

4 コンクリートのヤング係数

コンクリート圧縮時の**応力度－ひずみ度曲線**は、およそ図3-2のようである。コンクリートの**ヤング係数**(E) は、鋼材のように一定ではない。コンクリートの応力度－ひずみ度曲線を表す式としては各種のものが提案されている。『鉄筋コンクリート構造計算規準・同解説』では、コンクリート強度の高い範囲でより適用性の良い式として、表3-5の式を採用している。

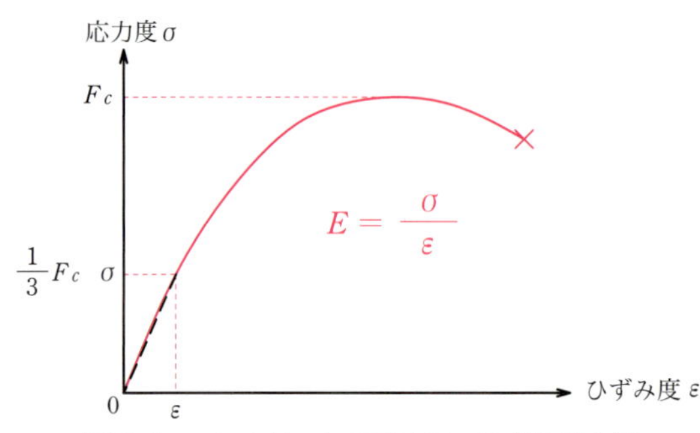

図3-2 コンクリートの応力度－ひずみ度曲線

表3-5 材料の定数

材料	ヤング係数［$\mathrm{N/mm^2}$］	ポアソン比	線膨張係数［1/℃］
鉄筋	2.05×10^5	—	1×10^{-5}
コンクリート	$3.35 \times 10^4 \times \left(\frac{\gamma}{24}\right)^2 \times \left(\frac{F_c}{60}\right)^{\frac{1}{3}}$	0.2	1×10^{-5}

注）γ：コンクリートの気乾単位体積重量［$\mathrm{kN/mm^2}$］
F_c：コンクリートの設計基準強度　（日本建築学会『鉄筋コンクリート構造計算規準・同解説』による）

3・2 鉄筋

1 鉄筋の種類

鉄筋コンクリート構造に用いられる鉄筋には**丸鋼**（Steel Round、記号:SR）と**異形鉄筋**（Steel Deformed、記号：SD）がある。図3-4のように表面に突起がある異形鉄筋に対して、図3-3のように表面が滑らかな丸鋼は、付着力の点で劣っているため、現在はほとんど使われていない。

コンクリート呼称には頭文字のSRとSDを使い、SR235やSD345などと表される。記号に続く数値は降伏点の下限値（単位：N/mm²）を表す。

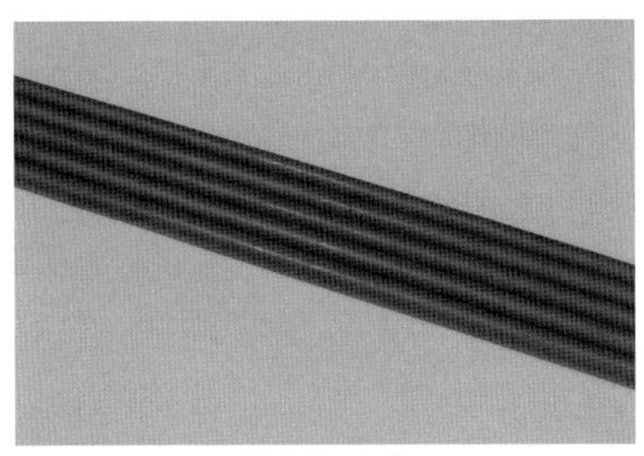

図3-3　丸鋼

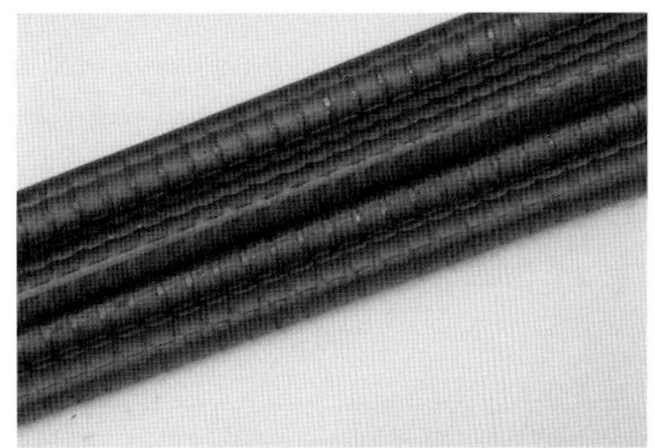

図3-4　異形鉄筋

鉄筋コンクリート構造に用いられる鉄筋の種類を表3-6に、その降伏点と引張強さを表3-7に示した。

表3-6　鉄筋の種別

規格番号	名称	区分、種類の記号	
JIS G 3112	鉄筋コンクリート用棒鋼	丸鋼	SR235
			SR295
		異形棒鋼	SD295A
			SD295B
			SD345
			SD390
			(SD490)
JIS G 3112	溶接金網		

注）（　）の品種は、本規準では対象外。

（日本建築学会『鉄筋コンクリート構造計算規準・同解説』による）

表3-7　鉄筋コンクリート用棒鋼の降伏点、引張強さ

種類の記号	降伏点または0.2%耐力［N/mm²］	引張強さ［N/mm²］
SR235	235以上	380～520
SR295	295以上	440～600
SD295A	295以上	440～600
SD295B	295～390	440以上
SD345	345～440	490以上
SD390	390～510	560以上
SD490	490～625	620以上

（日本建築学会『鉄筋コンクリート構造計算規準・同解説』による）

2 鉄筋の許容応力度

鉄筋の長期許容応力度は、長期荷重下で引張側のコンクリートひび割れ幅を大きくしないことと、鉄筋降伏点に対する一定の安全率をもたせるという観点より、表3-8のように定められている。

鉄筋の短期許容応力度は、終局強度に対して強度的にはせいぜい1割程度の安全率しかもたな

いが、鉄筋が許容応力度すなわち降伏点に到達後、圧縮側のコンクリートが破壊して完全に耐力を失うまでには十分な降伏変形があり、いわゆる十分な靱性が確保されることになっている。この靱性を安全率の一要素と考え、降伏点の値を短期許容応力度に採用している。長期許容応力度は、短期許容応力度の 1/1.5 倍（または所定の値）が設定されている。

表 3-8　鉄筋の許容応力度

［単位：N/mm^2］

種類の記号	長期		短期	
	引張および圧縮	せん断補強	引張および圧縮	せん断補強
SR235	160	160	235	235
SR295	160	200	295	295
SD295A および B	200	200	295	295
SD345	220（200）	200	345	345
SD395	220（200）	200	390	390
溶接金網	200	200	—	295

注）D29 以上の太さの鉄筋に対しては（　）内の数値とする。　（日本建築学会『鉄筋コンクリート構造計算規準・同解説』による）

3　鉄筋のヤング係数

通常使用される鉄筋コンクリート用棒鋼（JIS G3112）のヤング係数（E）には、2.05×10^5N/mm^2 が用いられる（表 3-5）。

3・3　鉄骨

1　鋼材の特徴

建築物に用いられる鋼材の品質は、JIS に定められた規格で製造されているため、信頼性の高い構造材料である。強度が大きく、粘り強さ（靱性）に富む材料である。反面、高温では強度が低下（500℃で半減）する。

強度が大きい鋼材の特性を生かし、断面積を小さくするように工夫した**形鋼**や**鋼管**（図 3-5）

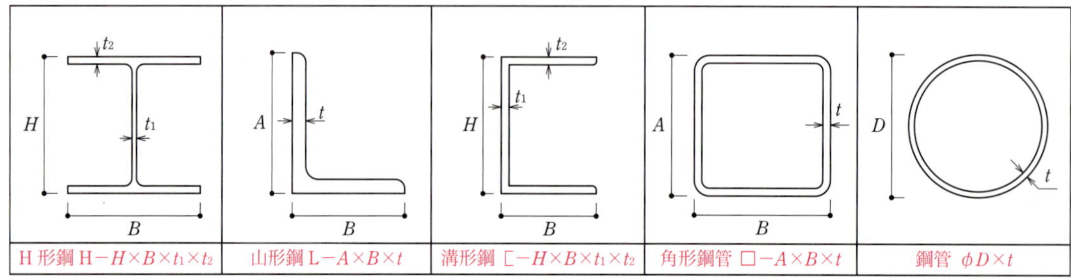

図 3-5　主な形鋼・鋼管

が構造部材として利用される。

こうした鋼材には、おおよそ次のような関係がある。

「強度が大きい→断面積が小さい→部材が細長いまたは薄い」

そのため、図3-6のような、たわみや座屈の問題が起こる。また、鉄筋コンクリート構造と比べると構造体が軽量となるため、水平荷重によって柱脚に引き抜きが生じるなどの注意が必要である。

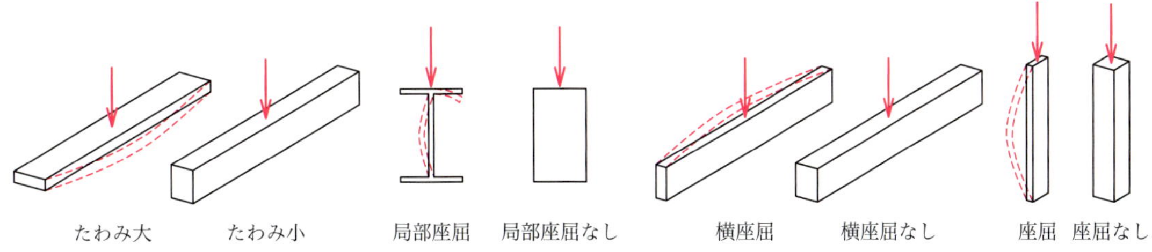

図3-6　部材のたわみと座屈

主な鋼材の種類と降伏点・引張強度を表3-9に示した。

表3-9　主な鋼材の種類と降伏点·引張強さ［単位：N/mm^2］

種類	記号	降伏点 16 ≦材厚＜ 40mm	引張強さ	溶接性
建築構造用圧延鋼材 JIS G 3136	SN400A	235 以上	400 ～ 510	良好
	SN400B,C	235 ～ 355		
	SN490	325 ～ 445	490 ～ 610	
一般構造用圧延鋼材 JIS G 3101	SS400	235 以上	400 ～ 510	炭素量の規定はない。 SS400 以外は溶接不可
	SS490	275 以上	490 ～ 610	
溶接構造用圧延鋼材 JIS G 3106	SM400	235 以上	400 ～ 510	良好
	SM490	315 以上	490 ～ 610	

注1）表中の「～」は以上～以下。
注2）表記の鋼材にはA、B、Cのランクがあり、Cが最も溶接性に優れている。
（日本工業規格より）

図3-7は鉄骨構造に用いられる鋼材の**応力度－ひずみ度曲線**を大まかに表した図であるが、降伏点を過ぎてもすぐに破断せず、引張強さまでの余裕を持っている。図中の式は、鋼材の靱性（粘り強さ）の度合いを示す式で、**降伏比**と呼ばれている。

降伏比が小さい鋼材ほど、靱性が高い鋼材であるといえる。

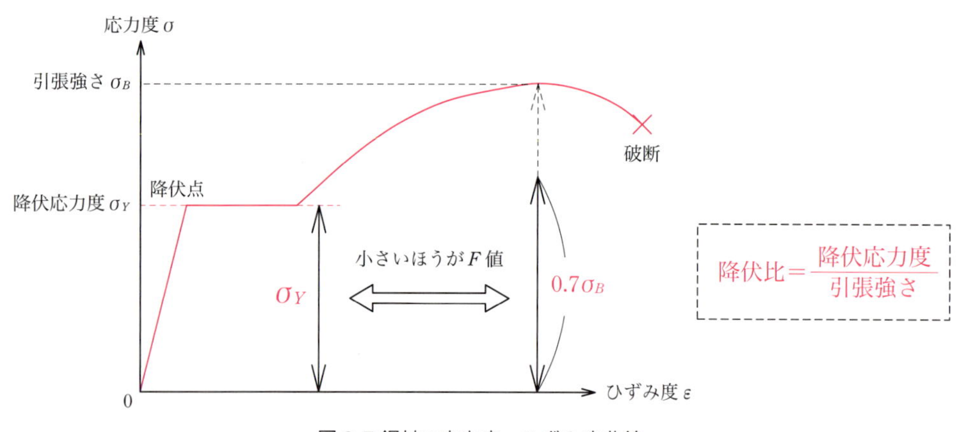

図 3-7 鋼材の応力度―ひずみ度曲線

2 鋼材の基準強度（*F* 値）

終局耐力を建築物の安全性の基礎とする場合、高降伏点の鋼材ほど安全率が小さくなることから、鋼材の**基準強度**（*F* **値**）は、降伏点の下限値と引張強さの下限値の 70%のうち小さいほうの値としている（図 3-7）。表 3-10 に、鋼材の *F* 値を示した。

表 3-10　鋼材の基準強度（*F* 値）

［単位：N/mm^2］

鋼材種別		建築構造用		一般構造用		溶接構造用	
鋼材の記号		SN400 STKN400	SN490 STKN490	SS400 STK400 STKR400	SS490	SM400 SMA400	SM490
F 値	厚さ≦ 40mm	235	325	235	275	235	325
	40mm ＜厚さ≦ 100mm	215	295	215	255	215	295

（平成 12 年建設省告示第 2464 号より抜粋）

3 鋼材の許容応力度

建築基準法施行令第 90 条によると、構造用鋼材の長期の**許容応力度**は基準強度（*F* 値）をもとに、表 3-11 の式に代入して求める。

F 値をもとに計算すると、主な構造用鋼材の許容応力度は、表 3-12 のようになる。

表 3-11　鋼材の許容応力度を求める式（建築基準法施行令第 90 条より）

	長期に生ずる力に対する許容応力度［単位：N/mm^2］				短期に生ずる力に対する許容応力度［単位：N/mm^2］			
	圧縮	引張	曲げ	せん断	圧縮	引張	曲げ	せん断
構造用鋼材	$\frac{F}{1.5}$	$\frac{F}{1.5}$	$\frac{F}{1.5}$	$\frac{F}{1.5\sqrt{3}}$	長期の 1.5 倍			

表 3-12　主な構造用鋼材の許容応力度［単位：N/mm^2］

鋼材種別	長期応力に対する許容応力度					短期応力に対する許容応力度				
	圧縮	引張	曲げ	せん断	支圧	圧縮	引張	曲げ	せん断	支圧
SN400 SS400 SM400	156	156	156	90.4	293	235	235	235	135	439
SS490	183	183	183	105	347	275	275	275	157	520
SN490 SM490	216	216	216	125	406	325	325	325	187	609

注 1）材厚 40mm 以下の場合。
2）圧縮・引張・曲げは $F/1.5$、せん断は $F/1.5\sqrt{3}$、支圧は $1.25F$（長期）より求める。
3）圧縮・曲げについては、最大値を示す。
4）短期許容応力度は、長期許容応力度の 1.5 倍である。

（建築基準法施行令第 90 条、平成 12 年建設省告示第 2464 号による）

4 高力ボルト接合と許容耐力

高力ボルト接合は図 3-8 のように、締付けによる鋼材間の摩擦力あるいは引張力によって力を伝える。

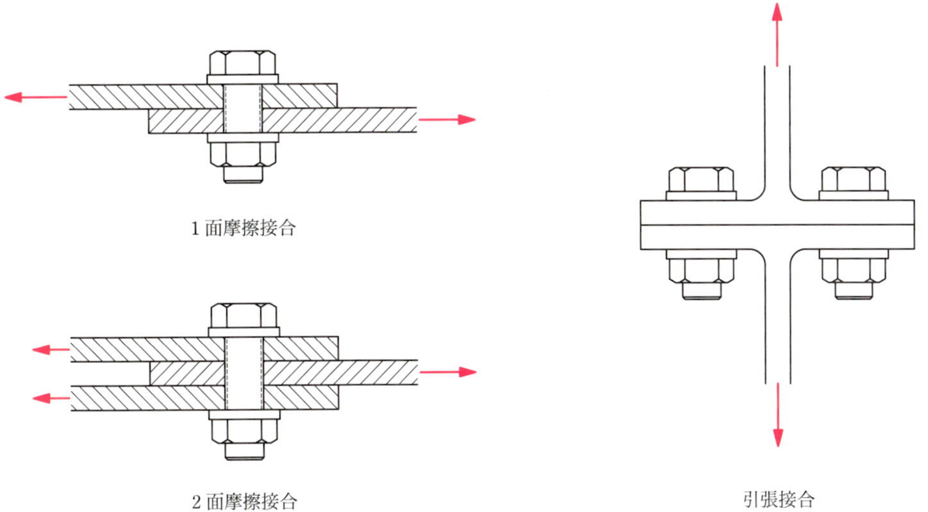

図 3-8　高力ボルト接合

同じ高力ボルトで締め付けた場合、摩擦面が 1 面である **1 面摩擦接合**に対し、**2 面摩擦接合**は、摩擦面が 2 面あるため、2 倍のせん断耐力がある。

高力ボルトには、F8T、F10T があり、F は Friction Joint（摩擦接合）、後ろの T は Tensile Strength（引張力）の頭文字である。F10T は引張強さ 1000 ～ 1200N/mm^2 を表している。また軸径は M を用いて標記し、M20（F10T）なら径 20mm の F10T の高力ボルトになる。

表 3-13 に、高力ボルトの許容せん断力・許容引張力を示した。

表 3-13　高力ボルトの許容耐力

(a) 長期応力に対する許容耐力

高力ボルトの種類	ボルトの呼称	ボルト軸径 [mm]	ボルト孔径 [mm]	ボルト断面積 [mm²]	ボルト有効断面積 [mm²]	設計ボルト張力 [kN]	許容せん断力 [kN]		許容引張力 [kN]
							一面摩擦	二面摩擦	
F10T	M12	12	14.0	113	84	56.5	17.0	33.9	35.1
	M16	16	18.0	201	157	101	30.2	60.3	62.3
	M20	20	22.0	314	245	157	47.1	94.2	97.4
	M22	22	24.0	380	303	190	57.0	114	118
	M24	24	26.0	452	353	226	67.9	136	140
	M27	27	30.0	573	459	286	85.9	172	177
	M30	30	33.0	707	561	353	106	212	219

(b) 短期応力に対する許容耐力

高力ボルトの種類	ボルトの呼称	許容せん断力 [kN]		許容引張力 [kN]
		一面摩擦	二面摩擦	
F10T	M12	25.4	50.9	52.6
	M16	45.2	90.5	93.5
	M20	70.7	141	146
	M22	85.5	171	177
	M24	102	204	210
	M27	129	258	266
	M30	159	318	329

（日本建築学会『鋼構造設計規準』による）

5　溶接接合と許容応力度

主な溶接接合には**突合せ溶接**（完全溶込み溶接）と**隅肉溶接**がある。前者は引張力・圧縮力・せん断力を、後者は溶接と同一方向にせん断力が作用する箇所に使用する。

突合せ溶接では、溶接する鋼板の端部に溝状の開先（かいさき）加工を施し、エンドタブと呼ばれる鋼材片を取り付けて行う（図 3-9）。溶接の開始点と終点は不完全になるが、エンドタブを外すことによ

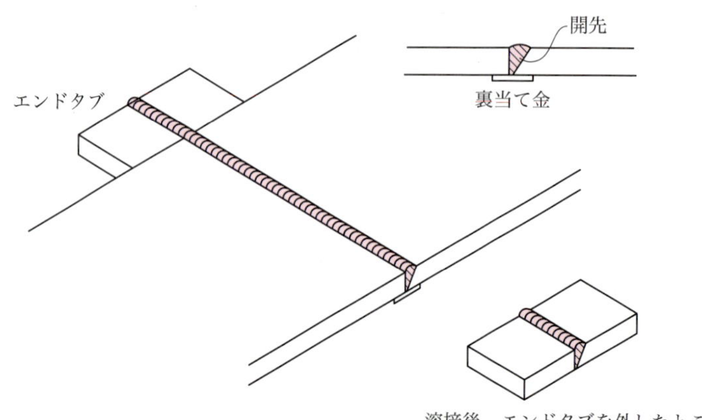

図 3-9　完全溶込み溶接

って必要箇所の溶接は良好な仕上がりとなる。使用する鋼板よりも強度の高い溶着金属を用いることで、溶接する鋼板と同等以上の強度となる。このため、許容応力度は、溶接する鋼板と等しくできる。

表 3-14　溶接継目ののど断面に対する許容応力度［単位：N/mm²］

作業の方法		鋼材の種類	継目の形式	長期応力に対する許容応力度				短期応力に対する許容応力度			
				圧縮	引張	曲げ	せん断	圧縮	引張	曲げ	せん断
(1)	自動溶接装置等の設置その他大臣が高度の品質を確保し得ると認めて定める条件によって作業する場合	SN400 SS400 SM400 STK400	突合せ	156	156	156	90.4	235	235	235	135
			突合せ以外のもの	90.4	90.4	90.4	90.4	135	135	135	135
		SM490 SMA490 STK490	突合せ	216	216	216	125	325	325	325	187
			突合せ以外のもの	125	125	125	125	187	187	187	187
(2)	(1) 以外の場合	SN400 SS400 SM400 STK400	突合せ	141	141	141	81.4	211	211	211	122
			突合せ以外のもの	81.4	81.4	81.4	81.4	122	122	122	122
		SM490 SMA490 STK490	突合せ	195	195	195	112	292	292	292	168
			突合せ以外のもの	112	112	112	112	168	168	168	168

注 1）材厚 40mm 以下の場合。
2）(1) の場合の圧縮・引張・曲げは $F/1.5$、せん断は $F/1.5\sqrt{3}$（いずれも長期）より求める。
3）(2) の場合の圧縮・引張・曲げは $0.9F/1.5$、せん断は $0.9F/1.5\sqrt{4}$（いずれも長期）より求める。
4）短期許容応力度は、長期許容応力度の 1.5 倍である。

（建築基準法施行令第 90 条、平成 12 年建設省告示第 2464 号による）

6　地盤の許容応力度と基礎杭の支持力

地盤の許容応力度及び基礎杭の許容支持力は、国土交通大臣が定める方法によって、地盤調査を行い、その結果に基づいて定められなければならない（平成 13 年国土交通省告示第 1113 号）。ただし、地盤の許容応力度については建築基準法施行令第 93 条の表の数値によることができる（表 3-15）。

表 3-15　地盤の許容応力度（建築基準法施行令第 93 条）

地盤	長期応力に対する許容応力［kN/m²］	短期応力に対する許容応力［kN/m²］
岩盤	1000	長期応力に対する許容応力度のそれぞれの数値の 2 倍とする
固結した砂	500	
土丹盤	300	
密実な礫層	300	
密実な砂質地盤	200	
砂質地盤(注)	50	
堅い粘土質地盤	100	
粘土質地盤	20	
堅いローム層	100	
ローム層	50	

注）地震時に液状化のおそれのないものに限る

4章

建築物に作用する荷重

建築物に作用する荷重には、固定荷重、積載荷重、積雪荷重、風圧力、地震力などがあり、それらを、建築物に対して安全となるような荷重の組合せによって構造計算を行っている。

すなわち、これらの荷重は、いろいろな骨組に対して鉛直方向（固定荷重、積載荷重、積雪荷重）あるいは水平方向（風圧力、地震力）に作用し、また、長期あるいは短期に作用する。このほか水圧・土圧・振動・衝撃なども考慮して構造計算を行わなければならない。

4・1　固定荷重

固定荷重は、建築物自身の重量（N/m^2）や建築物に付随する仕上材の重量（N/m^2）をいう。

建築物が実在する限り存在する重量で、恒久的なものである。

固定荷重は、材料の単位体積質量に重力加速度（g ＝ 9.80665m/sec^2）を乗じて求める。コンクリートの単位体積重量は、23kN/m^3 であり、鉄筋コンクリートは 24kN/m^3 である。しかし、実用

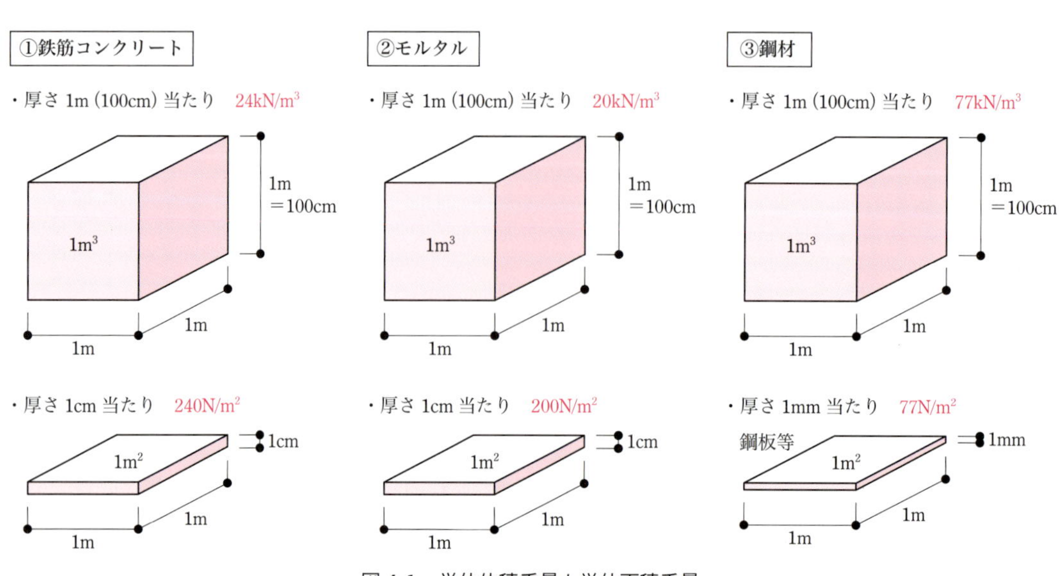

図 4-1　単位体積重量と単位面積重量

的には、厚さ1cm当たりの重さで表し、コンクリートは230N/m²、鉄筋コンクリートは240N/m²、モルタルは200N/m²として計算している（図4-1参照）。屋根・天井・床・壁などの単位面積重量は、建築基準法施行令第84条に示されている（付録1参照）。

また、鉄筋コンクリート（普通コンクリートおよび軽量コンクリート）の設計基準強度の範囲別の単位体積重量を表4-1に示した。

表4-1　鉄筋コンクリートの単位体積重量

コンクリートの種類	設計基準強度の範囲 [N/mm²]	鉄筋コンクリートの単位体積重量 [kN/m³]
普通コンクリート	$Fc \leqq 36$	24
	$36 < Fc \leqq 48$	24.5
	$48 < Fc \leqq 60$	25
軽量コンクリート1種	$Fc \leqq 27$	20
	$27 < Fc \leqq 36$	22
軽量コンクリート2種	$Fc \leqq 27$	18

（日本建築学会『鉄筋コンクリート構造計算規準・同解説』による）

例題 4-1　図に示す断面の床仕上げ荷重を含む固定荷重を求める。

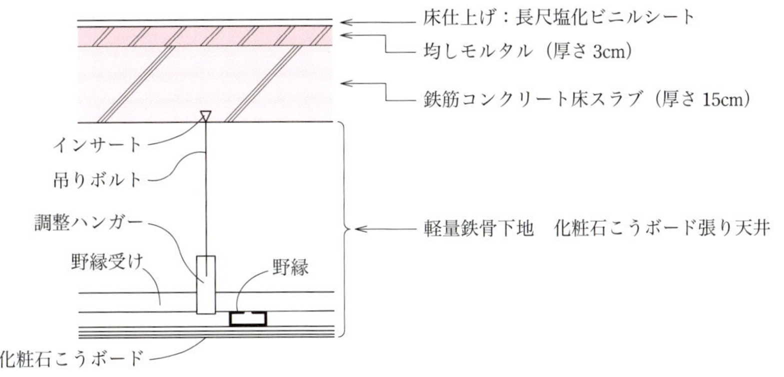

解答

・床仕上げ：長尺塩化ビニルシート	50N/m²
・均しモルタル（厚さ3cm）	200N/m² × 3 ＝ 600N/m²
・鉄筋コンクリート床スラブ（厚さ15cm）	240N/m² × 15 ＝ 3600N/m²
・軽量鉄骨下地　化粧石こうボード張り天井	200N/m²
合　計	4450N/m²

4・2　積載荷重

積載荷重は、建築物が内部に収容する物品や人間の重量（N/m²）をいう。

その単位床面積当たりの大きさは、表4-2のように、室の種類と構造計算の対象に応じた値として、建築基準法施行令第85条によって定められている（表4-2）。

積載荷重の大小関係は、実況に応じて計算しない場合、集中度や衝撃などを考慮して、床の構造計算用＞骨組（大梁・柱または基礎）の構造計算用＞地震力計算用の順に定められている。

教室、百貨店・店舗の売場、劇場の客席などに連絡する廊下の積載荷重は、実況に応じて計算しない場合、教室、百貨店・店舗の売場、劇場の客席などの積載荷重より大きな数値としなければならない。

また、学校や百貨店の屋上広場またはバルコニーの積載荷重は、一般の値（住宅の居室などの値）より大きな数値としなければならない（表4-2参照）。

事務室などの柱や基礎の垂直荷重による軸方向圧縮力を計算する場合、その柱が支える床の数が多くなると集中度が低くなり積載荷重が平均化されるので、柱が支える床面の数に応じて、積載荷重を0.6倍まで低減することができる（図4-2参照）。ただし、劇場、映画館、公会堂、集会場などの客席や集会室は、低減することができない。

表4-2　積載荷重

［単位：N/m²］

室の種類＼構造計算の対象			床の構造計算用	骨組の構造計算用	地震力算定用
(1)	住宅の居室、病室		1800	1300	600
(2)	事務室		2900	1800	800
(3)	教室		2300	2100	1100
(4)	百貨店または店舗の売場		2900	2400	1300
(5)	劇場、映画館、公会堂、集会場等の客席または集会室	固定席	2900	2600	1600
		その他	3500	3200	2100
(6)	自動車車庫および自動車通路		5400	3900	2000
(7)	(3)の教室、(4)の売場、(5)の客席・集会室に連絡する廊下、玄関、階段		3500	3200	2100
(8)	屋上広場またはバルコニー	一般の場合	1800	1300	600
		学校または百貨店	2900	2400	1300

注）倉庫業を営む倉庫の床の積載荷重は、実況に応じて計算した値が3900N/m²未満の場合でも、3900N/m²としなければならない。

（建築基準法施行令第85条より）

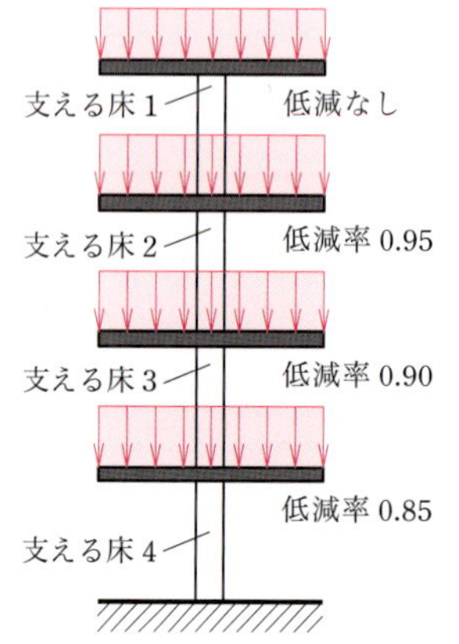

支える床の数	低減率
9以上	0.60
8	0.65
7	0.70
6	0.75
5	0.80
4	0.85
3	0.90
2	0.95

図4-2　積載荷重の低減率（建築基準法施行令第85条より）

例題 4-2 図に示す柱の軸方向力を求める。ただし、柱が負担する面積は 40m² とする。

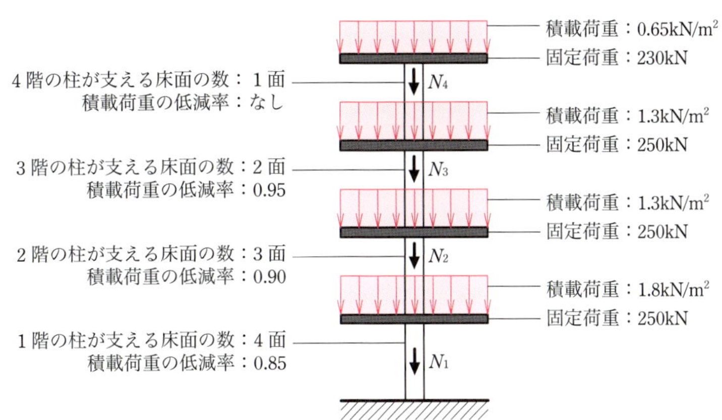

解　答

4 階柱の軸方向力 N_4 ＝(230kN)＋(0.65kN/m²)× 40m² ＝ 256kN

3 階柱の軸方向力 N_3 ＝(230kN ＋ 250kN)＋ 0.95 ×(0.65kN/m² ＋ 1.3kN/m²)×40m² ＝ 554.1kN

2 階柱の軸方向力 N_2 ＝(230kN ＋ 250kN ＋ 250kN)＋ 0.90 ×(0.65kN/m² ＋ 1.3kN/m² ＋ 1.3kN/m²)× 40m² ＝ 847kN

1 階柱の軸方向力 N_1 ＝(230kN ＋ 250kN ＋ 250kN ＋ 250kN)＋ 0.85 ×(0.65kN/m² ＋ 1.3kN/m² ＋ 1.3kN/m² ＋ 1.8kN/m²)× 40m² ＝ 1151.7kN

4・3　積雪荷重

積雪荷重は、建築物に積もる雪の重量（N/m²）をいう。

その大きさは、積雪の単位荷重に垂直積雪量と屋根形状係数を乗じて、次式で計算する。

積雪荷重 S ＝積雪の単位荷重 s ×垂直積雪量 d ×屋根形状係数 μ_b ［N/m²］　　式 4-1

積雪の単位荷重は、一般地域では、積雪量 1cm 当たり 20N/m² 以上としている。なお、特定行政庁が定めた多雪区域では、積雪量 1cm 当たり 30N/m² 以上としている。

特定行政庁が定める**多雪区域**とは、次のとおりである。

①垂直積雪量が 1m 以上の区域
②積雪の初終間日数の平年値が 30 日以上の区域

なお、積雪の初終間日数とは、当該区域中の積雪部分の割合が 1/2 を超える状態が継続する期間の日数をいう。

垂直積雪量は、「その区域の標準的な標高 l_S および海率 r_S」と「周辺地形あるいはその区域での観測資料等」を考慮し、特定行政庁が定める値として、次式で計算する。

垂直積雪量 $d = \alpha \cdot l_S + \beta \cdot r_S + \gamma$ [m]　式 4-2

α、β、γ：区域に応じて定めた数値。平成 12 年建設省告示第 1455 号別表による

屋根の積雪荷重は、屋根に雪止めがある場合を除き、その勾配が 60 度以下の場合においては、その屋根勾配に応じて、積雪荷重に次式で計算した屋根形状係数 μ_b の数値を乗じて低減することができる。また、屋根勾配が 60 度を超える場合は、屋根に雪が積もらないと考えて、0 とすることができる。

$\mu_b = \sqrt{\cos(1.5\beta)}$　式 4-3

β：屋根勾配［度］

積雪荷重においては、建築基準法施行令第 86 条で以下の規定を定めている。

①雪下ろしを行う習慣がある地方における垂直積雪量は、雪下ろしの実況に応じて垂直積雪量を 1m まで減らして計算することができる。

②垂直積雪量を 1m まで減らして計算した建築物については、その出入口、主要な居室またはその他の見やすい場所にその軽減の実況等必要な事項を表示しなければならない。

③積雪荷重による応力は、屋根全体に雪が一様に分布している場合に比べて、その一部が溶けて不均衡な分布となった場合のほうが不利になることがある。また、屋根の凹部には雪がたまりやすく、軒先などには雪が垂れ下がって大きな荷重となるなど、不均衡になることもあるので、その影響を考慮して設計しなければならない。

4・4　風圧力

風圧力は壁面や屋根面におよぼす風の圧力で、建築物の形状と風速によって異なる値を取る。

風圧力は、速度圧 q に風力係数 C_f を乗じて、次式で計算する。

風圧力 $P = C_f \times q$［N/m^2］　式 4-4

1　風力係数 C_f

風力係数 C_f は、建築物または工作物の断面および平面の形状に応じて国土交通大臣が定める数値で、次式で計算する。

風力係数 C_f = 外圧係数 C_{pe} − 内圧係数 C_{pi}　式 4-5

C_{pe}：閉鎖型および開放型の建築物に加わる**外圧係数**。屋外から当該部分を垂直に押す向きを正（+）とする（図 4-3 参照）

C_{pi}：閉鎖型および開放型の建築物の**内圧係数**。室内側から当該部分を垂直に押す向きを正（+）とする（図 4-4 参照）

外圧係数 C_{pe} を図 4-3 に示す。図は張り間方向に風を受ける閉鎖型建築物の例である。

図 4-3 より、風上側の風力係数 C_f は $0.8k_Z$ であるから、地盤面からの高さ Z に影響される。し

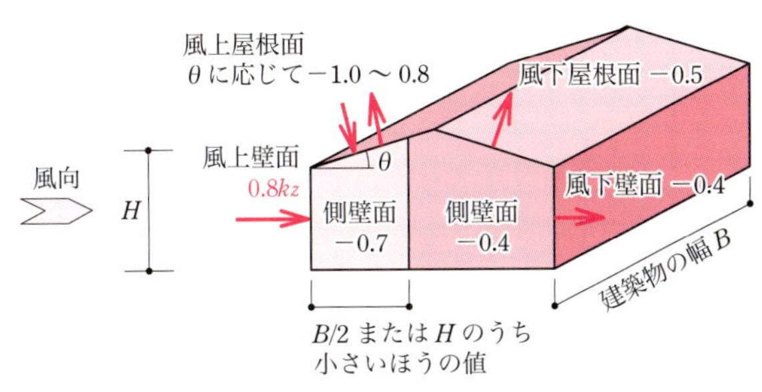

H：建築物の高さと軒の高さの平均
kz：HおよびZ（風圧力を計算する部分の地盤面からの高さ）と周辺環境から決まる係数

図 4-3　外圧係数 C_{pe}

表 4-3　切妻屋根・片流れ屋根およびのこぎり屋根面の外圧係数 C_{pe}

屋根勾配	風上面		風下面
	正の係数	負の係数	
10° 未満	—	−1.0	−0.5
10°	0	−1.0	
30°	0.2	−0.3	
45°	0.4	0	
90°	0.8	—	

（平成 12 年建設省告示第 1454 号より）

たがって、風力係数 C_f は、風圧力を計算しようとする部分の地盤面からの高さ Z によって異なる値をとるので、1 つの建築物で 1 つの値ではない。

閉鎖型の建築物において、水平面に対して 10° 以下の緩い勾配の片流れ屋根の場合、水平な風は、吹上げ力として作用する（図 4-3、表 4-3 および付録 2 参照）。

なお、kz は、次式で計算する（Z_b は表 4-5 参照）。

$H \leqq Z_b$ の場合　：$kz = 1.0$　式 4-6

$H > Z_b$、かつ、$Z \leqq Z_b$ の場合　：$kz = \left(\frac{Z_b}{H}\right)^{2\alpha}$　式 4-7

$H > Z_b$、かつ、$Z > Z_b$ の場合　：$kz = \left(\frac{Z}{H}\right)^{2\alpha}$　式 4-8

内圧係数 C_{pi} を図 4-4 に示す。図は閉鎖型および開放型建築物の例である。

・閉鎖型の建築物

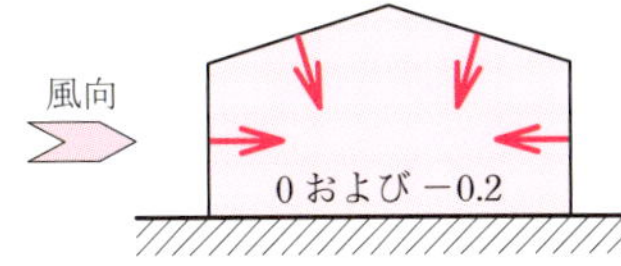

・開放型の建築物

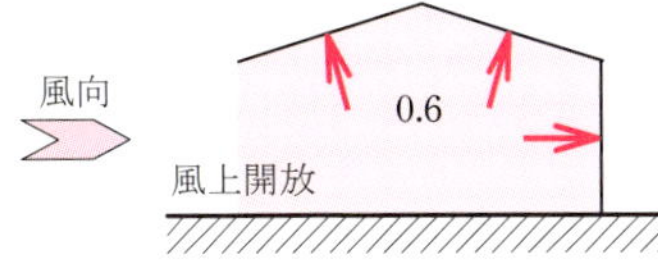

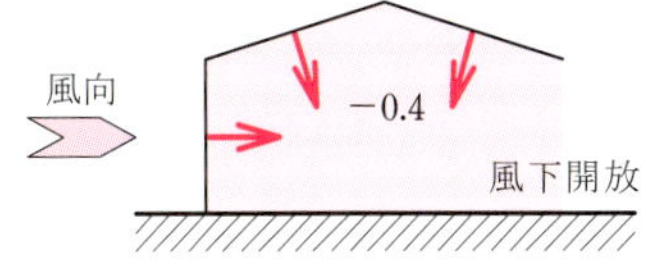

図 4-4　内圧係数 C_{pi}

閉鎖型の建築物における風力係数 C_f は、建築物の外圧係数と内圧係数を用いて計算する。

ラチス構造物の風力係数 C_f は $1.3kz$ 〜 $3.6kz$ の範囲内の値をとり、図 4-3・4-4 および図 4-6・4-7 に示した構造物の値より大きい値をとる（図 4-5 および表 4-4 参照）。

網状建築物の風力係数 C_f を図 4-6 に、円筒形構造物の風力係数 C_f を図 4-7 に示す。

屋根の軒先などの局部の風力係数は、屋根面や壁面の風力係数より大きくなる場合がある。

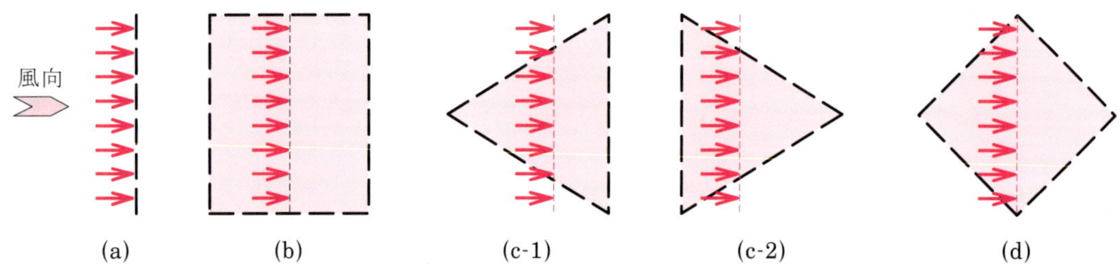

・図は、ラチス梁およびラチス柱の断面を表す。
・風圧作用面積は、⋙の作用する方向から見たラチス構面の見付面積とする。

図 4-5　ラチス構造物

表 4-4　ラチス構造物の風力係数 C_f

種類 ＼ ϕ		(1) 0.1 以上	(2) 0.1 を超え 0.6 未満	(3) 0.6
鋼管	(a)	1.4kz	(1) と (3) とに掲げる数値を直線的に補間した数値	1.4kz
	(b)	2.2kz		1.5kz
	(c-1、2)	1.8kz		1.4kz
	(d)	1.7kz		1.3kz
形鋼	(a)	2.0kz		1.6kz
	(b)	3.6z		2.0kz
	(c-1、2)	3.2kz		1.8kz
	(d)	2.8kz		1.7kz

（平成 12 年建設省告示第 1454 号より）

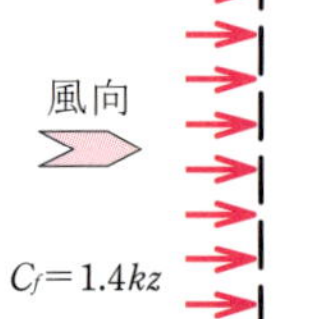

・図は、金網等の断面を表す。
・風圧作用面積は、⋙の作用する方向から見た金網等の見付面積とする。

図 4-6　金網等、網状構造物の風力係数 C_f

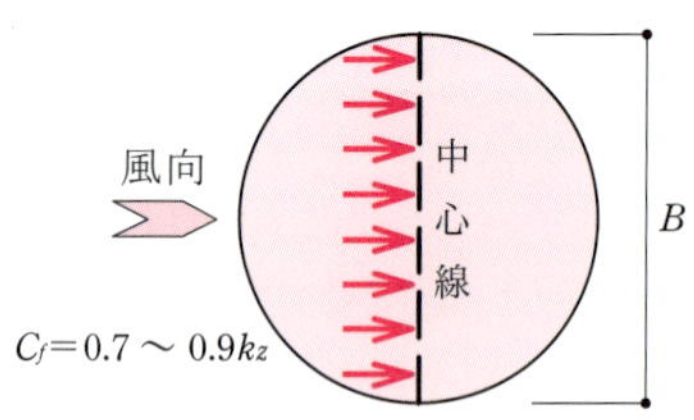

・図は、煙突等の断面を表す。
・風圧作用面積は、⋙の作用する方向から見た煙突等の見付面積とする。
・$H/B \leqq 1.0$ の場合：$C_f = 0.7kz$
・$H/B \geqq 8.0$ の場合：$C_f = 0.9kz$
　1 を超え 8 未満の場合は直線補間

図 4-7　煙突等、円筒形構造物の風力係数 C_f

2　速度圧 q

速度圧 q は、建築物が建っている地域とその市街地の状況を考慮して、次式で計算する。

速度圧 $q = 0.6 \cdot E \cdot V_0^2$　[N/m²]　　式 4-9

E：建築物の屋根の高さおよび周辺の地域に存在する建築物、工作物、樹木その他の風速に影響を与えるものの状況に応じて算出した数値

E は、次式で計算する。

$E = E_r^2 \cdot G_f$　　式 4-10

E_r：平均風速の高さ方向の分布を表す係数で、次式で計算する

H が Z_b 以下の場合：$E_r = 1.7\left(\frac{Z_b}{Z_G}\right)^{\alpha}$ 式 4-11

H が Z_b を超える場合：$E_r = 1.7\left(\frac{H}{Z_G}\right)^{\alpha}$ 式 4-12

H：建築物の高さと軒の高さの平均［m］

Z_b、Z_G、α：表 4-5 による

G_f：**ガスト影響係数**。気流の乱れを表すもので、風の時間的変動により建築物が揺れた場合に発生する最大の力を計算するために用いる係数である。

V_0：その地方における過去の台風の記録に基づく風害の程度その他風の性状に応じて30m/秒から46m/秒の範囲内で国土交通大臣が定める基準風速（表 4-6 参照）。稀に発生する暴風時の地上 10m における 10 分間の平均風速に相当する値である。

表 4-5 地表面粗度区分と諸係数

地表面粗度区分	解説	Z_b [m]	Z_G [m]	α	G_f		
					$H \leqq 10$m	10m ＜ H ＜ 40m	40m $\leqq H$
地表面粗度区分 I	都市計画区域外で、極めて平坦で障害物がない区域	5	250	0.10	2.0	直線補間	1.8
地表面粗度区分 II	都市計画区域外で、地表面粗度区分 I 以外の区域、および都市計画区域内で、地表面粗度区分IV以外で海岸線または湖岸線間での距離が 500m 以内の区域	5	350	0.15	2.2	直線補間	2.0
地表面粗度区分III	地表面粗度区分 I・II・IV以外の区域	5	450	0.20	2.5	直線補間	2.1
地表面粗度区分IV	都市計画区域内で、都市化が極めて著しい区域	10	550	0.27	3.1	直線補間	2.3

（平成 12 年建設省告示第 1454 号より）

表 4-6 基準風速 V_0

	V_0 [m]	地方の区分
(1)	30	(2)から(9)までに掲げる地方以外の地方
(2)	32	札幌市、小樽市、久慈市、秋田市、鶴岡市、水戸市、川越市、八王子市、両津市、敦賀市、富士吉田市、多治見市、関市、静岡市、豊橋市、大津市、京都府、高槻市、姫路市、奈良市、鳥取市、益田市、岡山市、広島市、八女市、大分市、等
(3)	34	函館市、室蘭市、青森県、能代市、土浦市、川口市、浦和市、市川市、船橋市、浦安市、東京都 23 区、武蔵野市、横浜市、川崎市、岐阜市、大垣市、沼津市、熱海市、名古屋市、三重県、彦根市、大阪市、堺市、神戸市、尼崎市、五條市、和歌山県、呉市、山口県、香川県、愛媛県、福岡市、北九州市、佐賀県、長崎市、佐世保市、熊本市、延岡市、等
(4)	36	鹿島市、千葉市、成田市、横須賀市、逗子市、伊東市、下田市、徳島市、鳴門市、宿毛市、福江市、宮崎市、都城市、日南市、川内市、等
(5)	38	銚子市、館山市、東京都大島町、高知市、安芸市、鹿児島市、鹿屋市、等
(6)	40	室戸市、枕崎市、指宿市、等
(7)	42	東京都八丈町・青ヶ島村・小笠原村、鹿児島県中種子町・南種子町
(8)	44	鹿児島郡三島村、熊毛郡上屋久町・屋久町
(9)	46	名瀬市、鹿児島郡十島村、大島郡、沖縄県

（平成 12 年建設省告示第 1454 号より）

速度圧 q は、建築物の屋根の高さなどに応じて算出した数値 E と基準風速 V_0 より計算する。建築物の屋根の高さなどに応じて算出した数値 E を求める係数 E_r、G_f ともに建築物の高さが決まると求まる値であり、基準風速 V_0 は、表 4-6 のようにその地方で決まる値である。

したがって、速度圧 q は、一つの建築物で一つの値が決まり、建築物のどの部分の高さでも値は一定で、風圧力を計算する部分の高さ Z によって変化することはない。

速度圧 q は、建築物に近接してその建築物を風の方向に対して有効にさえぎる他の建築物や防風林などがある場合には、その方向の数値を 1/2 まで減らすことができる。

(1) 平均風速の高さ方向の分布を表す係数 E_r および気流の乱れを表すガスト影響係数 G_f

平均風速の高さ方向の分布を表す係数 E_r および気流の乱れを表すガスト影響係数 G_f は、ともに、建築物の屋根の平均高さ H と地表面粗度区分（Ⅰ～Ⅳ）とによって決まる係数である。なお、建築物の屋根の平均高さ H とは、建築物の高さと軒の高さの平均高さをいう（図 4-3 参照）。

平均風速の高さ方向の分布を表す係数 E_r は、建築物の屋根の平均高さ H が高いほど値が大きく、低いと地表面が気流に及ぼす影響（抵抗）が大きいので値は小さくなる。また、**ガスト影響係数** G_f は、建築物の屋根の平均高さ H が高いほど値が小さく、低いと地表面の気流を乱すので値は大きくなる。よって、平均風速の高さ方向の分布を表す係数 E_r、気流の乱れを表すガスト影響係数 G_f およびそれらを計算した E との関係は次のようになる。

建築物の屋根の平均高さ H が高くなると、
　平均風速の高さ方向の分布を表す係数 E_r は ……… 大きくなる
　気流の乱れを表すガスト影響係数 G_f は …………… 小さくなる
　それらを計算した E は ……………………………… 大きくなる

(2) 地表面粗度区分

地表面粗度区分を決定するに当たっては、都市計画区域の指定の有無、海岸線からの距離、建築物の高さなどを考慮する。地表面粗度区分は、次のような 4 種類に区分されている。

◆都市計画区域外
　区域Ⅰ：極めて平坦で障害物のない区域
　区域Ⅱ：Ⅰ以外の区域、および都市計画区域内にあって地表面粗度区分Ⅳ以外の区域のうち、海岸線または湖岸線までの距離が 500m 以内の区域
　区域Ⅲ：地表面粗度区分Ⅰ、ⅡまたはⅣ以外の区域
◆都市計画区域内
　区域Ⅳ：都市化が極めて著しい区域

地表面粗度区分は、区域Ⅰより区域Ⅳ、すなわち、数字が大きくなるほど、高い建築物が多くなるので、気流に対する地表面の抵抗が大きくなって風速は弱められる。

ガスト影響係数 G_f は、区域Ⅰでは気流の乱れが少ないので値は小さいが、区域Ⅳでは高い建築物が多くなるので、乱れが大きくなり、値も大きくなる。

平均風速の高さ方向の分布を表す係数 E_r、気流の乱れを表すガスト影響係数 G_f およびそれらを計算した E と地表面粗度区分（Ⅰ～Ⅳ）との関係は次のようになる。

平均風速の高さ方向の分布を表す係数 E_r ……… Ⅰ＞Ⅱ＞Ⅲ＞Ⅳ の順になる。
気流の乱れを表すガスト影響係数 G_f …………… Ⅳ＞Ⅲ＞Ⅱ＞Ⅰ の順になる。
それらを計算した E ……………………………… Ⅰ＞Ⅱ＞Ⅲ＞Ⅳ の順になる。

例題 4-3 図のような、地表面粗度区分Ⅲに建設される閉鎖型建築物の風上側壁面の風力係数 C_f、速度圧 q および風圧力 P を求める。ただし、$V_0 = 34\text{m/s}$ とする。

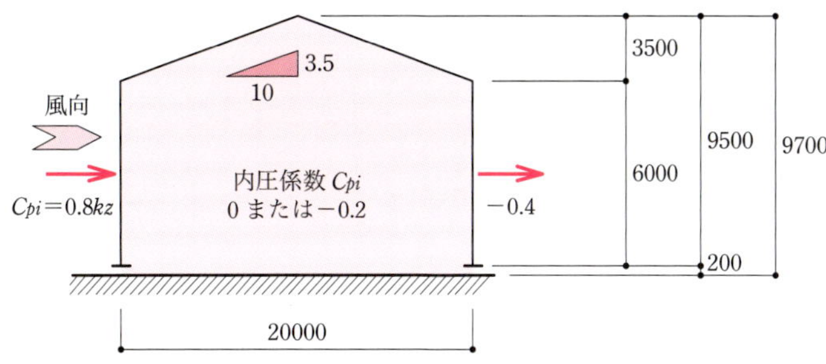

解 答

①k_z の計算

地表面粗度区分Ⅲの係数を計算する。

地盤面から軒までの高さ $Z = 6.2\text{m}$

$Z_b = 5\text{m}$（表 4-5 より）、$\alpha = 0.20$（表 4-5 より）

建築物の屋根の平均高さ $H = \dfrac{6.2 + 9.7}{2} = 7.95\text{m}$

H と Z_b の大小関係より k_z を計算する。

$H = 7.95\text{m} > Z_b = 5\text{m}$ および $Z = 6.2\text{m} > Z_b = 5\text{m}$

よって、式 4-8 より、$k_z = \left(\dfrac{Z}{H}\right)^{2\alpha} = \left(\dfrac{6.2}{7.95}\right)^{2\times0.20} \fallingdotseq (0.780)^{0.4} = 0.905$

k_z は、地盤面からの高さ Z に応じて変化する等分布状の値である。したがって、風上側の最も高い壁面である軒高 $Z = 6.2\text{m}$ のとき $k_z = 0.905$ を安全側の値として計算する。

②風力係数 C_f の計算

◆ $C_{pi} = 0$ のとき　：風上側壁面の $C_f = C_{pe} - C_{pi} = 0.8 \times 0.905 - 0 = 0.724$

◆ $C_{pi} = -0.2$ のとき：風上側壁面の $C_f = C_{pe} - C_{pi} = 0.8 \times 0.905 - (-0.2) = 0.924$

風力係数 C_f は、すべての組合せについて求める。

③速度圧 q の計算

$H = 7.95\text{m} > Z_b = 5\text{m}$ であるから、式 4-12 より、

$$E_r = 1.7\left(\frac{H}{Z_G}\right)^{\alpha} = 1.7\left(\frac{7.95}{450}\right)^{0.20} \fallingdotseq 1.7\times(0.0177)^{0.20} = 0.759$$

$G_f = 2.5$（表 4-5、$H \leqq 10\text{m}$ より）、よって、$E = E_r^2 \cdot G_f = (0.759)^2 \times 2.5 \fallingdotseq 1.44$

∴式 4-9 より、速度圧 $q = 0.6 \cdot E \cdot V_0^2 = 0.6 \times 1.44 \times 34^2 = 998.8\text{N/m}^2 \fallingdotseq 0.999\text{kN/m}^2$

④風圧力 P の計算

式 4-4 より、風圧力 P ＝風力係数 C_i ×速度圧 q で計算する。

◆ $C_{pi} = 0$ のとき　：風上側壁面の風圧力 $P = 0.724 \times 0.999 = 0.723\text{kN/m}^2$

◆ $C_{pi} = -0.2$ のとき：風上側壁面の風圧力 $P = 0.924 \times 0.999 = 0.923\text{kN/m}^2$

風圧力 P は、すべての風力係数 C_f の組合せについて求める。

4・5　地震力

建築物に作用する震力を**地震力**［kN］という。

地震力により建築物にはせん断力が発生する。建築物の i 階の中央部分に作用する地震力を i 層に作用するものとし、これを**地震層せん断力 Q_i** という。

1　地上部分の地震力

(1) 地震層せん断力 Q_i

建築物の地上部分の i 層の地震層せん断力 Q_i は、i 層の地震層せん断力係数 C_i に i 層以上の部分全体の固定荷重と積載荷重の総和 W_i を乗じて、次式で計算する（図 4-8 参照）。

地震層せん断力 $Q_i = C_i \times W_i$　　式 4-13

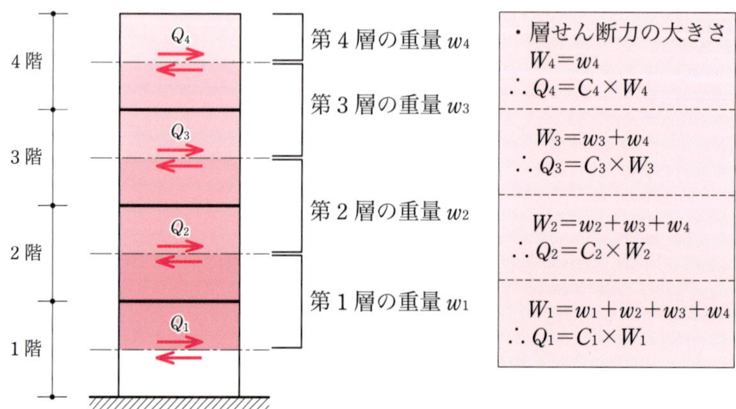

図 4-8　層せん断力 Q_i

設計用地震力は、建築物の耐用年限中に数度は遭遇する程度の中小地震動によるものと、耐用年限中に一度は遭遇するかもしれない大地震動によるものとの2段階を考える。

(2) 地震層せん断力係数 C_i

地震層せん断力係数 C_i は、次式で計算する。

地震層せん断力係数 $C_i = Z \cdot R_t \cdot A_i \cdot C_0$ 　　式 4-14

地震層せん断力係数 C_i の値は、建築物の上層ほど大きくなる（表 4-7 参照）。

(a) 地震地域係数 Z

Z はその地方における過去の地震の記録に基づく震害の程度、地震活動の状況等によって行政区ごとに定まる数値である。

Z は、1.0 〜 0.7 の値であるから、低減係数である（図 4-9 参照）。関東、東海、近畿地方などは 1.0、沖縄は 0.7 としている。

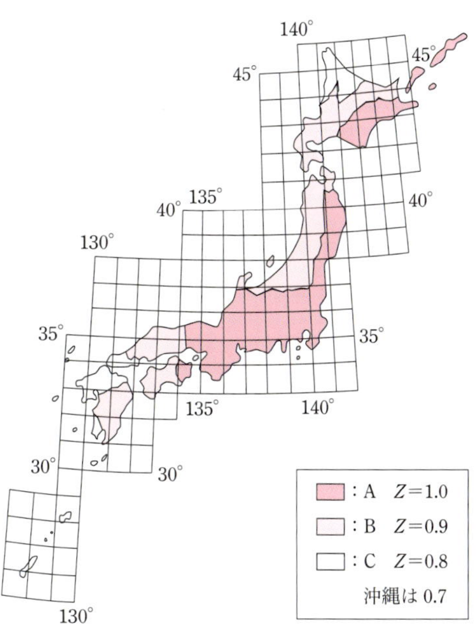

図 4-9　地震地域係数 Z

(b) 振動特性係数 R_t

R_t は建築物の振動特性を表す係数で、建築物の弾性域における固有周期および地盤の種別により地震力を変化させる値である。

R_t は 1.0 以下の値であるから、低減係数である（図 4-10 参照）。

◆ R_t の値

・$T < T_c$ の場合　：$R_t = 1.0$

・$T_c \leqq T < 2T_c$ の場合：$R_t = 1 - 0.2\left(\dfrac{T}{T_c} - 1\right)^2$

・$2T_c \leqq T$ の場合　：$R_t = \dfrac{1.6T_c}{T}$

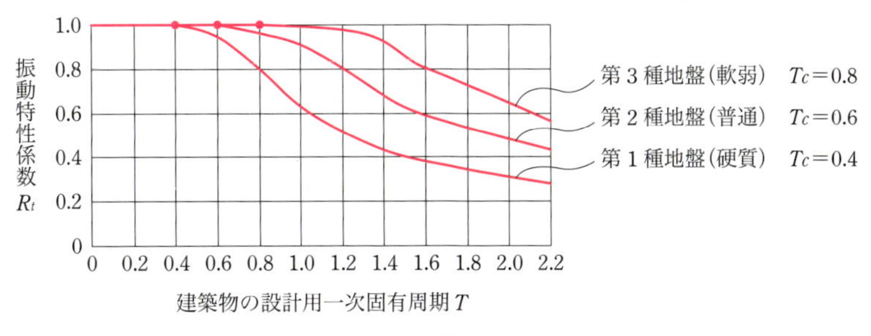

図 4-10　振動特性係数 R_t

4章　建築物に作用する荷重

図 4-10 をチェックすると、次のようなことがわかる。

①振動特性係数 R_t は硬質地盤（第 1 種地盤）では低減されるが、軟質地盤（第 3 種地盤）ではあまり低減できない。

②設計用一次固有周期 T が T_c より十分長い場合、T が長くなるほど、振動特性係数 R_t は低減されて小さくなる。

③設計用一次固有周期 T が 0.4 秒の場合は、地盤の種類にかかわらず、振動特性係数 R_t を 1.0 とすることができる。

④高層建築物の場合、その高さが高いものほど、設計用一次固有周期 T が長くなり、振動特性係数 R_t が低減されるので、地震層せん断力係数 C_i は小さくなる。ただし、地盤が軟弱なほど振動特性係数 R_t は大きく低減できないので、地震層せん断力係数 C_i はあまり小さくならない。

(c) 高さ方向の地震層せん断力分布係数 A_i

地震層せん断力係数の建築物の高さ方向の分布を表す係数 A_i は、次式で計算する。

$$\alpha_i = \frac{i\text{層から最上層までの重量}}{\text{地上部分の全重量}} \qquad \text{式 4-15}$$

$$A_i = 1 + \left(\frac{1}{\sqrt{\alpha_i}} - \alpha_i\right) \cdot \frac{2T}{1+3T} \qquad \text{式 4-16}$$

地震層せん断力係数の建築物の高さ方向の分布を表す係数 A_i は、建築物の上階になるほど大きくなり、建築物の設計用一次固有周期 T が長いほど大きくなる（図 4-11 および表 4-7 参照）。

A_i の値は割増係数であるので、最下層における値が最も小さく $A_i = 1.0$ である。

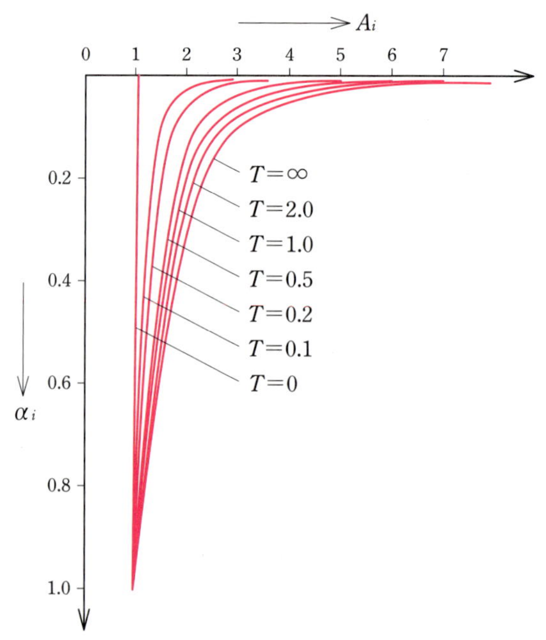

図 4-11　地震層せん断力分布係数 A_i（昭和 55 年建設省告示第 1793 号より）

(d) 標準せん断力係数 C_0

標準せん断力係数 C_0 は、基本的には 0.2 以上として設計するが、0.3 以上や 1.0 以上を用いる場合など、次のように分けることができる。

①標準せん断力係数 C_0 を 0.2 以上として設計する場合

- 建築物の地上部分に作用する地震力では、一次設計である許容応力度設計を行う場合。
- 二次設計（耐震計算ルート 2、3）において、構造計算適合性判定を必要とする建築物では、層間変形角の計算に用いる場合。

②標準せん断力係数 C_0 を 0.3 以上として設計する場合

- 特定行政庁が定める地盤が著しく軟弱な区域内における木造建築物の場合。
- 階数 3 以下、高さ 13m 以下、軒高 9m 以下、スパン 6m 以下、延べ面積 500m^2 以下とする鉄骨造建築物を耐震計算ルート 1 で設計する場合（表 5-12 参照）。

③標準せん断力係数 C_0 を 1.0 以上として設計する場合

- 建築物の地上部分における各層の必要保有水平耐力を計算する場合。

例題 4-4　図に示した地震地域係数 $Z = 1.0$ である地域に建つ 4 階建純鉄骨造建築物の一次設計に用いる各階の地震層せん断力 Q を求める。ただし、地盤は第 2 種地盤とし、せん断力係数 $C_0 = 0.2$ とする。

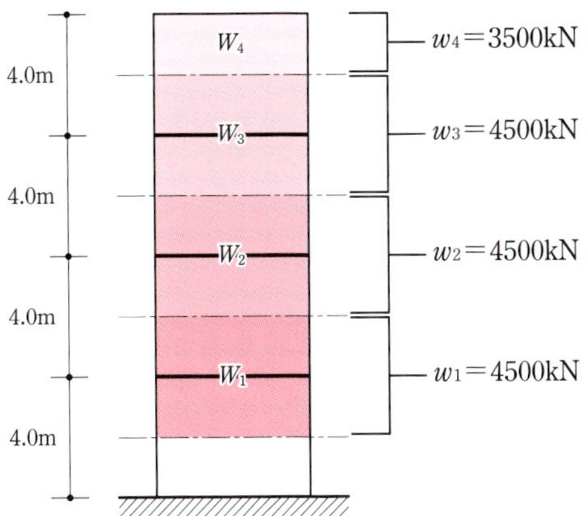

解　答

①層荷重の大きさを計算する。

4 層：$W_4 = w_4 =$ 3500kN

3 層：$W_3 = w_3 + w_4 = 4500 + 3500 =$ 8000kN

2 層：$W_2 = w_2 + w_3 + w_4 = 4500 + 4500 + 3500 =$ 12500kN

1 層：$W_1 = w_1 + w_2 + w_3 + w_4 = 4500 + 4500 + 4500 + 3500 =$ 17000kN

②建築物の設計用一次固有周期を計算する。

$T = h\,(0.02 + 0.01\alpha)$ より求める。このとき、建築物の高さは $h = 4.0 \times 4 = 16\text{m}$ となる。

純鉄骨造より、$\alpha = 1.0$ $\therefore T = 16 \times (0.02 + 0.01 \times 1.0) = 0.48$ 秒となる。

③例題の条件より、地震地域係数 $Z = 1.0$ とする。

④振動特性係数 R_t を求める。

②より、$T = 0.48$ 秒。第2種地盤に建つ建築物と考えると、$R_t = 1.0$ となる（図4-10参照）。

⑤地震層せん断力係数の高さ方向の分布係数 A_i を計算する。

まず、式4-15より α_i を計算し、続いて、式4-16より A_i を計算する。

4層：$\alpha_4 = \dfrac{W_4}{\Sigma W} = \dfrac{3500}{17000} = 0.206$

$$A_4 = 1 + \left(\frac{1}{\sqrt{\alpha_4}} - \alpha_4\right)\frac{2T}{1+3T} = 1 + \left(\frac{1}{\sqrt{0.206}} - 0.206\right) \times \frac{2 \times 0.48}{1 + 3 \times 0.48} = 1.786$$

3層：$\alpha_3 = \dfrac{8000}{17000} = 0.471$　　$A_3 = 1 + \left(\dfrac{1}{\sqrt{0.471}} - 0.471\right) \times \dfrac{2 \times 0.48}{1 + 3 \times 0.48} = 1.388$

2層：$\alpha_2 = \dfrac{12500}{17000} = 0.735$　　$A_2 = 1 + \left(\dfrac{1}{\sqrt{0.735}} - 0.735\right) \times \dfrac{2 \times 0.48}{1 + 3 \times 0.48} = 1.170$

1層：$\alpha_1 = \dfrac{17000}{17000} = 1.000$　　$A_1 = 1 + \left(\dfrac{1}{\sqrt{1.000}} - 1.000\right) \times \dfrac{2 \times 0.48}{1 + 3 \times 0.48} = 1.000$

⑥標準せん断力係数 C_0 を、例題の条件より、$C_0 = 0.2$ とする。

⑦地震層せん断力係数 C_i を、$C_i = Z \cdot R_t \cdot A_i \cdot C_0$ より、次のように計算する。

4層：$C_4 = 1.0 \times 1.0 \times 1.786 \times 0.2 = 0.357$

3層：$C_3 = 1.0 \times 1.0 \times 1.388 \times 0.2 = 0.278$

2層：$C_2 = 1.0 \times 1.0 \times 1.170 \times 0.2 = 0.234$

1層：$C_1 = 1.0 \times 1.0 \times 1.000 \times 0.2 = 0.200$

⑧層せん断力 Q_i を、$Q_i = C_i \cdot W_i$ より、次のように計算する。

4層：$Q_4 = C_4 \cdot W_4 = 0.357 \times 3500 = 1249 \fallingdotseq 1250\text{kN}$

3層：$Q_3 = C_3 \cdot W_3 = 0.278 \times 8000 = 2224 \fallingdotseq 2230\text{kN}$

2層：$Q_2 = C_2 \cdot W_2 = 0.234 \times 12500 = 2925 \fallingdotseq 2930\text{kN}$

1層：$Q_1 = C_1 \cdot W_1 = 0.200 \times 17000 = 3400\text{kN}$

以上をまとめて一覧表にすると表4-7のようになる。

表4-7　地震層せん断力の一覧表

i 層	W_i の計算 [kN]	ΣW_i の計算 [kN]		α_i の計算		A_i の計算		C_i の計算 ($Z \cdot R_t \cdot A_i \cdot C_0$)		Q_i の計算 ($C_i \cdot \Sigma W_i$)	
4	3500	3500	小	0.206	小	1.786	大	0.357	大	1250kN	小
3	4500	8000	↓	0.471	↓	1.388	↑	0.278	↑	2230kN	↓
2	4500	12500	↓	0.735	↓	1.170	↑	0.234	↑	2930kN	↓
1	4500	17000	大	1.000	大	1.000	小	0.200	小	3400kN	大

表 4-7 をチェックすると、次のようなことがわかる。

①ΣW の値は、最上層で最も小さく、下層になるほど大きくなる。

⇨固定荷重と積載荷重の総和 W は、最上層から当該部分までの全重量をいい、その大きさは、最上層から順にその重量を加え合わせるから、下層になるほど大きくなる。

②α の値は、下層になるほど大きくなり、最下層で 1.0 である。

⇨α＝（最上層からその層までの重量）/（全体の重量）で計算する値で、最下層で 1.0、上層になるほど小さくなる。

③A_i の値は、最上層で最も大きく最下層で 1.0 であるから、上層になるほど大きくなる。

⇨A_i は、最下層で 1.0 であり、上層になるほど曲線的に大きくなる割増係数である。

④C_i の値は、A_i の値に左右されるので、上層になるほど大きくなる。

⇨C_i は、Z および R_t すなわち地域と地盤が決まれば値が決まる。C_0 は、一定値である。したがって、A_i に大きく影響されることになり、上層ほど大きな値となる。

⑤Q_i の値は、下層になるほど大きくなる。

⇨$Q_i = C_i \cdot W_i$ より求め、C_i は上層ほど大きくなるが、W_i は下層ほど大きい。その割合は W_i のほうが大きいので、Q_i は下層になるほど大きくなる。

2 地下部分の地震力

地下部分の各部分に作用する地震力 F は、一般に、当該部分の固定荷重と積載荷重との和 W に水平震度 k を乗じる水平震度法によって、次式で計算する。

$$F = k \cdot W \ [\mathrm{kN}] \qquad \text{式 4-17}$$

水平震度 k は、次式で計算する（図 4-12 参照）。

$$k = 0.1\left(1 - \frac{H}{40}\right) \cdot Z \qquad \text{式 4-18}$$

Z：地震地域係数

H：地下部分の地盤面からの深さ［m］

ただし、20m を超える場合は 20m とする。

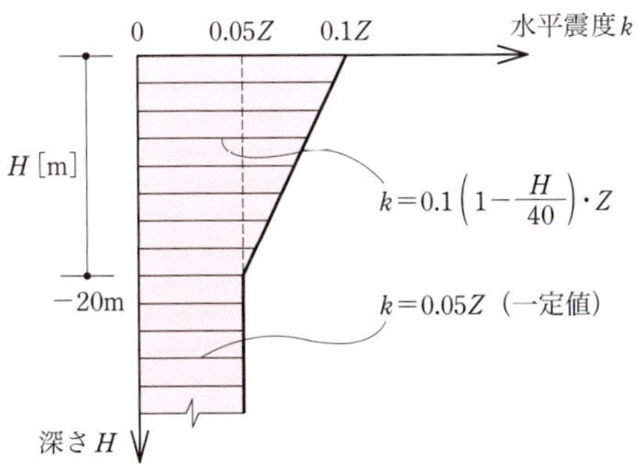

図 4-12　地下部分の水平震度 k_i

地下部分の地震層せん断力 Q_B は、地下部分の地震力 $k \cdot W_B$ と地上部分の最下層の地震層せん断力 Q_1 との和として、次式で計算する。

$$Q_B = k \cdot W_B + Q_1 \ [\mathrm{kN}]$$ 式 4-19

3 屋上突出物等の地震力

屋上から突出する水槽・塔屋・煙突等の地震力には、水平震度 k を用いて計算する。そのときの水平震度 k は、地震地域係数 Z に 1.0 以上の数値を乗じて得た数値として、次式で計算する。

水平震度 $k = 1.0Z$ 式 4-20

屋上突出物等の地震力 $Q_P = k \cdot W_P = 1.0Z \cdot W_P \ [\mathrm{kN}]$ 式 4-21

建築物の外壁から突出して設ける片持バルコニー、屋外階段等については、水平震度または鉛直震度 $k = 1.0Z$ 以上の外力に安全である設計とする。

地表に設置された高さ 4m を超える広告塔、高さ 8m を超える高架水槽等の工作物に作用する地震力は、一般に、水平震度を $0.5Z$（Z：地震地域係数）以上として計算する。すなわち、塔屋や屋外突出物には、地震時に建築物本体に比べて大きな加速度が作用する。

4 地震力に関する事項

①建築物の設計用一次固有周期 T は、$T = h(0.02 + 0.01\alpha)$ より求める。このとき、建築物の高さ h が等しければ、一般に、鉄筋コンクリート構造（$\alpha = 0$）より鉄骨構造（$\alpha = 1$）のほうが設計用一次固有周期 T は長くなる。

②設計用地震力は、同じ規模の建築物の場合、設計用一次固有周期が長くなるほど振動特性係数 R_t が小さくなるので、地震力も小さくなる。

③気象庁の震度階は地震の震源で放出されるエネルギーの大きさを表すマグニチュードと同意語ではない。また、震度階はマグニチュードの大きさを考慮して決める値ではない。

4・6 部材に生ずる応力の組合せ

許容応力度設計（一次設計）に用いる部材に生ずる応力の組合せは、表 4-8 による。

表 4-8 をチェックすると次のようなことがわかる。

①積雪荷重は、多雪区域では、長期および短期の応力を計算する場合に加え合わせ、その他一般の地域では、短期の応力を計算する場合に加え合わせる。

②多雪区域における暴風時に加え合わせる積雪荷重は、短期の積雪時における積雪荷重を 0.35 倍に低減して、組み合わせている。

③多雪区域における暴風時の組合せを計算する場合、積雪荷重による力を加える場合と加えな

表 4-8　部材に生ずる応力の組合せ

力の種類	荷重および外力について想定する状態	一般地域の場合	多雪区域の場合	備考
長期に生じる力	常　時	$G+P$	$G+P$	
	積雪時		$G+P+0.7S$	
短期に生じる力	積雪時	$G+P+S$	$G+P+S$	
	暴風時	$G+P+W$	$G+P+W$	
			$G+P+0.35S+W$	建築物の転倒、柱の引抜き等を検討する場合、Pを実況に応じて低減する。
	地震時	$G+P+K$	$G+P+0.35S+K$	

注）G：固定荷重により生ずる力　P：積載荷重により生ずる力　S：積雪荷重により生ずる力
　　W：風圧力により生ずる力　K：地震力により生ずる力
（建築基準法施行令第 82 条より）

い場合のそれぞれについて想定する。これは、建築物の転倒や柱の引き抜きなどを検討するとき、積雪荷重による力を加えないほうが不利になることがあるからである。

④許容応力度計算に用いる荷重および外力の組合せにおいて、地震力Kと風圧力Wが同時に作用することは想定していない（確率が低い）。

練習問題

問題 4-1 図のような 4 階建ての建築物において、各部の風圧力の算定に関する記述のうち、**最も不適当なもの**はどれか。

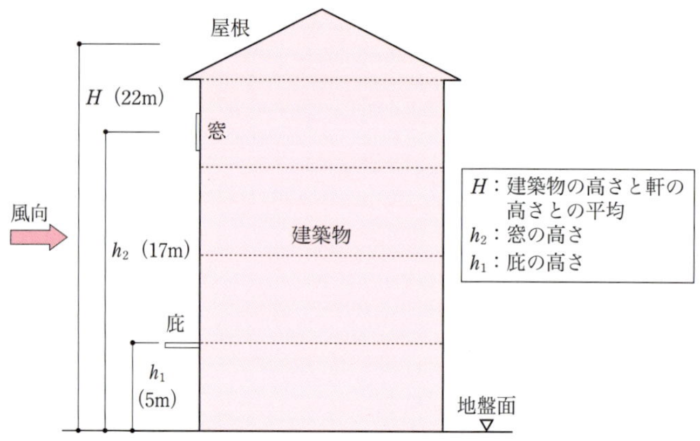

1. 高さ h_2 の窓ガラスの検討に用いる風圧力の計算においては、ピーク風力係数を考慮する。
2. 高さ h_1 の庇の風圧力は、庇の高さ h_1 のみで検討し、建築物の高さと軒の高さとの平均 H に影響されない。
3. 屋根葺き材に作用する風圧力算定においては、ピーク風力係数を考慮する。
4. 速度圧は、その地方における基準風速、地表面粗度区分及び建築物の高さと軒の高さとの平均 H に影響され、風力係数は建築物の形状に応じて定められている。

問題 4-2 建築基準法における荷重及び外力に関する次の記述のうち、**最も不適当なもの**はどれか。

1. 建築物の固有周期が長い場合や地震地域係数 Z が小さい場合には、地震層せん断力係数 C_i は、標準せん断力係数 C_0 より小さくなる場合がある。
2. ガスト影響係数 G_f は、一般に、建築物の高さと軒の高さとの平均 H に比例して大きくなり、「都市化が極めて著しい区域」より「極めて平坦で障害物のない区域」のほうが大きくなる。
3. 高さ 13m 以下の建築物において、屋根ふき材については、規定のピーク風力係数を用いて風圧力の計算をすることができる。
4. 多雪区域においては、暴風時又は地震時の荷重を、積雪荷重と組み合わせる必要がある。

問題 4-3 建築基準法における地震力に関する次の記述のうち、**最も不適当なもの**はどれか。

1. 建築物の地上部分の必要保有水平耐力を計算する場合、標準せん断力係数 C_0 は 1.0 以上としなければならない。
2. 建築物の固有周期及び地盤の種別により地震力の値を変化させる振動特性係数 R_t は、一般に、建築物の設計用一次固有周期 T が長いほど大きくなる。
3. 地震層せん断力係数の建築物の高さ方向の分布を表す係数 A_i は、一般に、建築物の上階になるほど大きくなり、建築物の設計用一次固有周期 T が長いほど大きくなる。

4. 建築物の地下部分の各部分に作用する地震力は、一般に、当該部分の固定荷重と積載荷重との和に水平震度を乗じて計算する。

問題 4-4 建築基準法における建築物に作用する地震力に関する次の記述のうち、**最も不適当なものはどれか。**

1. 建築物の設計用一次固有周期 T が長い場合、一般に、第一種地盤より第三種地盤のほうが建築物の地上部分に作用する地震力は大きくなる。
2. 地震力を算定する場合に用いる鉄骨造の建築物の設計用一次固有周期 T（単位 秒）は、特別な調査又は研究の結果に基づかない場合、建築物の高さ（単位 m）に 0.02 を乗じて算出することができる。
3. 建築物の地上部分における各層の地震層せん断力係数 C_i は、最下層における値が最も小さくなる。
4. 地震地域係数 Z は、その地方における過去の地震の記録等に基づき、1.0 から 0.7 までの範囲内において各地域ごとに定められている。

問題 4-5 建築基準法における建築物に作用する地震力に関する次の記述のうち、**最も不適当なものはどれか。**

1. 地震層せん断力係数の建築物の高さ方向の分布を表す係数 A_i を算出する場合の建築物の設計用一次固有周期 T は、振動特性係数 R_t を算出する場合の T と同じとする。
2. 地震層せん断力 C_i は、建築物の設計用一次固有周期 T が 1.0 秒の場合、第一種地盤（硬質）の場合より第三種地盤（軟弱）のほうが小さい。
3. 高さ 30m の建築物の屋上から突出高さ 4m の塔屋に作用する水平震度は、地震地域係数 Z に 1.0 以上の数値を乗じた値とすることができる。
4. 地震地域係数 Z が 1.0、振動特性係数 R_t が 0.9、標準せん断力係数 C_0 が 0.2 のとき、建築物の地上部分の最下層における地震層せん断力係数 C_1 は 0.18 とすることができる。

問題 4-6 荷重・外力に関する次の記述のうち、**最も不適当なものはどれか。**

1. 多雪区域においては、暴風時においても積雪荷重がある場合と、積雪荷重がない場合とを考慮する。
2. 許容応力度等計算に用いる荷重および外力の組合せにおいて、積雪時の短期に生ずる力を計算するに当たり、多雪区域以外では積雪荷重によって生ずる力を加えなくてもよい。
3. 許容応力度等計算において、地震力の計算時には、特定行政庁が指定する多雪区域にあっては、積雪荷重を考慮する。
4. 許容応力度等計算において、多雪区域に指定された区域外の場合、地震時の短期に生ずる力は、常時の長期に生ずる力に地震力によって生ずる力を加えたものである。

5章

構造計算の進め方

― 許容応力度設計と二次設計 ―

5・1　許容応力度設計（一次設計）

許容応力度設計では、荷重・外力による各部材の応力度が、許容応力度以内であることの確認を行っている（建築基準法施行令第82条）。

その手順は、通常、**荷重計算**→**応力計算**→**部材算定**の順に行う。

許容応力度設計の部分では、梁、柱、スラブ、基礎などの部材算定について、具体的に6章の数値を用いた例題を示しながら進めて行く。

二次設計では、層間変形角、剛性率、偏心率、塔状比、保有水平耐力について解説する。

構造物を設計するには、意匠設計・設備設計などとともに**構造設計**が行われる。

構造設計は、図5-1のように**構造計画**と**構造計算**に分かれる。

構造計画では、建築物の使用目的に適し、かつ、地盤や外力に対して安全であり、経済的であると同時に、構造物の規模・形式、骨組の形や大きさ、壁体の配置、基礎の種類およびその建築物に適した構造材料などを力学的立場から選定するとともに、設計の方針を決定する作業を行う。

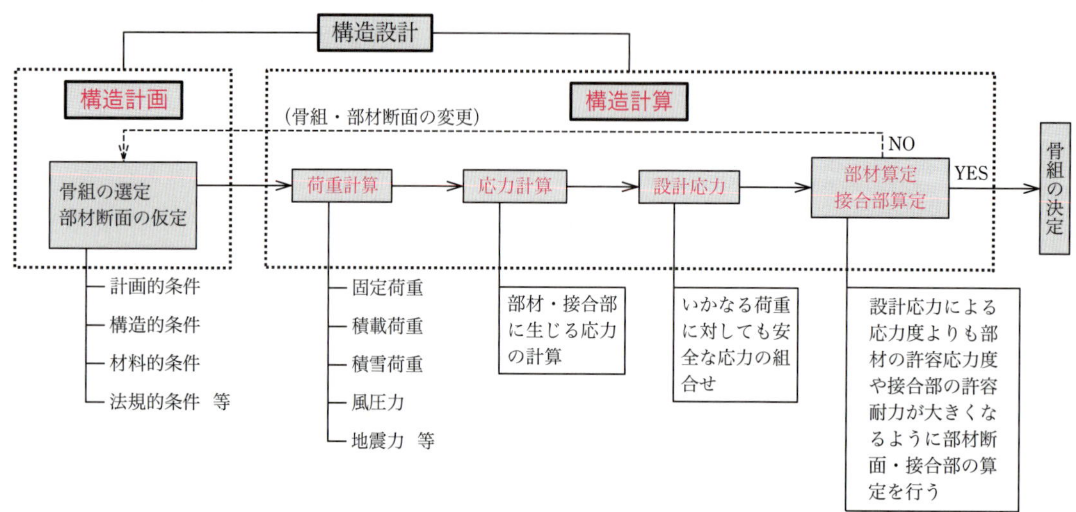

図5-1　構造設計の手順（一次設計）

構造計算では、構造計画に基づいて決定された構造物が、各種の荷重に対して十分に安全かどうかを数値計算によって確かめる作業を行う。

すなわち、荷重によって構造物の各部に生じる応力を計算し、その応力によって部材断面に生じる応力度がそれぞれの材料の許容応力度以下になるよう算定する。この計算方法を**許容応力度計算**といい、普通は、荷重計算→応力計算→部材・接合部算定の順に行われる。これを**一次設計**という。さらに、大地震に対する安全性の確認まで押し進めたものを**二次設計**という。

一次設計では、建築物が存在する期間に数度は起きるであろう中小地震に対して、ほとんど被害が生じないことを目標としている設計である。

二次設計は、極めて稀に起きるであろう大地震に対して、建築物に多少の損傷は生じても倒壊・崩壊しないことを目標としている設計である。

このように構造計算を一次設計と二次設計との 2 段階に分けているが、この 2 段階設計はすべての建築物に対して適用されるわけではなく、また、手順も同一ではない。

図 5-2 に耐震計算の流れを示した。

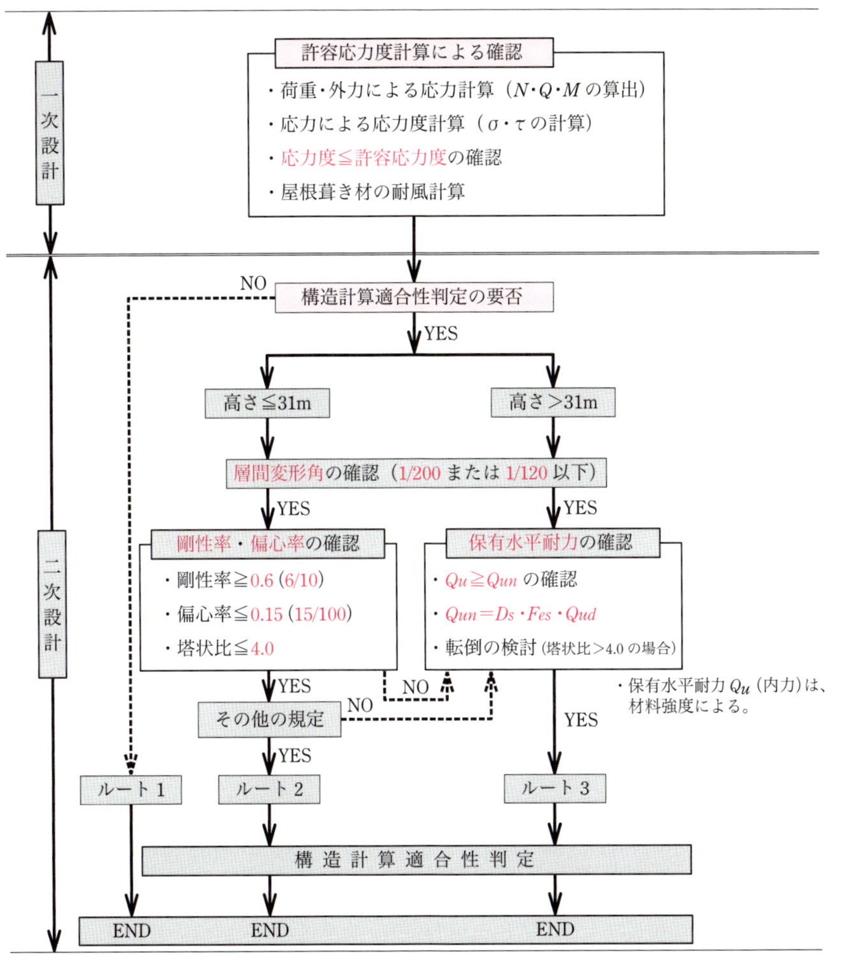

図 5-2　耐震設計の流れ

1 鉄筋コンクリート構造

鉄筋コンクリート構造は、異なる2つの材料、すなわち、鉄筋とコンクリートで構成され、一体化した構造体である。

鉄筋は引張力に対して強い材料であり、コンクリートは圧縮力に対して強い材料である。また、鉄筋は、圧縮力に対しては引張力と同じ強さがあるが、細長いことから座屈が生じて弱くなる。コンクリートは引張力に対して弱い。

よって、鉄筋コンクリート構造(RC造)は、その長所を生かし、短所を補い合って組み合わせた構造体である（図5-3参照）。RC造とは、Reinforced Concrete Construction(補強されたコンクリート構造）の頭文字を用いている。

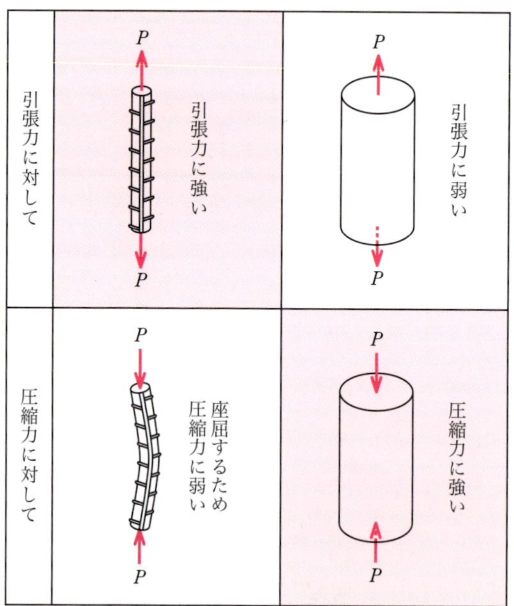

図5-3　鉄筋コンクリート構造の特徴

鉄筋コンクリート構造が成り立つ要因として、次のような条件が挙げられる。

①RC造は、コンクリートの引張力が生じる部分に鉄筋を配し、補強した構造である。
②コンクリートのアルカリ性によって、鉄筋を錆から守っている。
③かぶり厚さを確保することによって、鉄筋を火害から守っている。
④コンクリートと鉄筋の線膨張係数（1×10^{-5}/℃）が等しいことによって、伸縮が同一となり、一体性が保たれている。
⑤コンクリートと鉄筋の付着によって、応力の伝達がスムーズに行われている。

以上、五つのうち、どれか一つが欠けても鉄筋コンクリート構造は成立しない。

ここから鉄筋コンクリート構造の梁や柱など、各部材の設計方法について学習する。

(1) 梁の設計

(a) 曲げ材の断面算定の基本事項

①コンクリートの引張強度は、無視する。
②曲げ材の材軸に直角な断面は、変形後も平面を保ち、材軸に直角とする。
③コンクリートの圧縮応力度は、中立軸からの距離に比例し、直線分布とする。
④鉄筋は、引張力に対して有効に働くとともに、圧縮力に対しても有効に働く。

(b) 長方形梁とＴ形梁

鉄筋コンクリート構造の梁は、スラブと一体に構成されていて、その断面は、どの位置で切断してもＴ形をしているが、設計上、長方形梁とＴ形梁に分けている（図 5-4 参照)。

長方形梁：梁端部では、スラブは引張側にあり、スラブのコンクリートは梁と協力しないので、その引張抵抗は期待できない。このような梁は、長方形梁として設計する。

Ｔ形梁：梁中央部では、スラブは圧縮側にあり、スラブのコンクリートは梁と協力して圧縮応力に抵抗する。このような梁は、スラブも梁の一部とみなしてＴ形梁として設計する。

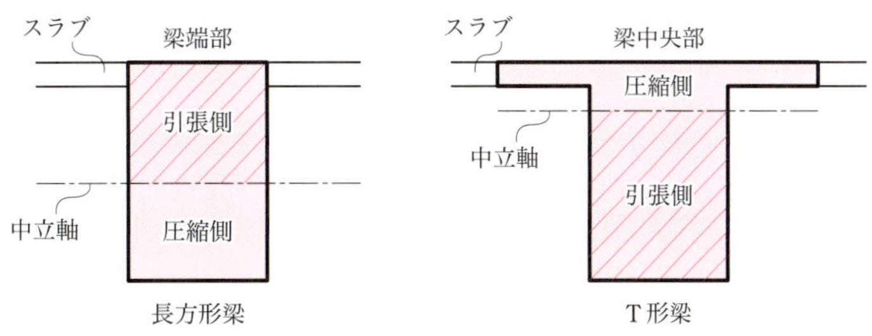

図 5-4　長方形梁とＴ形梁

(c) 梁に生じる応力

鉛直荷重が作用しているときは、図 5-5(a)の曲げモーメント図、せん断力図のような鉛直荷重時応力が生じる。これが**長期応力**となる。

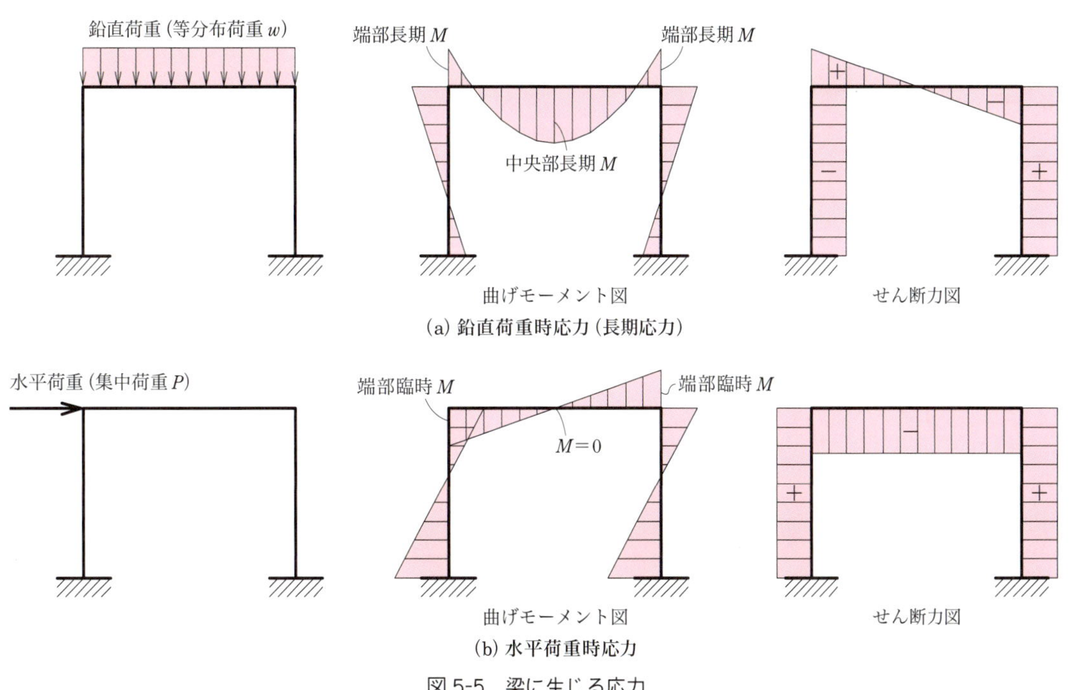

図 5-5　梁に生じる応力

水平荷重が作用しているときは、図5-5(b)の曲げモーメント図、せん断力図のような水平荷重時応力が生じる。

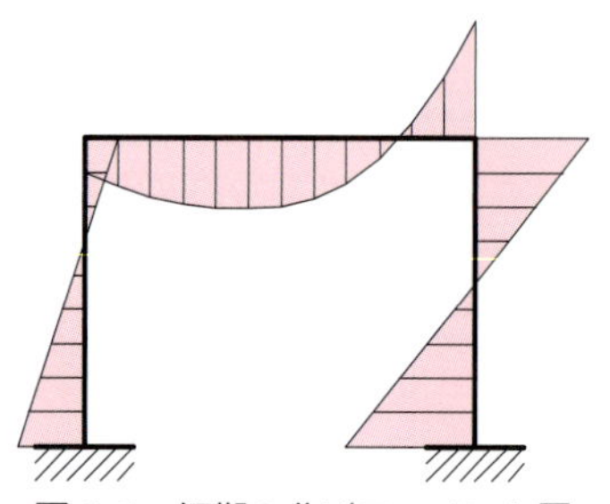

図5-6　短期の曲げモーメント図

図5-5(a)と図5-5(b)とを加え合わせた応力が**短期応力**となる。よって、短期の曲げモーメント図は、図5-6のようになる。ただし、梁における左端は、それぞれの荷重の大きさによって異なり、鉛直荷重による曲げモーメントが大きい場合は、梁端部上側が引張側となり、水平荷重による曲げモーメントが大きい場合は、梁端部下側が引張側となる。

なお、梁端部の主筋量の設計は、長期曲げモーメント M に対する設計と短期曲げモーメント M に対する設計を行う必要がある。

(d) 梁の引張鉄筋

梁に曲げモーメントが生じると、梁は変形し、図5-7のような曲げモーメント図が描ける。曲げモーメント図は、原則として、部材の引張側に描くので、引張鉄筋は曲げモーメント図が描かれた側に配置することになる。よって、曲げモーメント図が描ければ、主筋の配置もわかることになる。

鉄筋コンクリート構造では、鉄筋は引張側に配すると同時に、圧縮側にも配置する**複筋梁**としなければならない（図5-8参照）。

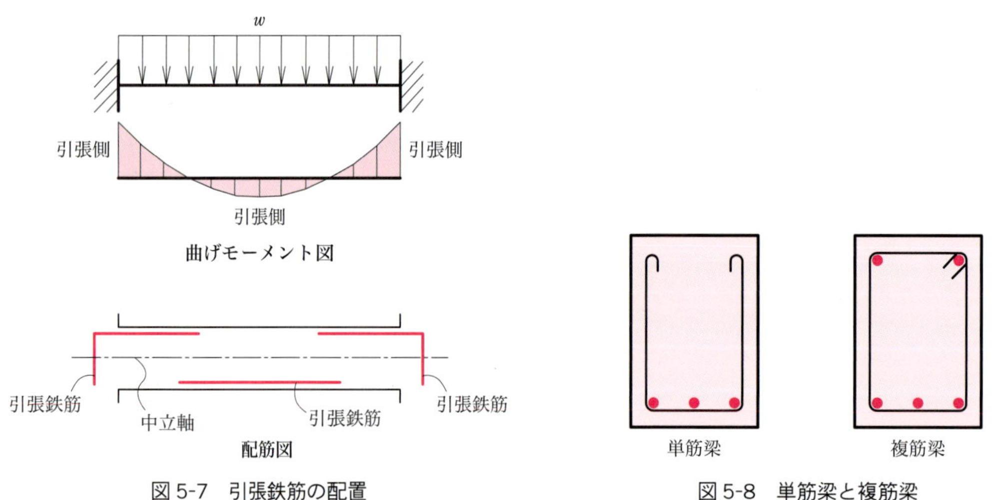

図5-7　引張鉄筋の配置

図5-8　単筋梁と複筋梁

圧縮側鉄筋はコンクリートと協力して圧縮力に抵抗するので、引張側鉄筋より少なくしている。このとき、引張側鉄筋の断面積 a_t に対する圧縮側鉄筋の断面積 a_c の割合を**複筋比** γ（ガンマ）といい、次式で計算する。

$$\gamma = \frac{a_c}{a_t}\ [\text{無名数}] \qquad \text{式 5-1}$$

一般に、複筋比γは、0.4 ～ 0.6 程度としている。

圧縮側鉄筋断面積a_cは次式で計算する。

$$a_c = \frac{M}{f_t \cdot j} \text{ または } a_c = \gamma \cdot a_t \ [\mathrm{mm}^2] \qquad \text{式 5-2}$$

また、鉄筋はクリープ変形しないので、圧縮側コンクリートのクリープ変形を抑制している。すなわち、圧縮側に鉄筋を多く配することは、圧縮鉄筋が多くの応力を負担することになり、圧縮側コンクリートのクリープ変形を少なくする効果がある。

(e) 梁の主筋の算定（曲げモーメントに対する設計）

(i) 長方形梁の設計

梁に荷重が作用すると、梁は変形し、図 5-7 のような曲げモーメント図が描ける。梁の端部では上側が引張側となり、中央部では下側が引張側となる。

梁の中央部では、中立軸より下側のコンクリートは引張力に弱いため、応力を負担することができないので、梁中央部に生じる引張力に対しては引張側鉄筋のみが負担する。

圧縮力に対しては、コンクリートに拘束され座屈することがない圧縮側鉄筋と圧縮側コンクリートの両者で負担する。

梁に作用する荷重を徐々に増大させていくと、引張力によって引張側コンクリートに亀裂が入り、引張側鉄筋が破断するか、圧縮力によって圧縮側コンクリートが圧壊する。

しかし、構造計算上では、実際の破壊ではなく、許容応力度が限界となる。

このような計算上の破壊のパターンには次のようなものが考えられる（図 5-9 参照）。

①引張側の鉄筋量が多いか、コンクリート強度が小さいと、圧縮側コンクリートの応力度が引張側鉄筋の応力度より先に許容圧縮応力度に達する（パターン①）。

②引張側の鉄筋量が少ないか、コンクリート強度が大きいと、引張側鉄筋の応力度が圧縮側コンクリートの応力度より先に許容引張応力度に達する（パターン②）。

③引張側の鉄筋量とコンクリート強度がバランスよく配されていると、引張側鉄筋の応力度と圧縮側コンクリートの応力度が、同時に、許容応力度に達する（パターン③）。このときの引張鉄筋比を**つり合い鉄筋比**という。

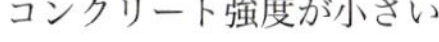

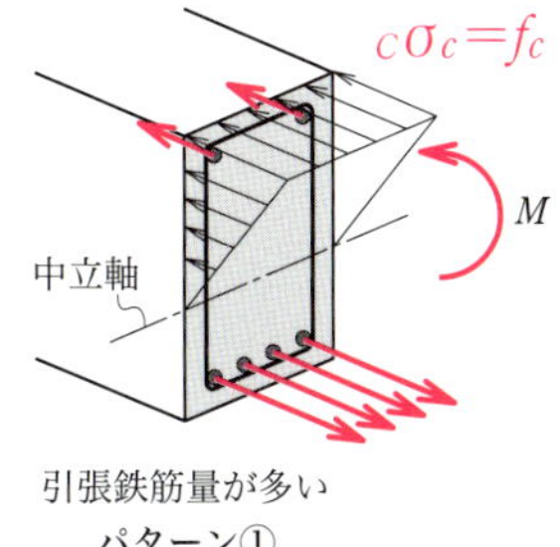

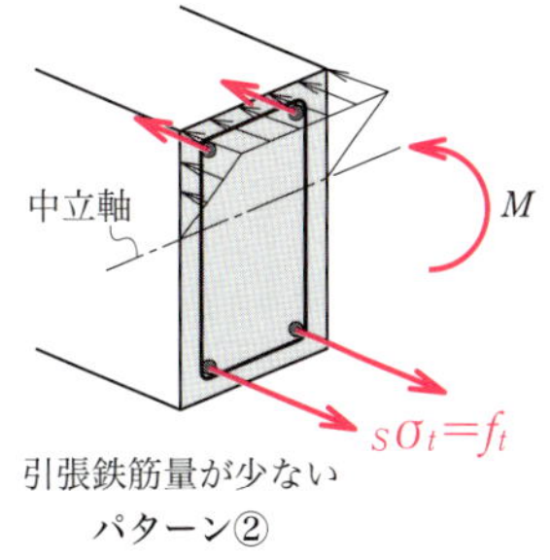

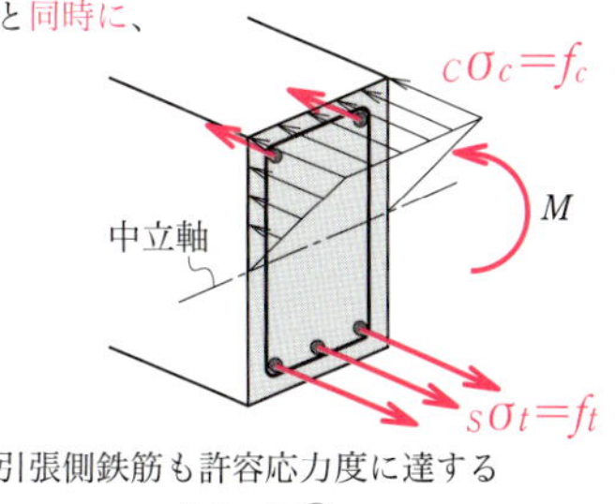

図 5-9　梁の破壊のパターン

実際の設計では、弾性体で変形能力が高い鉄筋が先に許容応力度に達する②のパターンで設計する。このとき、鉄筋を所定量より多く配置することによって、梁の安全性を確保している。①〜③のパターンのうち、最も小さい許容曲げモーメント M は、次式で計算する。

許容曲げモーメント $M = C \cdot bd^2$ ［N・mm］　式 5-3

C：C_1、C_2 のうち小さい方の値（図 5-10 参照）

この式を変形し、外力による曲げモーメント M を用いて、許容曲げモーメント係数 C を計算し、図 5-12 から引張鉄筋比 p_t を求め、梁の主筋量 a_t を計算するのが主筋の設計である。

$$C = \frac{外力\ M}{bd^2}\ [\text{N/mm}^2]$$　式 5-4

したがって、長方形梁の主筋の設計は、次のようなステップで行う。

ステップ１　荷重・外力によって梁に生じた曲げモーメント M を用いて長期と短期の許容曲げモーメント係数 C を計算する。

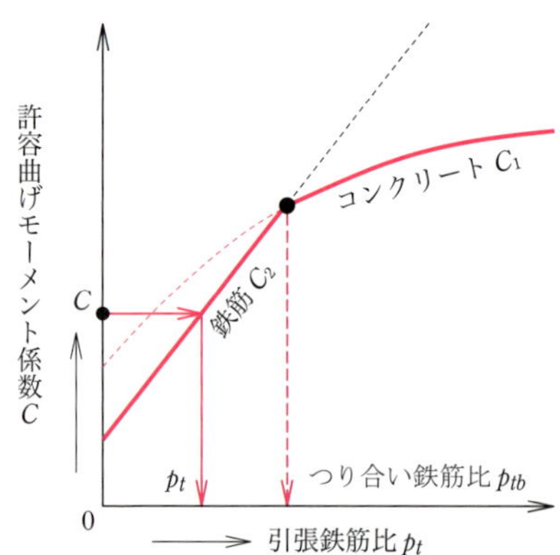

C_1：圧縮側コンクリートで決まる梁の許容曲げモーメント係数
C_2：引張側鉄筋で決まる梁の許容曲げモーメント係数
p_t：つり合い鉄筋比

図 5-10　長方形梁の計算図表

$$長期\ C_L = \frac{長期\ M_L}{bd^2}$$

$$短期\ C_S = \frac{短期\ M_S}{bd^2}$$（短期 M_S ＝鉛直荷重時 M_L ＋水平荷重時 M_E）

ステップ２　図 5-12 を用いて長期と短期の**引張鉄筋比** p_t を求める。この２つの p_t のうち大きい方の値を採用する。

MEMO　引張鉄筋比 p_t とは、引張側鉄筋断面積 a_t を梁の有効断面積 bd で除して求めた鉄筋比をいい、次式で計算する。

$$引張鉄筋比\ p_t = \frac{a_t}{bd} \times 100\ [\%]$$　式 5-5

このとき、有効せい d は、図 5-11 のようになり、次式で計算する。

$d = D - 60$ ［mm］　式 5-6

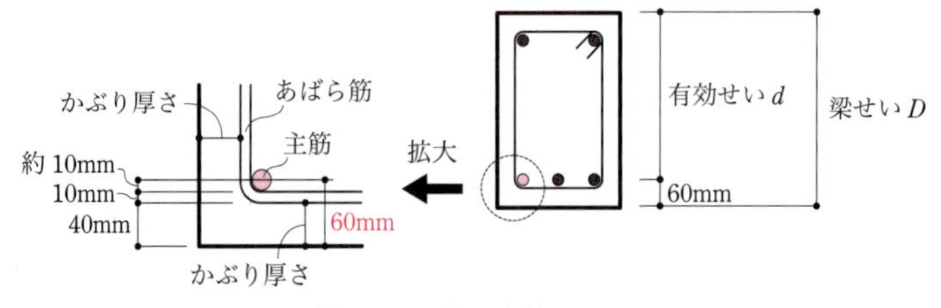

図 5-11　梁の有効せい d

ここで図 5-12 を用いて長期の引張鉄筋比 p_t と短期の引張鉄筋比 p_t の読み取り方を示す（図 5-13 参照）。

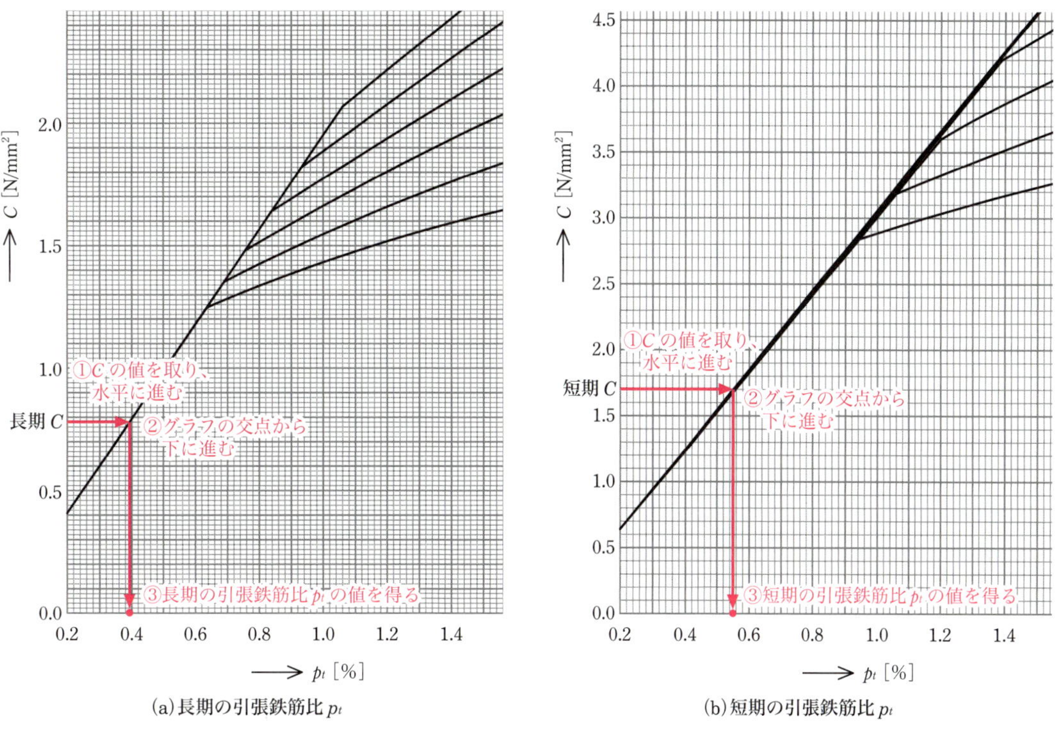

図 5-13　引張鉄筋比 pt の読み取り方

ステップ 3　ステップ 2 で採用した引張鉄筋比 p_t を用いて必要な引張鉄筋の断面積 a_t を次式で計算する。

$$a_t = \frac{p_t}{100} \times bd \ [\mathrm{mm^2}]$$　式 5-7

ステップ 4　表 5-1 を用いて、鉄筋の径と本数を設計する。

ステップ 5　表 5-2 を用いて、梁幅にその鉄筋の本数が収まることを確認する。

例題 5-1　図のような曲げモーメントが生じている梁（$_RG_3$、$_2G_3$）の端部を設計する。

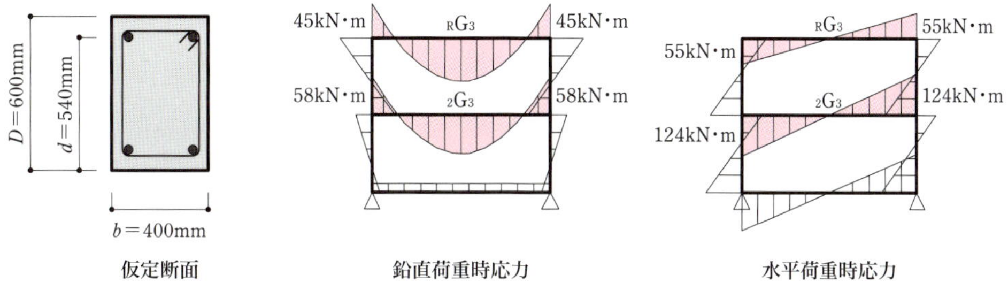

［短期］

$F_c = 24$　$f_c = 16$　$f_t = 345$　$n = 15$

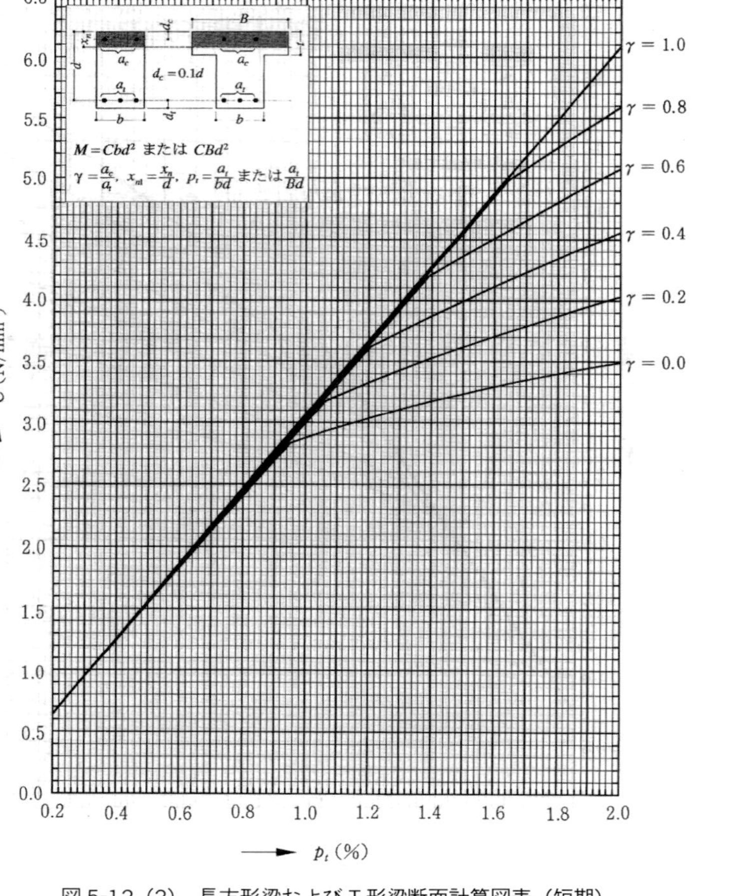

図 5-12（2）　長方形梁およびT形梁断面計算図表（短期）
（日本建築学会『鉄筋コンクリート構造計算用資料集 2002 年度版』p.82 より）

［長期］

$F_c = 24$　$f_c = 8$　$f_t = 220$　$n = 15$

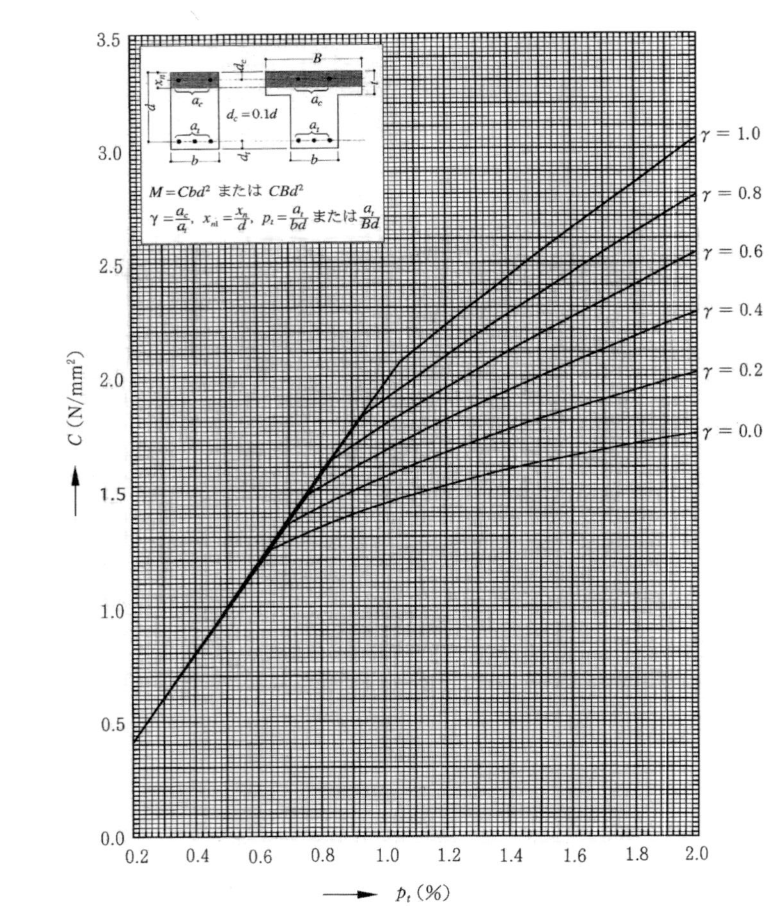

図 5-12（1）　長方形梁およびT形梁断面計算図表（長期）
（日本建築学会『鉄筋コンクリート構造計算用資料集 2002 年度版』p.67 より）

解答

● $_RG_3$の設計：まず、断面の寸法b、dを決める。

梁幅$b = 400$mm、梁せい$D = 600$mm、有効せい$d = D - 60 = 600 - 60 = 540$mm

次に、長期、短期の曲げモーメントの大きさを計算する。

長期曲げモーメント$M_L = 45$kN·m $= 45 \times 10^6$N·mm

短期曲げモーメント$M_S = 45 + 55 = 100$kN·m $= 100 \times 10^6$N·mm

$M_S = 55 - 45 = 10$kN·mm $= 10 \times 10^6$N·mm

ステップ1　荷重・外力によって梁に生じた曲げモーメントMを用いて長期、短期の許容曲げモーメント係数Cを計算する。

$$長期\ C_L = \frac{M_L}{bd^2} = \frac{45 \times 10^6}{400 \times 540^2} = 0.39\text{N/mm}^2$$

$$短期\ C_S = \frac{M_S}{bd^2} = \frac{100 \times 10^6}{400 \times 540^2} = 0.86\text{N/mm}^2$$

ステップ2　図5-12を用いて長期と短期の引張鉄筋比p_tを求める。この二つのp_tのうち大きい方の値を採用する。

長期$p_t = 0.20\%$

短期$p_t = 0.27\%$

よって、大きい方の短期$p_t = 0.27\%$を採用する。

ステップ3　ステップ2で採用した引張鉄筋比p_tを用いて必要な引張鉄筋の断面積a_tを次式で計算する。

$$a_t = \frac{p_t}{100} \times bd = \frac{0.27}{100} \times 400 \times 540 = 584\text{mm}^2$$

> **MEMO**　長期荷重時に、正負最大曲げモーメントを受ける部分の引張鉄筋の断面積は、0.004bd以上、または計算で求められた必要な断面積の4/3倍以上のうち、小さい方の値以上とする。

したがって、$a_t = 0.004bd = 0.004 \times 400 \times 540 = 864\text{mm}^2$

または、$a_t = (4/3) \times 432 = 576\text{mm}^2 < 864\text{mm}^2$（$432 = [0.20/100] \times 400 \times 540$）

よって、引張鉄筋断面積a_tは、584mm^{2}以上必要となる。

$$圧縮鉄筋断面積\ a_c = \frac{M_S}{{}_sf_t \cdot j} = \frac{10 \times 10^6}{345 \times 473} = 62\text{mm}^2\ 以上必要となる。$$

ステップ4　表5-1を用いて、鉄筋の径と本数を設計する。

上端筋：3－D22（1161mm^2）…………3本で設計する

下端筋：2－D22（774mm^2）…………2本以上は必要である

ステップ5　表5-2を用いて、梁幅にその鉄筋の本数が収まることを確認する。

5章　構造計算の進め方

表5-1　異形鉄筋の断面積および周長表（上欄：断面積mm²　下欄：周長mm）

呼び名	重量 [N/m]	1	2	3	4	5	6	7	8	9	10
D10	5.491	71	143	214	285	357	428	499	570	642	713
		30	60	90	120	150	180	210	240	270	300
D13	9.757	127	254	381	508	635	762	889	1016	1143	1270
		40	80	120	160	200	240	280	320	360	400
D16	15.298	199	398	597	796	995	1194	1393	1592	1791	1990
		50	100	150	200	250	300	350	400	450	500
D19	22.064	287	574	861	1148	1435	1722	2009	2296	2583	2870
		60	120	180	240	300	360	420	480	540	600
D22	29.812	387	774	1161	1548	1935	2322	2709	3096	3483	3870
		70	140	210	280	350	420	490	560	630	700
D25	39.030	507	1014	1521	2028	2535	3042	3549	4056	4563	5070
		80	160	240	320	400	480	560	640	720	800

（日本建築学会「鉄筋コンクリート構造計算基準・同解説」（1991年版）による）

表5-2　鉄筋本数と梁および柱の幅の最小限度の関係表　（日本建築学会「鉄筋コンクリート構造計算基準・同解説」（1991年版）による）

(a) 梁の幅の最小限寸法（上欄:フック後曲げ　下欄:フック先曲げ）[mm]

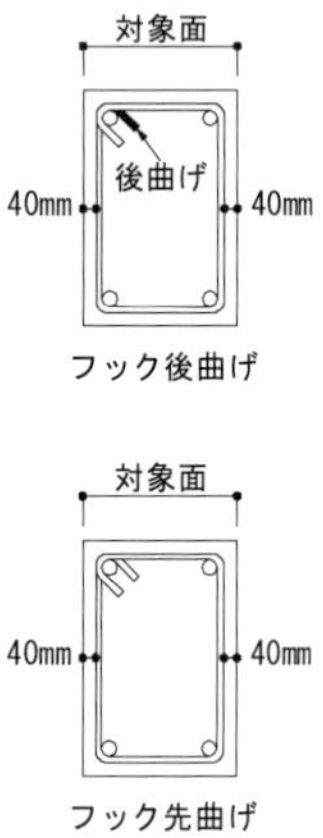

主筋	あばら筋	主筋本数 [本]					
		2	3	4	5	6	7
D19	D10	235	290	340	395	445	500
		195	240	295	345	400	450
	D13	275	330	380	435	485	540
		215	255	310	360	415	470
D22	D10	235	295	355	410	470	525
		200	250	310	365	425	480
	D13	275	335	395	450	510	565
		220	265	325	380	440	500
D25	D10	240	305	370	435	505	570
		210	265	330	400	465	530
	D13	280	345	410	475	540	610
		225	280	350	415	480	545

(b) 柱の幅の最小限寸法（上欄:フック後曲げ　下欄:フック先曲げ）[mm]

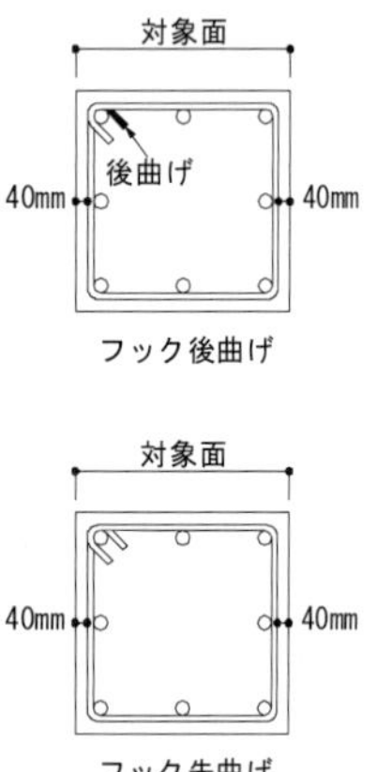

主筋	あばら筋	主筋本数 [本]					
		3	4	5	6	7	8
D19	D10	285	340	390	445	495	550
		235	285	340	395	445	500
	D13	320	375	425	480	535	585
		250	300	355	410	460	515
D22	D10	295	350	410	465	525	585
		245	305	360	420	480	535
	D13	330	390	445	505	560	620
		260	320	375	435	495	550
D25	D10	305	370	435	500	570	635
		265	330	395	460	530	595
	D13	340	405	470	540	605	670
		275	340	405	470	540	605

上端筋は、3 − D22 である。梁幅 295mm 以上必要であるが、例題では梁幅 400mm あるので、OK である。

よって、$_RG_3$ の梁端部は、右図のような配筋になる。

$_RG_3$
3 − D22
2 − D22

$_RG_3$ 梁端部の配筋

● $_2G_3$ の設計：断面の寸法は、$_RG_3$ と同じである。

次に、長期、短期の曲げモーメントの大きさを計算する。

長期曲げモーメント $M_L = 58\text{kN·m} = 58 \times 10^6\text{N·mm}$

短期曲げモーメント $M_S = 58 + 124 = 182\text{kN·m} = 182 \times 10^6\text{N·mm}$

$M_S = 124 - 58 = 66\text{kN·mm} = 66 \times 10^6\text{N·mm}$

ステップ 1　荷重・外力によって梁に生じた曲げモーメント M を用いて長期、短期の許容曲げモーメント係数 C を計算する。

$$\text{長期 } C_L = \frac{M_L}{bd^2} = \frac{58 \times 10^6}{400 \times 540^2} = 0.50\text{N/mm}^2$$

$$\text{短期 } C_S = \frac{M_S}{bd^2} = \frac{182 \times 10^6}{400 \times 540^2} = 1.56\text{N/mm}^2$$

ステップ 2　図5-12を用いて長期と短期の引張鉄筋比 p_t を求める。この二つの p_t のうち大きい方の値を採用する。

長期 $p_t = 0.25\%$

短期 $p_t = 0.51\%$

よって、大きい方の短期 $p_t = 0.51\%$ を採用する。

ステップ 3　ステップ 2 で採用した引張鉄筋比 p_t を用いて必要な引張鉄筋の断面積 a_t を次式で計算する。

$$a_t = \frac{p_t}{100} \times bd = \frac{0.51}{100} \times 400 \times 540 = 1102\text{mm}^2$$

このとき、$a_t = 0.004bd = 0.004 \times 400 \times 540 = 864\text{mm}^2$

または、$a_t = (4/3) \times 540 = 720\text{mm}^2 < 864\text{mm}^2$（$540 = [0.25/100] \times 400 \times 540$）

よって、引張鉄筋断面積 a_t は、1102mm^2 以上必要となる。

$$\text{圧縮鉄筋断面積 } a_c = \frac{M_S}{{}_sf_t \cdot j} = \frac{66 \times 10^6}{345 \times 473} = 405\text{mm}^2 \text{ 以上必要となる。}$$

ステップ 4　表 5-1 を用いて、鉄筋の径と本数を設計する。

上端筋：3 − D22（1161mm^2）………… 3 本で設計する

下端筋：2 − D22（774mm^2）………… 2 本以上は必要である

ステップ 5　表 5-2 を用いて、梁幅にその鉄筋の本数が収まることを確認する。

上端筋は、3 − D22 である。梁幅 295mm 以上必要であるが、例題では梁幅 400mm あるので、O.K である。

よって、$_2G_3$ の梁端部は、右図のような配筋になる。

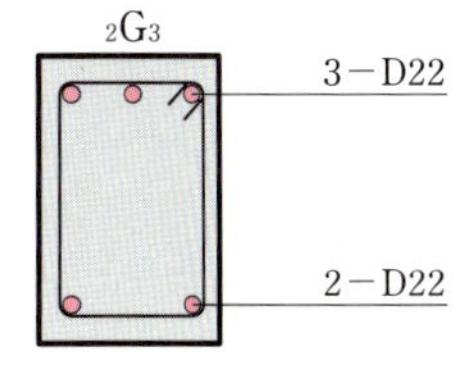

$_2G_3$ 梁端部の配筋

（ii）T 形梁の設計

T形梁など引張鉄筋比がつり合い鉄筋比以下となる場合は、図5-9の②のパターンとなり、鉄筋が先に許容引張応力度に達するから、引張側鉄筋に必要鉄筋量以上を配すれば安全となる。

したがって、次の略算式を活用して T 形梁を設計する（図 5-14 参照）。

$$M = a_t \cdot f_t \cdot j \ [\mathrm{N \cdot mm}] \qquad \text{式 5-8}$$

この式 5-8 を変形して、外力による梁中央部の長期の曲げモーメント M_L を用いて、引張鉄筋断面積 a_t を計算し、表 5-1 を用いて、引張鉄筋の径と本数を決定するのが T 形梁の主筋の設計である。

$$a_t = \frac{M_L}{f_t \cdot j} \ [\mathrm{mm^2}] \qquad \text{式 5-9}$$

したがって、T 形梁の設計は、次のようなステップで行う。

ステップ 1　略算式を変形して必要な引張鉄筋断面積 a_t を計算する。

このとき、長期の曲げモーメント M は、荷重・外力によって生じた鉛直荷重時の梁中央の曲げモーメント M_L を用いる。

$$a_t = \frac{M_L}{f_t \cdot j}\text{、このとき、応力中心距離 } j = \frac{7}{8}d \ (\mathrm{mm}) \qquad \text{式 5-10}$$

ステップ 2　表 5-1 を用いて、引張鉄筋の径と本数を設計する。

ステップ 3　表 5-2 を用いて、梁幅にその鉄筋の本数が収まることを確認する。

梁幅に鉄筋本数が収まらないときは、2 段配筋とする（図 5-15 参照）。

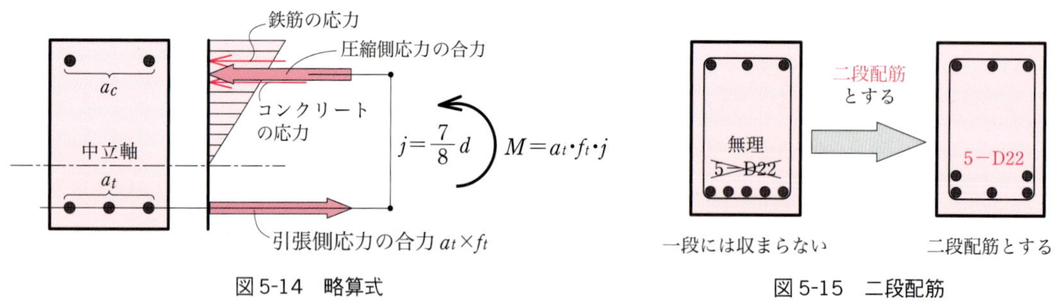

図 5-14　略算式

図 5-15　二段配筋

水平荷重が作用するときの梁中央の曲げモーメント M_E は、0 に近い値となるので、

長期の曲げモーメント M_L ≒ 短期の曲げモーメント M_S

となり、図 5-12 より、長期の p_t と短期の p_t を比べると、常に、長期の p_t の方が大きくなるので、T 形梁の設計では、長期の曲げモーメント M_L を用いて引張鉄筋量を計算する。

例題 5-2　図のような曲げモーメントが生じる梁（$_RG_3$、$_2G_3$）の中央部を設計する。

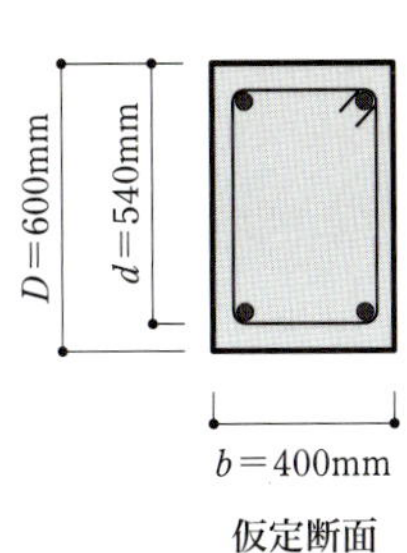

仮定断面

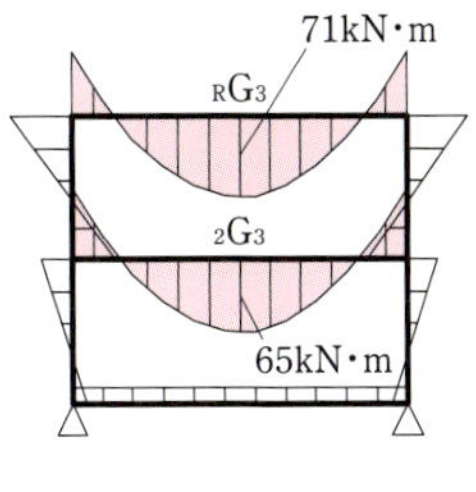

鉛直荷重時応力

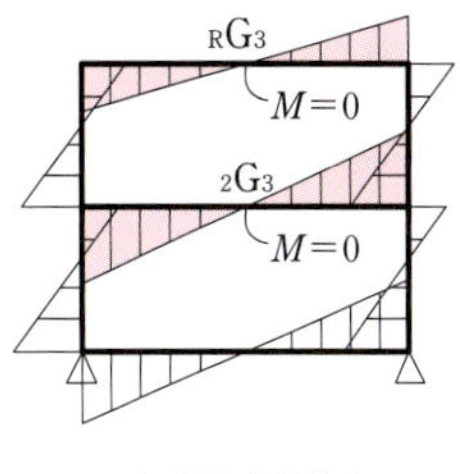

水平荷重時応力

解答

● $_RG_3$ の設計

梁幅 $b = 400$mm、梁せい $D = 600$mm、有効せい $d = D - 60 = 600 - 60 = 540$mm

応力中心距離 $j = \frac{7}{8}d = \frac{7}{8} \times 540 = 473$mm

ステップ1　略算式を変形して、必要な引張鉄筋の断面積 a_t を計算する。

$$a_t = \frac{M_L}{f_t \cdot j} = \frac{71 \times 10^6}{220 \times 473} = 683\text{mm}^2$$

ステップ2　表 5-1 を用いて、ステップ 1 で求めた a_t より多めの鉄筋の径と本数を設計する。

下端筋は、2－D22（774mm^2）となる。

ただし、$0.004bd = 0.004 \times 400 \times 540 = 864\text{mm}^2$

$(4/3) \times 682 = 909\text{mm}^2 > 864\text{mm}^2$　　∴ 864mm^2 以上必要である。

よって、下端筋：3－D22（1161mm^2）＞ 864mm^2

上端筋：2－D22（774mm^2）$> a_c = \gamma \times a_t = 0.6 \times 683 = 410\text{mm}^2$

ステップ3　表 5-2 を用いて、梁幅にその鉄筋の本数が収まることを確認する。

下端筋は、3－D22 である。梁幅 295mm 以上必要であるが、例題では梁幅 400mm あるので、OK である。

よって、$_RG_3$ の梁中央部は、右図のような配筋となる。

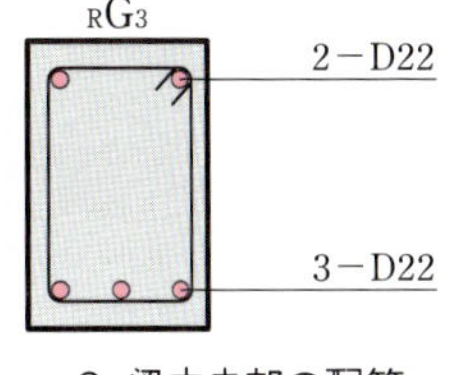

$_RG_3$ 梁中央部の配筋

● $_2G_3$ の設計：断面の条件と応力中心距離は、$_RG_3$ と同条件である。

ステップ1　略算式を変形して、必要な引張鉄筋の断面積 a_t を計算する。

$$a_t = \frac{M_L}{f_t \cdot j} = \frac{65 \times 10^6}{220 \times 473} = 625\text{mm}^2$$

ステップ2　表 5-1 を用いて、ステップ 1 で求めた a_t より多めの鉄筋の径と本数を設計する。

下端筋は、2－D22（774mm^2）となる。

ただし、$0.004bd = 0.004 \times 400 \times 540 = 864\text{mm}^2$

$(4/3) \times 625 = 834\text{mm}^2 < 864\text{mm}^2$　　∴ 834mm^2 以上必要である。

よって、下端筋：3－D22（1161mm^2）＞ 834mm^2

上端筋：2-D22（774mm²）＞ $a_c = \gamma \times a_t = 0.6 \times 625 = 375\text{mm}^2$

ステップ３　表 5-2 を用いて、梁幅にその鉄筋の本数が収まることを確認する。

下端筋は、3－D22 である。梁幅 295mm 以上必要であるが、例題では梁幅 400mm あるので、OK である。

よって、${}_2G_3$ の梁中央部は、右図のような配筋となる。

${}_2G_3$　2－D22　3－D22

${}_2G_3$ 梁中央部の配筋

（iii）算定外の規定

①長期応力で引張側鉄筋断面積 a_t が決まる場合、引張鉄筋断面積 a_t は 0.004bd 以上、または計算で求められた必要断面積の 4/3 以上のうち、小さい方の値以上とする。

②主要な梁では、全スパンにわたり**複筋梁**とする。ただし、鉄筋軽量コンクリート梁の圧縮側鉄筋断面積は、所要引張側鉄筋断面積の 0.4 倍以上とする。

③主筋は、D13 以上の異形鉄筋を用いる。

④主筋の配置は、特別の場合のほかは、2 段以下とする。

⑤主筋のあきは、25mm 以上、かつ、異形鉄筋径の 1.5 倍以上とする。

（f）梁のせん断補強（せん断力に対する設計）

梁のせん断設計にあたっては、曲げ耐力以上にせん断耐力を部材に与え、部材が破壊する場合には、せん断破壊より先に曲げ降伏が起きるように設計するのを原則とする。

梁には、曲げモーメントとともにせん断力が生じる。

図 5-16 のように、梁にせん断力が生じる部分では、縦せん断と横せん断が同時に生じる。このときこの 2 力の合力を**斜張力**といい、梁に斜めひび割れを発生させる原因となるので、鉄筋コンクリート構造では特に重視し、この斜張力に対して**あばら筋**を用いて補強する。

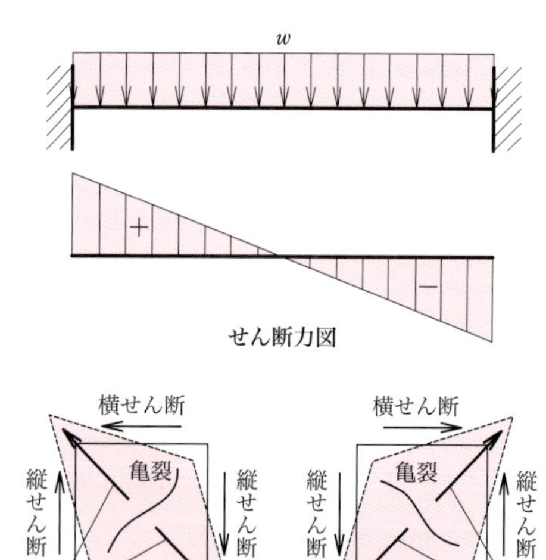

図 5-16　斜張力

通常、梁端部の方がせん断力による影響が大きいので、あばら筋は端部での間隔が規定されている。

あばら筋によるせん断補強は、梁の許容せん断力 Q_A（コンクリートの許容せん断力とせん断補強筋が負担するせん断力の和）が設計用せん断力 Q_D を上回ればよい。

（i）**梁の許容せん断力（梁が負担できるせん断力）**

梁の許容せん断力 Q_A は、次式で計算する。

長期：$Q_{AL} = bj\,\{\alpha \cdot {}_Lf_s + 0.5\,{}_wf_t\,(p_w - 0.002)\}$ ［N］　　式 5-11

短期：$Q_{AS} = bj\,\{\alpha \cdot {}_Sf_s + 0.5\,{}_wf_t\,(p_w - 0.002)\}$ ［N］　　式 5-12

Q_{AL}：梁の長期許容せん断力［N］

Q_{AS}：梁の短期許容せん断力［N］

${}_Lf_s$：コンクリートの長期許容せん断応力度［N/mm²］（3 章、表 3-2 参照）

${}_Sf_s$：コンクリートの短期許容せん断応力度［N/mm²］（3 章、表 3-2 参照）

b　：柱幅［mm］

j　：応力中心間距離［mm］　$j = \frac{7}{8}d$、d：梁の有効せい

${}_wf_t$：せん断補強筋のせん断補強用許容引張応力度［N/mm²］（3 章、表 3-7 参照）

p_w：せん断補強筋比［%］

$$p_w = \frac{a_w}{b \cdot x} \times 100 \qquad \text{式 5-13}$$

α　：$\alpha = \dfrac{4}{\dfrac{M}{Q \cdot d} + 1}$ かつ $1 \leqq \alpha \leqq 2$　　式 5-14

$\dfrac{M}{Q \cdot d}$：せん断スパン比（図 5-17 参照）

◆ α の計算時の Q と M

長期荷重時：$Q = Q_L$

$M = M_L$（正負曲げモーメントのうち大きい方の値）

短期荷重時：$Q = Q_L + Q_E$

$M = M_L + M_E$

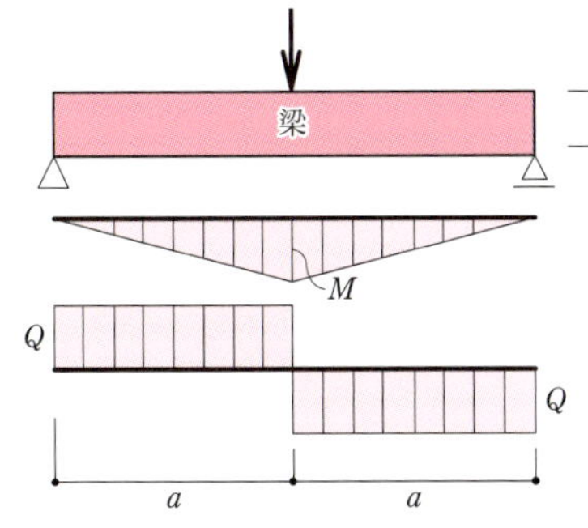

・せん断スパン →せん断力が一定とみなせる区間の長さ：a の長さ

・せん断スパン比 →せん断スパン a と有効せい d の比 a/d をいう。

・$M=Q \cdot a$ より、$a=M/Q$ となり、せん断スパン比 $\frac{a}{d} = \frac{M}{Q \cdot d}$ となる。

図 5-17　せん断スパン比

(ii) 梁の設計用せん断力（外力により生じるせん断力）

梁の設計用せん断力 Q_D は、次式で計算する。

長期：$Q_D = Q_L$ ［kN］　　式 5-15

短期：$Q_D = Q_L + Q_y = Q_L + \dfrac{\sum M_y}{l'}$ または $Q_D = Q_L + n \cdot Q_E$ ［kN］　　式 5-16

のうち小さい方の値

Q_L ：長期荷重時のせん断力

Q_E ：水平荷重時のせん断力

M_y ：梁の降伏モーメント

$M_y = 0.9 \cdot a_t \cdot \sigma_y \cdot d$ ［N・mm］　　式 5-17

l' ：梁の内法スパン

n ：地震時のせん断力割増係数、通常は 1.5 以上、低層建築物では 2.0 以上とする。

(iii) あばら筋の設計

あばら筋の設計は、次の条件で行う。

① ${}_Lf_s \cdot bj \geqq Q_D = Q_L$ または ${}_Sf_s \cdot bj \geqq Q_D = Q_L + n \cdot Q_E$（低層建築物の場合は $n = 2$）

このときは、あばら筋比 $p_w = 0.2\%$ として設計する。

割増係数 α（式 5-14 参照）を計算し、

② $\alpha_L \cdot {}_Lf_s \cdot bj \geqq Q_D$ または $\alpha_S \cdot {}_Sf_s \cdot bj \geqq Q_D$

このときは、あばら筋比 $p_w = 0.2\%$ として設計する。

③ $\alpha_L \cdot {}_Lf_s \cdot bj < Q_D$ または $\alpha_S \cdot {}_Sf_s \cdot bj < Q_D$

このときは、超過分 $\triangle Q = Q_D - \alpha \cdot f_s \cdot bj$ を計算し、これに対する p_w を求める。

$$p_w = \frac{\triangle Q}{0.5 {}_wf_t \cdot bj} + 0.002$$　　式 5-18

④あばら筋の径を決めて、間隔 x を設計する。

間隔 $x = \dfrac{a_w}{p_w \cdot b}$ ［mm］　　式 5-19

a_w：1 組のあばら筋の断面積［mm^2］…… 通常 2 本 1 組とする

b ：梁幅［mm］

(iv) 算定外の規定

①あばら筋は軽微な場合を除き、D10 以上の異形鉄筋または ϕ 9mm 以上の丸鋼を用いる。

②あばら筋比 p_w は、0.2%以上とする（図 5-18 参照）。

$$p_w = \frac{a_w}{b \cdot x} \times 100[\%] \geqq 0.2\%$$

x：あばら筋の間隔（mm）

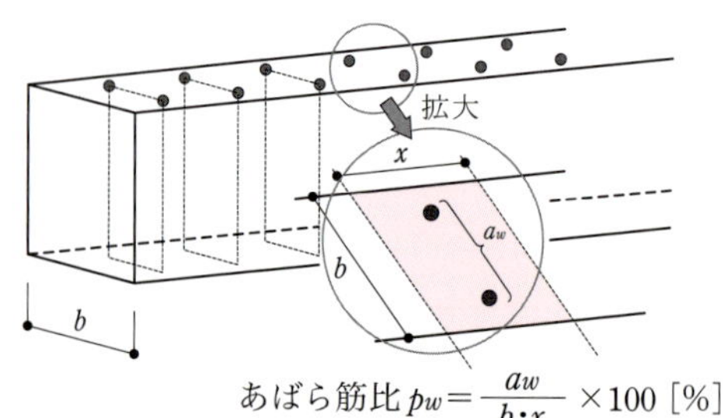

図 5-18　あばら筋比

③あばら筋の間隔は、D10またはϕ 9を用いる場合は$D/2$以下、かつ、250mm以下とする。

D13またはϕ 13を用いる場合は、$D/2$以下、かつ、450mm以下とする。

④あばら筋の末端は135°以上に折り曲げるか、相互に溶接する。

例題 5-3 例題5-2の梁（$_RG_3$、$_2G_3$）のせん断補強筋を設計する。

解 答

● $_RG_3$の設計

長期：$_Lf_s \cdot bj = 0.74 \times 400 \times 473 = 140008\text{N} \fallingdotseq 140\text{kN}$

$Q_L = 56\text{kN}$（6章、6-4-3、C、M_0、Q_0のQ_0を参照のこと）

また、

短期：$_sf_s \cdot bj = 1.11 \times 400 \times 473 = 210012\text{N} \fallingdotseq 210\text{kN}$

$Q_D = Q_L + 2Q_E = 56 + 2 \times 18 = 92\text{kN}$

よって、$_Lf_s \cdot bj > Q_L$、かつ、$_sf_s \cdot bj > Q_D$であるから、$p_w = 0.2\%$として設計する。

あばら筋にD10を使用すると、$x = \dfrac{a_w}{p_w \cdot b} = \dfrac{2 \times 71.3}{\dfrac{0.2}{100} \times 400} = 178.3\text{mm} \rightarrow 150\text{mm}$間隔とする。

したがって、あばら筋□－D10＠150とする。

● $_2G_3$の設計

長期：$_Lf_s \cdot bj = 140\text{kN} > Q_L = 56\text{kN}$

短期：$_sf_s \cdot bj = 210\text{kN} > Q_D = Q_L + 2Q_E = 56 + 2 \times 41 = 138\text{kN}$

よって、$_Lf_s \cdot bj > Q_L$、かつ、$_sf_s \cdot bj > Q_D$であるから、$p_w = 0.2\%$として設計する。

あばら筋□－D10＠150とする。

(g) 梁の定着長さの検討

ステップ1 Cの計算

最小かぶり厚さの3倍と鉄筋のあき間隔のうち小さい方の値以下、かつ、鉄筋径の5倍以下とする。

最小かぶり厚さは、主筋の付着を考えているので、主筋の上端までの値とする。

ステップ2 Wの計算

$W = 80 \times \dfrac{A_{st}}{s \cdot N}$［mm］、かつ、主筋径の2.5倍以下より計算する。　式5-20

A_{st}：1組のあばら筋断面積［mm²］

s：横補強筋（あばら筋）間隔［mm］

N：主筋の本数

ステップ3 鉄筋配置と横補強筋による修正係数Kの計算

長期荷重時$K = 0.3 \times \dfrac{C}{d_b} + 0.4$　式5-21

短期荷重時 $K = 0.3 \times \dfrac{C + W}{d_b} + 0.4$　　式 5-22

かつ、$2.5d_b$ 以下の値とする。

d_b：曲げ補強筋径（主筋径とする）

ステップ4　必要付着長さ l_{db} の計算

必要付着長さ $l_{db} = \dfrac{\sigma_t \cdot A_s}{K \cdot f_b \cdot \phi}$ [mm]　　式 5-23

σ_t：短期もしくは長期の鉄筋存在応力度 [N/mm^2] …… 鉄筋の短期許容応力度をとる。

A_s：鉄筋1本あたりの断面積 [mm^2]

f_b：許容付着応力度 [N/mm^2]

ϕ：鉄筋1本あたりの周長 [mm]

ステップ5　付着長さ l_d の計算

$l_d = l_{db} + d$ [mm]　　式 5-24

または、

$l_d = \dfrac{L_0}{4} + 15d_b$ [mm]　　式 5-25

のうち大きい方の値

d：梁の有効せい [mm]

L_0：梁の内法長さ [mm]

ステップ6　付着長さ l_d の設計

設計値は、l_d をまるめた値とする。

例題 5-4　例題 5-1 の梁（$_RG_3$、$_2G_3$）の付着長さを設計する。

解答

ステップ1　C の計算

最小かぶり厚さの3倍：50 × 3 = 150mm

このときのかぶり厚さ 50mm は、50mm ＝かぶり厚さ 40mm ＋あばら筋 10mm で計算。

鉄筋のあき間隔：{400 −(40 × 2 + 10 × 2 + 22 × 3)}/2 = 117mm ＜ 150mm

鉄筋径の5倍：22 × 5 = 110mm ＜ 117mm

よって、最も小さい値 C = 110mm とする。

ステップ2　W の計算

$$W = 80 \times \frac{A_{st}}{s \cdot N} = 80 \times \frac{2 \times 71.3}{150 \times 3} = 25.35 \fallingdotseq 25.4\text{mm}$$

鉄筋径の 2.5 倍：2.5 × 22 = 55mm ＞ 25.4mm

よって、小さい方の値 W = 25.4mm とする。

ステップ３　Kの計算：ここでは、短期計算を行う。

$$短期荷重時\ K = 0.3 \times \frac{C + W}{d_b} + 0.4 = 0.3 \times \frac{110 + 25.4}{22} + 0.4 = 2.246 \fallingdotseq 2.25$$

ステップ４　必要付着長さl_{db}の計算

$$l_{db} = \frac{\sigma_t \cdot A_s}{K \cdot f_b \cdot \phi} = \frac{345 \times 387}{2.25 \times 1.2 \times 70} = 706.4 \fallingdotseq 707\text{mm}$$

ステップ５　付着長さl_dの計算

$$l_d = l_{bd} + d = 707 + 540 = 1247\text{mm}$$

または、

$$l_d = \frac{L_0}{4} + 15d_b = \frac{6000 - 500}{4} + 15 \times 22 = \frac{5500}{4} + 330 = 1705\text{mm} > 1247\text{mm}$$

ステップ６　付着長さl_dの設計

設計値l_dは、大きい方の値$l_d = 1705\text{mm}$とする。

(h) 梁の配筋

梁の主筋は、曲げモーメントに抵抗する。したがって、ラーメン構造の梁では、梁端部では長方形梁となり上側に、梁中央部ではT形梁となり下側に引張力が生じ、引張力が作用する側に多くの鉄筋を配置する。

あばら筋は、せん断力に抵抗する。両端部では密に配するが、中央部では端部の1.5倍の間隔で配筋してもよい。

(2) 柱の設計

(a) 柱に生じる応力

柱は、鉛直荷重と水平荷重に抵抗するから、曲げモーメントM、軸方向力N、およびせん断力Qが生じる。

地震力などの水平荷重を左右から繰り返し受けるから、柱の主筋は図心軸に対して対称配筋とし、断面形は図心軸に対称な正方形や円形または正方形に近い長方形などを用いるとよい。

柱に曲げモーメントMと軸方向力Nが同時に作用すると、図5-19のような応力度分布となる。

(b) 柱の主筋の算定（曲げモーメント M と軸方向力 N に対する設計）

(ⅰ) 長方形柱

柱の断面設計では、図5-20のような応力度分布が考えられる。すなわち、次の①～③の三つの場合に対して、安全であるように柱の断面設計を行わなければならない。これらの応力度がそれぞれの許容応力度以下となるように設計すれば、柱は曲げモーメントMと軸方向力Nに対して安全となる。

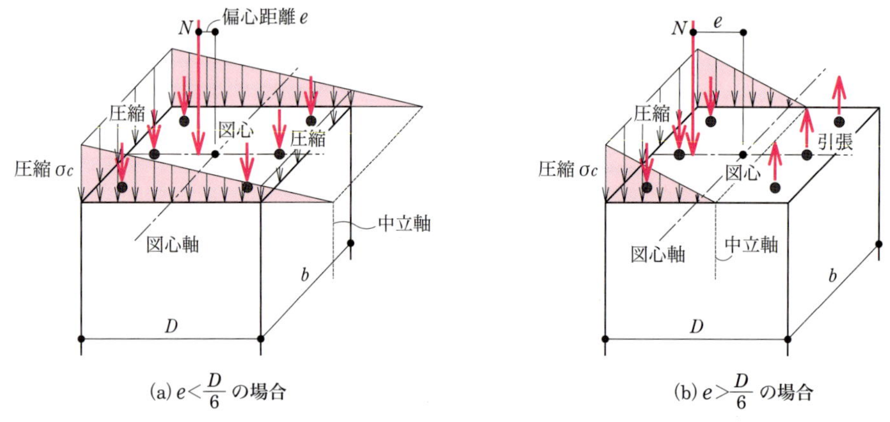

(a) $e<\frac{D}{6}$ の場合　(b) $e>\frac{D}{6}$ の場合

図 5-19　柱断面の応力度分布①

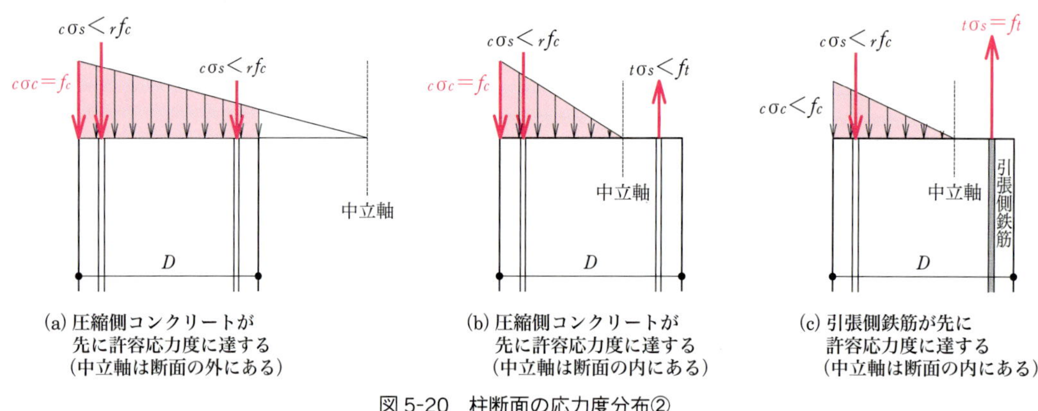

(a) 圧縮側コンクリートが先に許容応力度に達する（中立軸は断面の外にある）　(b) 圧縮側コンクリートが先に許容応力度に達する（中立軸は断面の内にある）　(c) 引張側鉄筋が先に許容応力度に達する（中立軸は断面の内にある）

図 5-20　柱断面の応力度分布②

①図 5-19(a)のように、柱の全断面に圧縮応力度が生じている場合は、図 5-20(a)のように、圧縮側コンクリートの端部の応力度が、先に、許容圧縮応力度 f_c に達する。

②図 5-19(b)において、引張鉄筋が多く配筋されている場合は、図 5-20(b)のように、圧縮側コンクリートの端部の応力度が、先に、許容圧縮応力度 f_c に達する。

③図 5-19(b)において、引張鉄筋が少なく配筋されているか、引張応力度が大きい場合は、図 5-20(c)のように、引張側鉄筋の応力度が先に、許容引張応力度 f_t に達する。

このとき、中立軸比を $x_{n1}=\frac{x_n}{D}$、引張鉄筋比 $p_t=\frac{a_t}{bD}$ などとして、力のつり合いを解くことによって、$\frac{N}{bD}$ と $\frac{M}{bD^2}$ の関係として図 5-21 のような計算図表が得られる。

したがって、曲げモーメント M、軸方向力 N を計算することによって、計算図表を用いて引張鉄筋比 p_t が求まり、必要鉄筋量 a_t を計算するのが柱の主筋の設計である。

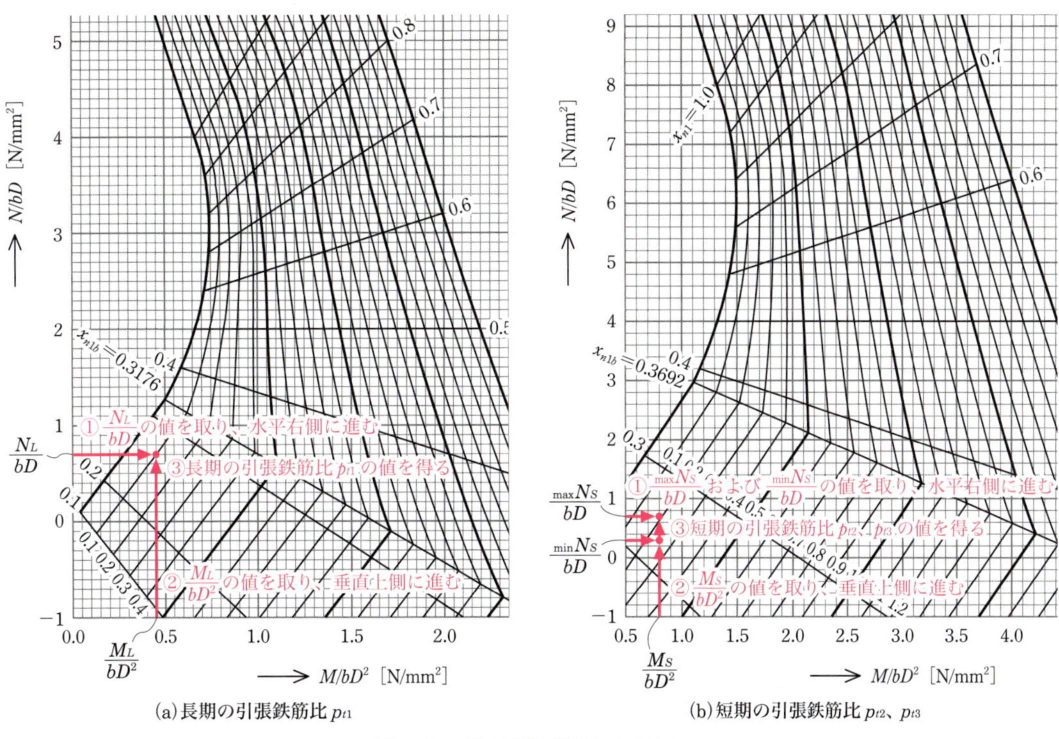

図 5-22　柱の引張鉄筋比の求め方

この計算図表は図 5-20 に対応し、図 5-21 において中立軸比 x_{n1b} より下側では引張鉄筋で決まる領域なので、一般には、この領域を用いて鉄筋量を求めている（図 5-22 参照）。

軸方向力を実際より大きく見積もると、必ずしも安全側の配筋とはならないので注意を要する。

柱の設計は、次のようなステップで行う。なお、設計は、X 方向、Y 方向および長期、短期について行う。

ステップ 1　荷重・外力によって柱に生じた曲げモーメント M および軸方向力 N を用いて計算を行う。

● X 方向：長期応力について

$\frac{N_L}{bD}$ と $\frac{M_L}{bD^2}$ の計算

● X 方向：短期応力について

$\frac{_{max}N_S}{bD}$ と $\frac{M_S}{bD^2}$ の計算　および　$\frac{_{min}N_S}{bD}$ と $\frac{M_S}{bD^2}$ の計算

このとき、$_{max}N_S = N_L + N_E$、$_{min}N_S = N_L - N_E$ である。

● Y 方向：長期応力について

$\frac{N_L}{Db}$ と $\frac{M_L}{Db^2}$ の計算

［長 期］

$F_c = 24$　$f_c = 8$　$f_t = 220$　$n = 15$

図 5-21（1）　長方形柱計算図表（長期）
（日本建築学会『鉄筋コンクリート構造計算用資料集 2002 年度版』p.100 より）

［短 期］

$F_c = 24$　$f_c = 16$　$f_t = 345$　$n = 15$

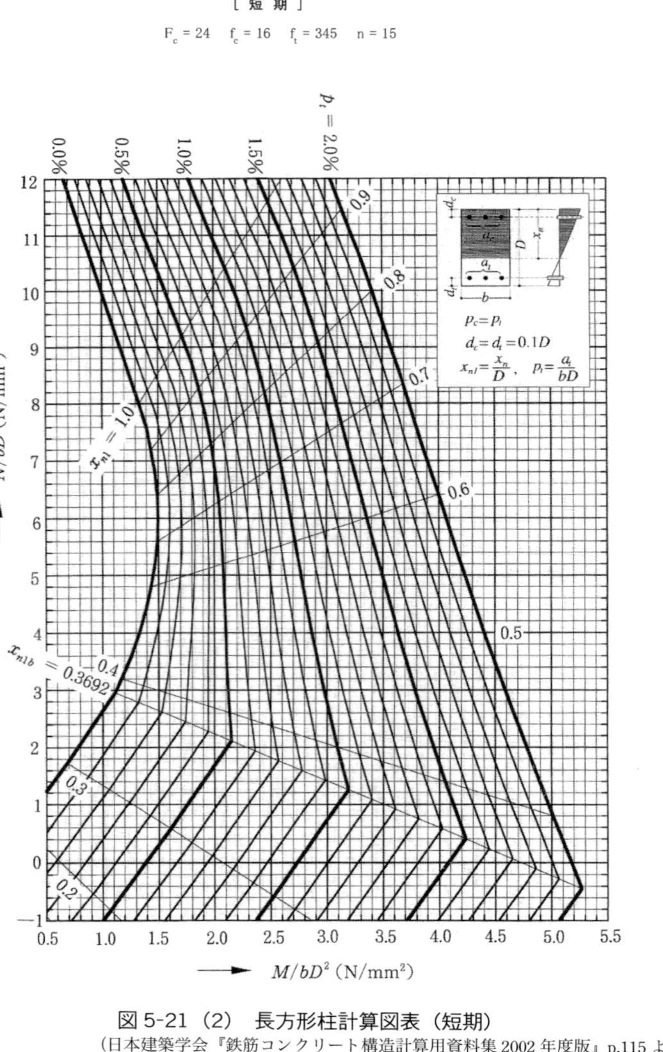

図 5-21（2）　長方形柱計算図表（短期）
（日本建築学会『鉄筋コンクリート構造計算用資料集 2002 年度版』p.115 より）

● Y 方向：短期応力について

$\dfrac{{}_{max}N_S}{Db}$ と $\dfrac{M_S}{Db^2}$ の計算　および　$\dfrac{{}_{min}N_S}{Db}$ と $\dfrac{M_S}{Db^2}$ の計算

ステップ 2　X 方向、Y 方向ともに引張鉄筋比 p_t を図表を用いて求める。

長期応力について、図 5-21 の長期の図表を用いて長期 p_{t1} を求める。

短期応力について、図 5-21 の短期の図表を用いて短期 p_{t2}、p_{t3} を求める。

このとき、短期の軸方向力 N には、${}_{max}N_S$ と ${}_{min}N_S$ の 2 つがあり、M_S との組合せによって、二つの p_t すなわち p_{t2}、p_{t3} が求められる。

この三つの p_t、すなわち、p_{t1}、p_{t2}、p_{t3} のうち最も大きい値を採用する。

図 5-22 に柱の引張鉄筋比 p_t の読み取り方を示す。

ステップ 3　ステップ 2 で採用した p_t を用いて、X 方向および Y 方向の引張鉄筋の必要断面積 a_t を計算する。

$$a_t = \frac{p_t}{100} \times bD \ [\mathrm{mm}^2]$$

ステップ 4　表 5-1 を用いて、鉄筋の径と本数を設計する。

X 方向および Y 方向の設計が終わると、柱断面全体の鉄筋量の検討を行う。

$$\text{全主筋の鉄筋比}\ p_g = \frac{a_g}{bD} \times 100[\%] \geqq 0.8\% \qquad \text{式 5-26}$$

すなわち、柱断面積 bD の 0.8%以上の柱主筋の全断面積 a_g が必要となる（図 5-23 参照）。

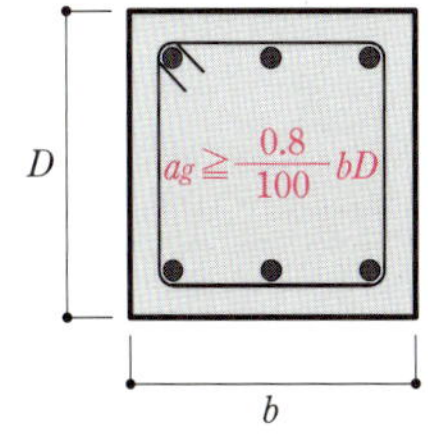

図 5-23　鉄筋の必要量

ステップ 5　表 5-2 を用いて、柱幅にその鉄筋本数が収まることを確認する。

例題 5-5　図のような曲げモーメントが生じる柱 ${}_2C_1$ を設計する。

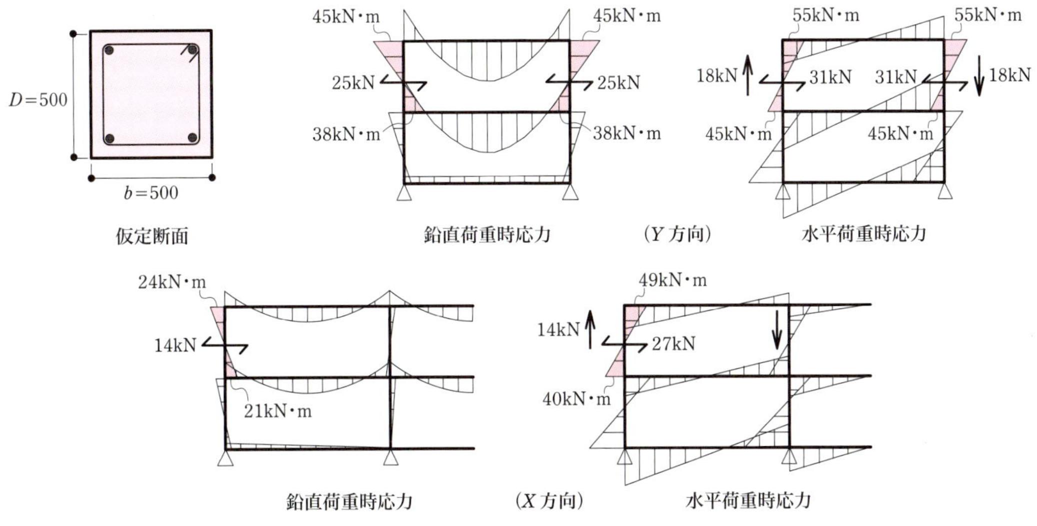

解　答　$_2C_1$ の設計　　柱幅 b = 500mm、柱せい D = 500mm

● X 方向の応力

長期　　　：軸方向力 $N_L = 111$kN（6 章、6-4-2、C_1 柱の 2 階軸方向力）、

水平荷重時：軸方向力 $N_E = 14$kN

短期　　　：軸方向力 $_{max}N_S = N_L + N_E = 111 + 14 = 125$kN

$_{min}N_S = N_L - N_E = 111 - 14 = 97$kN

長期　　　：曲げモーメント、柱頭 $M_L = 24$kN・m、柱脚 $M_L = 21$kN・m

水平荷重時：曲げモーメント、柱頭 $M_E = 49$kN・m、柱脚 $M_E = 40$kN・m

短期　　　：曲げモーメント、柱頭 $M_S = M_L + M_E = 24 + 49 = 73$kN・m

柱脚 $M_S = M_L + M_E = 21 + 40 = 61$kN・m

● Y 方向の応力

長期　　　：軸方向力 $N_L = 111$kN（6 章、6-4-2、C_1 柱の 2 階軸方向力）、

水平荷重時：軸方向力 $N_E = 18$kN

短期　　　：軸方向力 $_{max}N_S = N_L + N_E = 111 + 18 = 129$kN

$_{min}N_S = N_L - N_E = 111 - 18 = 93$kN

長期　　　：曲げモーメント、柱頭 $M_L = 45$kN・m、柱脚 $M_L = 38$kN・m

水平荷重時：曲げモーメント、柱頭 $M_E = 55$kN・m、柱脚 $M_E = 45$kN・m

短期　　　：曲げモーメント、柱頭 $M_S = M_L + M_E = 45 + 55 = 100$kN・m

柱脚 $M_S = M_L + M_E = 38 + 45 = 83$kN・m

ステップ１　荷重・外力によって生じた軸方向力 N と曲げモーメント M を用いて、$\dfrac{N}{bD}$ と $\dfrac{M}{bD^2}$ を計算する。

● X 方向

長期：$\dfrac{N_L}{bD} = \dfrac{111 \times 10^3}{500 \times 500} = 0.44\ \mathrm{N/mm^2}$

$\dfrac{M_L}{bD^2} = \dfrac{24 \times 10^6}{500 \times 500^2} = 0.19\ \mathrm{N/mm^2}$

短期：$\dfrac{_{max}N_S}{bD} = \dfrac{125 \times 10^3}{500 \times 500} = 0.50\ \mathrm{N/mm^2}$

$\dfrac{_{min}N_S}{bD} = \dfrac{97 \times 10^3}{500 \times 500} = 0.39\ \mathrm{N/mm^2}$

$\dfrac{M_S}{bD^2} = \dfrac{73 \times 10^6}{500 \times 500^2} = 0.58\ \mathrm{N/mm^2}$

● Y 方向

長期：$\dfrac{N_L}{Db} = \dfrac{111 \times 10^3}{500 \times 500} = 0.44\ \mathrm{N/mm^2}$

$\dfrac{M_L}{Db^2} = \dfrac{45 \times 10^6}{500 \times 500^2} = 0.36\ \mathrm{N/mm^2}$

短期：$\dfrac{_{max}N_S}{Db} = \dfrac{129 \times 10^3}{500 \times 500} = 0.52\ \mathrm{N/mm^2}$

$\dfrac{_{min}N_S}{Db} = \dfrac{93 \times 10^3}{500 \times 500} = 0.37\ \mathrm{N/mm^2}$

$\dfrac{M_S}{Db^2} = \dfrac{100 \times 10^6}{500 \times 500^2} = 0.80\ \mathrm{N/mm^2}$

ステップ２　図 5-21 を用いて、長期の引張鉄筋比 p_{t1} と短期の引張鉄筋比 p_{t2}、p_{t3} を求める。この三つの引張鉄筋比のうち最も大きな値を採用する。

- X 方向

長期 p_{t1} ＝ 0.01％

短期 p_{t2} ＝ 0.13％

短期 p_{t3} ＝ 0.15％

よって、p_t ＝ 0.15％を採用する。

- Y 方向

長期 p_{t1} ＝ 0.10％

短期 p_{t2} ＝ 0.21％

短期 p_{t3} ＝ 0.23％

よって、p_t ＝ 0.23％を採用する。

ステップ3　ステップ2で採用した引張鉄筋比 p_t を用いて必要引張鉄筋断面積 a_t を求める。

- X 方向：$a_t = \dfrac{p_t}{100} \times bD = \dfrac{0.15}{100} \times 500 \times 500 = 375\text{mm}^2$

- Y 方向：$a_t = \dfrac{p_t}{100} \times bD = \dfrac{0.23}{100} \times 500 \times 500 = 575\text{mm}^2$

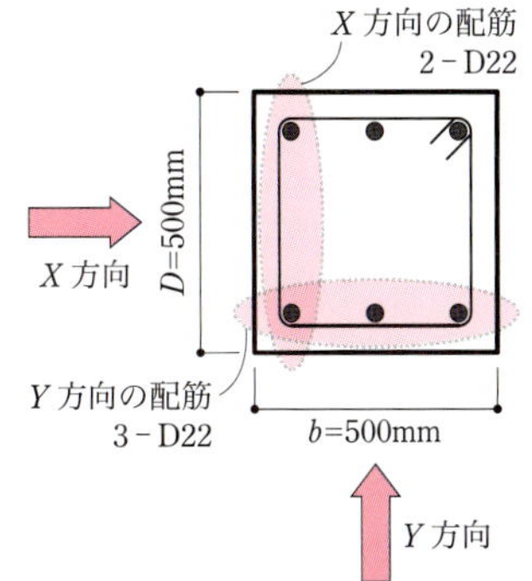

図 5-24　柱の配筋

ステップ4　表 5-1 を用いて、鉄筋の径と本数を設計する。

- X 方向：2－D22（774mm²）
- Y 方向：2－D22（774mm²）となる。

> **MEMO**　柱主筋の全断面積は、コンクリート断面積の 0.8％以上必要である。

したがって、$\dfrac{0.8}{100} \times bD = \dfrac{0.8}{100} \times 500 \times 500 = 2000\text{mm}^2 > 4 - \text{D22}\ (1548\text{mm}^2)$

よって、4本では主筋の全断面積が不足する。引張鉄筋比 p_t が大きい Y 方向の鉄筋を1本増やして、3－D22とする。

以上より、X 方向 2－D22、Y 方向 3－D22 とすると（図 5-22 参照）、

6－D22（2322mm²）＞ 2000mm² となって、0.8％規定をクリアする。

> **MEMO**　X 方向とは力が加わる方向で、左右の柱縦面が引っ張られるので配筋は縦に行う。Y 方向では、上下の柱横面が引っ張られるので配筋は横に行う。

ステップ5　表 5-2 を用いて、柱幅にその鉄筋の本数が収まることを確認する。

Y 方向の主筋は3本である。柱幅は 295mm 以上必要となるが、例題では柱幅 500mm あるので、十分である。

（ii）円形柱・円筒形柱

円形柱・円筒形柱については、それぞれの計算図表を用いて鉄筋比 p_g（＝鉄筋全断面積／コンクリート全断面積）を計算し、主筋断面積を算出し、使用鉄筋径と本数を決める。なお、規

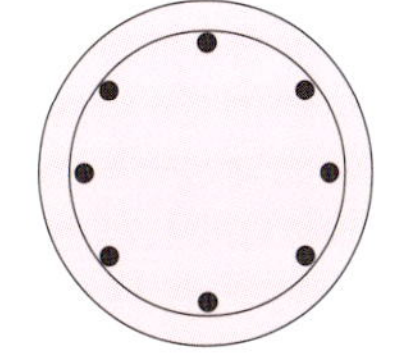

(a) 円柱柱（鉄筋 8 本以上）　(b) 円筒形柱（鉄筋 12 本以上）

図 5-25　円形柱と円筒形柱

準では、鉄筋本数は円形柱で8本以上、円筒形柱で12本以上を必要とする（図5-25参照）。

(iii) 算定外の規定

①柱の最小径とその主要支点間距離の比は、鉄筋普通コンクリートでは1/15以上、鉄筋軽量コンクリートでは1/10以上とする。吹き抜け部分の柱のようにこの規定限度以下になる場合は、曲げモーメントおよび軸方向力を表5-3の割合で増大させて計算する。

表5-3　曲げモーメントおよび軸方向力の割増係数

柱の最小径／主要支点間距離	割増係数	
	鉄筋普通コンクリート	鉄筋軽量コンクリート
1/10	1.0	1.0
1/15	1.0	1.2
1/20	1.25	1.5
1/25	1.75	—

（日本建築学会『鉄筋コンクリート構造計算規準・同解説』による）

②地震時に曲げモーメントが特に増大するおそれがある柱では、短期軸方向力を柱の全コンクリートで除した値は、柱の靱性を確保するために$F_c/3$以下とすることが望ましい。

③主筋全断面積は、コンクリート断面積の0.8%以上とする。

④主筋は、D13以上の異形鉄筋を4本以上用い、帯筋によって相互に緊結する。

⑤主筋のあきは、25mm以上、かつ、異形鉄筋の径の1.5倍以上とする。

(c) 柱のせん断補強（せん断力に対する設計）

柱のせん断設計にあたっては、曲げ耐力以上にせん断耐力を部材に与え、部材が破壊する場合には、せん断破壊より先に曲げ降伏が起きる設計とするのを原則とする。

通常、柱上下端部の方がせん断力による影響が大きいので、帯筋は上下端部での間隔が規定されている。

(i) 柱の許容せん断力 Q_A（柱が負担できるせん断力）

長期許容せん断力：$_LQ_A = \alpha \cdot {}_Lf_s \cdot bj$ [N]　式5-27

短期許容せん断力：$_SQ_A = bj\{\alpha \cdot {}_Sf_s + 0.5{}_wf_t(p_w - 0.002)\}$ [N]　式5-28

$_LQ_A$：柱の長期許容せん断力 [N]

$_SQ_A$：柱の短期許容せん断力 [N]

$_Lf_s$：コンクリートの長期許容せん断応力度 [N/mm²]

$_Sf_s$：コンクリートの短期許容せん断応力度 [N/mm²]

b：柱幅 [mm]

長期許容せん断力$_LQ_A$は、長期荷重によるせん断ひび割れの発生を許容しないので、帯筋の効果を考慮しない式になっている。

短期許容せん断力$_SQ_A$を計算するときは、短柱になると脆性破壊しやすくなるので、せん断スパン比による割増を考慮せず、$\alpha = 1$としている。

j　：応力中心間距離［mm］　$j=\frac{7}{8}d$、d：柱の有効せい

${}_wf_t$　：せん断補強筋のせん断補強用許容引張応力度［N/mm²］

p_w　：せん断補強筋比［%］　$p_w=\frac{a_w}{b \cdot x} \times 100$

α　：$\alpha=\frac{4}{\frac{M}{Q \cdot d}+1}$ かつ $1 \leqq \alpha \leqq 2$　$\frac{M}{Q \cdot d}$：せん断スパン比

◆ αの計算時の Q と M

長期荷重時：$Q=Q_L$

$M=M_L$（正負曲げモーメントのうち大きい方の値）

短期荷重時：$Q=Q_L+Q_E$

$M=M_L+M_E$

（ii）設計用せん断力 Q_D（外力により生じるせん断力）

柱の設計用せん断力 Q_D は、次式で計算する。

長期：$Q_D=Q_L$

短期：$Q_D=\frac{\sum M_y}{h'}$ または $Q_D=Q_L+n \cdot Q_E$ のうち小さい方の値

Q_L　：長期荷重時のせん断力

$\sum M_y$：柱頭と柱脚の降伏モーメントの絶対値の和。柱頭は、柱自身の降伏モーメントと柱に接続する梁の降伏モーメントの絶対値の和の 1/2 のうち小さい方の値とする。柱脚は柱自身の降伏モーメントとする

$N \leqq 0.4bd \cdot F_c$のとき　$M_y=0.8a_t \cdot f_t \cdot D+0.5N \cdot D\left(1-\frac{N}{b \cdot d \cdot F_c}\right)$　式 5-29

$N > 0.4bd \cdot F_c$ のとき　$M_y=0.8a_t \cdot f_t \cdot D+0.12bD^2 \cdot F_c$　式 5-30

h'　：柱の内法高さ

n　：地震時のせん断力割増係数。通常は 1.5 以上、低層建築物では 2.0 以上とする

Q_E　：水平荷重時のせん断力

（iii）帯筋の算定

帯筋の算定は、次の条件で行う。

① ${}_Lf_s \cdot bj \geqq Q_D$ または ${}_sf_s \cdot bj \geqq Q_D=Q_L+n \cdot Q_E$（低層建築物の場合は $n=2$）

このときは、帯筋比 $p_w=0.2\%$ として設計する。

割増係数 α（式 5-14 参照）を計算（柱の短期では $\alpha=1$）し、

② $\alpha_L \cdot {}_Lf_s \cdot bj \geqq Q_D$ または $\alpha_S \cdot {}_Sf_s \cdot bj \geqq Q_D$

このときは、帯筋比$p_w = 0.2\%$として設計する。

③$\alpha_L \cdot {}_Lf_s \cdot bj < Q_D$ または $\alpha_S \cdot {}_Sf_s \cdot bj < Q_D$

このときは、超過分$\Delta Q = Q_D - \alpha \cdot f_s \cdot bj$を求め、これに対する帯筋比$p_w$（式5-18参照）を計算する。

④帯筋の径を決めて、間隔xを設計する。

$$間隔\ x = \frac{a_w}{p_w \cdot b}\ [\mathrm{mm}] \qquad 式5\text{-}31$$

a_w：1組の帯筋の断面積［mm²］…… 通常2本1組とする

b　：柱の幅［mm］

（iv）算定外の規定

①帯筋は、D10またはϕ9以上を用いる。

②帯筋比p_wは、0.2%以上とする（図5-26参照）。

$$p_w = \frac{a_w}{b \cdot x} \times 100[\%] \geqq 0.2\%$$

③帯筋の間隔は、D10またはϕ 9を用いる場合は、柱の上下1.5Dの区間では100mm以下とし、それ以外の区間では150mm以下とする（図5-27参照）。なお、D13またはϕ 13を用いた場合は、200mm以下とする。

④柱梁接合部の帯筋間隔は、150mm以下、かつ、隣接する柱の帯筋間隔の1.5倍以下とする。

⑤帯筋の末端は、135°以上に折り曲げるか相互に溶接する。

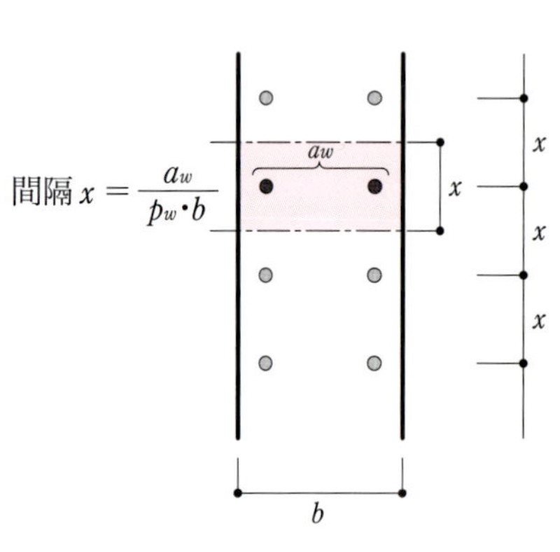

図5-26　帯筋比

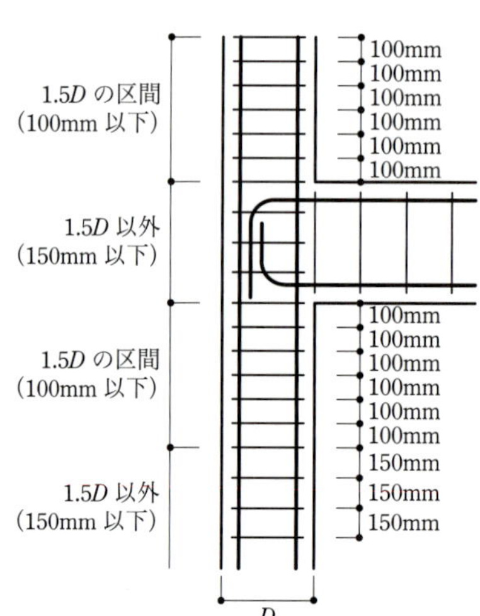

図5-27　帯梁の間隔

例題 5-6　例題5-5のようなせん断力が作用する${}_2C_1$柱のせん断補強筋を設計する。

解　答

応力中心間距離$j = \frac{7}{8}d = \frac{7}{8} \times 440 = 385\text{mm}$

長期：${}_Lf_S \cdot bj = 0.74 \times 500 \times 385 = 142450\text{N} \fallingdotseq 142\text{kN}$

$Q_D = Q_L = 25\text{kN}$

短期：${}_sf_S \cdot bj = 1.11 \times 500 \times 385 = 213675\text{N} \fallingdotseq 214\text{kN}$

$Q_D = Q_L + 2Q_E = 25 + 2 \times 31 = 87\text{kN}$

よって、${}_Lf_S \cdot bj > Q_L$、かつ、${}_sf_S \cdot bj > Q_D$であるから、帯筋比$p_w = 0.3\%$として設計する（このとき、コンクリートのみでせん断力を負担することができるが、建設省告示第1791号より、ルート2-2の一般柱では帯筋比$p_w = 0.3\%$として設計する）。

帯筋にD10を使用すると、間隔$x = \frac{a_w}{p_w \cdot b} = \frac{2 \times 71.3}{\frac{0.3}{100} \times 500} \fallingdotseq 95.1\text{mm} \rightarrow 90\text{mm}$間隔で設計する。

したがって、帯筋□－D10＠90とする。

なお、柱の主筋は、圧接とするから付着の検討は必要ない。ここでは省略する（6章参照）。

(d) 柱の配筋

柱の主筋は、曲げモーメントMと軸方向力Nに抵抗する。

ラーメン構造の柱では、地震時に左右から繰り返し荷重を受けるから、配筋は対称形に4本以上（ただし、柱断面積の0.8%以上）を配置する。また、柱の全鉄筋数は、必ず、偶数となる。

帯筋は、せん断力に抵抗し、柱の上下端では密に配置する（一般には、柱の下端から上端まで同一間隔で密に配筋することが多い）。その他の部分では端部の1.5倍の間隔で配筋する。

断面積が大きい柱では副帯筋を入れ、円形断面の柱ではらせん筋がよく用いられる。

(3) 床スラブの設計

スラブは、床荷重を支え、その荷重を梁を通して柱・基礎へ伝えるとともに、水平荷重時にはその力をラーメンに配分する役目をもっている。

スラブには、鉛直方向には床荷重が作用して曲げモーメントMが生じ、水平方向には主として地震力が作用してせん断力Qが生じる。

スラブの配筋は、スラブ厚をせいとし、1mの単位幅を幅とする長方形断面の連続梁と考えて、梁と同様に曲げモーメントMによって設計する。

せん断力Qは、梁に比べて小さいので、通常の場合はせん補強筋による補強は行わない。

(a) スラブの厚さ

スラブが水平荷重を受けたとき、水平面内で変形しない剛性を確保するとともに、たわみやひび割れ、振動障害を生じない厚さを確保することが必要である。

そのためには、スラブの厚さは、80mm以上、かつ、表5-4の値以上とする。

表 5-4　長方形スラブの厚さ

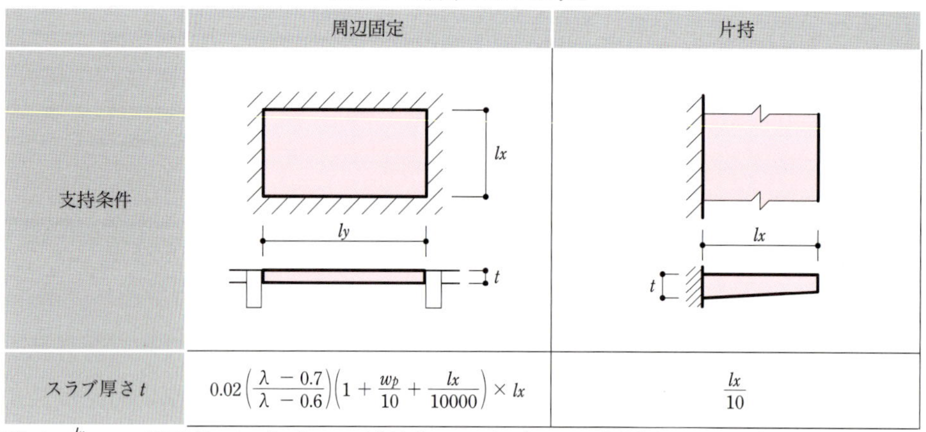

	周辺固定	片持
支持条件	（図：l_x、l_y、t）	（図：l_x、t）
スラブ厚さ t	$0.02\left(\dfrac{\lambda - 0.7}{\lambda - 0.6}\right)\left(1 + \dfrac{w_p}{10} + \dfrac{l_x}{10000}\right) \times l_x$	$\dfrac{l_x}{10}$

注）$\lambda = \dfrac{l_y}{l_x}$　l_x：短辺有効スパン［mm］　l_y：長辺有効スパン［mm］　w_p：積載荷重＋仕上荷重［kN/m²］

（日本建築学会『鉄筋コンクリート構造計算規準・同解説』による）

鉄筋軽量コンクリートでは、100mm 以上、かつ、表 5-4 の値の 1.1 倍以上とする。

(b) 長方形スラブの曲げモーメント

4 辺固定とみなすことができる長方形スラブが、等分布荷重を受ける場合の曲げモーメント M は、次式で計算する。

この場合、求められた曲げモーメントの値は、単位幅（1m）当たりの値で、この値を用いて求める鉄筋の間隔も単位幅の間隔である。

$$w_x = \frac{l_y^4}{l_x^4 + l_y^4} \cdot w \ \text{[kN/m]} \qquad \text{式 5-32}$$

l_x：短辺有効スパン［m］

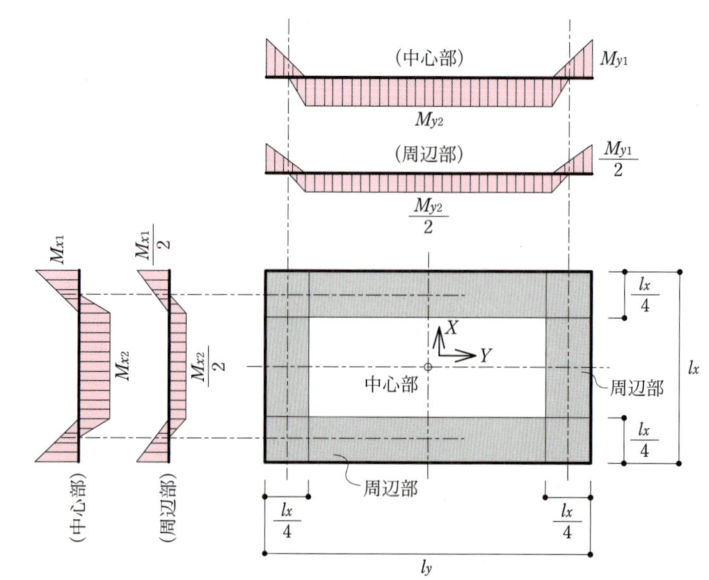

図 5-28　長方形スラブの曲げモーメント

l_y：長辺有効スパン［m］

w：単位面積についての全荷重［kN/m］

●短辺方向（X 方向）

両端部最大曲げモーメント $M_{x1} = -\frac{1}{12} w_x \cdot l_x^2$［kN·m］　式 5-33

中央部最大曲げモーメント $M_{x2} = \frac{1}{18} w_x \cdot l_x^2$［kN·m］　式 5-34

●長辺方向（Y 方向）

両端部最大曲げモーメント $M_{y1} = -\frac{1}{24} w \cdot l_x^2$［kN·m］　式 5-35

中央部最大曲げモーメント $M_{Y2} = \frac{1}{36} w \cdot l_X^2$［kN·m］　式 5-36

図 5-28 において、周辺部の $l_x/4$ 以内の部分については、曲がりにくく、曲げモーメント M の値も小さく、中心部で求めたそれぞれの値の 1/2 とすることができる。

(c) スラブの断面算定

スラブの曲げモーメント M に対する断面算定は、幅 1m、せいが厚さのつり合い鉄筋比以下の梁として次式で計算する。

$M = a_t \cdot f_t \cdot j$

なお、スラブにおいては、必要鉄筋量 a_t よりも鉄筋の間隔 x を求めるほうが便利である。

このとき、使用鉄筋 1 本の断面積 a_0［mm^2］、鉄筋の長期許容引張応力度 $f_t = 200$N/mm^2（SD295A 使用）、$j = (7/8)d$、有効せい d［mm］、幅 1m 当たりの曲げモーメント M［kN·m］とすれば、次式のように計算できる。

$$x = \frac{1000}{\frac{a_t}{a_0}} = \frac{1000 \times a_0}{\frac{M \times 10^6}{f_t \times j}} = \frac{1000 \times 200 \times (7/8)d \times a_0}{M \times 10^6} = \frac{0.175\, a_0 \cdot d}{M} \text{ [mm]} \quad \text{式 5-37}$$

一般によく用いられる D10、D13 の異形鉄筋について、式（5-37）を変形して計算すれば、次式のようになる。

・D10 のみを使用（$a_0 = 71$mm^2）…………………………………… $x = \frac{12.43d}{M}$［mm］　式 5-38

・D10 と D13 を交互に使用（$a_0 = \frac{127+71}{2} = 99$mm^2）……… $x = \frac{17.33d}{M}$［mm］　式 5-39

・D13 のみを使用（$a_0 = 127$mm^2）…………………………………… $x = \frac{22.23d}{M}$［mm］　式 5-40

しかし、計算では、間隔 x の値が大きくなり過ぎる場合もあるので、表 5-5 の値以下とする。

ただし、表 5-5 は、D10 以上の異形鉄筋、もしくは $\phi 6$ 以上の溶接金網を使用した場合の規定である。

表 5-5　床スラブの鉄筋間隔

	鉄筋普通コンクリート	鉄筋軽量コンクリート
短辺方向	・200mm 以下 ・径 9mm 以下の溶接金網では、150mm 以下	・200mm 以下 ・径 9mm 以下の溶接金網では、150mm 以下
長辺方向	・300mm 以下、かつ、スラブの厚さの 3 倍以下 ・径 9mm 以下の溶接金網では、200mm 以下	・250mm 以下 ・径 9mm 以下の溶接金網では、200mm 以下

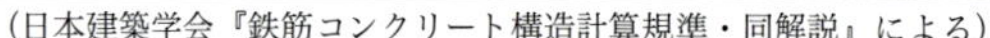

（日本建築学会『鉄筋コンクリート構造計算規準・同解説』による）

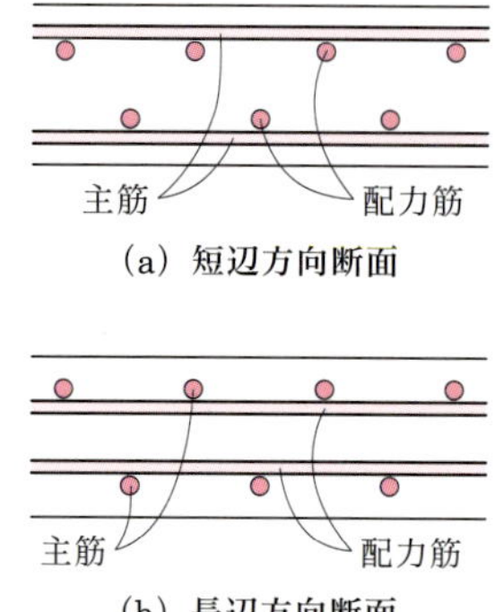

図 5-29　スラブの配筋

(d) スラブの配筋

スラブでは、短辺方向の引張鉄筋を主筋といい、長辺方向の引張鉄筋を配力筋という。長方形スラブに加わる荷重の多くは短辺方向で負担するから、引張鉄筋の交差部では、短辺方向の鉄筋（主筋）を図 5-29 のように外側に配置し、密に入れる。

(e) 算定外の規定

①スラブの引張鉄筋は、D10 以上の異形鉄筋を用いるが、なるべく D13 以上の異形鉄筋と混用するのが望ましい。

鉄線の径が 6mm 以上の溶接金網を用いてもよい。

正負最大曲げモーメントを受ける部分にあっては、その間隔を表 5-5 に示す値以下とする。

②スラブの各方向の全幅について、スラブ鉄筋全断面積のコンクリート全断面積に対する割合は、温度応力および収縮応力を考慮して、0.2％以上とする。ただし、スラブのひび割れを制御する場合は、0.4％以上とする。

③使用上の支障が起こらないことを検証することが必要な場合は、四辺固定スラブにおいてはスラブ厚 $t < l_x/30$、片持スラブにおいてはスラブ厚 $t < l_x/10$ の場合である。

④スラブ鉄筋に対するコンクリートのかぶり厚さは、30mm 以上とする。

⑤引張鉄筋を折り曲げる位置は、長辺方向および短辺方向ともに、短辺方向の有効スパン l_x の 1/4 にとる。

例題 5-7　図のような $_RS_1$ のスラブを設計する。

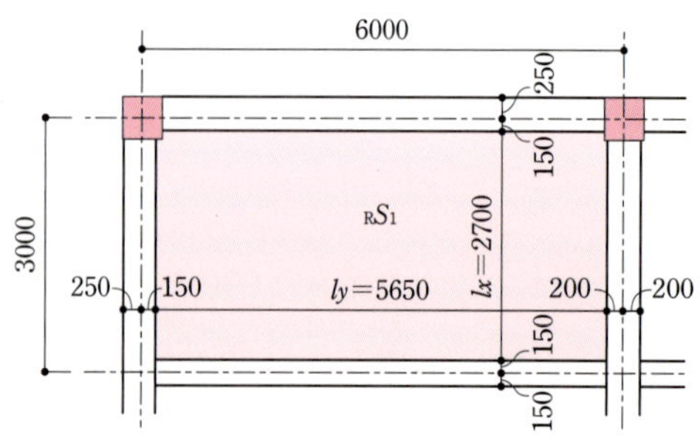

解 答　まず、有効スパンを計算する。有効スパンとは、四辺固定スラブにおいては、梁の面か

ら梁の面までの内法スパンをいう。

短辺有効スパン $l_x = 3000 - 150 - 150 = 2700\text{mm}$

長辺有効スパン $l_y = 6000 - 150 - 200 = 5650\text{mm}$

$$\lambda = \frac{l_y}{l_x} = \frac{5650}{2700} = 2.09 \fallingdotseq 2.1$$

ステップ1　スラブの厚さの設計

スラブ厚さは、150mm と仮定している。

荷重 w_p（積載荷重＋仕上げ荷重）の大きさを計算する。

w_p ＝ R 階床荷重－コンクリートスラブ重量＝ $5.3 - 24 \times 0.15 = 1.7\text{kN/m}^2$

$$\text{スラブの厚さ } t = 0.02\left(\frac{\lambda - 0.7}{\lambda - 0.6}\right) \times \left(1 + \frac{w_p}{10} + \frac{l_x}{10000}\right) \times l_x$$

$$= 0.02\left(\frac{2.1 - 0.7}{2.1 - 0.6}\right) \times \left(1 + \frac{1.7}{10} + \frac{2700}{10000}\right) \times 2700$$

$$= 0.02 \times 0.933 \times 1.44 \times 2700 = 72.55\text{mm}$$

72.55mm ＜ 80mm となり、80mm 以上必要となる。

したがって、仮定したスラブ厚さを、設計スラブ厚さ t ＝ 150mm とする。

ステップ2　単位面積当たりのスラブの計算用荷重 w

$w = 5.3\text{kN/m}^2$（6 章、6-2-2、単位荷重表の床用の値）

ステップ3　曲げモーメントの値を計算する。

$$w_x = \frac{l_y^4}{l_x^4 + l_y^4} \cdot w = \frac{5.65^4}{2.7^4 + 5.65^4} \times 5.3 = 5.04\text{kN/m}^2$$

●短辺方向：

$$\text{両端 } M_{x1} = -\frac{1}{12} w_x \cdot l_x^2 = -\frac{1}{12} \times 5.04 \times 2.7^2 = -3.06\text{kN·m}$$

$$\text{中央 } M_{x2} = \frac{1}{18} w_x \cdot l_x^2 = \frac{1}{18} \times 5.04 \times 2.7^2 = 2.04\text{kN·m}$$

●長辺方向：

$$\text{両端 } M_{y1} = -\frac{1}{24} w \cdot l_x^2 = -\frac{1}{24} \times 5.3 \times 2.7^2 = -1.61\text{kN·m}$$

$$\text{中央 } M_{y2} = \frac{1}{36} w \cdot l_x^2 = \frac{1}{36} \times 5.3 \times 2.7^2 = 1.07\text{kN·m}$$

ステップ4　スラブの有効せい d と応力中心間距離 j の計算（図 5-30 参照）

●短辺方向：

d ＝スラブ厚さ－かぶり厚さ－主筋径の半分＝ 150mm － 30mm －（10mm/2）＝ 115mm

$$j = \frac{7}{8} d = \frac{7}{8} \times 115 = 101\text{mm}$$

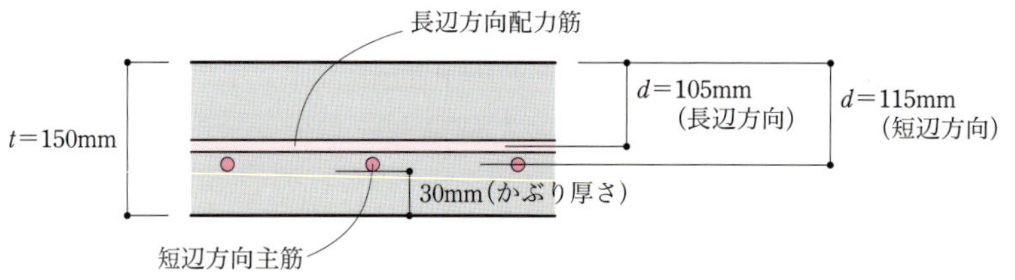

図 5-30　スラブの有効せい

●長辺方向：

d ＝スラブ厚さ－かぶり厚さ－主筋径－配力筋径の半分

$= 150\text{mm} - 30\text{mm} - 10\text{mm} - (10\text{mm}/2) = 105\text{mm}$

$$j = \frac{7}{8}d = \frac{7}{8} \times 105 = 91.9\text{mm} \fallingdotseq 92\text{mm}$$

ステップ5　スラブ筋の設計

必要鉄筋間隔 x を計算する。

●短辺方向

上端筋・両端：D10・D13 を交互に使用する（式 5-39 より）。

$$x = \frac{17.33d}{M} = \frac{17.33 \times 115}{3.06} = 651\text{mm} \rightarrow 200\text{mm}\ \text{で設計する}$$

下端筋・中央：D10 を使用する（式 5-38 より）。

$$x = \frac{12.43d}{M} = \frac{12.43 \times 115}{2.04} = 701\text{mm} \rightarrow 200\text{mm}\ \text{で設計する}$$

●長辺方向

上端筋・両端：D10・D13 を交互に使用する（式 5-39 より）。

$$x = \frac{17.33d}{M} = \frac{17.33 \times 105}{1.61} = 1130\text{mm} \rightarrow 250\text{mm}\ \text{で設計する}$$

下端筋・中央：D10 を使用する（式 5-38 より）。

$$x = \frac{12.43d}{M} = \frac{12.43 \times 105}{1.07} = 1220\text{mm} \rightarrow 250\text{mm}\ \text{で設計する}$$

以上より、計算で求めた配筋間隔は表 5-6 のようになる（網掛部分）。ただし、この計算例では、ダブル配筋なので、端部下端筋と中央部上端筋の間隔は、それぞれ網掛部分の鉄筋間隔と同一とした。

表 5-6　スラブ鉄筋の設計間隔

	短辺方向		長辺方向	
	端部	中央部	端部	中央部
上端筋	D10･D13 交互@ 200	D10･D13 交互@ 200	D10･D13 交互@ 250	D10･D13 交互@ 250
下端筋	D10 @ 200	D10 @ 200	D10 @ 250	D10 @ 250

ステップ６　鉄筋量の検討

ダブル配筋の場合は、鉄筋量が多いので、検討の必要はない。

念のため、短辺方向について、スラブ鉄筋全断面積のコンクリート全断面積に対する割合が、0.2％以上あることを確認する。

$$\frac{71\text{mm}^2 \times (6\text{本} + 11\text{本}) + 127\text{mm}^2 \times 5\text{本}}{150\text{mm} \times 2700\text{mm}} \times 100 = 0.45\% > 0.2\% \quad \text{OK}$$

(4) 耐震壁の設計

耐震壁は、地震力などの水平荷重に抵抗する。

構造物に水平力が作用すると、その力は、耐震壁に伝わり、耐震壁のせん断抵抗によって基礎に伝達される。

したがって、耐震壁は、主として、地震時に発生するせん断力 Q に抵抗するので、その設計は、構造物の安全性を左右する重要な要素となる。

(a) 耐震壁の算定

(i) 許容せん断力の計算

①耐震壁の許容せん断力 Q_A を設計用せん断力 Q_D より大きくなるように設計すれば、耐震壁にせん断ひび割れを発生させない条件となる。

このとき、Q_A は、次式のうち大きい方の値をとる。

$$\left.\begin{array}{l} Q_1 = \gamma_2 \cdot t \cdot l \cdot f_s \quad [\text{N}] \\ Q_2 = \gamma_2 \cdot (Q_W + \sum Q_C) \quad [\text{N}] \end{array}\right\} \qquad \text{式 5-41}$$

γ_2：開口に対するせん断耐力の低減率

次式のうち最も小さな値とする（図 5-31 参照）。

$$\gamma_{2\text{-}1} = 1 - \gamma_0 \qquad \gamma_{2\text{-}2} = 1 - \frac{l_0}{l} \qquad \gamma_{2\text{-}3} = 1 - \frac{h_0}{h} \qquad \text{式 5-42}$$

ただし、開口周比 $\gamma_0 = \sqrt{\dfrac{h_0 \cdot l_0}{h \cdot l}} \leqq 0.4$　　式 5-43

l：壁周辺の柱中心間距離［mm］

h：梁中心間距離［mm］

l_0：開口部の長さ［mm］

h_0：開口部の高さ［mm］

t：壁厚［mm］

f_s：コンクリートの短期許容せん断応力度［N/mm²］

Q_w：無開口の壁筋が負担できる許容せん断力［N］

$$Q_w = p_s \cdot t \cdot l' \cdot f_t$$

p_s：壁の直交する各方向のせん断補強筋比

$p_s \geqq 1.2\%$ のときは、1.2％として計算する。

5章　構造計算の進め方

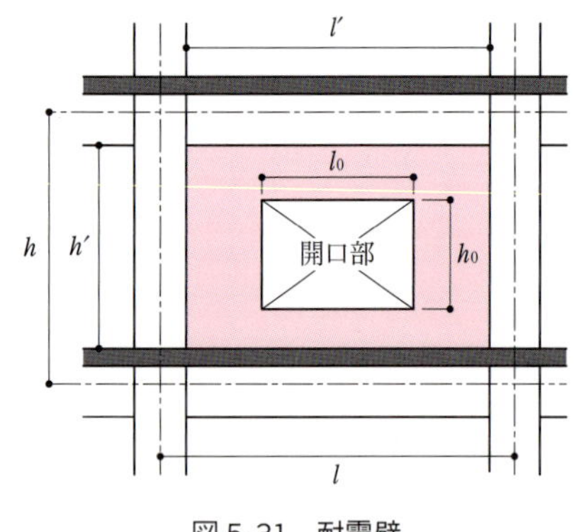

図 5-31　耐震壁

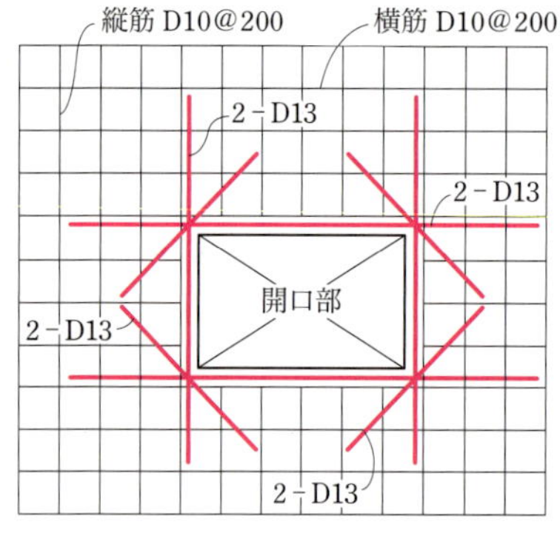

図 5-32　耐震壁の配筋の例

$p_s = a_1/x \cdot t$

a_1：壁筋の 1 組の断面積［mm^2］

x：壁筋の間隔［mm］

l'：耐震壁の内法長さ［mm］

f_t：壁筋の許容引張応力度［N/mm^2］

Q_C：壁周辺の柱 1 本が負担できる許容せん断力［N］

$Q_C = bj\{1.5f_s + 0.5_w f_s(p_w - 0.002)\}$

$_w f_s$：せん断補強筋のせん断補強用許容引張応力度［N/mm^2］

p_w：柱のせん断補強筋比

$p_w \geqq 1.2\%$のときは、1.2%として計算する。

② Q_1は、壁にせん断ひび割れを生じさせない条件から計算した許容値である。

③ Q_2は、壁にせん断ひび割れが生じた後、壁と柱が共同してせん断力に抵抗する条件から計算した許容値である。

④開口周比が 0.4 を超える場合は、耐震壁として扱うことができない。

（ii）耐震壁設計上の注意事項

①耐震壁の厚さは、120mm 以上、かつ、耐震壁の内法高さの 1/30 以上とする。

②耐震壁のせん断補強筋比は、直交する各方向に関し、それぞれ 0.25%以上とする。

③耐震壁の厚さが 200mm 以上ある場合は、壁筋を複筋配置（ダブル配筋）とする。

④壁筋は、D10 以上の異形鉄筋、あるいはϕ 6 以上の溶接金網を用い、見付面に対する間隔は、300mm 以下（千鳥配筋の場合は、片面の間隔は、450mm 以下）とする。

⑤耐震壁の開口周囲の補強筋には、D13 以上、かつ、その耐震壁の壁筋と同径以上の異形鉄筋を使用する（図 5-32 参照）。

⑥開口部を有する耐震壁の水平剛性（せん断剛性）は、次式で低減する。

低減率 $\gamma_1 = 1 - 1.25\ \gamma_0$　　式 5-44

γ_0：開口周比（式 5-43 による）

⑦耐震壁の付帯ラーメン（耐震壁の四周のラーメン）の梁の主筋の算定においては、床スラブ

部分を除く梁のコンクリート全断面積に対する主筋全断面積の割合を、0.8%以上とする。

⑧付帯ラーメンの柱の主筋全断面積は、柱のコンクリートの全断面積の0.8%以上とする。

⑨付帯ラーメンの梁のせん断補強筋比は、0.2%以上とする。

⑩開口部の上端が上部壁に、下端が下部床版に接していると、各階とも1枚の耐震壁として扱うことができない。

⑪「耐震計算ルート1」の適用を受ける建築物の場合、耐震壁のせん断設計用せん断力は、一次設計用地震力によって耐震壁に生じるせん断力の2倍以上の値とする。

(5) 基礎の設計

(a) 独立基礎の設計

独立フーチング基礎は、剛性の高い基礎梁で連結して、柱脚に生じる曲げモーメントを基礎梁に受け持たせるものとし、軸方向力のみについて設計する。

独立フーチング基礎の設計は、次のようなステップで行う。

ステップ1 基礎設計用軸方向力（基礎重量は除く）を求める。

・鉛直荷重時軸方向力を計算する。

・水平荷重時軸方向力を計算する（X方向、Y方向別）。

・短期軸方向力は、長期軸方向力＋水平荷重時軸方向力 より計算する。

ステップ2 基礎スラブに作用する軸方向力と基礎底面形の設計

上部構造から伝達される柱軸方向力N'と埋め戻し土を含む基礎自重W'とによって、沈下が生じない十分な大きさの基礎底面積が必要である。

このとき、フーチング底面における接地圧σ_eが底面に一様に分布しているものとし、接地圧σ_eが地盤の許容地耐力度f_eを超えないように、次式で設計する。

$$\text{接地圧}\ \sigma_e = \frac{N' + W'}{A} = \frac{N}{A} \leqq \text{地盤の許容地耐力度}\ {}_Lf_e\ [\text{kN/m}^2] \qquad \text{式 5-45}$$

$N = N' + W'$ [N]

${}_Lf_e$：長期許容地耐力度［kN/m^2］（6章、表6-1参照）

$$W' = \frac{\text{柱軸方向力}\,N'}{\text{地盤の許容応力度} - \text{土と基礎の平均重量} \times \text{根入れ深さ}} \times \text{土と基礎の平均重量} \times \text{根入れ深さ}\ [\text{kN}] \qquad \text{式 5-46}$$

$$\text{必要基礎底面積}\ A = \frac{N}{{}_Lf_e}\ [\text{m}^2] \qquad \text{式 5-47}$$

ステップ3 基礎スラブ筋の設計

●せん断力応力度τの設計

$$\tau = \frac{Q_F}{l \cdot j} \leqq {}_Lf_s\ [\text{N/mm}^2] \qquad \text{式 5-48}$$

Q_F：基礎スラブの応力度設計断面に生じる設計用せん断力［kN］

●鉄筋本数の決定

$$必要鉄筋断面積\ a_t = \frac{M_F}{{}_Lf_t \cdot j}\ [\mathrm{mm}^2]$$ 式 5-49

M_F：基礎スラブの応力度設計断面に生じる設計用曲げモーメント［kN・m］

$$必要鉄筋本数\ n = \frac{必要鉄筋断面積\ a_t}{鉄筋1本の断面積\ a_0}\ [本]$$ 式 5-50

ステップ 4　基礎スラブの付着の検討

●付着長さ

$$付着長さ\ l_d = \frac{l - a'}{2} - (かぶり厚さ + 3.5d_b)\ [\mathrm{mm}]$$ 式 5-51

● C の計算

C ＝最小かぶり厚さの 3 倍以下、または、鉄筋のあき以下のうち小さい方の値、かつ、鉄筋径の 5 倍以下の値

● K の計算

$$長期\ K = 0.3 \times \frac{C}{d_b} + 0.4$$

●必要付着長さ

$$必要付着長さ\ l_{db} = \frac{a_t \cdot A_s}{K \cdot {}_Lf_s \cdot \phi}\ [\mathrm{mm}]$$ 式 5-52

したがって、付着長さ l_d は、$l_d = l_{db} + d$ より計算する。

例題 5-8　図に示した基礎 F_2 の設計を行う。ただし、${}_Lfe$ ＝ 100kN/m² とする。

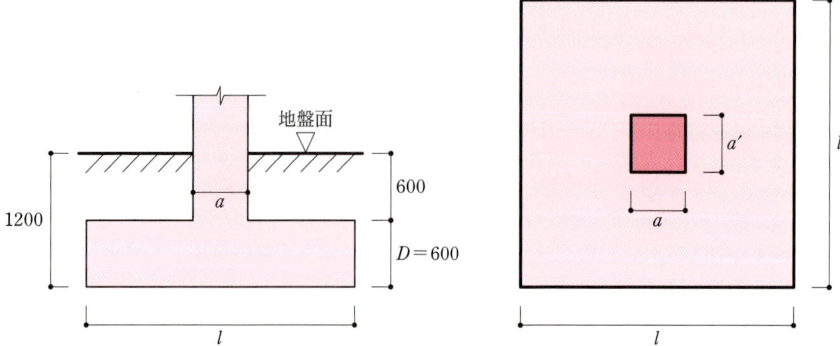

解　答

ステップ 1　基礎設計用軸方向力（基礎重量は除く）

● 6 章、6-4-2 より、C_2 柱の鉛直荷重時軸方向力を計算する。

長期 N_L ＝ 174 ＋ 193 ＋ 10 ＝ 377kN

● 6 章、6-6-3 より、C_2 柱の水平荷重時軸方向力を計算する。

X 方向：N_E ＝ 2 ＋ 6 ＋ 8 ＝ 16kN

Y 方向：$N_E = 21 + 47 + 39 =$ 107kN

●短期軸方向力：長期軸方向力＋水平荷重時軸方向力 より計算する。

短期 $N_S = 377 + 107 =$ 484kN（水平荷重時軸方向力の大きい方の値 107kN を採用）

このとき、長期 $N_L \times 1.5 = 377\text{kN} \times 1.5 =$ 565.5kN ＞短期 $N_S =$ 484kN より、長期 $N_L =$ 377kN を設計応力とする。

ステップ２　基礎スラブに作用する軸方向力と基礎底面形の設計（図 5-33 参照）

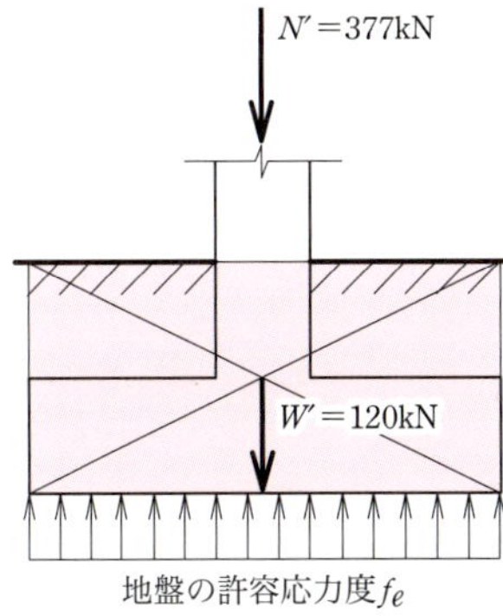

●図の網掛部分の土と基礎の平均重量を計算する。

鉄筋コンクリートの単位重量	24kN/m³
土の単位重量	16kN/m³
平均重量	20kN/m³

図 5-33　基礎底面の計算

●土と基礎の重量 W'

$$W' = \frac{\text{柱軸方向力}N'}{\text{地盤の許容応力度} - \text{土と基礎の平均重量} \times \text{根入れ深さ}} \times \text{土と基礎の平均重量} \times \text{根入れ深さ}$$

$$= \frac{377\text{kN}}{100\text{kN/m}^2 - 20\text{kN/m}^3 \times 1.2\text{m}} \times 20\text{kN/m}^3 \times 1.2\text{m}$$

$$= 119.1\text{kN} \fallingdotseq 120\text{kN}$$

●$N = N' + W' = 377 + 120 =$ 497kN

●必要基礎底面積 A

$$A = \frac{N}{{}_Lf_e} = \frac{497}{100} = 4.97\text{m}^2$$

よって、基礎底面積の一辺の長さ l、l' は、$l = l' = \sqrt{4.97} = 2.23\text{m} \fallingdotseq 2.3\text{m}$ で設計する。

●基礎底面の応力度 σ_e

$$\sigma_e = \frac{N}{A} = \frac{497}{2.3 \times 2.3} = 93.95\ \text{kN/m}^2 \fallingdotseq 94\ \text{kN/m}^2 < 100\ \text{kN/m}^2 \quad \text{OK}$$

ステップ３　基礎スラブ筋の設計

$$\frac{Q_F}{N'} = \frac{1}{2} \times \frac{l - a}{l} = \frac{1}{2} \times \frac{2300 - 500}{2300} = 0.39$$

$$\therefore Q_F = N' \times 0.39 = 377 \times 0.39 = 147.1\text{kN}$$

●せん断応力度 τ の設計

基礎スラブの有効せい $d = 500\text{mm}$

応力中心間距離 $j = \frac{7}{8} \times 500 = 437.5\text{mm}$

$$\tau = \frac{Q_F}{l \cdot j} = \frac{147.1 \times 10^3}{2300 \times 437.5} = 0.15\text{N/mm}^2 < {}_Lf_s = 0.74\text{N/mm}^2 \quad \text{OK}$$

$$\frac{M_F}{N' \cdot a} = \frac{1}{8} \times \frac{(l-a)^2}{l \cdot a} = \frac{1}{8} \times \frac{(2300-500)^2}{2300 \times 500} = 0.35$$

$\therefore M_F = N' \times \text{a} \times 0.35 = 377\text{kN} \times 0.5\text{m} \times 0.35 \fallingdotseq 66.0\text{kN}\cdot\text{m}$

● 必要鉄筋断面積の計算

$$a_t = \frac{M_F}{{}_Lf_t \cdot j} = \frac{66.0 \times 10^6}{200 \times 437.5} = 755\text{mm}^2$$

● 必要鉄筋本数 n の設計

D13、1 本の断面積 $a_0 = 127\text{mm}^2$

$$n = \frac{a_t}{a_0} = \frac{755}{127} = 5.94 \fallingdotseq 6 \text{本}$$

基礎底面 2300mm の間に鉄筋が 6 本では、間隔が大きくなりすぎるので、基礎底面の配筋は、D13 を 2300mm の幅に 180mm 間隔で配置すると、

$$n = \frac{2300}{180} + 1 = 12.8 + 1 = 13.8 \fallingdotseq 14 \text{本必要}$$

となるが、かぶり厚さを考慮して 13 本とする。

したがって、13-D13 @ 180 の配筋となる（図 5-34 参照）。（確認：ピッチ 180mm × 12 カ所＋かぶり厚さ 70mm × 2 カ所＝ 2300mm）

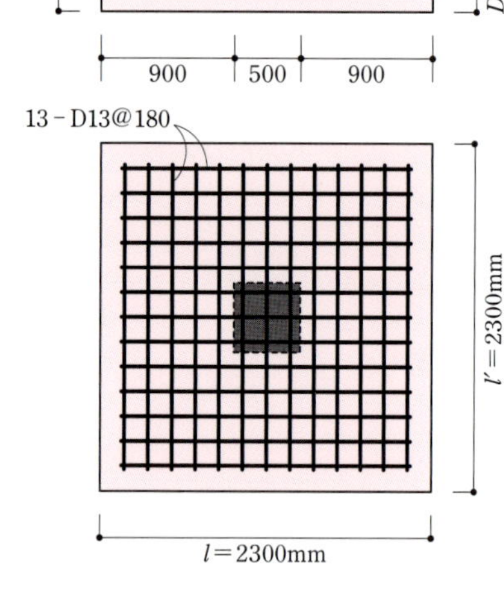

図 5-34　基礎の配筋

ステップ 4　基礎スラブの付着の検討

基礎スラブの幅が小さい F_1 が危険側になる。

したがって、6 章では F_1 について検討しているので、ここでは省略する。

2　鉄骨構造

鉄骨構造は、鋼材を細長く加工し、接合して組み立てた構造体である。

鉄骨構造の骨組を構成する部材（鋼材）の力学的特性、すなわち強度、変形や断面形の性質などを十分に理解し、座屈を考慮し、継手や仕口などの接合部は応力を十分に伝達できる安全性の高い、経済的な設計とすることが大切である。

鋼材は、コンクリートに比べて 3.27 倍（≒ 7.85/2.4）の比重があり、かなり重たい材料である。しかし、強度が 9.79 倍（≒ 235/24）と大きいことから、部材断面は小さくてすみ、構造体とした場合には、コンクリートよりかなり軽い建築物が建設できる。

したがって、大スパンが必要な体育館や工場などの建築物に適し、鋼材が粘り強いことから耐震性を必要とする超高層建築物など、多くの建築物が鉄骨構造で設計されている。

しかし、鋼材は座屈することから、常に変形に対して注意し、構造設計を行う必要がある。また、部材と部材を接合することから、接合部にも注意が必要である。

(1) 接合

鉄骨構造の接合方法には、主として、高力ボルト接合と溶接が用いられる。

(a) 高力ボルト接合

高力ボルト接合には、摩擦接合と引張接合がある。

高力ボルト摩擦接合は、引張強さが 800 〜 1200N/mm^2 の高張力ボルト（高力ボルト）の軸部を引張っておいて、ナットを強く締め付けることによって生じる母材間の摩擦力によって応力の伝達を行う接合方法である（図 5-35(a) 参照）。なお、普通ボルト接合は、接合する鋼材に所定の穴をあけ、ボルト軸部を差し込んでナットを強く締め付けた接合方法である（図 5-35(b) 参照）。

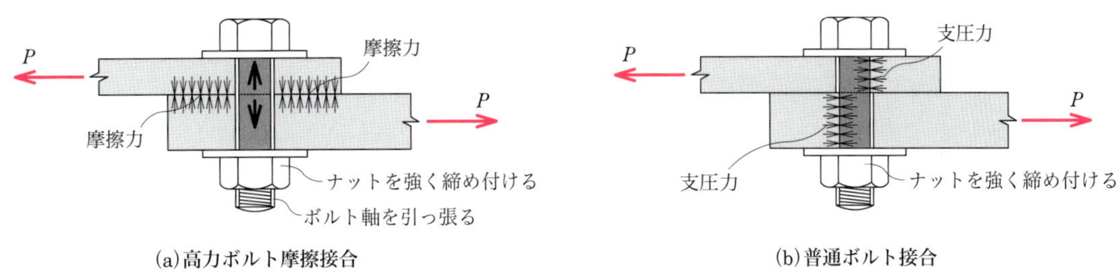

(a)高力ボルト摩擦接合　(b)普通ボルト接合

図 5-35　高力ボルト摩擦接合と普通ボルト接合

高力ボルト摩擦接合には、一面摩擦と二面摩擦があり、二面摩擦は一面摩擦の 2 倍の許容耐力がある（図 5-36 参照）。

高力ボルトの許容せん断耐力 R_s は、次式で計算する。

$$R_s = \frac{\eta \cdot \mu \cdot N}{\nu} \ [\text{kN}] \qquad \text{式 5-53}$$

η ：摩擦面の数

μ ：すべり係数（0.45）

N ：設計ボルト張力［kN］

ν ：安全率（1.5）

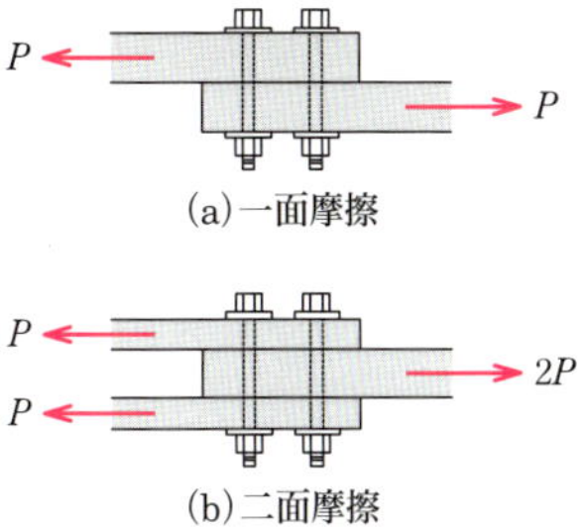

P　P

(a)一面摩擦

P　P　2P

(b)二面摩擦

図 5-36　一面摩擦と二面摩擦

これを計算した高力ボルトの許容耐力は表 3-13 に示してある。

なお、せん断力のみを受ける高力ボルト摩擦接合部の設計においては、繰返し応力の影響は考慮しなくてよい。また、高力ボルト摩擦接合は、すべりの発生がない接合なので、許容支圧力の検討は行う必要がない。支圧力は、図 5-35(b) 参照のこと。

高力ボルト摩擦接合は、摩擦面の取り扱いには十分な注意が必要で、黒皮・浮きさび・塗料・油・塵埃などを取り除き、すべり係数 0.45 を確保する。

高力ボルトは、通常は、F10T のボルトが用いられている。F10T の呼称の数字は、ボルト軸部の引張強さの下限値（$\times 10^2$N/mm^2）を表している。

F11T のボルトは、ある年数が経過した後、突然破断するという脆性的な遅れ破壊が生じることがあるので、使用が控えられている。

高力ボルトの穴径は、ボルトの公称軸径＋ 2mm、公称軸径が 27mm 以上では＋ 3mm とする。

(b) 溶接

建築工事に用いられる溶接は、主として、**アーク溶接**である。

溶接による接合部全体を**溶接継手**といい、図 5-37 のような、突合せ継手、重ね継手、T 継手などがある。

溶接継手の溶着金属部分を**溶接継目**といい、完全溶込み溶接（突合せ溶接）、隅肉溶接、部分溶込み溶接、プラグ溶接、スロット溶接などがある。

力を伝達すべき形式としては、完全溶込み溶接（突合せ溶接）、隅肉溶接、部分溶込み溶接の 3 種がある。

(i) 完全溶込み溶接（突合せ溶接）

完全溶込み溶接は、図 5-38 のように、接合母材の端部を加工して溝（グルーブ）をつくり、その中を溶着金属で満たして溶接継目を形づくって一体化したもので、引張力・圧縮力・せん断力が作用する部分に用いる。

完全溶込み溶接では、溶接の始点と終点に欠陥が生じやすいので、**エンド タブ**を取り付けて溶接を行っている（図 5-39 参照）。

完全溶込み溶接は、全長にわたって連続して溶接する。

完全溶込み溶接ののど厚 a は、応力を有効に伝えると考えられる溶着金属の厚さで、サイズ s と同じ値とする。サイズ s は、のど厚の大きさを決める基準寸法で、常に薄い方の母材の板厚とする。

完全溶込み溶接の有効断面積 A は、次式で計算する。

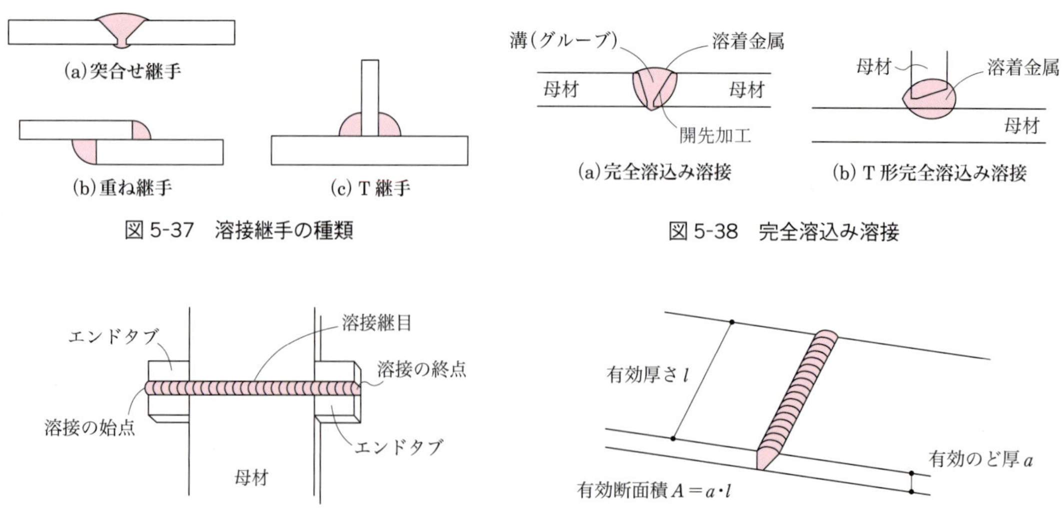

図 5-37　溶接継手の種類

図 5-38　完全溶込み溶接

図 5-39　エンド タブ

図 5-40　有効断面積 A

$A = a \cdot l$ [mm^2]　　式 5-54

　　a：有効のど厚 [mm]

　　l：有効長さ [mm] …… 母材の幅とする（図 5-40 参照）

(ii) 隅肉溶接

隅肉溶接は、図 5-41 のように、接合母材の隅角部に溶着金属を満たして溶接継目を形づくり、一体化したものをいう。

角形鋼管柱と H 形鋼の梁のウェブの溶接などせん断力が作用する部分に用いる。

隅肉溶接ののど厚 a は、サイズ s の 0.7 倍に等しい値とする。サイズ s は、薄い方の母材の板厚以下とする。

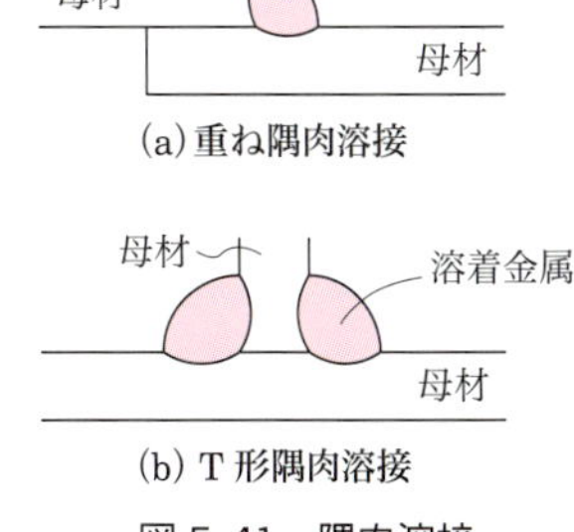

図 5-41　隅肉溶接

隅肉溶接の有効断面積 A は、式 5-54 で計算する。

このとき、有効長さ l は、まわし溶接も含めた溶接の全長から隅肉のサイズの 2 倍を差し引いた値とする。これは、溶接の始点と終点では、不完全になることが多いので、サイズの 2 倍を差し引いて、よい所のみを有効長さ l として、次式で計算する。

隅肉溶接の有効長さ l = 隅肉溶接の全長 − 2 × サイズ s [mm]　　式 5-55

(iii) 溶接継目の算定

溶接継目の許容耐力 P は、有効断面積 A に溶接継目ののど断面に対する許容応力度 f_w を乗じて、次式で計算する。なお、f_w の値は 3 章、表 3-14 を参照のこと。

$P = \sum A \cdot f_w = \sum (a \cdot l) \cdot f_w$ [N]　　式 5-56

例題 5-9　図のような引張力が生じる完全溶込み溶接の継手が耐えられる長期許容引張力 P はいくらか。ただし、溶接継目の長期許容引張応力度 f_w は 156N/mm^2 とする。

解答

有効のど厚 a = 6mm（薄い方の板厚）

有効長さ l = 50mm

完全溶込み溶接の許容耐力 P は、式 5-56 より、

$$P = \sum (a \cdot l) \cdot f_w = (6 \times 50) \times 156 = 46800\text{N} = 46.8\text{kN}$$

例題 5-10　図のようなせん断力を受ける隅肉溶接の継手が耐えられる長期許容引張力 P はいくらか。ただし、溶接継目の長期許容せん断応力度 f_w は 90.4N/mm^2 とする。

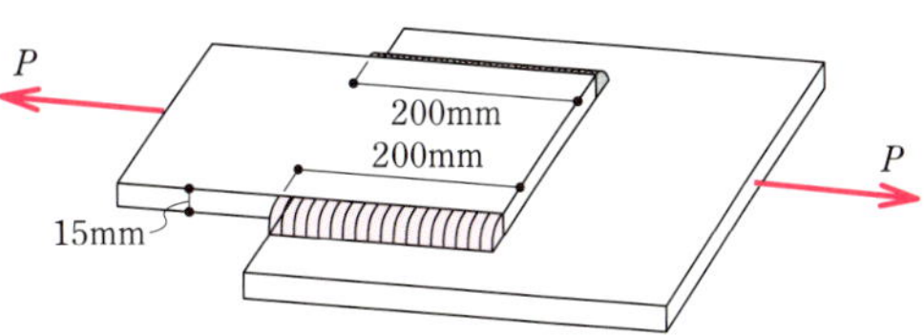

解答

有効のど厚 $a = 0.7s = 0.7 \times 15 = 10.5$mm

隅肉溶接の有効長さlは、式 5-55 より、

$l = 200 - 2 \times 15 =$ 170mm

隅肉溶接の許容耐力Pは、式 5-56 より、2 面の隅肉溶接があるので 2 倍して、

$P = \sum (a \cdot l) \cdot f_w = 2 \times (10.5 \times 170) \times 90.4 = 322728\text{N} \fallingdotseq$ 322kN（切り捨て）

(2) 引張材の設計

トラスを構成する弦材、斜材、筋かいなど材軸方向に引張力を受ける部材を**引張材**という。

(a) 引張材の設計

引張材は、高力ボルト穴などの断面欠損が重大な影響を及ぼすので、これを考慮した有効断面積A_nを用いて、次式で設計する。

$$\sigma_t = \frac{N_t}{A_n} \leqq f_t \ [\text{N/mm}^2] \qquad \text{式 5-57}$$

σ_t：引張応力度［N/mm²］

N_t：引張力［N］

A_n：有効断面積［mm²］

f_t：許容引張応力度［N/mm²］…表 3-12 による

(i) 有効断面積A_n

有効断面積A_nは、全断面積Aから高力ボルト穴などによる欠損断面積a_0を差し引いた正味の断面積をいい、次式で計算する（図 5-42 参照）。

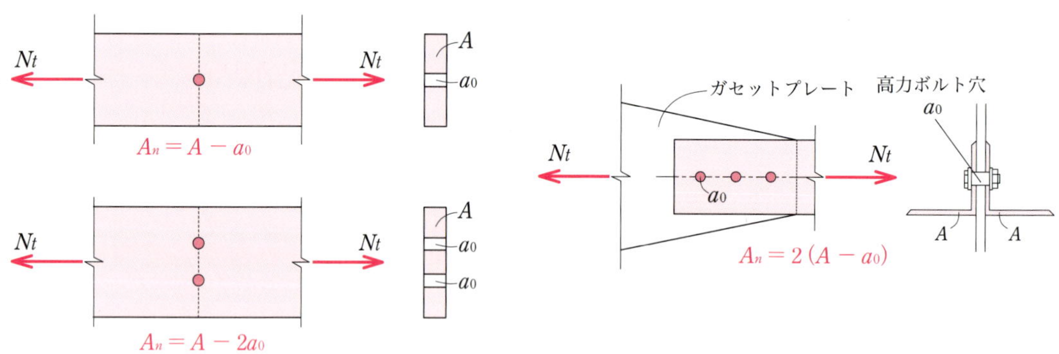

図 5-42　有効断面積 A_n（並列打の場合）

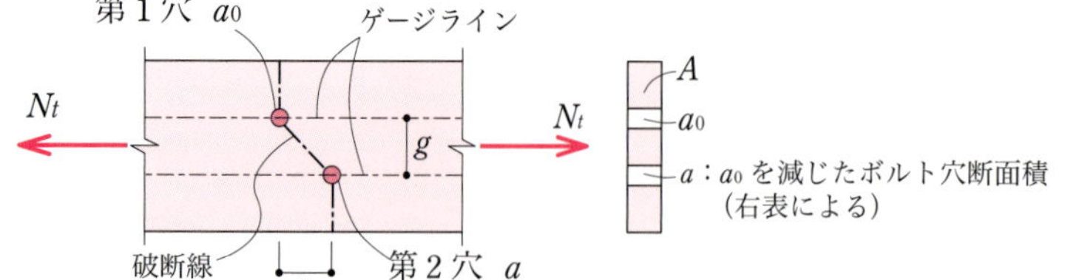

$b \leqq 0.5g$	$a = a_0$
$0.5g < b \leqq 1.5g$	$a = \left(1.5 - \frac{b}{b}\right) a_0$
$b > 1.5g$	$a = 0$

b：ボルト穴の材軸方向の間隔［mm］

g：ゲージラインの間隔［mm］

図 5-43　有効断面積 A_n（不規則な打ち方の場合）（日本建築学会『鋼構造設計規準』による）

$A_n = A - \sum a_0$ [mm^2]　　式 5-58

千鳥打ちまたは不規則なボルト打ちの場合は、図 5-43 のように、斜め破断の可能性を考えてボルト穴断面積を差し引く。すなわち、第 2 穴以下はその前のボルト穴の相互位置に応じてボルト穴断面積を少なくしてもよい。

$A_0 = A - a_0 - a$ [mm^2]　　式 5-59

（ii）偏心引張材

引張材の端部接合部などでは、引張力が作用する部材の重心線とゲージラインとが一致しないことが多く、偏心によって曲げモーメントが生じるので、このことを考慮して設計する。

すなわち、山形鋼やみぞ形鋼 1 本を用いた筋かい材を一列の高力ボルトでガセットプレートの片側にのみ取り付けた場合は、図 5-44 の e_1・e_2 による偏心の影響が大きいので、高力ボルト穴の断面積を差し引くとともに、突出脚の 1/2 を欠損させた断面を有効断面積として断面設計を行ってもよい。ただし、高力ボルトの本数が多くなると、表 5-7 のように、突出脚の無効部分の長さが短くなるので筋かい材の有効断面積は大きくなることに注意が必要である。

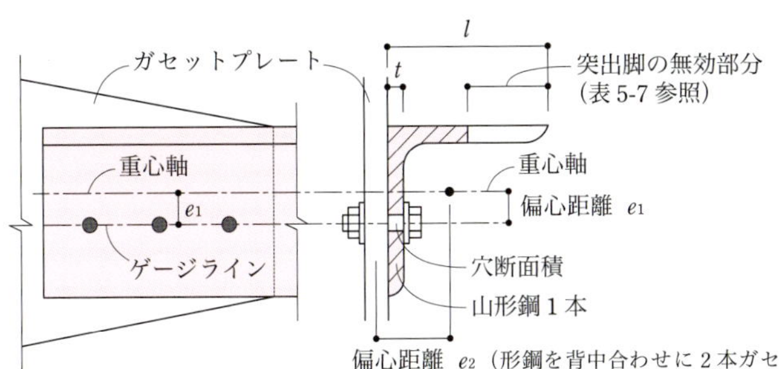

図 5-44　偏心引張材（山形鋼の場合）

表 5-7　突出脚の無効部分の長さ

	一列のボルトの本数				
	1 本	2 本	3 本	4 本	5 本
山形鋼	$l - t$	$0.7l$	$0.5l$	$0.33l$	$0.25l$
溝形鋼	$l - t$	$0.7l$	$0.5l$	$0.25l$	$0.20l$

（iii）引張材の注意事項

①軽微な引張材に限って丸鋼とターンバックルを用いてもよい。

②筋かいなどの接合部は、引張材が大地震時に塑性化することを考慮して、接合部の破断強度は、軸部の降伏強度に比べて十分に大きくとる設計とする。

例題 5-11　図に示す引張材の安全性を検討する。ただし、高力ボルトは M22 を用い、長期許容引張応力度 f_t = 156N/mm^2 とする。

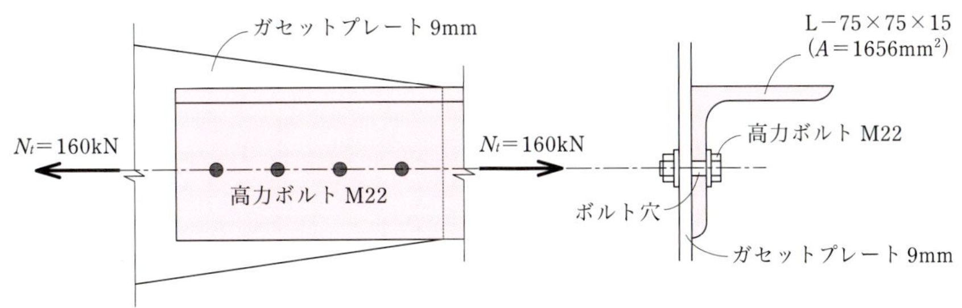

解答

山形鋼1本をガセットプレートの片側にのみ取り付けた引張材であるから、表5-7より、突出脚の無効部分は、ボルト本数4本より、$0.33l = 0.33 \times 75 = 24.75$mm となる。

高力ボルトの穴径は、$d = 24.0$mm（軸径 22.0 + 2.0）となる。

有効断面積 $A_n = A - a_0 -$ 無効部分の断面積 $= 1656 - (24.0 \times 12) - (24.75 \times 12)$

$= 1656 - 288 - 297 = 1071\text{mm}^2$

$\sigma_t = \dfrac{N_t}{A_n} = \dfrac{160000}{1071} = 149.4\text{N/mm}^2 < f_t = 156\text{N/mm}^2$　安全である。

(3) 圧縮材の設計

トラスを構成する弦材、斜材、柱など材軸方向に圧縮力を受ける部材を圧縮材という。

(a) 圧縮材の設計

圧縮材では、引張材と異なり、全断面積 A を用いて、次式で設計する。

$$\sigma_c = \frac{N_c}{A} \leqq f_c \ [\text{N/mm}^2] \qquad \text{式 5-60}$$

σ_c ：圧縮応力度［N/mm²］

N_c ：圧縮力［N］　　A：全断面積［mm²］

f_c ：許容圧縮応力度［N/mm²］…… 表5-9による

(i) 座屈

圧縮材の座屈には、全体座屈と局部座屈とがある。

部材を構成する板材が薄いと、圧縮力によって波状にしわができる**局部座屈**が発生する。この板材の座屈を防ぐために、幅厚比の制限が定められている。

(ii) 幅厚比の制限

板幅と板厚の比を**幅厚比**といい、この値が大きいと部材は局部座屈を起こし、座屈崩壊することがあるので、幅厚比の値は制限値を超えないよう小さくしておくことが重要である（表5-8参照）。

幅厚比の制限をクリアしていれば、局部座屈の心配はないが、制限をオーバーした場合は、制限値を超える部分を無効とする。

表5-8　幅厚比の制限（SN400など）（日本建築学会『鋼構造設計規準』による）

	柱または圧縮材		鋼管の径厚比
断面形状（t = 40mm 以下）	b, t_f, t_w, d		t, D
幅厚比	フランジ	ウェブ	$\dfrac{D}{t} \leqq 100$
	$\dfrac{b}{t_f} \leqq 16$	$\dfrac{d}{t_w} \leqq 48$	

(iii) 許容圧縮応力度 f_c

許容圧縮応力度 f_c は、部材の座屈を考慮して、材質・材の断面形・材長などによって異なる値をとる。その値は、最大値を許容引張応力度 f_t と同じ値とするが、細長比 λ によっては f_t より小さくなる。

一般に、許容圧縮応力度 f_c は、材質と細長比に応じて、表 5-9 より求めるが、図 5-45 のようにその関係は、細長比 λ が大きくなれば、許容圧縮応力度 f_c は小さくなり、λ が小さくなれば許容圧縮応力度 f_c は大きくなる。

(iv) 細長比 λ

細長比 λ は、座屈長さ l_k を座屈軸についての断面二次半径 i で除して次式で計算する。

$$細長比\ \lambda_x = \frac{l_{kx}}{i_x}\ [無名数] \qquad 式 5\text{-}61$$

$$細長比\ \lambda_y = \frac{l_{ky}}{i_y}\ [無名数] \qquad 式 5\text{-}62$$

圧縮材の細長比は、250 以下とする。ただし、柱材においては 200 以下とする。

圧縮材の強さは、細長比が小さいほど強い（図 5-45 参照）。

細長比 λ は、常に、X 軸、Y 軸について求め、λ の大きい方が座屈軸となる（図 5-46 参照）。

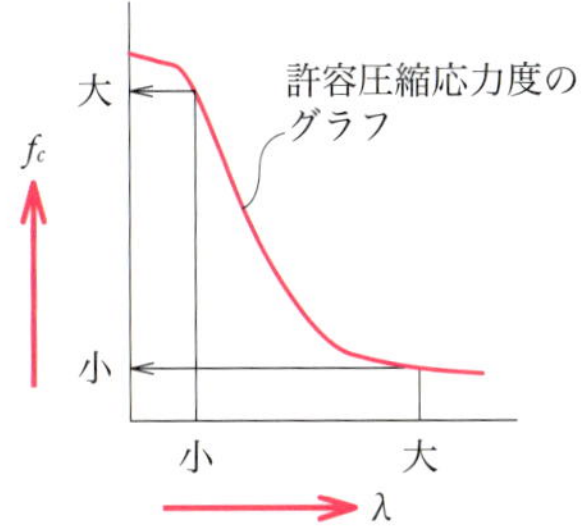

図 5-45　λ と f_c の関係

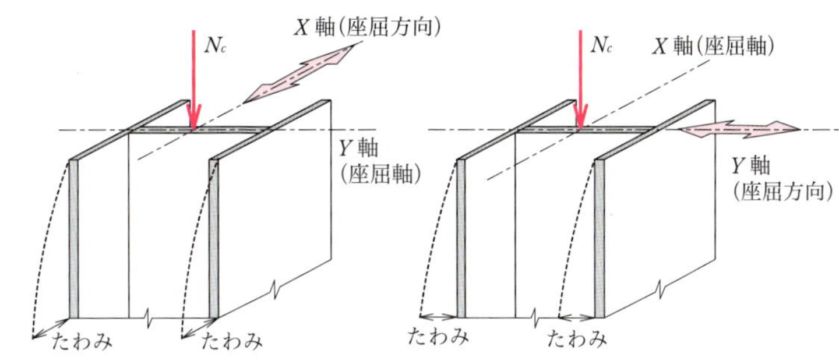

図 5-46　座屈軸と座屈方向

表 5-10　座屈長さ l_k（中心圧縮材の場合）

移動条件	移動拘束			移動自由		
支持条件	両端ピン	一端固定 他端ピン	両端固定	両端固定	一端固定 他端ピン	一端固定 他端自由
座屈形状	l　l_k	l　l_k	l　l_k	l　l_k	l　l_k	l　l_k
座屈長さ	$l_k = 1.0l$	$l_k = 0.7l$	$l_k = 0.5l$	$l_k = 1.0l$	$l_k = 2.0l$	$l_k = 2.0l$

表 5-9　鋼材の長期許容圧縮応力度（SN400 など、t = 40mm 以下）

（F = 235N/mm²、E = 2.05 × 10⁵N/mm²、Λ = 120）

λ	f_c	λ	f_c	λ	f_c	λ	f_c	λ	f_c
1	156	51	134	101	85.1	151	40.9	201	23.1
2	156	52	133	102	84.1	152	40.4	202	22.8
3	156	53	132	103	83.0	153	39.9	203	22.6
4	156	54	132	104	81.9	154	39.3	204	22.4
5	156	55	131	105	80.8	155	38.8	205	22.2
6	156	56	130	106	79.8	156	38.3	206	22.0
7	156	57	129	107	78.7	157	37.8	207	21.7
8	156	58	128	108	77.6	158	37.4	208	21.5
9	155	59	127	109	76.5	159	36.9	209	21.3
10	155	60	126	110	75.5	160	36.4	210	21.1
11	155	61	125	111	74.4	161	36.0	211	20.9
12	155	62	124	112	73.3	162	35.5	212	20.7
13	155	63	124	113	72.3	163	35.1	213	20.5
14	154	64	123	114	71.2	164	34.7	214	20.3
15	154	65	122	115	70.1	165	34.3	215	20.2
16	154	66	121	116	69.1	166	33.8	216	20.0
17	154	67	120	117	68.0	167	33.4	217	19.8
18	153	68	119	118	66.9	168	33.0	218	19.6
19	153	69	118	119	65.9	169	32.7	219	19.4
20	153	70	117	120	64.8	170	32.3	220	19.2
21	152	71	116	121	63.7	171	31.9	221	19.1
22	152	72	115	122	62.7	172	31.5	222	18.9
23	151	73	114	123	61.7	173	31.2	223	18.7
24	151	74	113	124	60.7	174	30.8	224	18.6
25	151	75	112	125	59.7	175	30.5	225	18.4
26	150	76	111	126	58.8	176	30.1	226	18.2
27	150	77	110	127	57.9	177	29.8	227	18.1
28	149	78	109	128	57.0	178	29.4	228	17.9
29	149	79	108	129	56.1	179	29.1	229	17.8
30	148	80	107	130	55.2	180	28.8	230	17.6
31	148	81	106	131	54.4	181	28.5	231	17.5
32	147	82	105	132	53.6	182	28.1	232	17.3
33	146	83	104	133	52.8	183	27.8	233	17.2
34	146	84	103	134	52.0	184	27.5	234	17.0
35	145	85	102	135	51.2	185	27.2	235	16.9
36	145	86	101	136	50.5	186	26.9	236	16.7
37	144	87	100	137	49.7	187	26.7	237	16.6
38	143	88	99.0	138	49.0	188	26.4	238	16.4
39	143	89	98.0	139	48.3	189	26.1	239	16.3
40	142	90	96.9	140	47.6	190	25.8	240	16.2
41	141	91	95.9	141	46.9	191	25.6	241	16.0
42	141	92	94.8	142	46.3	192	25.3	242	15.9
43	140	93	93.7	143	45.6	193	25.0	243	15.8
44	139	94	92.7	144	45.0	194	24.8	244	15.6
45	139	95	91.5	145	44.4	195	24.5	245	15.5
46	138	96	90.5	146	43.8	196	24.3	246	15.4
47	137	97	89.4	147	43.2	197	24.0	247	15.3
48	136	98	88.4	148	42.6	198	23.8	248	15.1
49	136	99	87.3	149	42.0	199	23.5	249	15.0
50	135	100	86.2	150	41.5	200	23.3	250	14.9

注）短期に生じる力のときは、表の数値の 1.5 倍とする。　（日本建築学会『鋼構造設計規準』による）

（v）座屈長さ l_k

座屈長さ l_k は、部材の両端の支持状態によって、表 5-10 のように規定されている。

（vi）座屈軸

圧縮力の作用を受けて部材が座屈した場合、図 5-46 のように、座屈した方向に直角方向の軸を**座屈軸**という。

図 5-47(a)のように、座屈長さが X 方向、Y 方向で異なる場合は、両方向の細長比 λ_x、λ_y を求め、λが大きい方の主軸が座屈軸となる。図 5-47(b)のように座屈長さが等しい場合は、弱軸が座屈軸となる。弱軸は、断面二次モーメント I が最小値となる軸である。

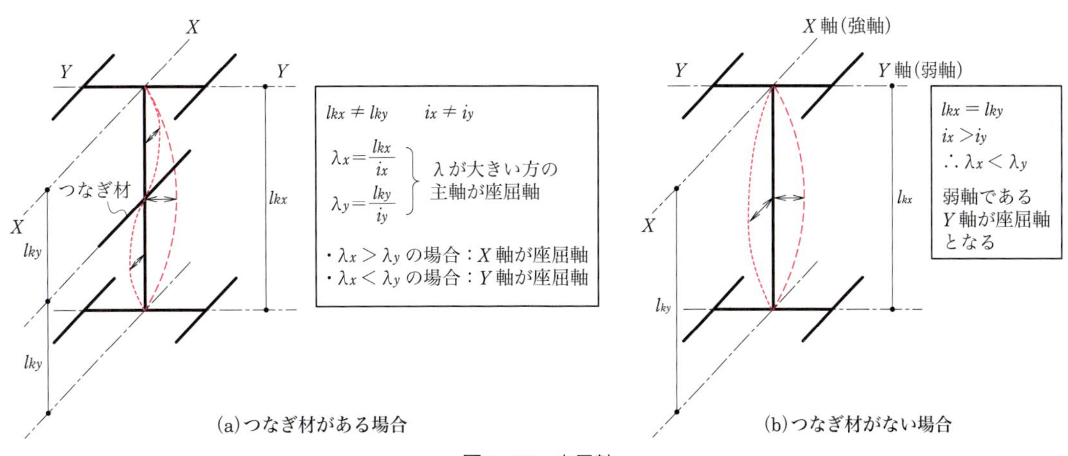

図 5-47　座屈軸

（vii）圧縮材の注意事項

① H 形鋼を用いる場合でも、幅厚比がオーバーするものがあるのでチェックが必要である。

②山形鋼を圧縮材として用いる場合、偏心の影響があるので、余裕ある設計とする。

例題 5-12　図に示す H 形鋼（SN400B 材使用）に長期圧縮力 $N_c = 250$kN を加えたときの安全性を検討する。

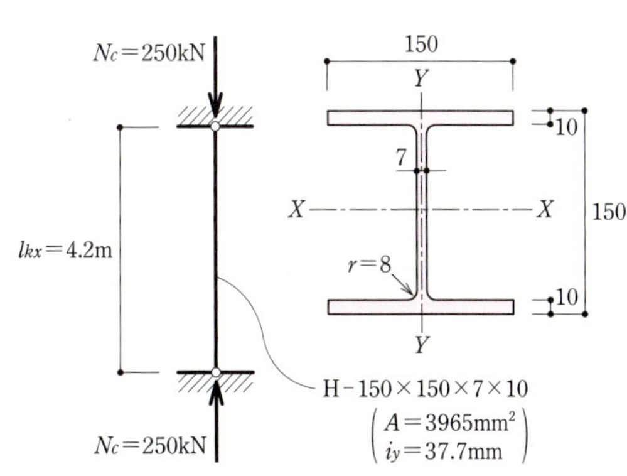

解　答

ステップ 1　断面の仮定

H－150 × 150 × 7 × 10 と仮定する。

断面性状：断面積 A = 3965mm²

　　　　　断面二次半径 i_y = 37.7mm

ステップ 2　幅厚比の検討

表5-8 より、$\frac{b}{t_2} \times \frac{75}{10} = 7.5 < 16$　OK

$$\frac{d}{t_1} \times \frac{150 - 2 \times (10 + 8)}{7} = 16.3 < 48 \quad \text{OK}$$

5章　構造計算の進め方

ステップ３　座屈長さ

$l_{kx} = l_{ky} = 4.2\text{m} = 4200\text{mm}$

ステップ４　細長比の計算

$$\lambda_y = \frac{l_{ky}}{i_y} = \frac{4200}{37.7} = 111.4 \fallingdotseq 112 < 250 \quad \text{OK}$$

圧縮材の細長比は250以下としている（建築基準法施行令第65条）。

ステップ５　許容圧縮応力度

表5-9より、$\lambda = 112$のときの許容圧縮応力度を求める。

$f_c = 73.3\text{N/mm}^2$

ステップ６　圧縮応力度の検討

$$\sigma_c = \frac{N_c}{A} = \frac{250000}{3965} = 63.1\text{kN/mm}^2 < f_c = 73.3\text{kN/mm}^2 \quad \text{OK}$$

よって、仮定した断面H－150×150×7×10（SN400B）とする。

(4) 梁の設計

梁は、主として、曲げモーメントとせん断力を受ける部材であるから、断面設計では、曲げモーメントMおよびせん断力Qに対して検討を行う。このとき、梁のフランジが曲げモーメントを、ウェブがせん断力を負担するものとして、別々に検討を行い、それぞれが許容応力度以下になることを確認する。また、梁は、細長い部材を用いることにより、曲げ剛性が不足し、変形や振動が大きくなりやすいので、たわみに対しても検討を必要とする。

(a) 曲げモーメントに対する設計

曲げモーメントMが生じている部材は、次式で設計する。

$$\sigma_b = \frac{M}{Z} \leqq f_b \ [\text{N/mm}^2] \qquad \text{式 5-63}$$

σ_b：曲げ応力度［N/mm^2］

M：曲げモーメント［N･mm］

Z：断面係数［mm^3］……引張側の高力ボルト穴を差し引いた断面について求める

f_b：許容曲げ応力度［N/mm^2］……図5-51または式5-64および式5-65による

(b) 許容曲げ応力度

許容曲げ応力度f_bを求めるには、横座屈の生じるおそれのない場合と横座屈が生じるおそれのある場合の二通りがある。

(i) 横座屈の生じるおそれのない場合

横座屈の生じるおそれのない場合の許容曲げ応力度f_bは、図5-48のような角形鋼管や丸型鋼管の梁が曲げモーメントを受ける場合や、H形鋼の梁が弱軸回りに曲げモーメントを受ける場合などでは、横座屈のおそれがないので、許容引張応力度と同じ値をとることができる。

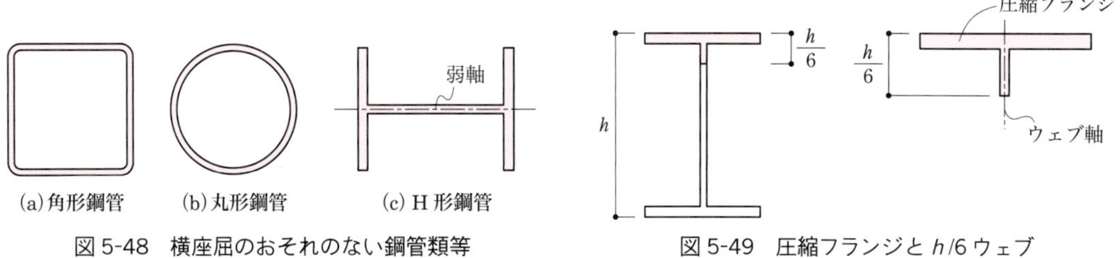

図 5-48　横座屈のおそれのない鋼管類等

図 5-49　圧縮フランジと $h/6$ ウェブ

(ii) 横座屈の生じるおそれのある場合

横座屈が生じるおそれのある場合の許容曲げ応力度 f_b は、次の計算式で求めた f_{b1}、f_{b2} のうち大きい方の値を採用する。ただし、$f_b \leqq f_t$ である。

$$f_{b1} = \left\{1 - 0.4\frac{(l_b/i_y')^2}{C \cdot \Lambda^2}\right\} \times f_t \ [\mathrm{N/mm^2}]$$ 式 5-64

$$f_{b2} = \frac{8900}{\left(\frac{l_b \cdot h}{A_f}\right)} \ [\mathrm{N/mm^2}]$$ 式 5-65

f_{b1}、f_{b2} ：許容曲げ応力度 [N/mm²]

l_b ：圧縮フランジの横方向にささえている支点間の距離 [mm]

i_y' ：圧縮フランジと梁せいの 1/6 のウェブからなる T 形断面の、ウェブ軸回りの断面二次半径 [mm]（図 5-49 参照）

C ：M_1 と M_2 による係数

$$C = 1.75 - 1.05\left(\frac{M_2}{M_1}\right) + 0.3\left(\frac{M_2}{M_1}\right)^2$$ ただし、2.3以下　式 5-66

M_1、M_2：座屈区間端部における大きい方と小さい方の曲げモーメント。中間のモーメントが M_1 より大きい場合（図 5-50 (c)）は $C = 1.0$ とする。また、M_2/M_1 は、単曲率の場合（図 5-50 (a)）を正、複曲率の場合（図 5-50 (b)）を負とする

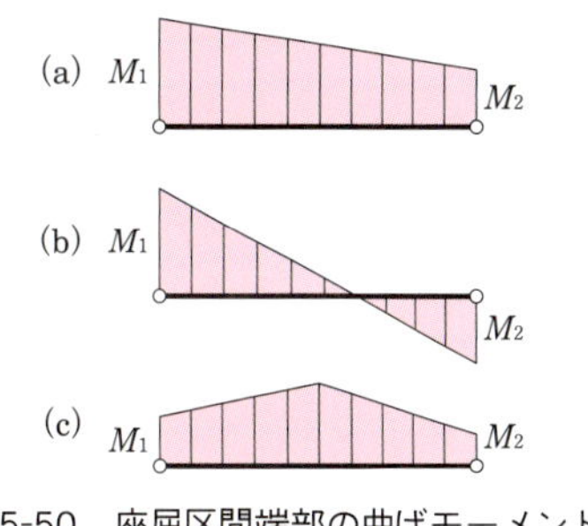

図 5-50　座屈区間端部の曲げモーメント

Λ ：限界細長比

$$\Lambda = \sqrt{\frac{\pi^2 \cdot E}{0.6F}}$$ 式 5-67

E ：ヤング係数（$2.05 \times 10^5 \mathrm{N/mm^2}$）

F ：表 3-10 による F 値

5章　構造計算の進め方

A_f：圧縮フランジの断面積［mm^2］

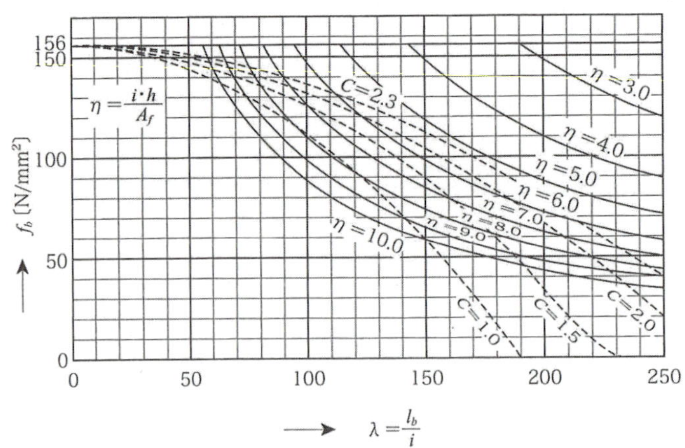

図 5-51　鋼材の長期応力に対する許容曲げ応力度 fb（F = 235N/mm2）、修正係数 C
(SN400A・B・C、SS400、SM400、STK400、STKR400、SSC400、STKN400、SWH400、t ≦ 40mm)
（日本建築学会『鋼構造設計規準』より）

(c) せん断力に対する設計

せん断力 Q に対しては、すべてウェブが負担するものとして、次式で設計する。

$$\tau = \frac{Q}{A_w} \leqq f_s \ [N/mm^2] \qquad \text{式 5-68}$$

τ ：せん断応力度［N/mm^2］

Q ：せん断力［N］

A_w：ウェブの断面積［mm^2］

$A_w = h_1 \times t_1$

$h_1 = h - 2 \times t_2$（図 5-52 参照）

h：梁せい［mm］

t_1：ウェブ厚さ［mm］

t_2：フランジ厚さ［mm］

f_s ：許容せん断力応力度［N/mm^2］…… 表 3-12 による

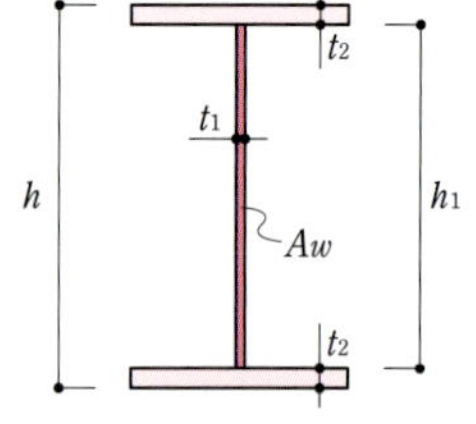

図 5-52　ウェブの断面積

(d) たわみに対する検討

固定荷重や積載荷重が作用する梁に生じる最大たわみは、スパンの 1/300 以下とし、片持梁では 1/250 以下とする。

> **MEMO** 梁に生じる最大たわみは、次の条件を満足しない場合、スパンの1/250以下を確認しなければならない。
>
> 鉄骨造（梁で床面に用いるものに限る）…… $\dfrac{D}{l} > \dfrac{1}{15}$
>
> D ：梁せい［mm］
>
> l ：梁の有効長さ［mm］

もや・胴縁などたわみは、仕上げ材の種類によって、1/150 ～ 1/200以下とする。

例題 5-13 次の条件および図の条件で梁の安全性を検討する。

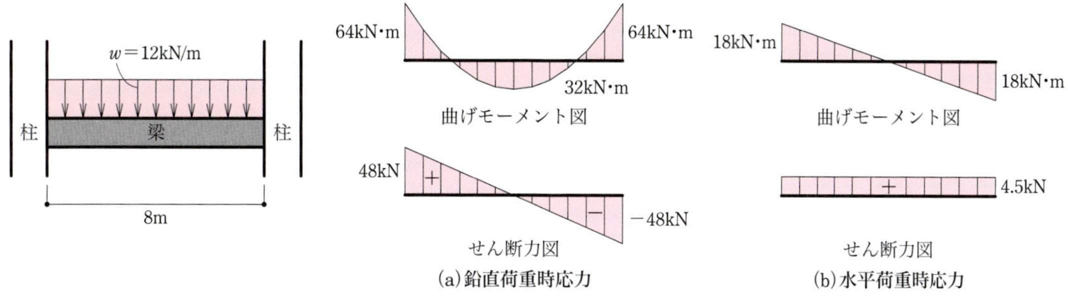

条件：H－300 × 150 × 6.5 × 9（SN400B）を使用（断面性状：I_X ＝ 7210 × 10^4mm^4、Z_X ＝ 481000mm^3、l_b ＝ 4.5m、$i_y{}'$ ＝ 38.7mm）。また、f_b ＝ 156N/mm^2、f_s ＝ 90.4N/mm^2 とする。

解　答

ステップ1　曲げモーメントについての検討

まず、応力を計算する。

長期曲げモーメント $M_L = 64\text{kN・m} = 64 \times 10^6\text{N・mm}$

短期曲げモーメント $M_S = 64 + 18 = 82\text{kN・m} < 64 \times 1.5 = 96\text{kN・m}$

したがって、長期応力で設計する。

次に、曲げ応力度を計算して、安全性を検討する。

$$\text{長期曲げ応力度}\ \sigma_b = \frac{M}{Z} = \frac{64000000}{481000} = 133\text{N/mm}^2 < f_b = 156\text{N/mm}^2 \quad \text{OK}$$

よって、曲げモーメントに対しては安全である。

ステップ2　せん断力についての検討

まず、応力を計算する。

長期せん断力 $Q_L = 48\text{kN} = 48000\text{N}$

短期せん断力 $Q_S = 48 + 4.5 = 52.5\text{kN} < 48 \times 1.5 = 72\text{kN}$

したがって、長期応力で設計する。

5章　構造計算の進め方

次に、せん断応力度を計算して、安全性を検討する。

$$A_w = h_1 \times t_1 = (h - 2 \times t_2) \times t_1 = (300 - 2 \times 9) \times 6.5 = 1833\text{mm}^2$$

$$\text{長期せん断応力度}\ \tau = \frac{Q}{A_w} = \frac{48000}{1833} = 26.2\text{N/mm}^2 < f_s = 90.4\text{N/mm}^2 \quad \text{OK}$$

よって、せん断力に対しては安全である。

ステップ３　たわみについての検討

両端固定梁のたわみを計算し、たわみの制限値と比較する。

$$\text{たわみ}\ \delta = \frac{w \cdot l^4}{384EI} = \frac{12 \times (8000)^4}{12 \times 2.05 \times 10^5 \times 7210 \times 10^4} = 8.66\text{mm} < \frac{8000}{300} = 26.6\text{mm}$$

よって、たわみに対しても安全である。

以上より、この梁は荷重に対して安全である。

(5) 柱の設計

柱は、軸方向力・曲げモーメントおよびせん断力を受ける部材であるから、断面設計では、軸方向力 N と曲げモーメント M およびせん断力 Q に対して設計を行う。軸方向力 N は、主として圧縮力であるが、引張力の場合もある。柱には、角形鋼管・丸型鋼管や H 形鋼などが使用され、断面係数や断面二次半径の大きなものを用いるほうが柱の設計には有利である。

(a) 軸方向力と曲げモーメントに対する設計

軸方向力 N と曲げモーメント M が同時に生じている部材は、次式で設計する。

$$\frac{\sigma_c}{f_c} + \frac{{}_c\sigma_b}{f_b} \leqq 1$$ …… 圧縮側応力度の設計式　　式 5-69

σ_c ：圧縮応力度［N/mm²］

$\sigma_c = N_c/A$

${}_c\sigma_b$ ：圧縮側曲げ応力度［N/mm²］

${}_c\sigma_b = M/Z$

f_c ：許容圧縮応力度［N/mm²］…… 表 5-9 による

f_b ：許容曲げ応力度［N/mm²］…… 図 5-51 または式 5-64 および式 5-65 による

(b) せん断力に対する設計

せん断力 Q に対しては、すべてウェブが負担するものとして、次式で設計する。

$$\frac{\tau}{f_c} \leqq 1$$　　式 5-70

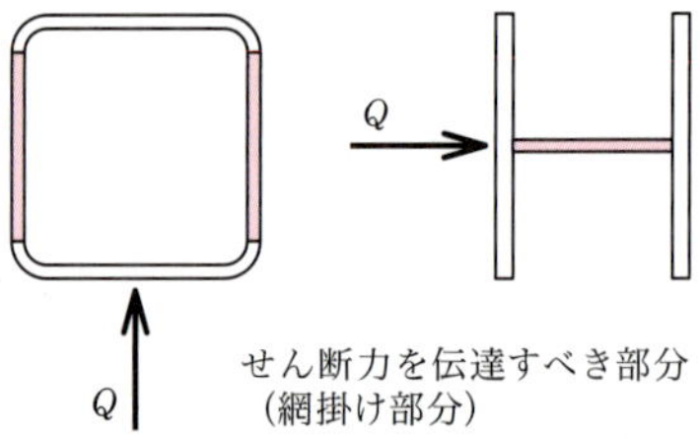

τ ：せん断応力度［N/mm²］

$\tau = Q/A_w$

Q ：せん断力［N］

A_w ：せん断力を伝達すべき部分の断面積［mm²］（図 5-53 の網掛け部分参照）

Q
Q
せん断力を伝達すべき部分
（網掛け部分）

図 5-53　せん断力を伝達すべき部分

f_c ：許容せん断応力度［N/mm²］…… 表3-12による

例題 5-14 次の条件および図の条件で柱の安全性を検討する。

条件：□－300×300×9（SN400B）を使用（断面性状：A ＝ 10270mm²、Z_X ＝ 956000mm³、i ＝ 118mm）。f_b ＝ 156N/mm²、f_s ＝ 90.4N/mm² とする。

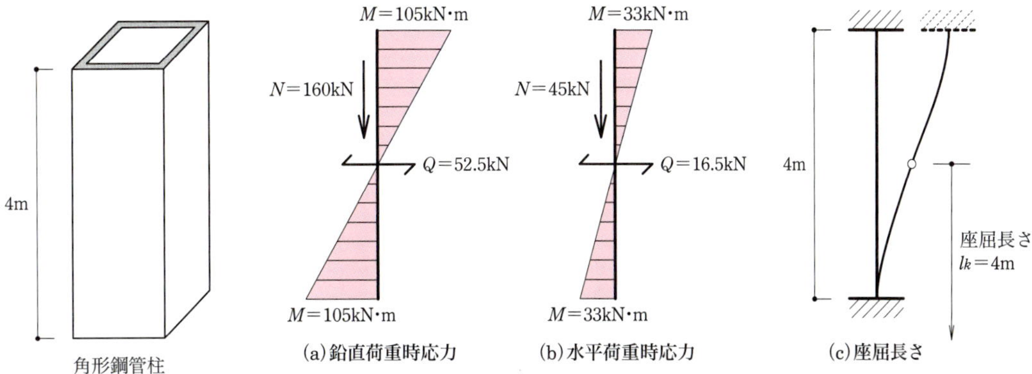

解 答

ステップ1　軸方向力と曲げモーメントについての検討

まず、応力を計算する。

長期軸方向力 N_L ＝ 160kN

水平荷重時軸方向力 N_E ＝ 45kN

短期軸方向力 N_S ＝ 160 ＋ 45 ＝ 205kN

長期曲げモーメント M_L ＝ 105kN･m

水平荷重時曲げモーメント M_E ＝ 33kN･m

短期曲げモーメント M_S ＝ 105 ＋ 33 ＝ 138kN･m

長期せん断力 Q_L ＝ 52.5kN

水平荷重時せん断力 Q_E ＝ 16.5kN

短期せん断力 Q_S ＝ 52.5 ＋ 16.5 ＝ 69.0kN

次に、圧縮応力度と曲げ応力度を計算して、安全性を検討する。

ステップ2　許容応力度を計算する。

●許容圧縮応力度 f_c …… 座屈を考慮する

座屈長さ l_k ＝ 4m ＝ 4000mm（図(c)より）

断面二次半径 i ＝ 118mm

細長比 $\lambda = \frac{l_k}{i} = \frac{4000}{118} = 33.9 \fallingdotseq 34$（小数点以下切り上げ）

表5-9より、長期 f_c ＝ 146kN/mm²

短期 f_c ＝ 146 × 1.5 ＝ 219kN/mm²

●許容曲げ応力度

角形鋼管は、横座屈を起こさないので、許容曲げ応力度は、許容引張応力度と同じ値の f_b = 156kN/mm² (長期) とすることができる。

短期は $f_b = 156 \times 1.5 = 234$kN/mm² となる。

ステップ３　柱の安全性を検討する。

$$長期圧縮応力度 \sigma_c = \frac{N_t}{A} = \frac{160000}{10270} = 15.5\text{kN/mm}^2$$

$$短期圧縮応力度 \sigma_c = \frac{N_t}{A} = \frac{205000}{10270} = 20.0\text{kN/mm}^2$$

$$長期曲げ応力度 {}_C\sigma_b = \frac{M_L}{Z} = \frac{105000000}{956000} = 110\text{kN/mm}^2$$

$$短期曲げ応力度 {}_C\sigma_b = \frac{M_S}{Z} = \frac{138000000}{956000} = 144\text{kN/mm}^2$$

よって、式 5-69 より、

$$長期：\frac{\sigma_c}{f_c} + \frac{{}_C\sigma_b}{f_b} = \frac{15.5}{146} + \frac{110}{156} = 0.106 + 0.705 = 0.811 < 1 \quad \text{OK}$$

$$短期：\frac{\sigma_c}{f_c} + \frac{{}_C\sigma_b}{f_b} = \frac{20.0}{219} + \frac{144}{234} = 0.091 + 0.615 = 0.706 < 1 \quad \text{OK}$$

以上より、軸方向力 N と曲げモーメント M に対しては安全である。

ステップ４　せん断力についての検討

まず応力を計算する。

長期せん断力 $Q_L = 52.5$kN

短期せん断力 $Q_S = 52.5 + 16.5 = 69.0\text{kN} < 52.5 \times 1.5 = 78.75\text{kN}$

したがって、長期応力で設計する。

次に、せん断力を伝達すべき部分の断面積 A_w を計算する。

$A_w = 2\,(A - 2 \times t) \times t = 2\,(300 - 2 \times 9) \times 9 = 5076\text{mm}^2$

せん断応力度を計算して、安全性を検討する。

$$長期せん断応力度 \tau = \frac{Q}{A_w} = \frac{52500}{5076} = 10.34\text{N/mm}^2$$

式 5-70 より、

$$\frac{\tau}{f_s} = \frac{10.34}{90.4} = 0.114 < 1 \quad \text{OK}$$

よって、せん断力に対しては安全である。以上より、この柱は荷重に対して安全である。

(6) 柱脚の形式

柱脚には、図 5-54 のような形式がある。

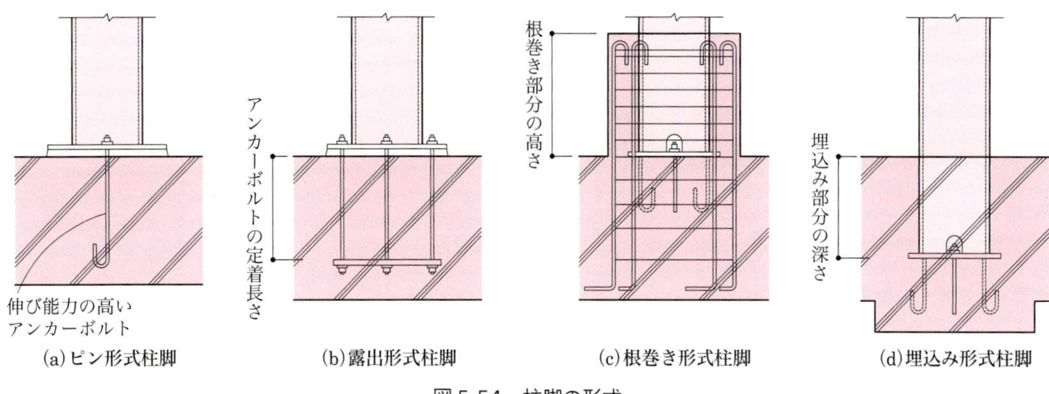

図 5-54　柱脚の形式

- ●ピン柱脚　：ピン柱脚は、回転能力が求められるので、伸び能力の高いアンカーボルトを使用する。
- ●露出柱脚　：露出柱脚では、アンカーボルトの基礎に対する定着長さをアンカーボルトの軸径の 20 倍以上を確保する。
- ●根巻き柱脚：根巻き柱脚は、根巻き部分の高さを柱幅（柱の見付幅のうち大きい方）の 2.5 倍以上とし、根巻き頂部のせん断補強筋を密に配置する。
- ●埋込み柱脚：埋込み柱脚は、鉄骨柱のコンクリートへの埋込み部分の深さを、柱幅（柱の見付幅のうち大きい方）の 2 倍以上とする。

(7) 接合部の設計

梁や柱の途中にある接合部を**継手**といい、梁と柱や大梁と小梁などの接合部を**仕口**という。

接合部の設計方法には、接合部に生じている応力度に対して安全であるような**存在応力度設計**と接合部の耐力が降伏耐力を上回るように設計する**保有水平耐力設計**および接合部材の許容耐力と同等以上の接合部を設計する**全強設計**とがある。

(a) 梁継手の設計

柱に溶接したブラケットと梁との継手を図 5-55 に示す。

梁の継手は、部材に生じる力の大きいところを避けて設ける。梁の継手では、一般に、曲げモーメントはフランジが、せん断力はウェブが負担するものとして設計する。

ここで全強設計による計算方法を用いた高力ボルトの本数の求め方を示す。

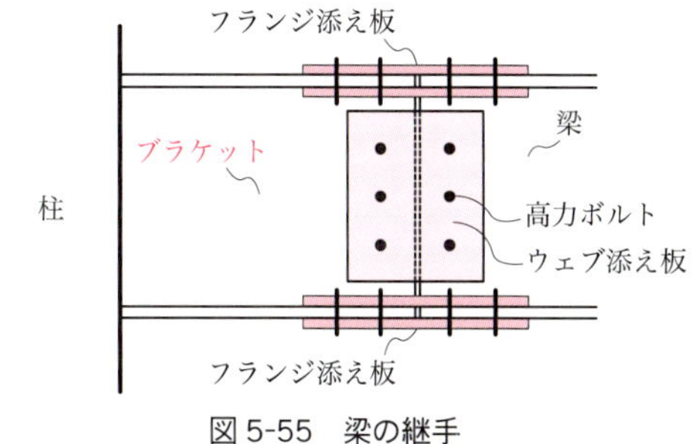

図 5-55　梁の継手

(i) フランジの高力ボルト接合本数

$$\text{高力ボルトの本数}\ n_f = \frac{N_f}{R_s}\ [\text{本}] \qquad \text{式 5-71}$$

N_f：フランジの接合部分の許容耐力［N］

$N_f = A_f \times f_t$

A_f：フランジ断面積［mm^2］

f_t ：許容引張応力度［N/mm^2］…… 表 3-12 より

R_s：高力ボルトの許容せん断力［N］…… 表 3-13 より

（ii）ウェブの高力ボルト接合本数

$$\text{高力ボルトの本数}\ n_w = \frac{Q}{R_s}\ [\text{本}] \qquad \text{式 5-72}$$

Q ：ウェブの接合部分の許容せん断力［N］

$Q = A_w \times f_s$

A_w：ウェブ断面積［mm^2］

f_s ：許容せん断応力度［N/mm^2］…… 表 3-12 より

R_s：高力ボルトの許容せん断力［N］…… 表 3-13 より

例題 5-15　H－400 × 200 × 8 × 13（SN400B）の継手部の設計を行う。ただし、高力ボルトはM20（F10T）とする。また、添え板には 10mm のプレートを用いる。

解 答

ステップ 1　フランジの高力ボルト接合本数

フランジ断面積 $A_f = 200 \times 13 = 2600mm^2$

許容引張応力度 $f_t = 156N/mm^2$

∴フランジ部分の許容耐力 $N_f = A_f \cdot f_t = 2600 \times 156 = 405600N ≒ 406kN$

$R_s = 94.2kN$（表 3-13 より、二面摩擦・長期）

よって、高力ボルトの本数 $n_f = \frac{N_f}{R_s} = \frac{406}{94.2} = 4.3$ 本 → 5 本

しかし、フランジには高力ボルト 2 列打ちとするから偶数本が必要となるので、6 本の設計とする。

ステップ 2　ウェブの高力ボルト接合本数

ウェブの断面積 $A_w = (400 - 2 \times 13) \times 8 = 2992mm^2$

許容せん断応力度 $f_s = 90.4N/mm^2$（表 3-12 より）

∴ウェブ部分の許容耐力 $Q = A_w \cdot f_s = 2992 \times 90.4 = 270477N ≒ 271kN$（切り上げ）

$R_s = 94.2kN$（表 3-13 より、二面摩擦・長期）

よって、高力ボルトの本数 $n_w = \frac{Q}{R_s} = \frac{271}{94.2} = 2.88$ 本 → 3 本の設計とする

ステップ 3　添え板の検討

図 5-56 のようにフランジの添え板 3－PL10、ウェブの添え板 2－PL10 を用いる。

高力ボルトの穴中心間距離は、20 × 2.5 ＝ 50mm 以上を必要とする。

M20 を使用する高力ボルトの穴径 d は、$d = 20 + 2 = 22mm$ とする。

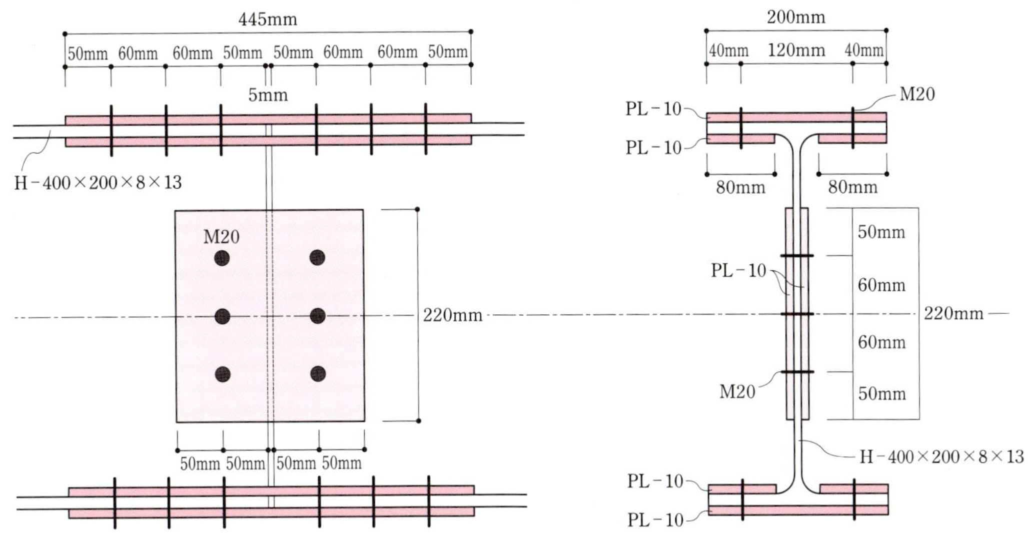

図 5-56　添え板の検討

● フランジの添え板の検討

フランジ添え板の有効断面積 ${}_sA_f = 10 \times (200 + 2 \times 80) - 10 \times 22 \times 4$ 箇所 $= 2720\text{mm}^2$

フランジ添え板の応力度 $\sigma_t = \dfrac{N_f}{{}_sA_f} = \dfrac{406000}{2720} \fallingdotseq 149.3\text{N/mm}^2 < f_t = 156\text{N/mm}^2$　OK

よって、フランジの添え板は、安全である。

● ウェブの添え板の検討

ウェブの添え板の断面積 ${}_sA_w = 10 \times (220 - 3 \times 22) \times 2$ 箇所 $= 3080\text{mm}^2$

ウェブ添え板の応力度 $\tau_{\max} = \dfrac{Q}{{}_sA_w} = \dfrac{271000}{3080} \fallingdotseq 88.0\text{N/mm}^2 < f_s = 90.4\text{N/mm}^2$　OK

よって、ウェブの添え板は、安全である。

(b) 梁仕口の設計

H 形鋼柱と H 形鋼梁や角形鋼管柱と H 形鋼梁などの仕口は、剛接合が多く用いられている。

剛接合とする場合は、溶接とすることが多い。

梁フランジには、引張力と圧縮力が作用し、ウェブにはせん断力が作用する。よって、柱と梁フランジの接合には完全溶込み溶接を用い、柱とウェブの接合には両面隅肉溶接を用いる。

ピン接合とする場合は、せん断力を伝達できるように設計する。

(i) フランジの完全溶込み溶接継目の検討

仕口におけるフランジ部分の溶接継目は、次式で設計する。

$$\sigma = \frac{P}{A} = \frac{N_f}{\sum(a \times l)} \leqq f_w \ [\text{N/mm}^2] \qquad \text{式 5-73}$$

σ：溶接継目に生じる応力度 [N/mm²]

N_f：溶接継目に生じる引張力・圧縮力またはせん断力 [N]

5章　構造計算の進め方

$$N_f = \frac{M}{j} \ [\mathrm{N}]$$ 式 5-74

M：曲げモーメント［N･mm］

j ：フランジの中心間距離［mm］

a ：有効のど厚［mm］

l ：有効長さ［mm］

$a \times l$：有効断面積［mm^2］

f_w ：溶接継目の許容引張・圧縮応力度［N/mm^2］…… 表 3-14 より

（ii）ウェブの隅肉溶接継目の検討

仕口におけるウェブ部分の溶接継目は、次式で設計する。

$$\sigma = \frac{Q}{A} = \frac{Q}{\sum(a \times l)} \leqq f_s \ [\mathrm{N/mm^2}]$$ 式 5-75

σ：溶接継目に生じる応力度［N/mm^2］

Q ：溶接継目に生じるせん断力［N］

a ：有効のど厚［mm］

l ：有効長さ（$= l_0 - 2s$）［mm］

$a \times l$：有効断面積［mm^2］

f_s ：溶接継目の許容せん断応力度［N/mm^2］…… 表 3-14 より

例題 5-16　H 形鋼梁 H－400 × 200 × 8 × 13（SN400B）と H 形鋼柱の仕口部を図のように設計した。安全性を確かめる。ただし、短期応力として、M ＝ 140kN･m、Q ＝ 220kN とする。また、曲げモーメントはフランジから、せん断力はウェブから伝達するものとする。スカラップの半径は r ＝ 35mm とする。

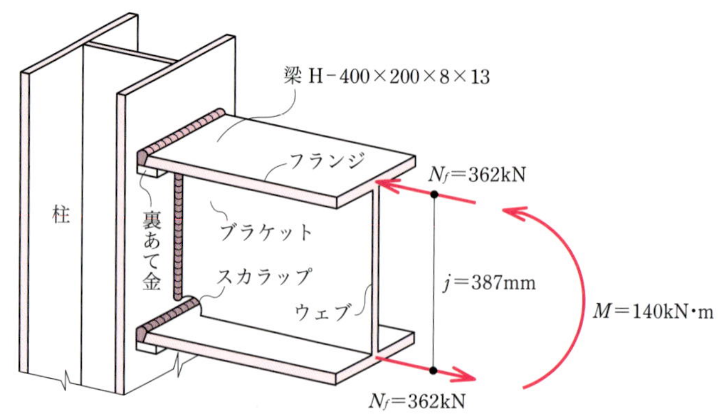

解答

①フランジの完全溶込み溶接の検討

ステップ 1　フランジに作用する引張力または圧縮力の軸方向力 N_f を求める。

フランジの中心間距離 j ＝ 400 － 2 × 13/2 ＝ 387mm

曲げモーメント $M = 140\text{kN}\cdot\text{m} = 140 \times 10^6\text{N}\cdot\text{mm}$

式 5-74 より、$N_f = \dfrac{M}{j} = \dfrac{140000000}{387} \fallingdotseq 362000\text{N}$

ステップ 2　完全溶込み溶接の有効断面積を求める。

有効長さ $l = 200\text{mm}$（梁のフランジの幅をとる）

有効のど厚 $a = 13\text{mm}$（梁のフランジの厚さをとる）

有効断面積 $A = a \times l = 200 \times 13 = 2600\text{mm}^2$

ステップ 3　溶接継目に生じる応力度を求める。

$$\sigma = \frac{P}{A} = \frac{N_f}{\sum(a \times l)} = \frac{362000}{2600} = 139.2\text{N/mm}^2 < f_w = 235\text{N/mm}^2$$（短期許容応力度）　OK

よって、フランジ添え板は安全である。

②ウェブの隅肉溶接の検討

ステップ 1　隅肉溶接の有効断面積を求める。

片面有効長さ l ＝梁せい－ 2 ×フランジ厚さ－ 2 ×スカラップ－ 2 ×溶接サイズ

$= 400 - 2 \times 13 - 2 \times 35 - 2 \times 8 = 288\text{mm}$

両面隅肉溶接なので、$l = 288 \times 2 = 576\text{mm}$

有効のど厚 $a = 0.7s = 0.7 \times 8\text{mm} = 5.6\text{mm}$（サイズは薄い方の板厚以下）

有効断面積 $A = a \times l = 5.6 \times 576 = 3225.6\text{mm}^2$

ステップ 2　溶接継目に生じる応力度を求める。

$$\sigma = \frac{Q}{A} = \frac{Q}{\sum(a \times l)} = \frac{220000}{3225.6} = 68.2\text{N/mm}^2 < f_s = 135\text{N/mm}^2$$（短期許容応力度）　OK

よって、ウェブ添え板は安全である。

(c) 筋かい接合部の設計

耐震計算ルート 1 およびルート 2 のフローで構造計算を行う場合には、保有耐力接合を行わなければならない。すなわち、引張力を負担する筋かい材の設計において、筋かい材が塑性変形することにより地震エネルギーを吸収できるように、接合部の破断強度を筋かい軸部の降伏強度より十分に大きくして設計する必要がある。

よって、接合部の破断耐力が筋かい端部の降伏耐力より大きいことを、次式で確認する。

接合部の破断耐力 $A_j \cdot \sigma_u \geqq 1.2$ ×筋かいの降伏耐力 $A_g \cdot F$　　式 5-76

A_j　：接合部の有効断面積［mm²］

σ_u　：接合部の破断形式に応じた破断応力度［N/mm²］

A_g　：筋かい材の全断面積［mm²］

F　：筋かい材の基準強度［N/mm²］

筋かい架構を耐震計算ルート 2 で構造計算を行う場合、ラーメン架構に比べて地震エネルギーの吸収能力が乏しいため、各層の筋かいの水平力分担率 β に応じて表 5-11 のように地震時の水平力の割増しを行う。

$$\beta = \frac{筋かいが負担する水平力}{その階に生じる水平力}$$ 式 5-77

(d) 接合部に対する注意事項

①曲げモーメント、せん断力および軸方向力を伝える柱や梁および柱脚の端部接合部においては、これらの力を連続的に伝えるよう、その細部の設計を十分に検討する。

②高力ボルト締め付け時や溶接作業時に、それらの作業が円滑に行われるかを確認する。

③柱と梁で囲まれたパネルゾーン（図 5-57 参照）には地震時に大きなせん断力が作用するので、その耐力について十分な検討が必要である。

表 5-11　βによる地震時水平力の割り増しの倍数

βの範囲	割り増しの倍数
$\beta \leqq \frac{5}{7}$	$1 + 0.7\beta$
$\beta > \frac{5}{7}$	1.5

（日本建築学会『鋼構造設計規準』による）

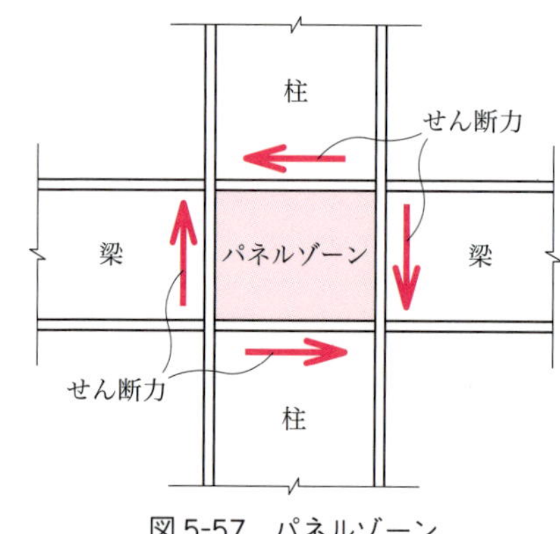

図 5-57　パネルゾーン

5・2 二次設計

二次設計では、層間変形角、剛性率・偏心率、塔状比、保有水平耐力のそれぞれの値がそれぞれの限度値以内であることを確認する。

一次設計（許容応力度計算）は、建築物の耐用年限中に数度は遭遇する程度の中地震（数十年に一回程度）に対してほとんど被害が生じないことを目標とする設計であり、二次設計は、建築物の耐用年限中に極めて稀に発生する大地震（数百年に一回程度）に対して、建築物に多少の損傷は生じても倒壊・崩壊しないことを目標とする設計である。

二次設計には、耐震計算ルート１～３の３種類があり、計算手順がそれぞれ異なる（図 5-58 および図 5-59 参照）。ここで、耐震計算ルート１～３の概略の説明をしておく。

①耐震計算ルート１

- 許容応力度計算である耐震計算ルート１は、小・中規模建築物の耐震計算ルートで、許容応力度計算を行えば、構造計算適合性判定は不要である（表 5-12 参照）。
- 地震力に対して各部材の強度で抵抗する耐震計算ルートである。
- 鉄筋コンクリート構造では高さが 20m 以下、鉄骨構造では階数３以下、高さ 13m 以下などの建築物を対象に計算する。
- 鉄筋コンクリート構造では所定の柱量や壁量を確保し、大地震に対抗させている。鉄骨構造では標準せん断力係数を 0.3 として各部材に生じる応力度を許容応力度以下とする設計法で検討している。
- 許容応力度等計算、保有水平耐力計算、限界耐力計算を行う場合は構造計算適合性判定が必要となる。

②耐震計算ルート２

- 許容応力度等計算である耐震計算ルート２は、構造計算適合性判定が必要で、高さが 31m 以下である建築物に適用する。
- 層間変形角、剛性率・偏心率、塔状比などの検討が必要となる。
- 鉄筋コンクリート構造では一定以上の柱量や壁量を確保した上で粘りのある構造とする。鉄骨構造では筋かい端部および接合部の破断や、柱の座屈・梁の横座屈および柱・梁接合部の局部座屈と破断を防止し、大地震に抵抗させている。

③耐震計算ルート３

- 保有水平耐力計算である耐震計算ルート３は、構造計算適合性判定が必要で、高さが 31m を超え、60m 以下の建築物に適用する。
- このルートは、大地震に対して粘り強さで抵抗する計算方法である。すなわち、各部材の塑性変形能力に期待し、建築物に地震吸収エネルギーを持たせることにより粘り強さを発揮させて大地震に対する安全性を確保している。
- 層間変形角、保有水平耐力、転倒などの検討が必要となる。

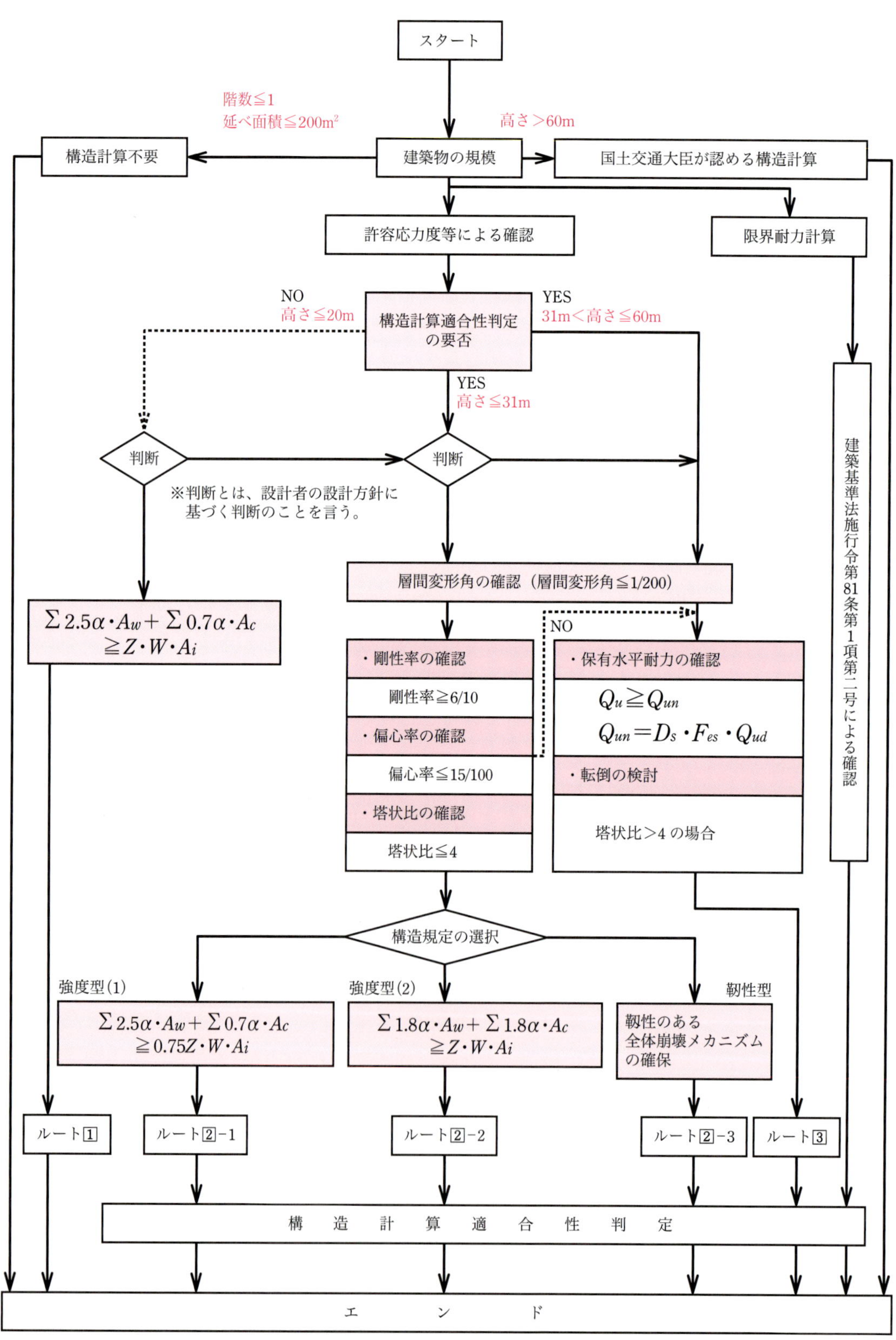

図 5-58　鉄筋コンクリート造の耐震設計のフロー図

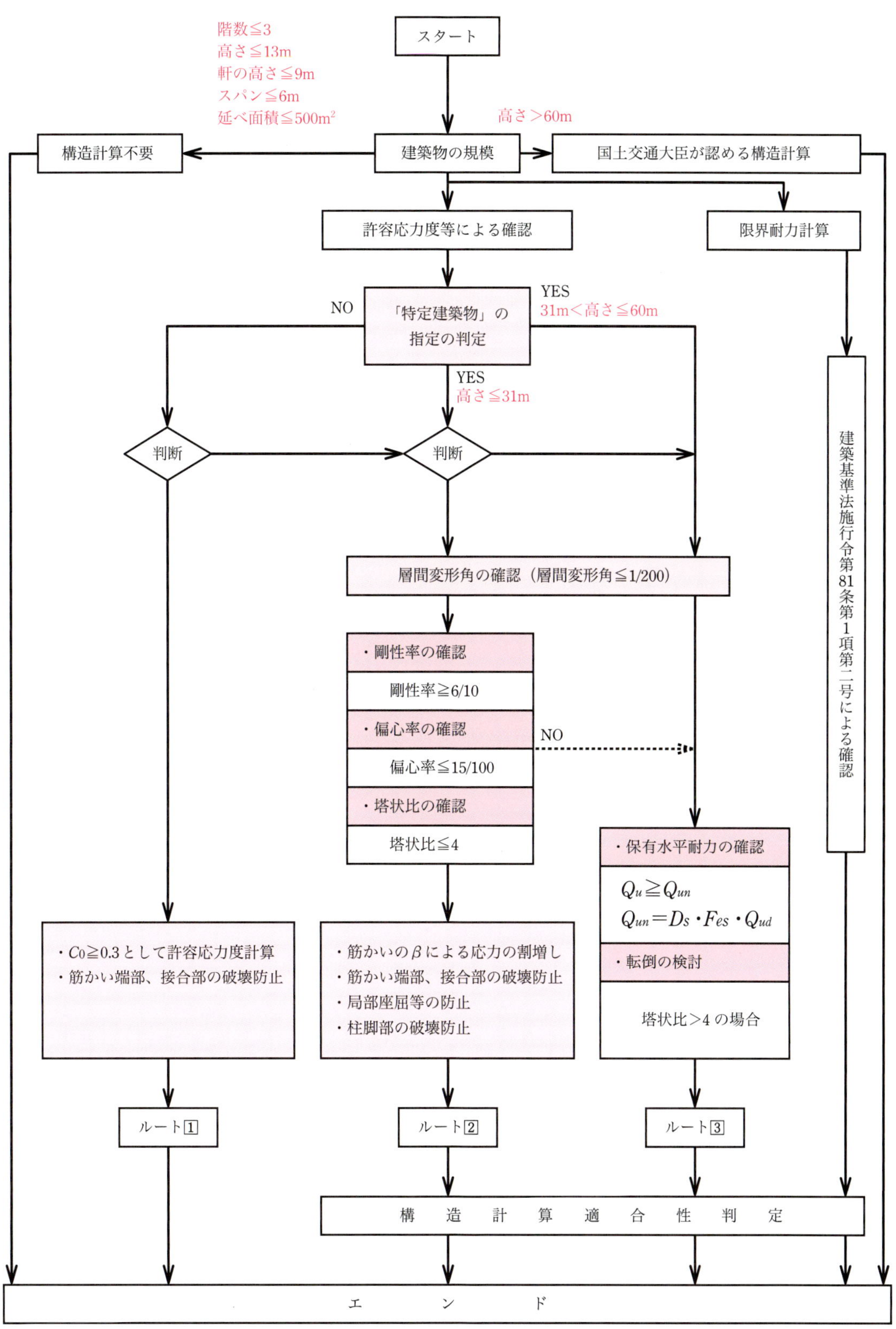

図 5-59　鉄骨造の耐震設計のフロー図

1 構造計算適合性判定の要否

鉄筋コンクリート造建築物および鉄骨造建築物の構造計算適合性判定を必要としない（耐震計算ルート１を適用する）条件としての規模と構造規定を表 5-12 に示す。

表 5-12　構造計算適合性判定を要しない建築物

	鉄筋コンクリート造建築物	鉄骨造建築物
高さ	高さ 20m 以下	高さ 13m 以下、または、軒高 9m 以下
階数（地階を除く）		ルート 1-1：階数 3 以下 ルート 1-2：階数 2 以下
延べ面積		平家建で 3000m² 以下 上記以外で 500m² 以下
スパン		ルート 1-1：スパン 6m 以下 ルート 1-2：スパン 12m 以下
構造規定（すべてを満たすこと）	各階の壁量・柱量の確保（下式）。 $\sum 2.5\alpha \cdot A_w + \sum 0.7\alpha \cdot A_c \geqq Z \cdot W \cdot A_i$ （鉄骨鉄筋コンクリート造の柱の場合は、0.7 を 1.0 として計算する。）	ルート 1-1：$C_0 \geqq 0.3$ として地震力を割り増した許容応力度設計。筋かい端部・接合部の破断防止。 ルート 1-2：$C_0 \geqq 0.3$ として地震力を割り増した許容応力度設計。筋かい端部・接合部の破断防止。各階の偏心率≦ 0.15 の確認。

注）α：コンクリートの設計基準強度に応じた割増係数。18N/mm² 未満では 1.0、18N/mm² 以上ではコンクリートの設計基準強度を 18 で除した値の平方根の数値。
A_w：計算しようとする方向に設けた耐力壁の水平断面積［mm²］
A_c：柱の水平断面積及び計算しようとする方向の耐力壁以外の壁の水平断面積［mm²］
Z：地震地域係数
A_i：地震層せん断力係数の高さ方向の分布係数
W：固定荷重と積載荷重の和［kN］。多雪区域では積雪荷重も加える。

2 層間変形角の確認

耐震計算ルート２およびルート３では層間変形角の確認を行う（図 5-58 および図 5-59 参照）。

層間変形角 γ は、各階において水平方向の層間変位 δ を階高 h で除した値で、次式で計算する（図 5-60 参照）。

$$層間変形角\ \gamma = \frac{\delta}{h} \leqq \frac{1}{200} \qquad 式 5\text{-}78$$

各階の骨組が柔らかすぎると、層間変位が大きくなり、タイルやガラスなどの内外装材の脱落・破損、あるいはガス管や水道管などの設備配管等の脱落が生じる。これを防ぐのが層間変形角の規定である。

構造計算適合性判定を必要とする建築物は、標準せん断力係数 C_0 を 0.2 以上として計算した地震力によって生じる層間変形角を 1/200 以内としなければならない（式 5-78 参照）。ただし、一次設計用地震力によって生じる各階の層間変形角については、帳壁、内外装材、設備配管等に著しい損傷のおそれのないことが確認された場合は、1/120 以内まで緩和することができる。

鉄筋コンクリート構造では層間変形角は 1/200 以内に収まることが多いが、鉄骨構造では構造体が柔らかいため 1/200 をオーバーすることがあるので、十分な注意が必要である。

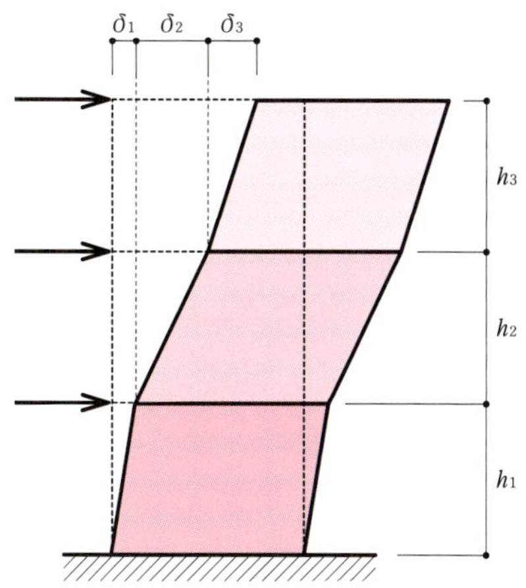

●**層間変形角の計算**

3 階の層間変形角 $\gamma_3=\dfrac{\delta_3}{h_3}\leqq\dfrac{1}{200}$

2 階の層間変形角 $\gamma_2=\dfrac{\delta_2}{h_2}\leqq\dfrac{1}{200}$

1 階の層間変形角 $\gamma_1=\dfrac{\delta_1}{h_1}\leqq\dfrac{1}{200}$

図 5-60　層間変形角 γ

例題 5-17　図の X 方向 1 階の層間変形角 γ_1 の確認を行う。

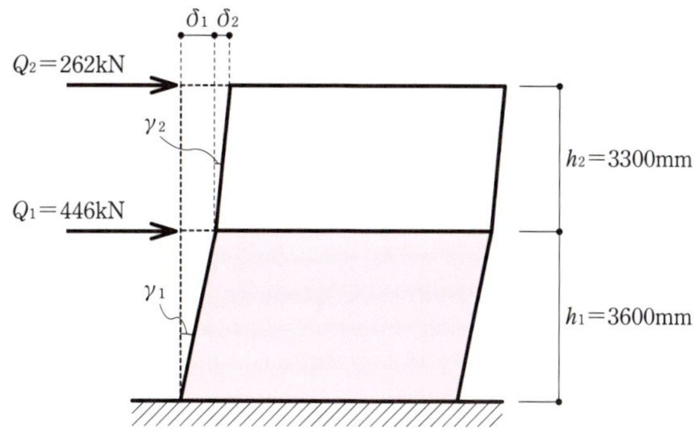

解　答

地震層せん断力 $Q_1 = 446$kN（6 章、6-2-5 より）

各階のせん断力分布係数の総和 $\sum D_1 = 4.88$（6 章、6-6-2 より）

ヤング係数 $E = 21\text{kN/mm}^2$

標準剛度 $K_0 = 1.4 \times 10^6\text{mm}^3$（6 章、6-4-1 より）

計算用階高 $h_1 = 3600$mm（6 章、6-1-4 より）

$$層間変位\ \delta_1 = \frac{Q_1}{\sum D_1} \times \frac{{h_1}^2}{12EK_0} = \frac{446}{4.88} \times \frac{3600^2}{12 \times 21 \times 1.4 \times 10^6} = 3.36\text{mm}$$

$$\therefore 層間変形角\ \gamma_1 = \frac{\delta_1}{h_1} = \frac{3.36}{3600} = \frac{1}{1071} < \frac{1}{200} \quad \text{OK}$$

よって、X 方向 1 階の層間変形角 γ_1 は、1/200 以内に収まっている。

3 剛性率の確認

構造計算適合性判定を必要とする建築物のうち、高さが31m以下である建築物は、耐震計算ルート2で行い、剛性率・偏心率および塔状比の確認を行う（図5-58および図5-59参照）。

剛性率 R_s は、建築物の高さ方向の剛性分布のバランスの程度を検討する指標で、各階の層間変形角の逆数を建築物全体の層間変形角の逆数の平均値（相加平均）で除した値として、次式で計算する（図5-61参照）。

$$剛性率\ R_s = \frac{r_s}{\bar{r}_s} \geqq \frac{6}{10}\ (0.6)$$ 式 5-79

r_s ：各階の層間変形角の逆数（$= 1/\gamma$）

$\bar{r}_s$ ：各階の r_s の相加平均

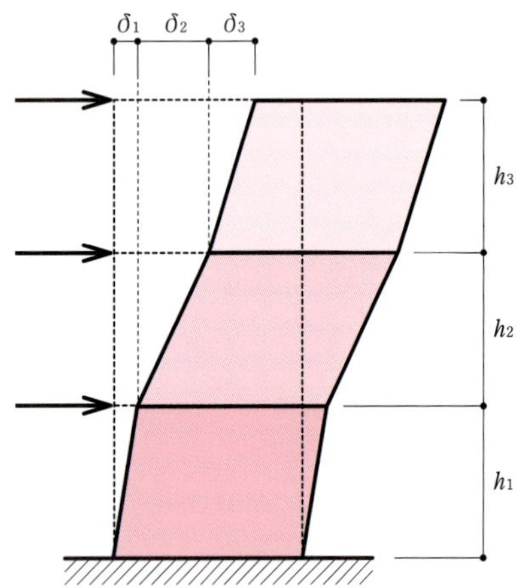

●剛性率の計算

3階：$R_{s3} = \dfrac{r_{s3}}{\bar{r}_s} \geqq \dfrac{6}{10}$　　$r_{s3} = \dfrac{h_3}{\delta_3}$

2階：$R_{s2} = \dfrac{r_{s2}}{\bar{r}_s} \geqq \dfrac{6}{10}$　　$r_{s2} = \dfrac{h_2}{\delta_2}$

1階：$R_{s1} = \dfrac{r_{s1}}{\bar{r}_s} \geqq \dfrac{6}{10}$　　$r_{s1} = \dfrac{h_1}{\delta_1}$

$\bar{r}_s = \dfrac{1}{3}(r_{s1} + r_{s2} + r_{s3})$

図5-61　剛性率 R_s

大きな地震を受けたとき、各階・各部分が同時に降伏することが望ましい。しかし、図5-62のように1階がピロティーになっている建築物では、2階以上の階に比べて壁の量が少なく柔らかく（剛性が小さく）なり、1階部分だけが先に降伏してしまう。

すなわち、ピロティー形式の建築物においては、ピロティー階の剛性率が小さくなるので、この階で層崩壊しないようにするため、柱に十分な強度と靱性をもたせるよう計画する必要がある。

建築物の各階ごとの剛性に大きな差があると、地震時に剛性の小さい階に変形や損傷が集中しやすくなる。このことから、各階の地震力に対する性能をできるだけ均一化するための制限が剛性率 R_s の規定である。すなわち、剛性率は、各階の水平変位のしにくさ、しやすさを表す指標である。

図5-63のように、各階の剛性率が1.0になる設計が理想的である。しかし、現実の設計では図5-61のようになって剛性率を1.0にするのは困難であるから、その制限値を6/10（0.6）以上としている。

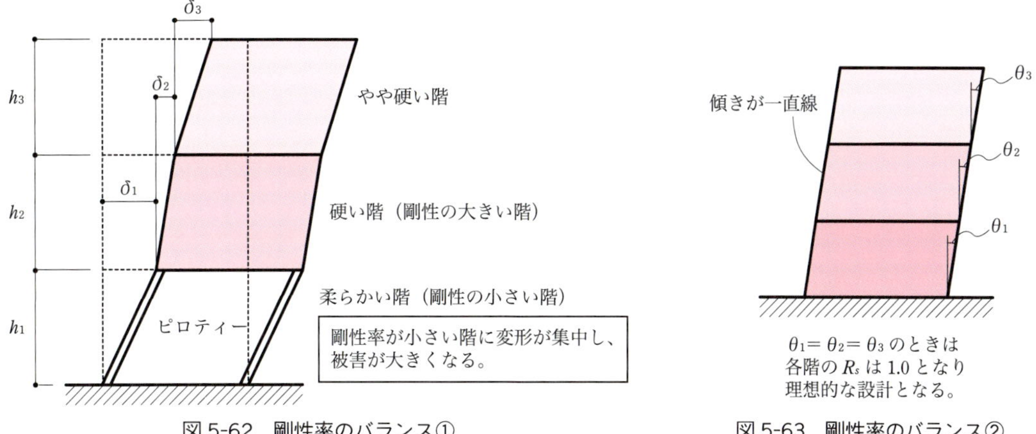

図 5-62　剛性率のバランス①　　図 5-63　剛性率のバランス②

例題 5-18　図の X 方向 1 階の剛性率 R_s の確認を行う。

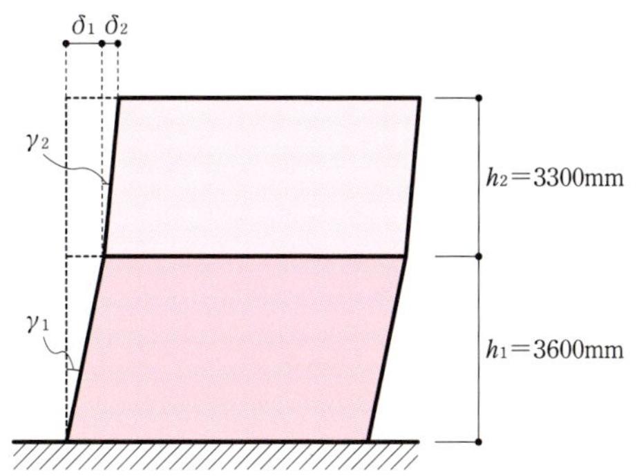

解　答

層間変形角 $\gamma_2 = 1/1634$（6 章、6-8-1 より）

層間変形角 $\gamma_1 = 1/1071$（例題 5-17 より）

$$\text{層間変形角の逆数 } r_{s1} = \frac{1}{\gamma_1} = 1071$$

$$\text{各階の } r_s \text{ の相加平均 } \bar{r}_s = \frac{1}{2}(r_{s1} + r_{s2}) = \frac{1}{2} \times (1071 + 1634) = 1353$$

$$\text{剛性率 } R_{s1} = \frac{r_{s1}}{\bar{r}_s} = \frac{1071}{1353} = 0.79 > 0.6 \quad \text{OK}$$

よって、X 方向 1 階の剛性率 R_{S1} は、0.6 以上あるので安全である。

4　偏心率の確認

偏心率 R_e は、建築物の平面的な剛性分布のバランスの程度を検討する指標で、その階の重心と剛心の平面的なずれの大きさ（偏心距離 e）を弾性半径 r_e で除した値として、次式で計算する

（図 5-64 参照）。

$$偏心率\ R_e = \frac{e}{r_e} \leqq \frac{15}{100}\ (0.15) \qquad 式\ 5\text{-}80$$

e　：偏心距離

r_e　：弾性半径

偏心距離 e は、重心と剛心との距離の見付長さをいう。

弾性半径 r_e は、ねじりに対する相対的な抵抗の指標で、次式で計算する。

$$弾性半径\ r_e = \sqrt{\frac{ねじり半径\ K_R}{水平剛性\ K_H}} \leqq \sqrt{\frac{\sum(D_x \cdot l_y^2) + \sum(D_y \cdot l_x^2)}{\sum D}} \qquad 式\ 5\text{-}81$$

ねじり剛性 K_R は、X、Y 方向の耐震要素をもつ水平剛性（D_x、D_y）に剛心より下ろした垂線の距離（l_x、l_y）の 2 乗を乗じた値の和より求める。

水平剛性 K_H は、せん断力分布係数の総和（$\sum D$）として求める。

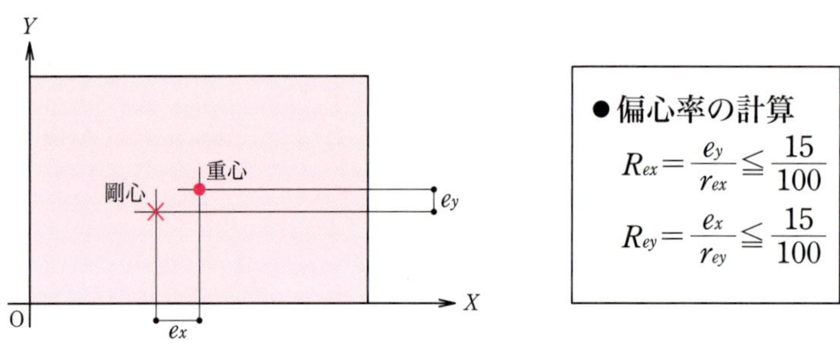

図 5-64　偏心率 R_e

建築物において、壁などの配置が片寄りすぎると、その階で壁などの多い部分すなわち硬い部分と壁などの少ない部分すなわち柔らかい部分とができ、地震力を受けると柔らかい側の変形が大きくなって、その側にある柱などが損傷を受ける。

このことから、耐震壁の片寄りや、平面的な不整形の制限が必要となる。これが偏心率 R_e の規定である。すなわち、偏心率は、その階における地震時の床面のねじれのしにくさ、しやすさを表している。

図 5-65 (a) のように、各階の耐震壁などが $X \cdot Y$ 両方向それぞれにつり合いよく配置されている設計とするのが理想的である。しかし、現実の設計では、図 5-65 (b) のようになり、偏心が生じてしまう。したがって、その制限値として偏心率を 15/100（0.15）以下としている。

建築物のねじり剛性を大きくするためには、一般に、耐震壁や筋かいは、平面上の中心部に配置するより、外周部に配置するほうが有効である。

重心と剛心を近づける計画とすれば、地震時のねじれ振動による建築物外周部の揺れは小さくなる。また、偏心の大きい建築物は、地震時に建築物の隅部で過大な変形を強いられる部材が生じ、それらの部材に損傷が生じることがある。

耐震計算ルート 2 において、剛性率が 0.6 以上および偏心率が 0.15 以下となることを同時に満

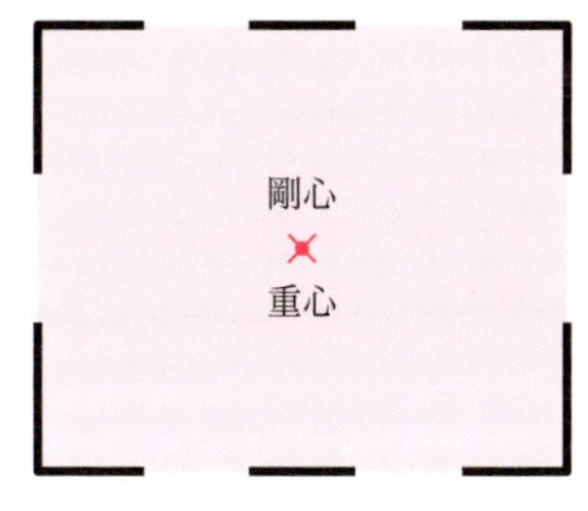

重心と剛心が一致する。
理想的な計画である。
偏心率 $Re=0$ となる。

(a)

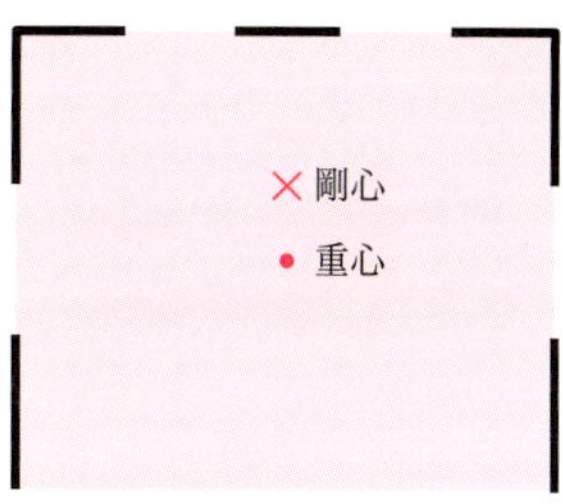

重心と剛心は一致しない。
一般的な計画である。
耐震壁の配置によっては、
偏心率が 0.15 を超える。

(b)

図 5-65　重心と剛心の関係

足しない場合は、耐震計算ルート 3 に進んで保有水平耐力計算を行い、大地震時のときの安全性を検討する（図 5-58 および図 5-59 参照）。

例題 5-19　図の X・Y 方向 1 階の偏心率 R_s の確認を行う。

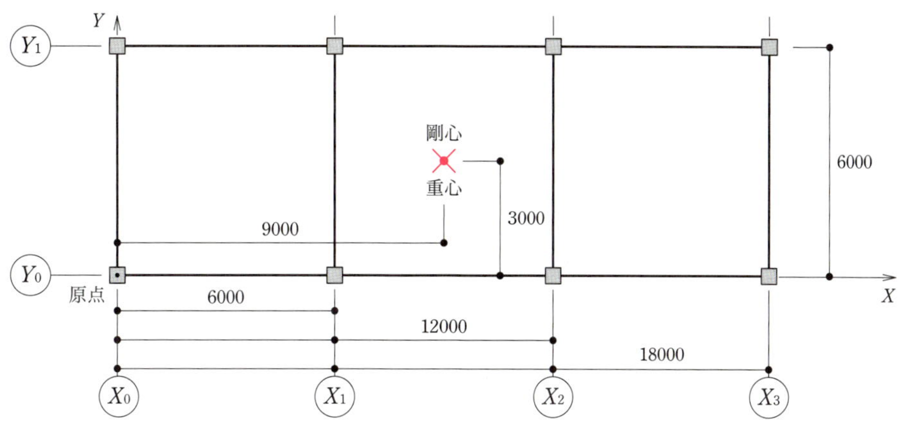

解答

①重心位置の算定原点を X_0、Y_0 の柱心として、重心の座標（g_x、g_y）を計算する。

● X 方向

・C_1 柱の鉛直荷重時の柱軸方向力 $N = 230$kN（6 章、6-4-2 より）

・C_2 柱の鉛直荷重時の柱軸方向力 $N = 366$kN（6 章、6-4-2 より）

・Y_1 通りの $N = 230\text{kN} + 366\text{kN} + 366\text{kN} + 230\text{kN} = 1192\text{kN}$、原点からの距離 $Y_1 = 6\text{m}$

・Y_0 通りの $N = 230\text{kN} + 366\text{kN} + 366\text{kN} + 230\text{kN} = 1192\text{kN}$、原点からの距離 $Y_0 = 0\text{m}$

よって、$\sum N = 1192 + 1192 = 2384\text{kN}$

$$\text{重心座標}\ g_y = \frac{\sum(N \cdot Y)}{\sum N} = \frac{1192 \times 6.0 + 1192 \times 0}{2384} = 3.0\text{m}$$

● Y 方向

・C_1 柱の鉛直荷重時柱軸方向力 $N = 230$kN（6 章、6-4-2 より）

・C_2 柱の鉛直荷重時柱軸方向力 $N = 366\text{kN}$（6 章、6-4-2 より）

・X_3 通りの $N = 230\text{kN} + 230\text{kN} = 460\text{kN}$、原点からの距離 $X_3 = 18.0\text{m}$

・X_2 通りの $N = 366\text{kN} + 366\text{kN} = 732\text{kN}$、原点からの距離 $X_2 = 12.0\text{m}$

・X_1 通りの $N = 366\text{kN} + 366\text{kN} = 732\text{kN}$、原点からの距離 $X_1 = 6.0\text{m}$

・X_0 通りの $N = 230\text{kN} + 230\text{kN} = 460\text{kN}$、原点からの距離 $X_0 = 0\text{m}$

よって、$\sum N = 460 + 732 + 732 + 460 = 2384\text{kN}$

$$\text{重心座標}\ g_x = \frac{\sum(N \cdot X)}{\sum N} = \frac{460 \times 18.0 + 732 \times 12.0 + 732 \times 6.0 + 460 \times 0}{2384} = 9.0\text{m}$$

2 階の X 方向、Y 方向の重心の位置を算定すれば同様の結果が得られる。

②剛心位置の算定

原点を X_0、Y_0 の柱心として、剛心の座標（I_x、I_y）を計算する。

● X 方向

・C_1 柱のせん断力分布係数 $D = 0.55$（6 章、6-6-1 より）

・C_2 柱のせん断力分布係数 $D = 0.67$（6 章、6-6-1 より）

・Y_1 通りの合計 $D_x = 0.55 + 0.67 + 0.67 + 0.55 = 2.44$、原点からの距離 $Y_1 = 6.0\text{m}$

・Y_0 通りの合計 $D_x = 0.55 + 0.67 + 0.67 + 0.55 = 2.44$、原点からの距離 $Y_0 = 0\text{m}$

よって、$\sum D_x = 2.44 + 2.44 = 4.88$

$$\text{剛心座標}\ I_y = \frac{\sum(D_x \cdot Y)}{\sum D_x} = \frac{2.44 \times 6.0 + 2.44 \times 0}{4.88} = 3.0\text{m}$$

● Y 方向

・C_1 柱のせん断力分布係数 $D = 0.55$（6 章、6-6-1 より）

・C_1 柱のせん断力分布係数 $D = 0.59$（6 章、6-6-1 より）

・X_3 通りの合計 $D_y = 0.55 + 0.55 = 1.10$、原点からの距離 $X_3 = 18.0\text{m}$

・X_2 通りの合計 $D_y = 0.59 + 0.59 = 1.18$、原点からの距離 $X_2 = 12.0\text{m}$

・X_1 通りの合計 $D_y = 0.59 + 0.59 = 1.18$、原点からの距離 $X_1 = 6.0\text{m}$

・X_0 通りの合計 $D_y = 0.55 + 0.55 = 1.10$、原点からの距離 $X_0 = 0\text{m}$

よって、$\sum N = 1.10 + 1.18 + 1.18 + 1.10 = 4.56$

$$\text{剛心座標}\ I_x = \frac{\sum(D_y \cdot X)}{\sum D_y} = \frac{1.10 \times 18.0 + 1.18 \times 12.0 + 1.18 \times 6.0 + 1.10 \times 0}{4.56} = 9.0\text{m}$$

2 階の X 方向、Y 方向の剛心の位置を計算すれば同様の結果が得られる。

以上より、重心の位置と剛心の位置が一致する。

偏心距離 e を計算してみる。

$$e_x = |I_x - g_x| = 9.0 - 9.0 = 0$$

$$e_y = |I_y - g_y| = 3.0 - 3.0 = 0$$

よって、偏心率が 0 となるが、念のため計算を続けてみる。

③ねじり剛性の算定

剛心回りに計算するので、剛心を座標原点とし、新しい座標系を $\bar{X}$、$\bar{Y}$ とすれば、各耐震要素の座標は、次のように表される。

$$\bar{X} = |X - l_x|$$

$$\bar{Y} = |Y - l_y|$$

剛心回りのねじり剛性 K_R は、次式で計算する。

$$K_R = \sum(D_x \cdot \bar{Y}^2) + \sum(D_y \cdot \bar{X}^2)$$

$$\sum(D_x \cdot \bar{Y}^2) = 2.44 \times (6.0 - 3.0)^2 + 2.44 \times (0 - 3.0)^2 = 21.96 + 21.96 = 43.92$$

$$\sum(D_y \cdot \bar{X}^2) = 1.10 \times (18.0 - 9.0)^2 + 1.18 \times (12.0 - 9.0)^2 + 1.18 \times (6.0 - 9.0)^2 + 1.10 \times (0 - 9.0)^2$$

$$= 89.10 + 10.62 + 10.62 + 89.10 = 199.44$$

$$\therefore K_R = 43.92 + 199.44 = 243.36$$

④弾性半径の算定

X 方向の弾性半径 r_{ex} は、次式で計算する。

$$r_{ex} = \sqrt{\frac{K_R}{\sum D_x}} = \sqrt{\frac{243.36}{4.88}} = 7.06$$

Y 方向の弾性半径 r_{ey} は、次式で計算する。

$$r_{ey} = \sqrt{\frac{K_R}{\sum D_y}} = \sqrt{\frac{243.36}{4.56}} = 7.31$$

⑤偏心率の算定

X 方向に対する偏心率 R_{ex} は、次式で計算する。

$$R_{ex} = \frac{e_y}{r_{ex}} = \frac{0}{7.06} = 0$$

Y 方向に対する偏心率 R_{ey} は、次式で計算する。

$$R_{ey} = \frac{e_x}{r_{ey}} = \frac{0}{7.31} = 0$$

以上より、X 方向および Y 方向の偏心率は 0 である。

5 塔状比の確認

耐震計算ルート 2 で計算を行う場合、塔状比の確認を行う必要がある（図 5-58 および図 5-59 参照）。

塔状比とは、建築物の地上部分において、地震方向における建築物の幅 D に対する高さ H の比をいい、その値は 4 以下とする（図 5-66 参照）。

塔状比は、次式で計算する。

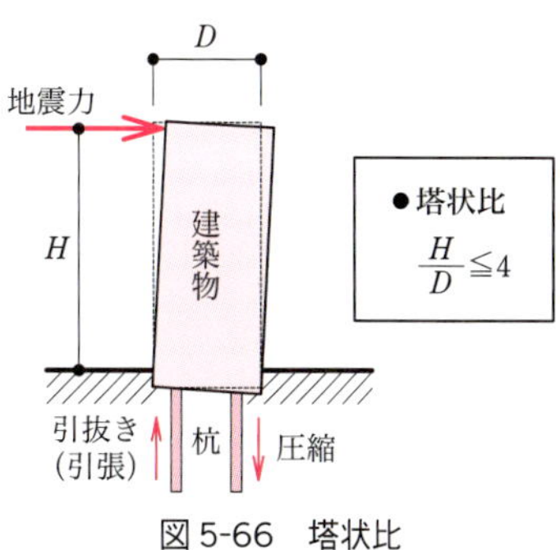

図 5-66　塔状比

5章　構造計算の進め方

$$\text{塔状比} = \frac{\text{建築物の高さ}\,H}{\text{建築物の幅}\,D} \leqq 4 \qquad \text{式 5-82}$$

塔状比が4を超える場合には、耐震計算ルート3に進み、基礎杭の圧縮方向および引抜き（引張）方向の極限支持力を計算することによって建築物が転倒しないことを確認する。

6 保有水平耐力の確認

構造計算適合性判定を必要とする建築物のうち、高さが31mを超える建築物、または耐震計算ルート1、ルート2によらない建築物は、耐震計算ルート3に進み、保有水平耐力の確認を行なわなければならない。すなわち、各階の保有水平耐力Q_uが必要保有水平耐力Q_{un}以上あることの確認を次式で行う（図5-58および図5-59参照）。

保有水平耐力Q_u ≧必要保有水平耐力Q_{un}（$= D_s \cdot F_{es} \cdot Q_{ud}$）　式5-83

保有水平耐力Q_uは、建築物の一部または全体が地震力の作用によって崩壊メカニズムを形成する場合の各階の柱、耐震壁、筋かいなどが負担する水平せん断力などの水平方向の耐力の和として計算することができる。

このとき形成する崩壊メカニズムには、全体崩壊形、部分崩壊形、局部崩壊形があり、これらを想定して建築物における地上部分の各階ごとの保有水平耐力を算出し、そのうち最も小さい値を採用する（図5-67参照）。

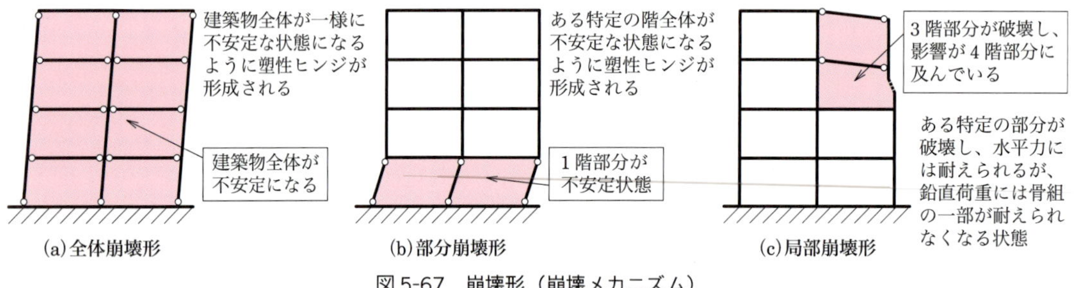

図5-67　崩壊形（崩壊メカニズム）

各階の保有水平耐力Q_uは、材料強度に基づいて計算する。このとき、建築物の保有水平耐力の計算において、炭素鋼の構造用鋼材のうち、日本工業規格（JIS）に定めるものを使用すれば、終局耐力算定用の材料強度の基準強度を1.1倍の範囲で割増しすることができる。

保有水平耐力Q_uを計算する場合は、地上部分のみではなく、地下部分を含めて検討することが望ましい。

必要保有水平耐力Q_{un}は、大地震動に対して安全性を確保するために要求される各階の水平方向の耐力である。また、必要保有水平耐力Q_{un}は、地震力によって各階に生じる水平力Q_{ud}に、構造特性係数D_sおよび形状係数F_{es}を乗じて、次式で計算する。

必要保有水平耐力$Q_{un} = D_s \cdot F_{es} \cdot Q_{ud}$　式5-84

D_s　：構造特性係数

・架構の形状と構造種別に応じた低減係数で、靭性および減衰性を考慮した係数。

木造・鉄骨造・鉄骨鉄筋コンクリート造…… 0.25 ～ 0.50

鉄筋コンクリート造…… 0.30 ～ 0.55

・構造体が靭性（粘り強さ）に富むほど、減衰性が大きいほど、地震エネルギーの吸収率が大きくなるので、構造特性係数 D_s は小さくなる。

・ラーメン構造は、負担水平力は小さいが、塑性変形後の変形が大きく（靭性が大）、地震エネルギーを吸収するので構造特性係数 D_s を小さく設定することができる。

・壁式構造や耐力壁をもつラーメン構造は、負担水平力は大きい（強度が大）が、塑性変形能力は小さいので、構造特性係数 D_s は大きくなる。

・鉄筋コンクリート造の柱においては、次のような条件のときに構造特性係数 D_s は小さくなる。

①柱せいに対する内法高さの比が大きい場合

②柱のコンクリートの設計基準強度 F_c に対する軸方向応力度の比が小さい場合

③柱の引張鉄筋比が小さい場合

④柱のコンクリートの設計基準強度に対する平均せん断応力度の比が小さい場合

F_{es} ：形状係数

・剛性率に応じた値 F_s と偏心率に応じた値 F_e の積で表される割増係数。

・剛性率に応じた値 F_s は、1.0 ～ 2.0 の範囲の値となり、表 5-13 より算出する。

・偏心率に応じた値 F_e は、1.0 ～ 1.5 の範囲の値となり、表 5-14 より算出する。

表 5-13　F_s の値

剛性率	F_s の値
(1) $R_s \geqq 0.6$ の場合	1.0
(2) $R_s < 0.6$ の場合	$2.0 - \frac{R_s}{0.6}$

（日本建築学会『鋼構造設計規準』による）

表 5-14　F_e の値

偏心率	F_e の値
(1) $R_e \leqq 0.15$ の場合	1.0
(2) $0.15 < R_e < 0.3$ の場合	(1)と(3)とに掲げる数値を直線的に補間した値
(2) $R_e \geqq 0.3$ の場合	1.5

（日本建築学会『鋼構造設計規準』による）

Q_{ud} ：地震層せん断力である。

地震層せん断力 Q_{ud} は、次式で計算する。

$$Q_{ud} = Z \cdot R_t \cdot A_i \cdot C_0 \times W_i \qquad \text{式 5-85}$$

・C_0 は、大地震を想定して、$C_0 \geqq 1.0$ として計算する。

次に、構造体の破壊について考えてみよう。

耐震壁の破壊は、急激な破壊である脆性系と考えられる。

ラーメン（柱・梁部材）の破壊は、粘り強さのある靭性系と考えられる。

これらが混在する階における保有水平耐力は、脆性系の部材が破壊するときの変形状態において各部材が負担する水平せん断力の和として計算することができる。

また、地震動による建築物の崩壊に対する対処には、強度型と靭性型とがある（図 5-68 参照）。

強度型は、弾性範囲内で地震動に耐え、抵抗力が急激に減じて脆性破壊が生じたりするもので、壁式構造（耐震壁）やブレース構造がその代表である（図 5-68(a)参照）。

靭性型は、塑性域に入って変形が増大しても、抵抗力が急激に減じることなく、地震エネルギーを吸収して耐えるもので、ラーメン構造などがその代表である（図 5-68(b)参照）。

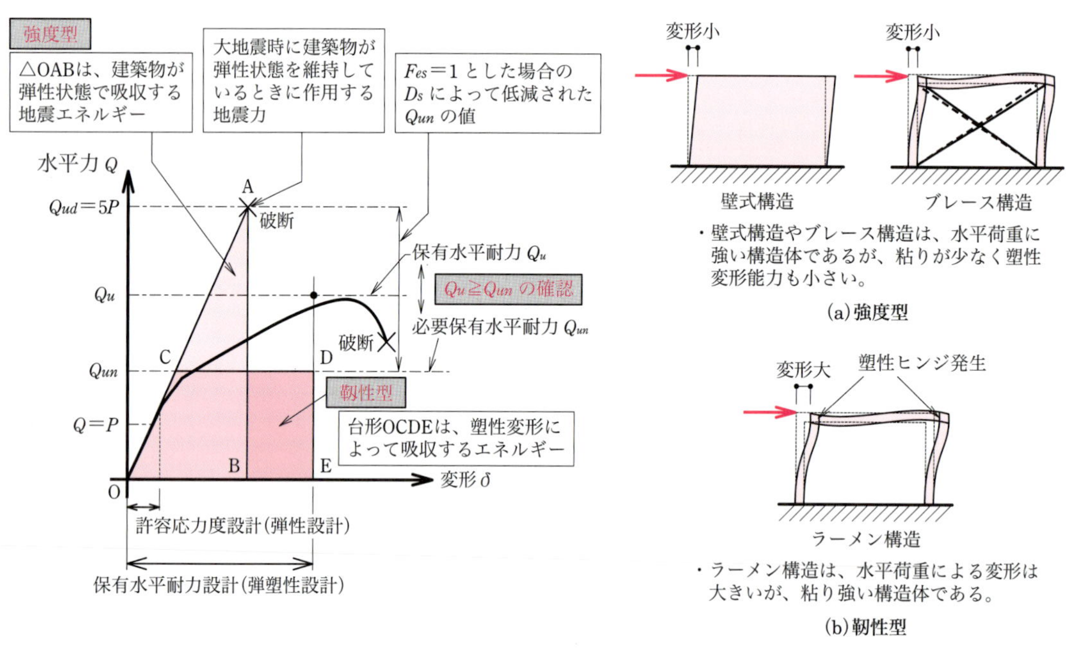

図 5-68　強度型と靭性型の破壊形式

図 5-68 において、△ OAB は、大地震時に建築物が弾性状態にとどまるために必要な吸収エネルギーを表し、□ OCDE は、大地震時に建築物が塑性領域に入って塑性変形することによって大地震に抵抗するのに必要なエネルギーを表している。

△ OAB と□ OCDE の面積が等しい場合は、耐震性が同じである。

建築物が地震を受けた場合、構造部材の一部が塑性化しても、塑性変形によって地震エネルギーが吸収されると、倒壊には至らない場合が多い。

また、建築物の耐震安全性は、強度と靭性によって評価され、耐震強度が十分に大きい場合、一般に、靭性にはそれほど期待しなくてもよい。

各階の保有水平耐力の計算による安全確認において、偏心率が一定の限度を超える場合や、剛性率が一定の限度を下回る場合には、必要保有水平耐力を大きくしなければならない。

練習問題

問題 5-1 鉄筋コンクリート構造に用いる鉄筋に関する次の記述のうち、**最も不適当なもの**はどれか。

1. 鉄筋コンクリートに用いられる径が 28mm 以下の異形鉄筋の長期許容引張応力度は、基準強度の 2/3 より小さい場合がある。
2. JIS における異形棒鋼 SD295B は、引張強さの下限値が 440N/mm^2 であり、降伏点の範囲が決められている。
3. JIS における異形棒鋼 SD295A は、降伏点の下限値が 295N/mm^2 であり、上限値は決められていない。
4. SD345 の鉄筋の一般定着の長さは、コンクリートの設計基準強度を 24N/mm^2 から 36N/mm^2 に変更したので長くした。

問題 5-2 鉄筋コンクリート構造の構造計算に関する次の記述のうち、**最も不適当なもの**はどれか。

1. 柱の許容曲げモーメントの算出において、圧縮側及び引張側の鉄筋並びに圧縮側のコンクリートは考慮し、引張側のコンクリートについては無視して計算を行った。
2. 開口を有する耐力壁の許容応力度計算において、開口による剛性及び耐力の低減を考慮して構造計算を行った。
3. 梁の許容曲げモーメントは、「圧縮縁がコンクリートの許容圧縮応力度に達したとき」及び「引張鉄筋が許容引張応力度に達したとき」に対して算定した曲げモーメントのうち、大きいほうの値とした。
4. 平面形状が細長い建築物において、短辺方向の両妻面のみに耐力壁が配置されていたので、剛床仮定に基づいた解析に加えて、床の変更を考慮した解析も行った。

問題 5-3 耐震計算ルート 1 により構造計算を行う鉄筋コンクリート造の建築物の設計に関する次の記述のうち、**最も不適当なもの**はどれか。

1. 柱が座屈しないことを確認しなかったので、柱の小径を、構造耐力上主要な支点間の距離の 1/10 とした。
2. 建築物の使用上の支障が起こらないことを確認しなかったので、梁のせいを、梁の有効長さの 1/15 とした。
3. コンクリートの充填性や面外曲げに対する安定性等を考慮して、耐力壁の厚さを、壁板の内法高さの 1/20 である 150mm とした。
4. 建築物の使用上の支障が起こらないことを確認しなかったので、片持ち以外の床版の厚さを、床版の短辺方向の有効張り間長さの 1/25 である 200mm とした。

問題 5-4 鉄筋コンクリート構造における建築物の耐震計算に関する次の記述のうち、**最も不適当**

なものはどれか。

1. 許容応力度計算において、コンクリートのひび割れに伴う部材の剛性低下を考慮して構造耐力上主要な部分に生ずる力を計算した。
2. 許容応力度計算において、開口部を設けた耐力壁について、剛性及び耐力の低減を考慮して構造計算を行った。
3. 保有水平耐力計算において、梁の曲げ強度を算定する際に、主筋にJISに適合するSD345を用いたので、材料強度を基準強度の1.1倍とした。
4. 剛節架構と耐力壁を併用した場合、設計変更により耐力壁量が増加し、保有水平耐力に対する耐力壁の水平耐力の和の比率が0.5から0.8となったが、「耐力壁」及び「柱及び梁」の部材群としての種別が変わらなかったのでD_Sの数値を小さくした。

問題 5-5 鉄筋コンクリート造の建築物の保有水平耐力計算において、構造特性係数D_Sを算定する際に必要となる部材種別の判定に関する次の記述のうち、**最も不適当なもの**はどれか。

1. 梁部材の種別をFAとするために、コンクリート設計基準強度F_cに対するメカニズム時の平均せん断応力度τ_uの割合が、0.2以上となるように設計した。
2. 壁式構造以外の構造の耐力壁部材の種別をWAとするために、コンクリート設計基準強度F_cに対するメカニズム時の平均せん断応力度τ_uの割合が、0.2以下となるように設計した。
3. 壁式構造の耐力壁部材の種別をWAとするために、コンクリート設計基準強度F_cに対するメカニズム時の平均せん断応力度τ_uの割合が、0.1以下となるように設計した。
4. メカニズム時において耐力壁部材がせん断破壊したので、部材種別はWDとした。

問題 5-6 表は、鉄筋コンクリート構造における梁端部、柱及び耐力壁の断面及び配筋を示したものである。(社)日本建築学会『鉄筋コンクリート構造計算規準』における鉄筋量の最小規定を満たしていないものは、次のうちどれか。ただし、鉄筋1本の断面積は、「D10：0.7cm²」「D13：1.3cm²」「D25：5.0cm²」とする。

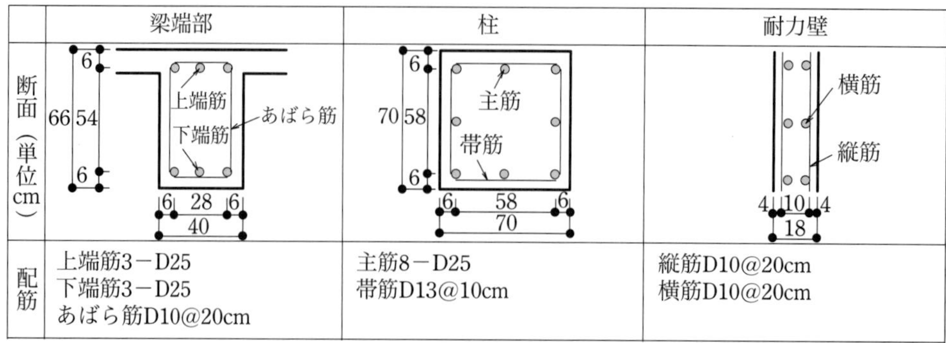

	梁端部	柱	耐力壁
断面（単位cm）	6 / 66 54 / 6 上端筋 下端筋 あばら筋 6 28 6 / 40	6 / 70 58 / 6 主筋 帯筋 6 58 6 / 70	横筋 縦筋 4 10 4 / 18
配筋	上端筋3－D25 下端筋3－D25 あばら筋D10@20cm	主筋8－D25 帯筋D13@10cm	縦筋D10@20cm 横筋D10@20cm

1. 梁端部の引張鉄筋量　　2. 梁端部のせん断補強筋量
3. 柱の全主筋量　　4. 耐力壁のせん断補強筋量

問題 5-7 鉄骨構造に関する次の記述のうち、**最も不適当なもの**はどれか。

1. 梁に使用する材料を SN400B から SN490B に変更したので、幅厚比の制限値を大きくした。
2. H 形鋼の梁の横座屈を抑制するため、圧縮側のフランジの横変位を拘束できるように横補鋼材を取り付けた。
3. 角形鋼管を用いて柱を設計する場合、横座屈を生じるおそれがないので、許容曲げ応力度を許容引張応力度と同じ値とした。
4. 横移動が拘束されているラーメン架構において、柱材の座屈長さを節点間距離と等しくした。

問題 5-8 鉄骨構造の筋かいに関する次の記述のうち、**最も不適当なもの**はどれか。

1. 引張力を負担する筋かいにおいて、接合部の破断強度は、軸部の降伏強度に比べて十分に大きくなるように設計する。
2. 山形鋼を用いた引張力を負担する筋かいの接合部に高力ボルトを使用する場合、山形鋼の全断面を有効として設計する。
3. 圧縮力を負担する筋かいの耐力は、座屈耐力を考慮して設計する。
4. 筋かいが柱に偏心して取り付く場合、偏心によって生じる応力の影響を考慮して柱を設計する。

問題 5-9 図 1 のような鉄骨骨組について、図 2 に鉛直荷重時の曲げモーメントと柱脚反力、図 3 に地震による水平荷重時の曲げモーメントと柱脚反力を示している。地震時に柱に生じる短期の「圧縮応力度と圧縮側曲げ応力度の和」の最大値として、**最も適当なもの**は、次のうちどれか。ただし、柱は、断面積 $A = 1.0\times10^4\text{mm}^2$、断面係数 $Z = 2.0\times10^6\text{mm}^3$ とし、断面検討用の応力には節点応力を用いる。

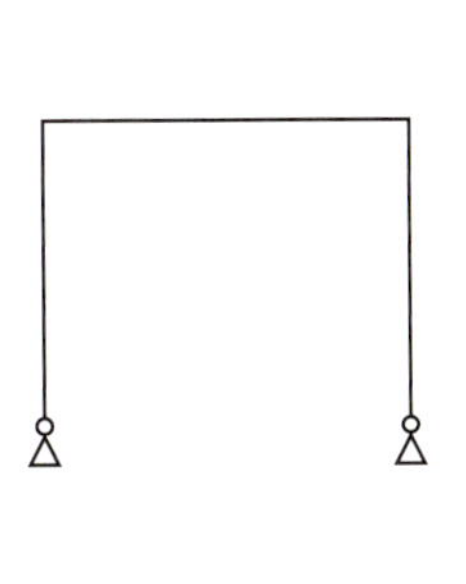
図 1　骨組形状

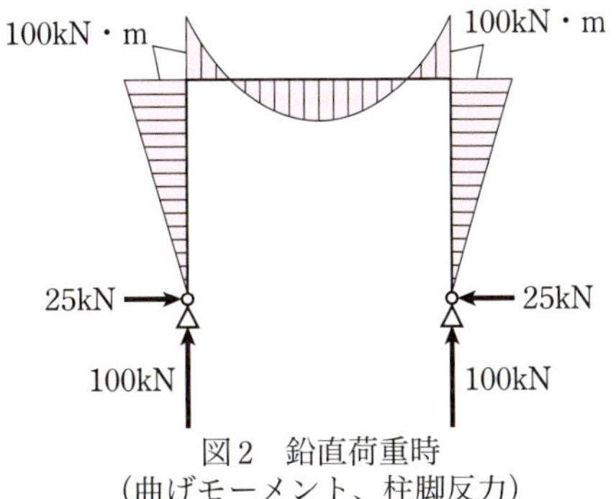

図 2　鉛直荷重時
（曲げモーメント、柱脚反力）

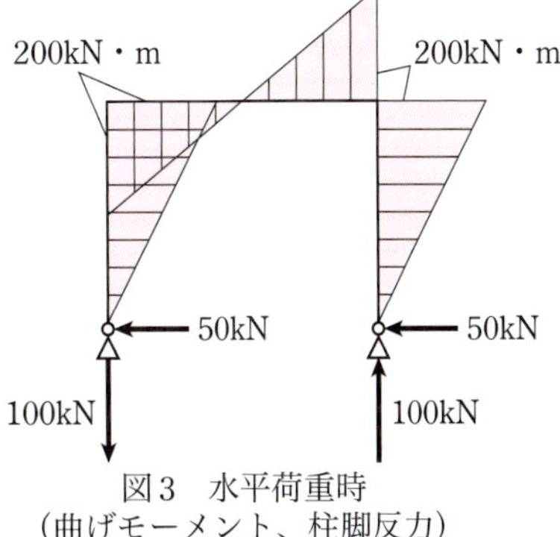

図 3　水平荷重時
（曲げモーメント、柱脚反力）

1. 150N/mm^2
2. 160N/mm^2
3. 170N/mm^2
4. 180N/mm^2

6章

鉄筋コンクリート構造の構造計算例

計算書

6・1　一般事項

6-1-1　建築物の概要

<table>
<tr><td>建築物の名称</td><td colspan="4">○○事務所ビル新築工事</td></tr>
<tr><td>構造計算を行った者</td><td colspan="4">1）資格　構造設計一級建築士　○○登録　第○○○○○○
　　　　一級建築士　○○登録　第○○○○○○
2）氏名　○○　○○
3）建築士事務所　○○○建築士事務所○○○知事登録○○○○○○号
4）郵便番号　○○○ - ○○○○
5）所在地　○○○県○○○市○○○
6）電話番号　○○○ - ○○○ - ○○○○</td></tr>
<tr><td>建築場所</td><td colspan="4">○○○県○○○市○○○　○○番地</td></tr>
<tr><td>主要用途</td><td colspan="4">事務所</td></tr>
<tr><td>規模</td><td colspan="4">1）延べ面積　216m²
2）建築面積　108m²
3）構造　鉄筋コンクリート造
4）階数　地上2階　地下0階　塔屋0階
5）高さ　7.3m
6）軒の高さ　6.77m
7）基礎の底部の深さ　1.2m</td></tr>
<tr><td>構造上の特徴</td><td colspan="4">1）構造種別　鉄筋コンクリート造
2）上部構造形式　主要スパン　X方向　3スパン　Y方向　1スパン
　　架構形式　X方向　純ラーメン構造
　　　　　　　Y方向　純ラーメン構造
3）基礎構造形式　直接基礎（独立基礎）
4）基礎底深さ　GL-1.2m</td></tr>
<tr><td rowspan="9">仕上概要</td><td>屋根</td><td colspan="3">露出アスファルト防水</td></tr>
<tr><td rowspan="4">2階</td><td rowspan="3">内部仕上</td><td>床</td><td>長尺塩化ビニールシート</td></tr>
<tr><td>天井</td><td>繊維板</td></tr>
<tr><td>壁</td><td>コンクリート打放し</td></tr>
<tr><td>外部仕上</td><td colspan="2">コンクリート打放し</td></tr>
<tr><td rowspan="4">1階</td><td rowspan="3">内部仕上</td><td>床</td><td>長尺塩化ビニールシート</td></tr>
<tr><td>天井</td><td>繊維板</td></tr>
<tr><td>壁</td><td>コンクリート打放し</td></tr>
<tr><td>外部仕上</td><td colspan="2">コンクリート打放し</td></tr>
<tr><td>屋上付属物等</td><td colspan="4">有　・　(無)</td></tr>
</table>

6･1　一般事項

一般事項とは、建築物の概要と構造設計の方針、柱・梁の位置や大きさなどを示す項目である。

6-1-1　建築物の概要

この項目では、建築物の構造や規模などを一覧表にする。ここでとり上げる建築物は、図6･1に示す鉄筋コンクリート構造2階建（地下なし）の事務所ビルで、X方向3スパン、Y方向1スパンの純ラーメン構造である。この建築物の構造計画について詳しく見てみよう。

a）平面計画

・柱の配置——X・Y方向：6m間隔に配置する。

・柱1本あたりの負担面積

　隅柱：9m^2　中柱：18m^2

・大梁・小梁の配置

　大梁：X方向6本、Y方向4本

　小梁：X方向3本

b）立面計画

・階高（意匠階高）　1階：3.3m、2階：3.3m

c）耐震要素の計画：地震力はすべてラーメンが受けもつ。

d）基礎の計画：地盤調査結果から地盤が良好なので、直接基礎とした。

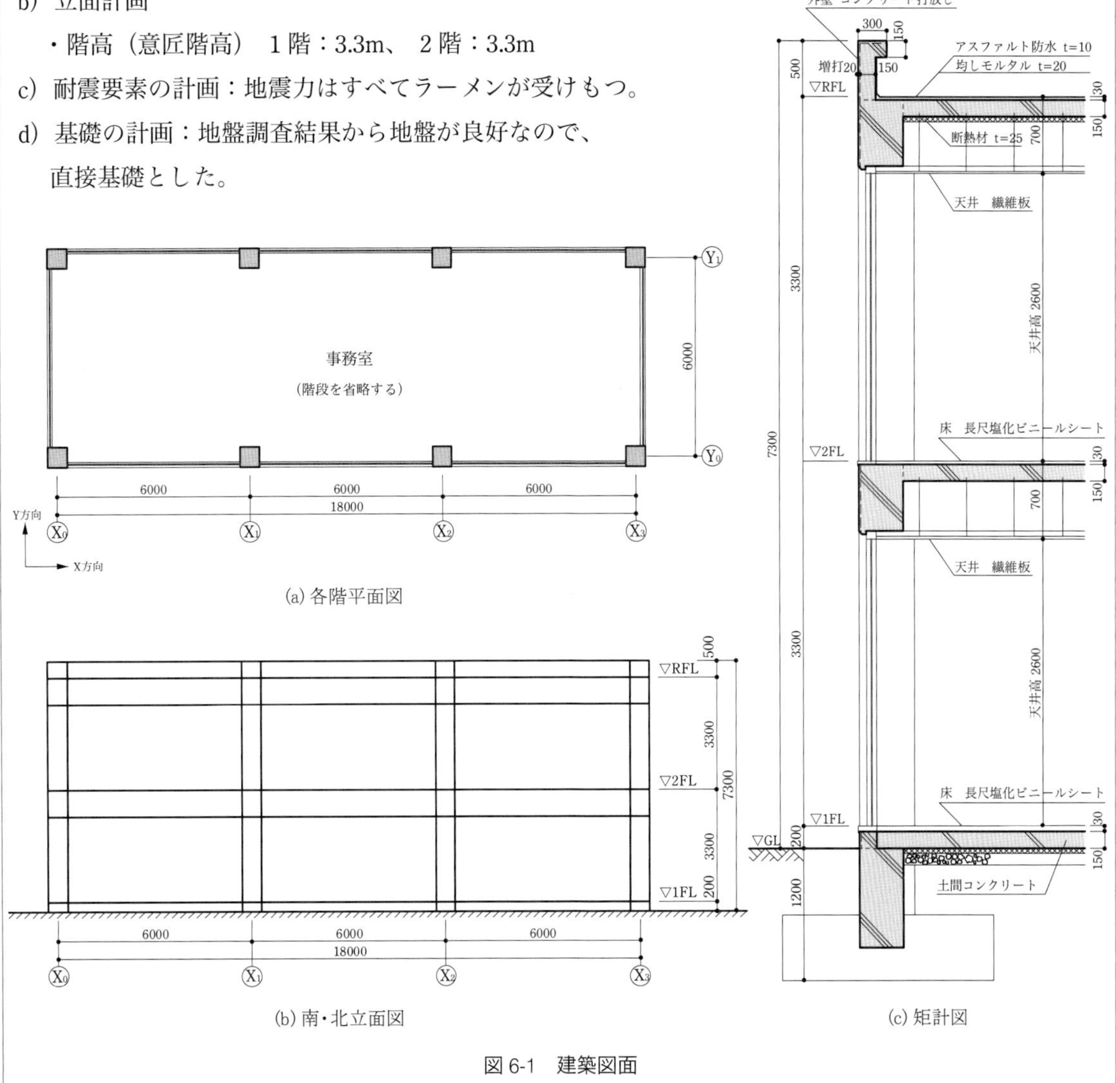

図6-1　建築図面

計算書

6-1-2　設計方針

1）設計上準拠した指針・規準等

・建築基準法・同施行令、建築基準法関係国土交通省告示

・『鉄筋コンクリート構造計算規準・同解説』1999 年日本建築学会（以下「RC 規準」という）

2）参考とした図書

『2007 年版建築物の構造関係技術基準解説書』国土交通省住宅局建築指導課等（以下「技術基準解説書」という）

3）適用する構造計算の種類

建築基準法施行令第 81 条第 1 項に規定する許容応力度等計算によって構造計算を行う。

4）設計外力

・固定荷重 G（参照項 p.139）、積載荷重 P（参照項 p.141）および地震力 K（参照項 p.147）の組合せで計算を行う。

・積雪荷重 S（参照項 p.142）は、積載荷重 P（参照項 p.141）以下であることを確認する。

・風圧力 W（参照項 p.143）は地震力 K（参照項 p.147）に比べて小さいことを確認する。

5）設計ルート

設計ルートは、X 方向・Y 方向ともにルート [2] - 2 の設計を行う（参照項 p.150）。

6）応力計算

・鉛直荷重に対する応力計算は固定モーメント法により行う（参照項 p.159）。

・水平荷重に対する応力計算は、D 値法を用いた略算法による（参照項 p.163）。

・応力計算は、すべて部材接合部の剛域の影響を無視した計算によって行い、材端曲げモーメントはラーメンの節点曲げモーメントとする。

7）使用するプログラムの概要

イ . プログラムの名称

ロ . 国土交通大臣の認定の有無

　有　（認定プログラムで安全性を確認）　・有　（その他）　・無

ハ . 認定番号

ニ . 認定の取得年月日

ホ . 構造計算チェックリスト

8）その他

・計算用に、柱スパンは階の柱芯、階高は各階の大梁・基礎梁の梁芯とする（参照項 p.135）。

・地盤は、地盤調査結果により第 1 種地盤と判定し、A_i、R_t、一次固有周期 T は告示による略算式を用いて算出する（参照項 p.147）。

・柱・梁の設計用せん断力の割増し係数は、2.0 とする。

・最下層の柱脚は剛な基礎梁で連結し、柱脚モーメントに抵抗させる。基礎は独立基礎とし、ピン支持として扱う。

・1 階床は、地盤が良好なことから土間コンクリートとし、地盤に直接支持させる。また、基礎梁自重は、直接地盤が支持するものとする。

6-1-2　設計方針

1）設計方針では、設計上準拠した指針・規準、参考とした図書、適用する構造計算の種類、設計外力、適用する設計ルート、応力計算の方法、使用するプログラムの概要等を記入する。

図 6-2 に許容応力度等計算での構造設計の流れを示す。

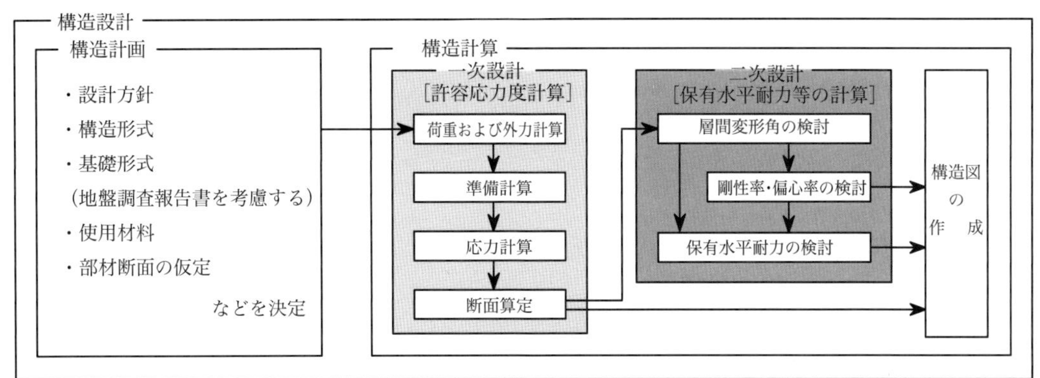

図 6-2　構造設計の流れ

2）荷重の組合せについては、表 6-8 に示すように、応力の種類や荷重状態によって異なる。一般に、鉄筋コンクリート構造は、超高層建築を除いて地震力の方が風圧力よりも大きくなるので、短期応力には「地震時」の応力を用いて設計する。

3）一貫計算プログラムを使う場合、プログラムの名称（複数使用の場合は全て記入）、国土交通大臣の認定の有無、認定番号、認定の取得年月日などを記入する。

計算書

6-1-3　使用する材料の許容応力度

1）コンクリートの許容応力度

コンクリート：普通コンクリート、設計基準強度 F_c = 24N/mm^2

採用	種類 F_c	長期（L）に生ずる力に対する許容応力度（単位：N/mm^2）				短期（S）に生ずる力に対する許容応力度（単位：N/mm^2）				使用部位
		圧縮 $_Lf_c$	せん断 $_Lf_s$	付着 $_Lf_b$ 上端筋	付着 $_Lf_b$ その他	圧縮 $_Sf_c$	せん断 $_Sf_s$	付着 $_Sf_b$ 上端筋	付着 $_Sf_b$ その他	
	21	7.0	0.7	0.76	0.95	14.0	1.05	1.14	1.42	
○	24	8.0	0.74	0.8	1.0	16.0	1.11	1.2	1.5	躯体全体

2）鉄筋の許容応力度

採用	種類	長期（L）に生ずる力に対する許容応力度（単位：N/mm^2）			短期（S）に生ずる力に対する許容応力度（単位：N/mm^2）			使用部位
		圧縮 $_Lf_c$	引張 $_Lf_t$	せん断補強 $_Lf_s$・$_wf_t$	圧縮 $_Sf_c$	引張 $_Sf_t$	せん断補強 $_Sf_s$・$_wf_t$	
○	SD295A	200	200	200	295	295	295	D16 以下　帯筋、あばら筋、スラブ筋
○	SD345	220	220	200	345	345	345	D19 以上　柱主筋、梁主筋

3）地盤の許容応力度（許容地耐力）

採用	種類		長期 $_Lf_e$	短期 $_sf_e$	備考
○	直接基礎	許容地耐力	100kN/m²	200kN/m²	地質：堅い粘土質地盤 GL-1.2m
	杭基礎	許容支持力			

地質調査資料　㊒・無

6-1-3　使用する材料の許容応力度

1）コンクリートの許容応力度

コンクリートの許容応力度の値は、設計基準強度 F_c に応じて計算する。計算方法は、日本建築学会の鉄筋コンクリート構造計算規準6条許容応力度に示されている（表3-2参照）。F_c = 24N/mm² の普通コンクリートを用いると次のような計算式になる。

a）長期許容圧縮応力度　$_Lf_c = \dfrac{F_c}{3} = \dfrac{24}{3} = 8.0\text{N/mm}^2$

b）長期許容せん断応力度

$_Lf_s = \dfrac{Fc}{30} = \dfrac{24}{30} = 0.8\text{N/mm}^2$以下、かつ$_Lf_s = 0.5 + \dfrac{F_c}{100} = 0.5 + \dfrac{24}{100} = 0.74\text{N/mm}^2$以下

したがって、$_Lf_s$ = 0.74N/mm²

c）長期許容付着応力度（上端筋）

$_Lf_b = 0.8 \times \left(\dfrac{F_c}{60} + 0.6\right) = 0.8 \times \left(\dfrac{24}{60} + 0.6\right) = 0.8\text{N/mm}^2$

d）長期許容付着応力度（その他の鉄筋）　$_Lf_b = \dfrac{F_c}{60} + 0.6 = \dfrac{24}{60} + 0.6 = 1.0\text{N/mm}^2$

注）付着長さや定着長さの算定に使用する値

2）鉄筋の許容応力度

日本建築学会の鉄筋コンクリート構造計算規準6条許容応力度に示されている値を用いる（表3-7）。

3）許容地耐力

地盤の許容応力度は、地盤調査を行った結果に基づいて定める。地盤調査によらない場合は、表6・1の値を用いる。ただし、この表の値は、地盤調査を行う前の予備的な設計の判断資料として役立てるか、安定した敷地上の小規模建築物などに対して用いることが望ましい。

この計算例では、地盤調査の結果から堅い粘土質地盤として地盤の長期許容応力度を $_Lf_e$ = 100kN/m²、短期許容応力度を長期の2倍の $_sf_e$ = 200kN/m² とする。

表6-1　地盤の許容応力度

地　盤	長期応力に対する許容応力度［kN/m²］	短期応力に対する許容応力度［kN/m²］
密実な礫層	300	長期応力に対する許容応力度のそれぞれの数値の2倍とする
密実な砂質地盤	200	
砂質地盤（地震時に液状化のおそれのないものに限る）	50	
堅い粘土質地盤	100	
粘土質地盤	20	
堅いローム層	100	
ローム層	50	

（建築基準法施行令第93条より一部を抜粋）

6-1-4　各階伏図・軸組図

1）部材断面

a）大梁断面（R・2階）
記号：G_1，G_2，G_3，G_4

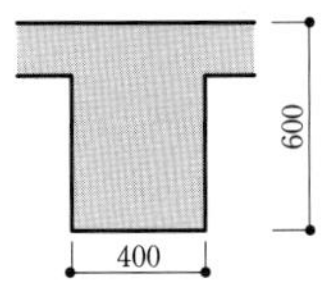

b）小梁断面（R・2階）
記号：B_1，B_2

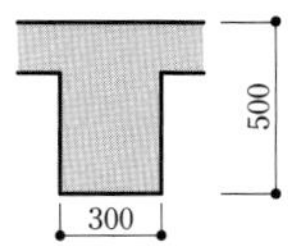

c）基礎梁断面
記号：${}_FG_1$，${}_FG_2$，${}_FG_3$，${}_FG_4$

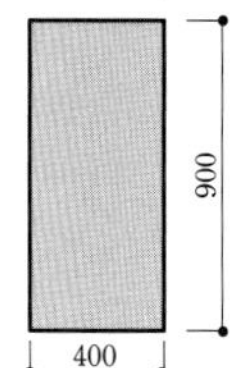

d）柱断面（1・2階）
記号：C_1，C_2

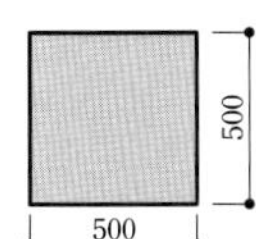

e）床スラブ断面（R・2階）
記号：S_1，S_2

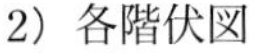

（単位：mm）

2）各階伏図

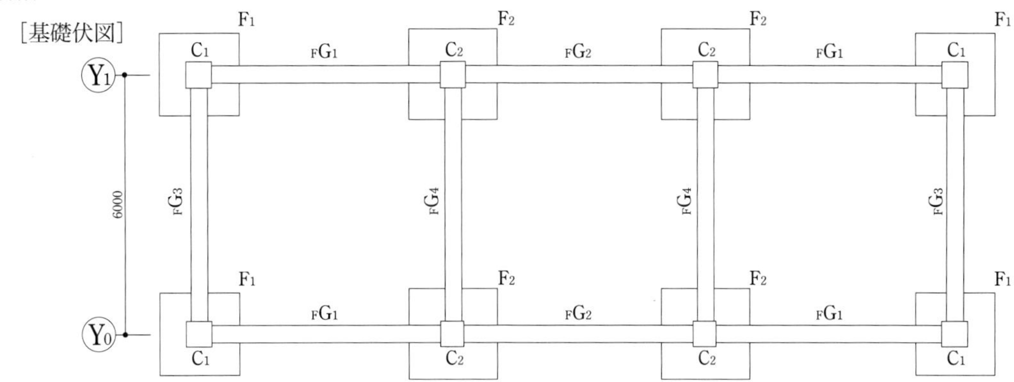

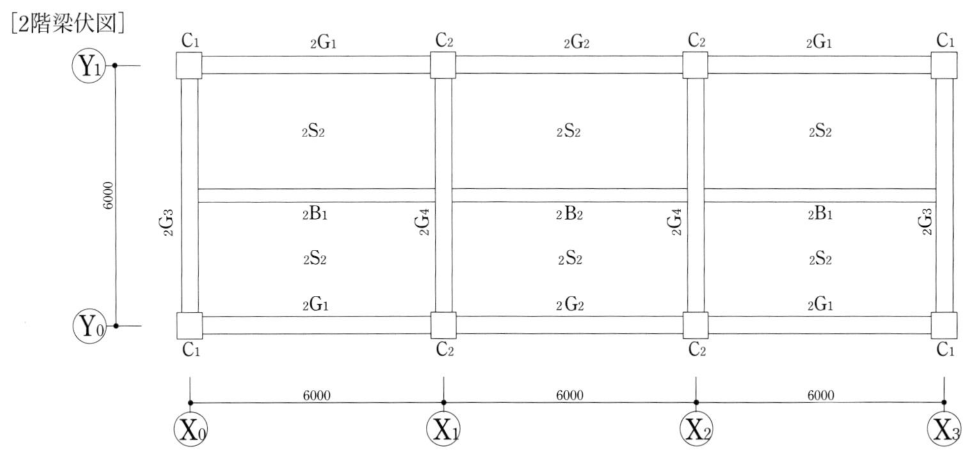

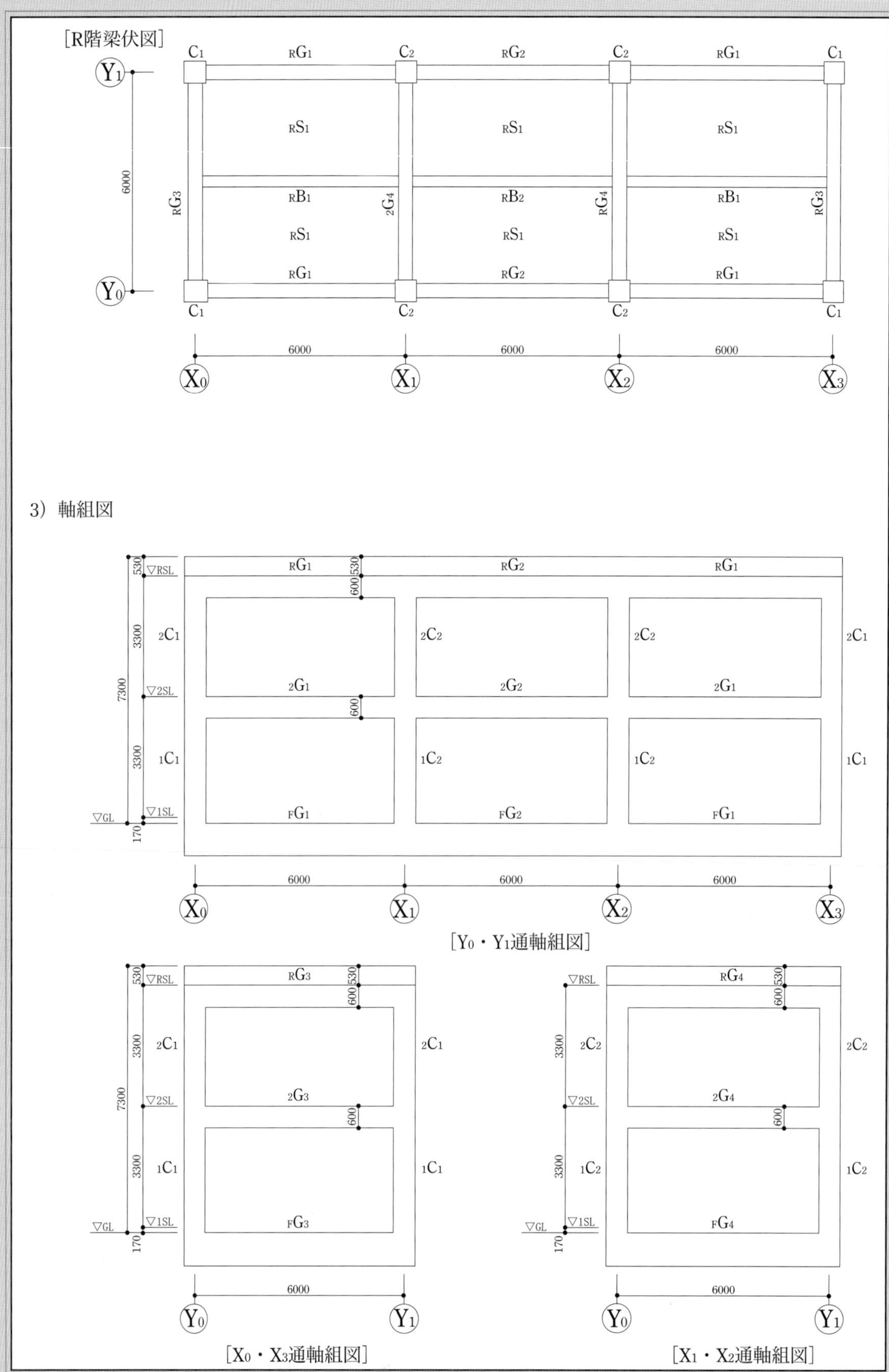
[R階梁伏図]
C1 RG1 C2 RG2 C2 RG1 C1
Y1
RS1 RS1 RS1
6000
RG3 RB1 2G4 RB2 RG4 RB1 RG3
RS1 RS1 RS1
RG1 RG2 RG1
Y0
C1 C2 C2 C1
6000 6000 6000
X0 X1 X2 X3
3）軸組図
530 ▽RSL RG1 530 RG2 RG1
600
7300 3300 2C1 2C2 2C2 2C1
▽2SL 2G1 2G2 2G1
600
3300 1C1 1C2 1C2 1C1
▽GL ▽1SL FG1 FG2 FG1
170
6000 6000 6000
X0 X1 X2 X3
[Y0・Y1通軸組図]
530 ▽RSL RG3 530
600
7300 3300 2C1 2C1
▽2SL 2G3
600
3300 1C1 1C1
▽GL ▽1SL FG3
170
6000
Y0 Y1
[X0・X3通軸組図]
▽RSL RG4 530
600
3300 2C2 2C2
▽2SL 2G4
600
3300 1C2 1C2
▽GL ▽1SL FG4
170
6000
Y0 Y1
[X1・X2通軸組図]

計算書

4）略伏図・略軸組図

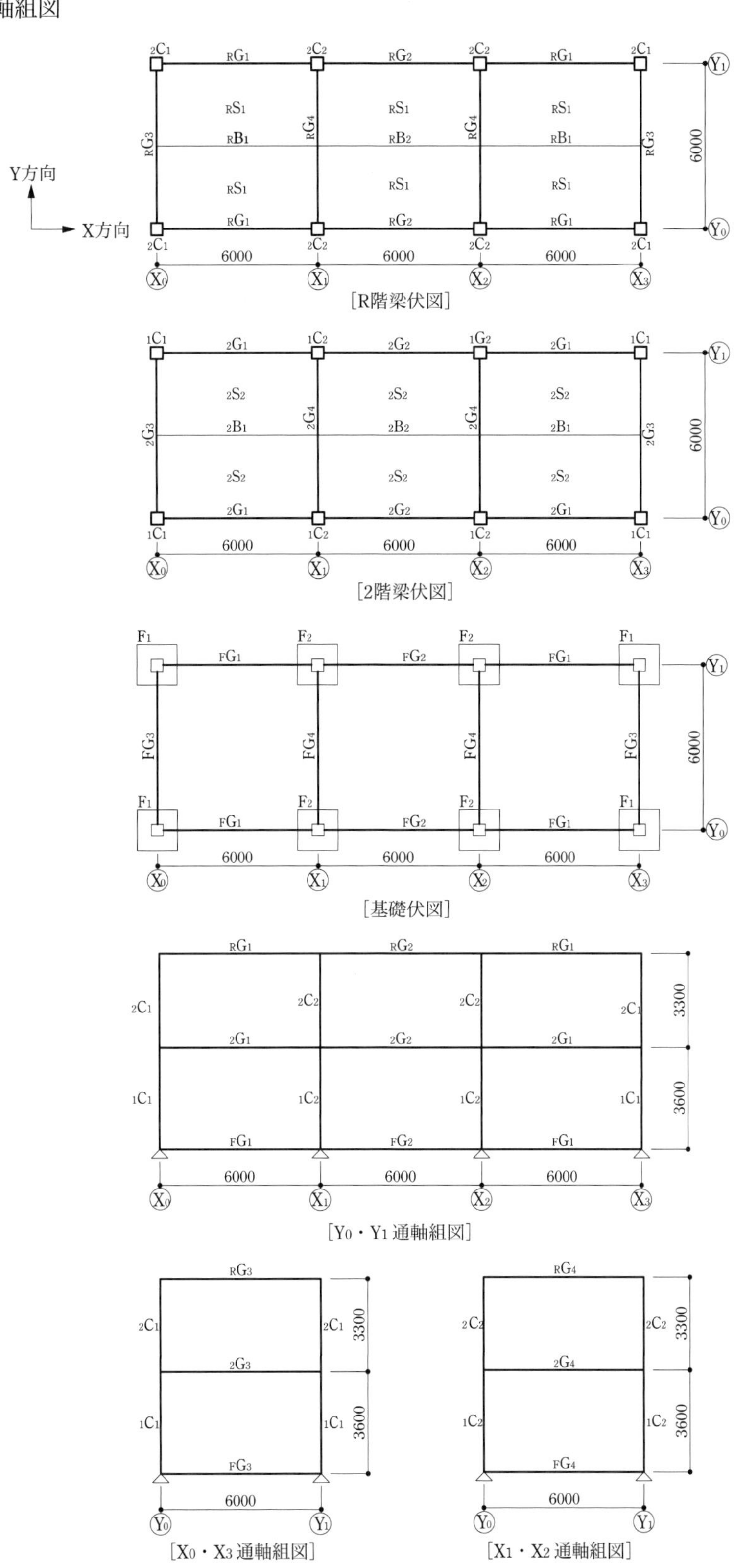

6-1-4　各階伏図・軸組図

1）部材断面

ここでは、応力計算の前提となる大梁・小梁・基礎梁・柱・床の断面寸法を仮定する。この仮定する寸法は、建築物の構造種別・規模・構造形式・柱間隔・階高・用途・材料強度などに関連するので具体的に示すのは難しく、経験値的なものが多い。この仮定断面をもとに構造計算を行う。断面寸法の決め方については2章を参照してほしい。

2）略伏図と略軸組図

ここでは、基礎伏図・2階梁伏図・R階梁伏図、軸組図を、意匠図、仮定断面から階高・梁せい・柱幅の寸法を拾い出して記入し、柱記号・梁記号・床記号などを記入する。

・部材の記号

大梁　：G（Girder）　柱から柱へとかけ渡した水平部材。柱とともに地震力に抵抗する。

小梁　：B（Beam）　大梁と大梁にかけ渡した梁。床荷重を支える。

基礎梁：FG（Foundation Girder）　地中部分に設けられ、柱脚間をつなぐ水平部材。

柱　　：C（Column）　屋根荷重や床荷重を支え、それを基礎に伝える鉛直部材。

床　　：S（Slab）　鉛直方向の面荷重を受ける板状の水平部材。一般には、鉄筋コンクリート構造の床版をいい、「床スラブ」ともいう。

・階の記号　　R（Roof）：屋根、　2：2階、　1：1階、F（Foundation）：基礎

したがって、各部材は、次のような記号を付けてその位置を表す。

3）略軸組図の階高

略軸組図は、柱・梁の骨組みを部材断面の中心線で描いたもので、設計用階高（構造階高）を明示し、剛比計算・応力計算などに用いる。階高（意匠階高）と計算用階高（構造階高）は違うので注意が必要である。

a）階高（意匠階高）　　階高は、下階の床仕上面から上階の床仕上面までの寸法をいう。

b）計算用階高（構造階高）　　計算用階高は、図6-3に示すように下階の梁中心から上階の梁中心までの寸法をいう。1階と2階の計算用階高を次のように求める。

［2階の計算用階高］

$$3300\text{mm}(2\text{階階高}) - 30\text{mm}(\text{R階仕上げ}) - \frac{600\text{mm}(\text{R階の梁せい})}{2} + 30\text{mm}(2\text{階仕上げ}) + \frac{600\text{mm}(2\text{階の梁せい})}{2} = 3300\text{mm}$$

［1階の計算用階高］

$$3300\text{mm}(\text{階高}) - 30\text{mm}(2\text{階仕上げ}) - \frac{600\text{mm}(2\text{階の梁せい})}{2} + 30\text{mm}(1\text{階仕上げ}) + 150\text{mm}(\text{土間スラブ厚}) + \frac{900\text{mm}(\text{基礎梁せい})}{2} = 3600\text{mm}$$

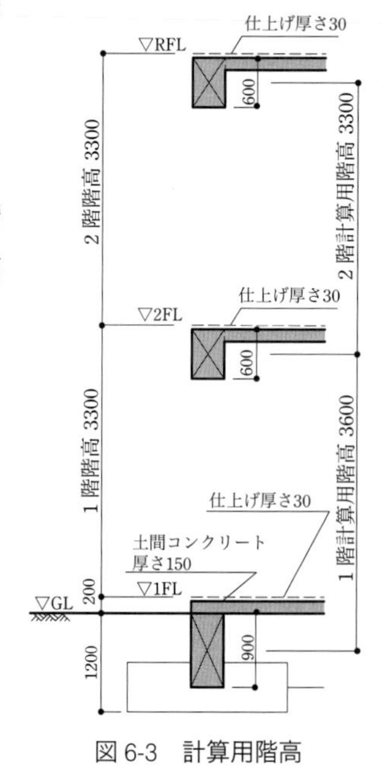

図6-3　計算用階高

計算書

6･2　荷重および外力計算

6-2-1　固定荷重

部　位	断　面（mm）	内　訳	固定荷重
R 階床	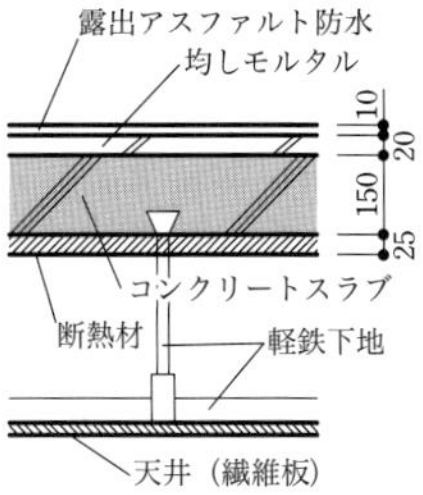 露出アスファルト防水 / 均しモルタル / コンクリートスラブ / 断熱材 / 軽鉄下地 / 天井（繊維板） / 10 / 20 / 150 / 25	露出アスファルト防水 10mm　0.15kN/m^2 均しモルタル　0.02m × 20kN/m^3 = 0.40kN/m^2 コンクリートスラブ　0.15m × 24kN/m^3 = 3.60kN/m^2 断熱材 25mm　0.01kN/m^2 天井（軽鉄下地とも）　0.20kN/m^2 合計　4.36kN/m^2	4.4kN/m^2
2 階床	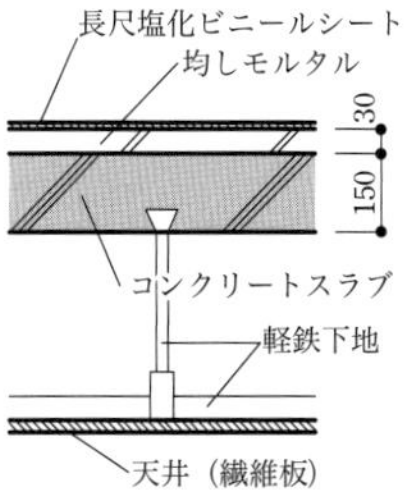 長尺塩化ビニールシート / 均しモルタル / コンクリートスラブ / 軽鉄下地 / 天井（繊維板） / 30 / 150	長尺塩化ビニールシート　0.05kN/m^2 均しモルタル　0.03m × 20kN/m^3 = 0.60kN/m^2 コンクリートスラブ　0.15m × 24kN/m^3 = 3.60kN/m^2 天井（軽鉄下地とも）　0.20kN/m^2 合計　4.45kN/m^2	4.5kN/m^2
柱	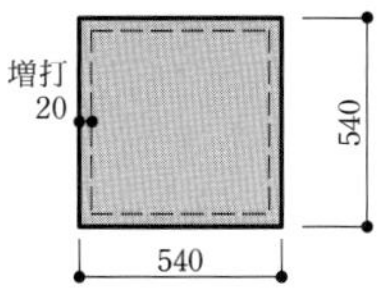 増打 20 / 540 / 540	0.54m × 0.54m × 24kN/m^3 = 7.00kN/m	7.0kN/m
大梁 G_1 G_2 G_3	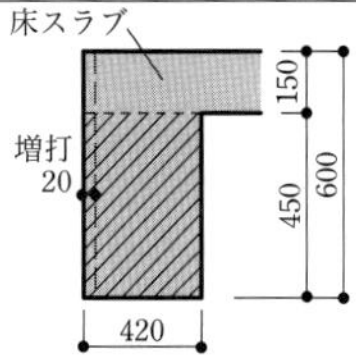 床スラブ / 増打 20 / 150 / 450 / 600 / 420	0.42m ×（0.6m − 0.15m）× 24kN/m^3 = 4.54kN/m	4.6kN/m
大梁 G_4	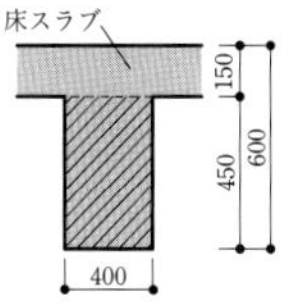 床スラブ / 150 / 450 / 600 / 400	0.4m ×（0.6m − 0.15m）× 24kN/m^3 = 4.32kN/m	4.4kN/m
小梁 B_1 B_2	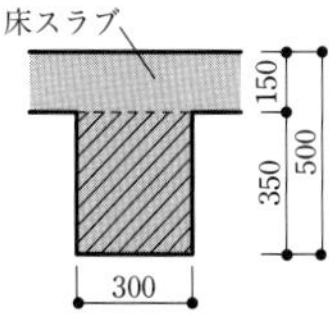 床スラブ / 150 / 350 / 500 / 300	0.3m ×（0.5m − 0.15m）× 24kN/m^3 = 2.52kN/m	2.6kN/m
パラペット	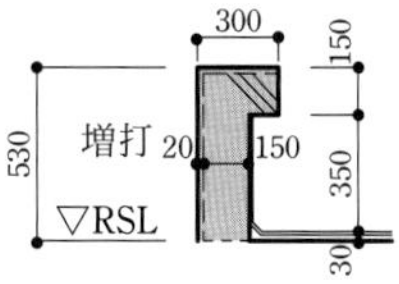 300 / 150 / 増打 20 / 150 / 530 / 350 / ▽RSL / 30	（コンクリート部分） （0.17m × 0.38m + 0.3m × 0.15m）× 24kN/m^3 = 2.63kN/m （露出アスファルト防水立上り部分） 0.35m × 0.15kN/m^2 = 0.06kN/m 合計　2.69kN/m	2.7kN/m
サッシ			0.4kN/m^2

6・2　荷重計算

6-2-1　固定荷重

固定荷重については、仮定断面による各階の床スラブ、柱、大梁、小梁のそれぞれについて単位面積または単位長さあたりの値を求め、一覧表にする。仕上げがある場合、建築物の実況に応じてそれらも加算して計算しておく。

a) **R 階床と 2 階床の自重**　床の自重は、体積 1m^3 あたりの重量に、厚さを乗じて、単位面積あたりの荷重（kN/m^2）として算出する。防水層、断熱材、長尺塩化ビニールシートなどの重量は、メーカーのカタログによる。図 6-4 に示す床の断面図から、単位面積あたりの重量を計算する。また、鉄筋コンクリートとモルタルの単位重量を図 6-5 に示す（日本建築学会：建築物荷重指針・同解説より）。

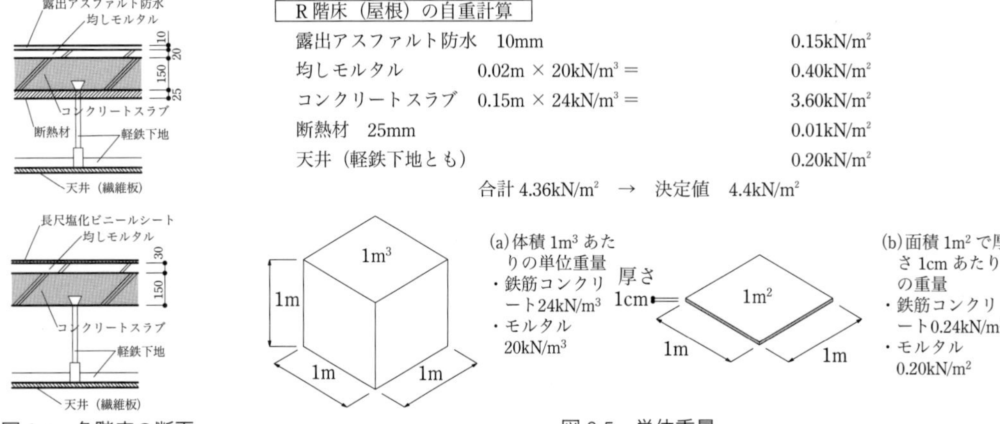

R 階床（屋根）の自重計算

露出アスファルト防水　10mm		0.15kN/m^2
均しモルタル	0.02m × 20kN/m^3 =	0.40kN/m^2
コンクリートスラブ	0.15m × 24kN/m^3 =	3.60kN/m^2
断熱材　25mm		0.01kN/m^2
天井（軽鉄下地とも）		0.20kN/m^2
	合計 4.36kN/m^2　→　決定値　4.4kN/m^2	

図 6-4　各階床の断面

図 6-5　単位重量

b) 柱の自重　柱の自重は、図 6-6 に示すように、単位長さ 1m あたりの荷重（kN/m）として次式のように算出する。増打部分は、鉄筋コンクリートの単位体積重量で計算する。

・柱（540mm × 540mm）

0.54m(柱幅) × 0.54m(柱せい) × 24kN/m^3(単位体積重量) = 7.0kN/m

1m
柱幅
柱せい

図 6-6　柱の単位重量

c) 大梁・小梁の自重　梁の自重は、図 6-7 に示すように、スラブを除く部分について、単位長さ 1m あたりの荷重（kN/m）として次式によって算出する。

・大梁（420mm × 600mm）

0.42m(梁幅) × (0.6m(梁せい) − 0.15m(スラブ厚さ)) × 24kN/m^3

= 4.54kN/m　→ 4.6kN/m

・小梁（300mm × 500mm）

0.3m × (0.5m − 0.15m) × 24kN/m^3 = 2.52kN/m → 2.6kN/m

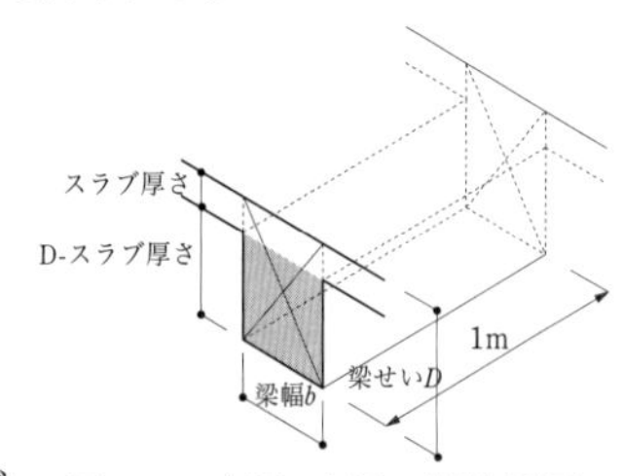

図 6-7　大梁・小梁の単位重量

d) パラペットの自重　パラペットの自重は、コンクリート部分と仕上げ部分に分けて単位長さ 1m あたりの荷重（kN/m）として次のように計算する。

・コンクリート部分

(0.17m × 0.38m + 0.3m × 0.15m) × 24kN/m^3 = 2.63kN/m

・露出アスファルト防水立上り部分

0.35m × 0.15kN/m^2 = 0.06kN/m

合計　2.69kN/m → 2.7kN/m

計算書

6-2-2　積載荷重

1）積載荷重　（単位：kN/m²）

用　途	室の種類	床　用	小梁用	ラーメン用	地震用	備　　考
屋　根	R 階床 (非歩行)	0.9	0.8	0.65	0.3	・屋上広場又はバルコニーに用いる数値の半分とした。 ・小梁用は床用とラーメン用の平均値とした。
事務所	2 階床	2.9	2.4	1.8	0.8	・小梁用は床用とラーメン用の平均値とした。

2）床の単位荷重表　（単位：kN/m²）

	区　分	床　用	小梁用	ラーメン用	地震用	備　　考
R 階床 (屋根)	DL（床の自重）	4.4	4.4	4.4	4.4	
	LL（積載荷重）	0.9	0.8	0.65	0.3	
	TL（合計）＝ DL ＋ LL	5.3	5.2	5.1	4.7	
2 階床	DL	4.5	4.5	4.5	4.5	
	LL	2.9	2.4	1.8	0.8	
	TL	7.4	6.9	6.3	5.3	

6-2-2　積載荷重

1）積載荷重

床の積載荷重は、用途によって令第 85 条に定められているので該当する値を用いる（表 6-2）。R 階床の積載荷重は、法令上特に定めはないが、屋上に通じる階段がないので、表 6-2（8）の値（(1) の住宅の居室用の値）を半分に減じて用いる。小梁についても建築基準法施行令第 85 条や建設省告示等に定められていないので、床用とラーメン用の平均の値を用いる。また、この計算例では床の数による積載荷重の低減（建築基準法施行令第 85 条）は、高層にならないと影響が小さいので行わない。

表 6-2　計算例で採用した積載荷重（単位：kN/m²）

室の種類 ＼ 構造計算の対象		（い） 床の構造計算をする場合	（ろ） 大ばり、柱又は基礎の構造計算をする場合	（は） 地震力を計算する場合
(1)	住宅の居室、住宅以外の建築物における寝室または病室	1.8	1.3	0.6
(2)	事務室	2.9	1.8	0.8
(8)	屋上広場又はバルコニー	(1) の数値による。ただし、学校又は百貨店の用途に供する建築物にあっては、(4) の数値による。		

（建築基準法施行令第 85 条より一部抜粋）

［小梁の積載荷重（LL）計算］

$$\text{R階床} = \frac{\overset{(\text{床用})}{0.9\text{kN/m}^2} + \overset{(\text{ラーメン用})}{0.65\text{kN/m}^2}}{2} \fallingdotseq 0.8\text{kN/m}^2 \qquad \text{2階床} = \frac{\overset{(\text{床用})}{2.9\text{kN/m}^2} + \overset{(\text{ラーメン用})}{1.8\text{kN/m}^2}}{2} \fallingdotseq 2.4\text{kN/m}^2$$

2）床の単位荷重表

床の単位荷重は、床の自重（DL）と積載荷重(LL)が同時に作用すると考えて、固定荷重と積載荷重の合計(TL)を求め、一覧表にする。固定荷重の値は、R 階床が 4.4kN/m²、2 階床が 4.5kN/m² である。

計算書

6-2-3　積雪荷重

1）垂直積雪量　　$d = 30\text{cm}$

2）単位荷重　　$s = 20\text{N}/(\text{m}^2\cdot\text{cm})$

3）積雪荷重の低減　　有　・　(無)

4）積雪荷重　　$S_S = 0.6\text{kN/m}^2$

6-2-3　積雪荷重

この計算例では、多雪区域[1]以外（一般の地域）と考えて計算を進める。

1）垂直積雪量

垂直積雪量 d は、特定行政庁[2]が地域ごとに定めているので確認が必要である。多雪区域以外では、垂直積雪量が30cm程度となる区域が多い。

2）単位荷重

積雪の単位荷重として、垂直積雪量1cmごとに1m²につき20N以上と定められている（建築基準法施行令第86条）。ただし、多雪区域では30N以上としている。この計算例は一般の地域なので、$W = 20\text{N}/(\text{m}^2\cdot\text{cm})$ とする。

3）積雪荷重の低減

・屋根に雪止めがある場合を除き、屋根の勾配が60度を超える場合、積雪荷重を0とすることができる。

・雪下ろし[3]を行う習慣のある地方においては、雪下ろしを行うことにより、積雪荷重を減らすことができると規定されている。

この計算例では、積雪荷重の低減はない。

4）積雪荷重

垂直積雪量を30cm、単位荷重を20N/(m²・cm)として積雪荷重を計算する。

・屋根勾配 β

この計算例の建築物は陸屋根[4]なので、屋根勾配 β は0となる。

・屋根形状係数 μ_b　（建築基準法施行令第86条4項の計算式より）

$$\mu_b = \sqrt{\cos(1.5\beta)} = \sqrt{\cos(1.5\times0)} = 1$$

屋根勾配 β と屋根形状係数 μ bの関係を図6-8に示す。

・積雪荷重　Ss

$$Ss = s\cdot d\cdot\mu_b = 0.02\text{kN}/(\text{m}^2\cdot\text{cm})\times30\text{cm}\times1 = 0.6\text{kN/m}^2$$

① 多雪区域とは、垂直積雪量が1m以上または積雪の初終間日数（当該区域中の積雪部分の割合が1/2を超える状態が継続する期間の日数をいう）の平年値が30日以上の区域をいう（平成12年建設省告示第1455号）。

② 特定行政庁とは、都道府県知事または建築主事をおく市町村長をいう（建築基準法第2条第36号）。

③ 雪下しとは、屋根に積もった雪をかき落とすことをいう。

④ 陸屋根とは、傾斜の無い平面状の屋根のことをいう。

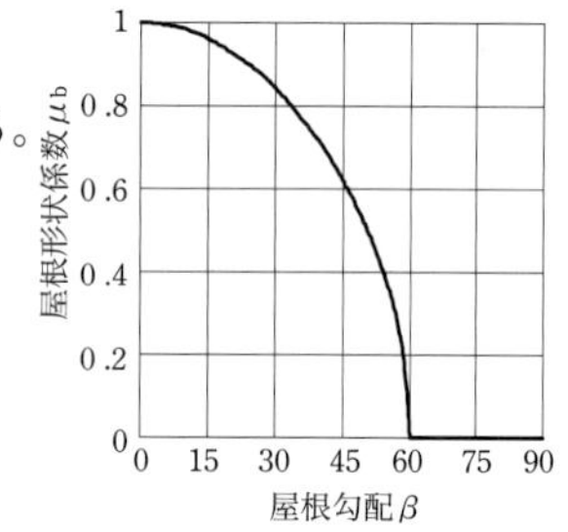

図6-8　$\mu_b-\beta$ 関係

β：屋根勾配（単位：度）
W：雪の単位重量（単位：N/(m²・cm)）
d：垂直積雪量（単位：cm）

以上から、屋根（R階床）の積載荷重（非歩行の場合、法令上特に定めがないが0.9kN/m²を見込んだ）は、積雪荷重（0.6kN/m²）以上である。したがって、積雪荷重以上の値を既に積載荷重で見込んでいるので、積雪荷重は考慮しない。

鉛直荷重時応力の計算に用いる荷重の組合せは、固定荷重 G ＋積載荷重 P で行う。

計算書

6-2-4　風圧力

1）地表面粗度区分　　□Ⅰ　■Ⅱ　□Ⅲ　□Ⅳ

2）基準風速　　$V_0 = 34$m/秒

3）E の数値　　$E = Er^2 \cdot Gf = 1.99$

4）速度圧　　$q = 0.6 \cdot E \cdot V_0^2 = 1.38$kN/m²

5）風力係数　　$Cf = 1.2$

6）風圧力

方向	層	速度圧 q (kN/m²)	受圧面積 A (m²)	風圧力 (kN)	層せん断力 Q (kN)
X	2	1.38	14.88	25	25
	1		19.80	33	58

方向	層	速度圧 q (kN/m²)	受圧面積 A (m²)	風圧力 (kN)	層せん断力 Q (kN)
Y	2	1.38	44.64	74	74
	1		59.40	98	172

6-2-4　風圧力

1）地表面粗度区分

地表面の状況により、地表面粗度区分がⅠ～Ⅳに区分されている。この計算例では、地表面粗度区分Ⅱで計算する。すると、表 6-3 から次の値が得られる。

$$Z_b = 5\text{m} \quad Z_G = 350\text{m} \quad \alpha = 0.15$$

表 6-3　Z_b、Z_G、α の値

地表面粗度区分	Z_b (m)	Z_G (m)	α
Ⅰ	5	250	0.10
Ⅱ	5	350	0.15
Ⅲ	5	450	0.20
Ⅳ	10	550	0.27

（平成 12 年建設省告示第 1454 号より）

2）基準風速

基準風速 V_0 は地域によって 30 ～ 46m/秒の範囲で定められている（平成 12 年建設省告示第 1454 号第 2）。

この計算例では、$V_0 = 34$m/秒とする。

表 6-4　Er の計算式

H が Z_b 以下の場合	$1.7\left(\dfrac{Z_b}{Z_G}\right)^{\alpha}$
H が Z_b を超える場合	$1.7\left(\dfrac{H}{Z_G}\right)^{\alpha}$

（平成 12 年建設省告示第 1454 号より）

3）E の数値

・建築物の高さと軒の高さとの平均　H

$$H = \frac{\text{建築物の高さ } 7.3\text{m} + \text{軒の高さ } 6.77\text{m}}{2} = 7.04\text{m}$$

・平均風速の高さ方向の分布を表す係数　Er

表 6-4 から、$H = 7.04\text{m} > Z_b = 5\text{m}$ の場合となるので、

$$Er = 1.7\left(\frac{H}{Z_G}\right)^{\alpha} = 1.7 \times \left(\frac{7.04\text{m}}{350\text{m}}\right)^{0.15} = 0.95$$

が得られる。

・ガスト影響係数　Gf

表 6-5 から、地表面粗度区分Ⅱ、H が 10m 以下より $Gf = 2.2$ が得られる。

表 6-5　G_f の値

地表面粗度区分	H 10m 以下の場合
Ⅰ	2.0
Ⅱ	2.2
Ⅲ	2.5
Ⅳ	3.1

（平成 12 年建設省告示第 1454 号より）

・E の数値

E の数値は平成 12 年建設省告示第 1454 号第 1 より、次式から求める。

$$E = Er^2 \cdot Gf = 0.95^2 \times 2.2 = 1.99$$

4）速度圧

速度圧 q は建築基準法施行令第 87 条より、次式から求める。

$q = 0.6 \cdot E \cdot V_0^2 = 0.6 \times 1.99 \times 34^2 = 1380.26\text{N/m}^2 \fallingdotseq 1.38\text{kN/m}^2$

5）風力係数

風力係数 C_f は、平成 12 年建設省告示第 1454 号第 3 より、次の手順で求める。この計算例は水平力の算定を目的としているので、屋根の風圧力を省略し、風上側と風下側の壁面について検討する。

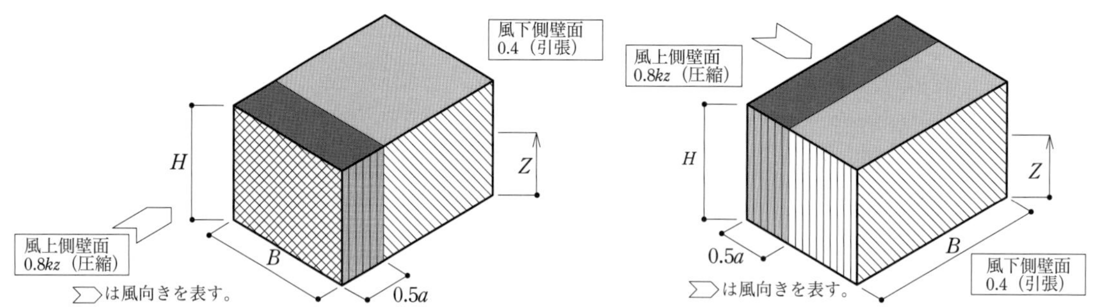

H：建物の高さと軒の高さとの平均（m）　B：風向に対する見付幅（m）
a：BとHの2倍の数値のうちいずれか小さな数値（m）　Z：当該部分の地盤面からの高さ（m）

図 6-9　閉鎖型建築物の壁面の C_{pe}

a）風上側　X 方向・Y 方向の場合、図 6-9 から風上側壁面は、0.8kz である。風上側の k_z の求め方は、表 6-6 による。$Z_b = 5\text{m}$、$\alpha = 0.15$、$H = 7.04\text{m}$（$H > Z_b$）より、Z_b の上側と下側に分けて考える。

表 6-6　k_z の求め方

H と Z_b との関係		k_z
$H \leqq Z_b$		1.0
$H > Z_b$	$Z \leqq Z_b$	$\left(\frac{Z_b}{H}\right)^{2\alpha}$
	$Z > Z_b$	$\left(\frac{Z}{H}\right)^{2\alpha}$

（平成 12 年建設省告示第 1454 号より）

［$Z \leqq 5\text{m}$ の場合］

$$k_z = \left(\frac{Z_b}{H}\right)^{2\alpha} = \left(\frac{5}{7.04}\right)^{2\times0.15} = 0.90$$

外圧係数 $C_{pe} = 0.8 \cdot k_z = 0.8 \times 0.90 = 0.72$

［$Z > 5\text{m}$ の場合］

Z の値によって k_z が変化するので、最も高い位置では、

$$k_z = \left(\frac{Z}{H}\right)^{2\alpha} = \left(\frac{7.04}{7.04}\right)^{2\times0.15} = 1.0 \quad となる。$$

外圧係数　$C_{pe} = 0.8 \cdot k_z = 0.8 \times 1.0 = 0.8$

以上から、風上側の C_{pe} をまとめて図示すると図 6-10 になる。

安全側（計算上、不利になる側）をみて、0.8 を風上側全面に用いる。

b）風下側　　図 6-9 から $C_{pe} = 0.4$ である。

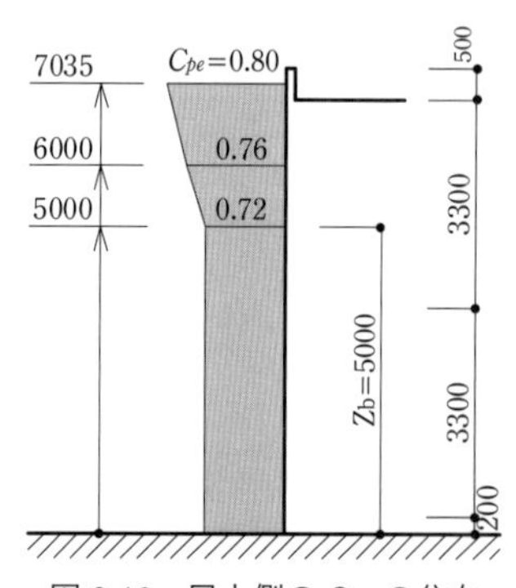

図 6-10　風上側の C_{pe} の分布

c) 風力係数　風力係数 C_f は次式から求める。ここで、C_{pi} は内圧係数で表 6-7 から閉鎖型建築物の値を用いる。

ここで、閉鎖型建築物とは、屋根、壁で囲まれた建築物をいう。

$$C_f = C_{pe} - C_{pi}$$

C_{pe}：建築物の外圧係数

C_{pi}：建築物の内圧係数

表 6-7　閉鎖型および開放型建築物の C_{pi}

型　式	閉鎖型	開放型	
		風上開放	風下開放
C_{pi}	0 及び − 0.2	0.6	− 0.4

（平成 12 年建設省告示第 1454 号より）

計算結果を図 6-11 に図示する。

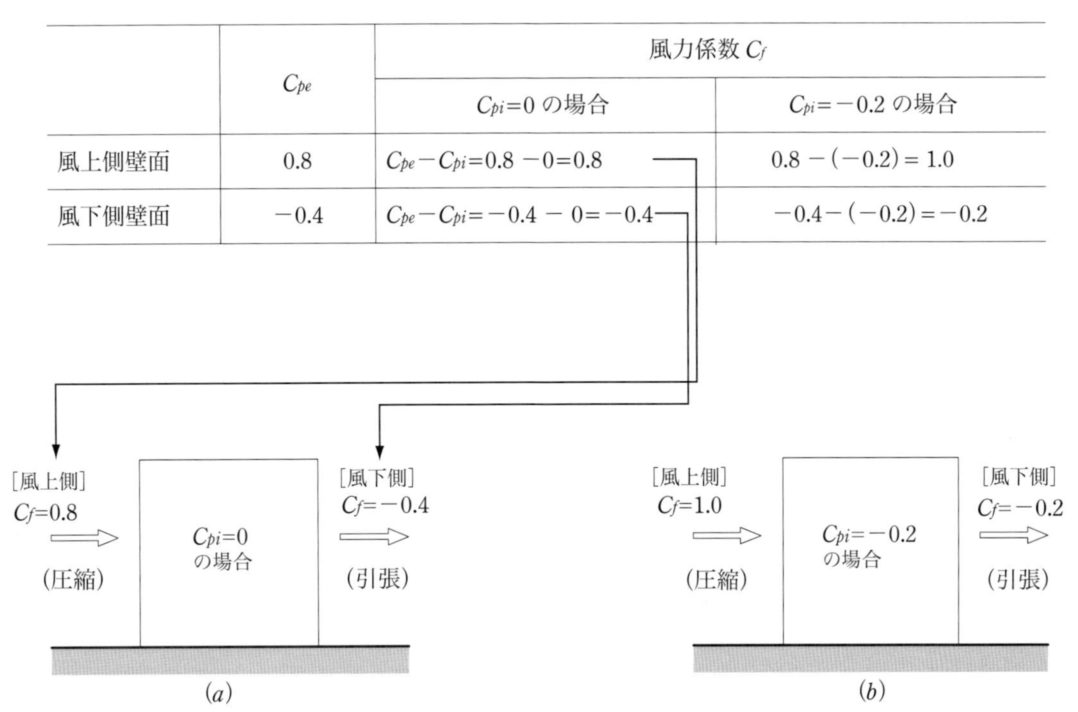

	C_{pe}	風力係数 C_f	
		C_{pi}=0 の場合	C_{pi}=−0.2 の場合
風上側壁面	0.8	$C_{pe}-C_{pi}$=0.8 −0=0.8	0.8 −(−0.2) = 1.0
風下側壁面	−0.4	$C_{pe}-C_{pi}$=−0.4 − 0=−0.4	−0.4−(−0.2)=−0.2

図 6-11　風力係数 C_f

図 6-11 から、風力係数 C_f は、風上側と風下側が同じ方向なので両者を加算する。

C_{pi} = 0 の場合（図 6-11（a））、C_f = 0.8（風上壁面）+ 0.4（風下壁面）= 1.2

C_{pi} =− 0.2 の場合（図 6-11（b））、C_f = 1.0（風上壁面）+ 0.2（風下壁面）= 1.2

同値なので C_f = 1.2 を使って風圧力 P を計算する。

6）風圧力

X 方向・Y 方向別に風圧力を計算した後に地震力と比較するために各層に作用する層せん断力を求める。

a）受圧面積 A　　図 6-12 のように風を受ける面積を各層の中央の高さごとに分けて計算する。

方向	層	受圧面積 A
X	2	$\left(\frac{3.3\text{m}}{2}+0.33\text{m}+0.5\text{m}\right)\times 6\text{m}=14.88\text{m}^2$
	1	$\left(\frac{3.3\text{m}}{2}+\frac{3.3\text{m}}{2}\right)\times 6\text{m}=19.80\text{m}^2$
Y	2	$2.48\text{m}\times 18\text{m}=44.64\text{m}^2$
	1	$3.3\text{m}\times 18\text{m}=59.40\text{m}^2$

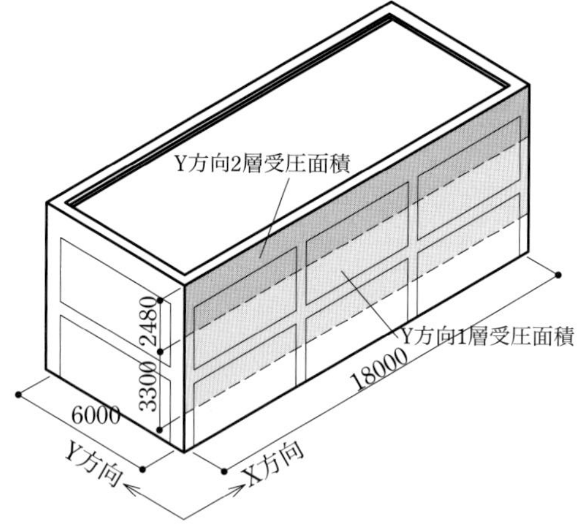

図 6-12　Y 方向の受圧面積

b）風圧力 W と層せん断力 Q

風圧力 W は建築基準法施行令第 87 条より、次式で求められる。

$W=q\times C_f\times A$　　q：速度圧　C_f：風力係数　A：受圧面積

また、地震力による層せん断力と比較するために、層せん断力 Q_i を求める（表 6-8）。以上の結果を図示し、地震力による層せん断力を比較する（図 6-13）。

表 6-8　風圧力と層せん断力

方向	層	速度圧 q (kN/m²)	風力係数 C_f	受圧面積 A (m²)	風圧力 W (kN)	層せん断力 Q_i (kN)
X	2	1.38	1.2	14.88	$W_2=1.38\times 1.2\times 14.88\fallingdotseq 25$	$Q_2=\quad 25$
	1			19.80	$W_1=1.38\times 1.2\times 19.80\fallingdotseq 33$	$Q_1=25+33=58$
Y	2		1.2	44.64	$W_2=1.38\times 1.2\times 44.64\fallingdotseq 74$	$Q_2=\quad 74$
	1			59.40	$W_1=1.38\times 1.2\times 59.40\fallingdotseq 98$	$Q_1=74+98=172$

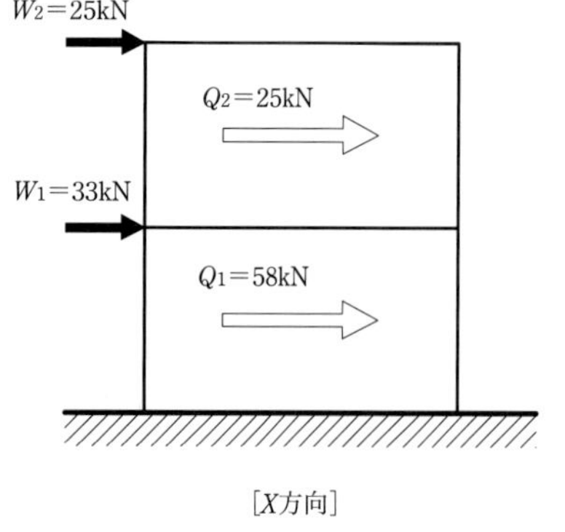

［X方向］

W_2=74kN

Q_2=74kN

W_1=98kN

Q_1=172kN

［Y 方向］

図 6-13　層せん断力

計算書

6-2-5　地震力

1）地震地域係数　$Z = 1.0$

2）地盤種別　第 1 種地盤

3）設計用一次固有周期の算出方法

昭和 55 年建設省告示第 1793 号第 2 項に規定する式に基づき算出

4）設計用一次固有周期　$T = 0.14$［X 方向・Y 方向とも同じ］

5）振動特性係数　$R_t = 1.0$［X 方向・Y 方向とも同じ］

6）標準せん断力係数　$C_0 = 0.2$［X 方向・Y 方向とも同じ］

7）地震力　$Q_i = C_i \cdot ZW_i$

方向	層	W_i (kN)	ΣW_i (kN)	$\frac{W_i}{A}$ (kN/m^2)	α_i	A_i	C_i	Q_i (kN)	備考
X・Y	2	1090	1090	10.1	0.49	1.2	0.24	262	
X・Y	1	1137	2227	10.5	1.0	1.0	0.20	446	

6-2-5　地震力

1）地震地域係数

地震地域係数Zは、その地方における過去の地震の記録に基づく震害の程度、および地震活動の状況、その他地震の性状に応じて、表 6・9 のように、その地方ごとに 1.0 から 0.7 の範囲の数値が決められている。

この計算例では、$Z = 1.0$ とする。

表 6-9　Z の数値

	地　方	Z
(1)	(2) から (4) までに掲げる地方以外の地方	1.0
(2)	札幌市、青森市、秋田県、山形県、新潟県、岡山県、広島県、愛媛県、高知県、宮崎県等	0.9
(3)	旭川市、稚内市、山口県、福岡県、佐賀県、長崎県等	0.8
(4)	沖縄県	0.7

（昭和 55 年建設省告示第 1793 号より一部抜粋）

2）地盤種別

この計算例では、第 1 種地盤で計算する。

3）設計用一次固有周期の算出方法

昭和 55 年建設省告示第 1793 号第 2 項に規定する式に基づき算出する。

4）設計用一次固有周期

設計用一次固有周期 T は、次式から求める。

$$T = h\ (0.02 + 0.01\ \alpha)$$

このとき、$\alpha = \frac{h'}{h}$ で、この計算例では、$\alpha = 0$ となる。

h'：主要骨組が木造または鉄骨造である階の高さ

h：その建築物の高さ

この計算例では、$h' = 0$ なので $\alpha = 0$ となる。

表 6-10　地盤種別と T_c の数値（単位:秒）

	地　盤　種　別	T_c
第 1 種地盤	岩盤、硬質砂れき層その他主として第 3 紀以前の地層によって構成されているもの又は地盤周期等についての調査若しくは研究の結果に基づき、これと同程度の地盤周期を有すると認められるもの	0.4
第 2 種地盤	第 1 種地盤及び第 3 種地盤以外のもの	0.6
第 3 種地盤	腐葉土、泥土その他これらに類するもので大部分が構成されている沖積層（盛土がある場合においてはこれを含む）で、その深さがおおむね 30m 以上のもの、沼沢、泥海等を埋め立てた地盤の深さがおおむね 3m 以上であり、かつ、これらで埋め立てられてからおおむね　30 年経過していないもの又は地盤周期等についての調査若しくは研究の結果に基づき、これらと同程度の地盤周期を有すると認められるもの	0.8

（昭和 55 年建設省告示第 1793 号より）

したがって、$T =$（0.2m + 3.3m + 3.3m）×（0.02 + 0.01 × 0）= 0.14 秒　となる。

5）振動特性係数

振動特性係数 R_t は、建築物の振動特性を表すものとして、建築物の固有周期 T と地盤種別によって求まる数値である。第 1 種地盤なので、表 6-10 より $T_c = 0.4$ 秒となる。

$T = 0.14$ 秒 $< T_c = 0.4$ 秒となるので、表 6-11 より、$R_t = 1.0$ となる。

表 6-11　T_c と R_t の関係

$T < T_c$ の場合	$R_t = 1.0$
$T_c \leqq T < 2T_c$ の場合	$R_t = 1 - 0.2\left(\dfrac{T}{T_c} - 1\right)^2$
$2T_c \leqq T$ の場合	$R_t = \dfrac{1.6T_c}{T}$

（昭和 55 年建設省告示第 1793 号より）

6）標準せん断力係数

標準せん断力係数 C_0 は、許容応力度計算を行うので、表 6-12 より $C_0 = 0.2$ となる（4 章 p.43 参照）。

表 6-12　標準せん断力係数 C_0 の数値

設計内容	C_0
許容応力度	0.2
層間変形角	0.2
保有水平耐力	1.0

（建築基準法施行令第 88 条より）

7）地震力

次の a）～ d）の順で地震力を求め、表 6-14 にまとめる。

a）建築物の重量の計算　　各階柱の計算用階高（図 6-3 参照）の中間位置より上部の建物重量を求める（表 6-13）。

R 階床と 2 階床の単位荷重は、「6‐2‐2 2)」から地震用の TL の値を用いて計算する。

表 6-13　各階の重量の計算

層	断　面	荷重種別	単位荷重	計　算（W）	W_i (kN)	ΣW_i (kN)	$\dfrac{W_i}{A}$ (kN/m²)
2	300, 150, 170, 500, ▽RFL, 30, 150, 330, 300, 1350, 3300（計算用階高）/2＝1650	パラペット R 階床 大梁 小梁 柱 サッシ	2.7kN/m 4.7kN/m² 4.6kN/m 4.4kN/m 2.6kN/m 7.0kN/m 0.4kN/m²	$(18m + 6m) \times 2 \times 2.7kN/m = 129.6kN$ $18m \times 6m \times 4.7kN/m^2 = 507.6kN$ 6m × 4.6kN/m × 8 本＝ 220.8kN 6m × 4.4kN/m × 2 本＝ 52.8kN 6m × 2.6kN/m × 3 本＝ 46.8kN $\left(\dfrac{3.3m}{2} + \dfrac{0.6m}{2}\right)$×7.0kN/m×8本＝109.2kN 5.5m × 1.35m × 0.4kN/m² × 8 箇所＝23.8kN	1090	1090	10.1
1	1350, 3300/2＝1650, ▽2FL, 30, 150, 300, 300, 1500, 3600（計算用階高）/2＝1800	2 階床 大梁 小梁 柱 サッシ（上） （下）	5.3kN/m² 4.6kN/m 4.4kN/m 2.6kN/m 7.0kN/m 0.4kN/m² 0.4kN/m²	$18m \times 6m \times 5.3kN/m^2 = 572.4kN$ 6m × 4.6kN/m × 8 本＝ 220.8kN 6m × 4.4kN/m × 2 本＝ 52.8kN 6m × 2.6kN/m × 3 本＝ 46.8kN $\left(\dfrac{3.3m + 3.6m}{2}\right)$×7.0kN/m×8本＝193.2kN 5.5m × 1.35m × 0.4kN/m² × 8 箇所＝23.8kN 5.5m × 1.5m × 0.4kN/m² × 8 箇所＝ 26.4kN	1137	2227	10.5

b) 地震層せん断力係数の分布係数A_i　　建築物の振動特性に応じて地震層せん断力係数の建築物の高さ方向の分布を表すもので、昭和 55 年建設省告示第 1793 号第 3 項に規定する次式から求める。

$$\alpha_i = \frac{\text{最上階よりその階までの重量 } W_i}{\text{建築物の全重量 } \Sigma W_i} \qquad A_i = 1 + \left(\frac{1}{\sqrt{\alpha_i}} - \alpha_i\right) \times \frac{2T}{1+3T}$$

T：設計用一次固有周期（秒）　α_i：建築物重量の比

［2 層］　$\alpha_i = \frac{W_2}{\Sigma W_i} = \frac{1090\text{kN}}{2227\text{kN}} = 0.49$　$A_2 = 1 + \left(\frac{1}{\sqrt{0.49}} - 0.49\right) \times \frac{2\times0.14}{1+3\times0.14} = 1.2$

［1 層］　$\alpha_i = \frac{W_1+W_2}{\Sigma W_i} = \frac{1090\text{kN}+1137\text{kN}}{2227\text{kN}} = 1.0$　$A_1 = 1 + \left(\frac{1}{\sqrt{1.0}} - 1.0\right) \times \frac{2\times0.14}{1+3\times0.14} = 1.0$

c) 地震層せん断力係数C_i　　建築基準法施行令第 88 条に規定する次式から求める。

$C_i = Z \cdot R_t \cdot A_i \cdot C_0$

Z：地震地域係数　R_t：振動特性係数　A_i：地震層せん断力係数の分布係数

C_0：標準せん断力係数

［2 層］　$C_2 = 1.0 \times 1.0 \times 1.2 \times 0.2 = 0.24$

［1 層］　$C_1 = 1.0 \times 1.0 \times 1.0 \times 0.2 = 0.20$

d) 地震層せん断力Q_i

$Q_i = C_i \cdot \Sigma W_i$より求める（図 6-14）。

［2 層］　$Q_2 = C_2 \cdot \Sigma W_2 = 0.24 \times 1090\text{kN} = 261.6 \fallingdotseq 262\text{kN}$

［1 層］　$Q_1 = C_1 \cdot \Sigma W_1 = 0.20 \times 2227\text{kN} = 445.4 \fallingdotseq 446\text{kN}$

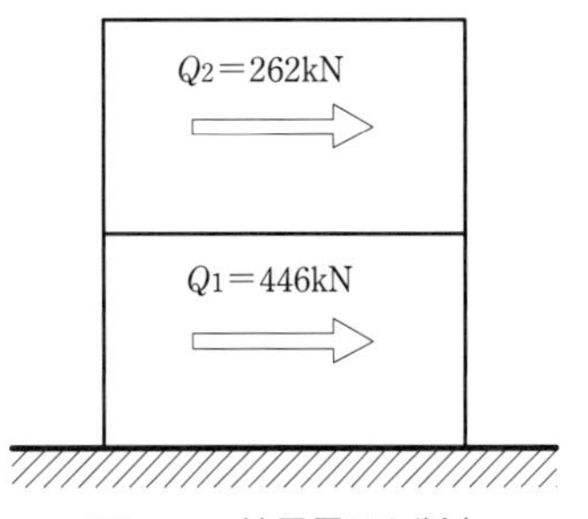

図 6-14　地震層せん断力

表 6-14　地震層せん断力計算表

層	W_i (kN)	ΣW_i (kN)	$\frac{W_i}{A}$ (kN/m^2)	Z	T（秒）	R_t	α_i	A_i	C_0	C_i	Q_i (kN)
2	1090	1090	10.1	1.0	0.14	1.0	0.49	1.2	0.2	0.24	262
1	1137	2227	10.5	1.0	0.14	1.0	1.0	1.0	0.2	0.20	446

8) 地震力と風圧力の比較

構造計算では、台風と地震は同時に襲来しないと考え、風圧力あるいは地震力の大きい方を水平力として採用する。

図 6-15 に風圧力による層せん断力（表 6-8）の値の大きい Y 方向と地震力による層せん断力（表 6-14）との比較を示した。これより、地震力の方が十分大きいと判断できた。よって、以降の応力計算、断面計算において、風圧力による検討は省略し、地震力により断面算定を行う。

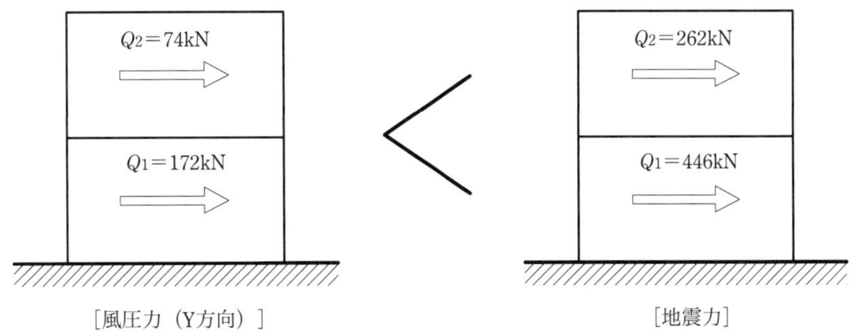

図 6-15　風圧力と地震力の比較

計算書

6･3　設計ルート

1）設計ルートの判定

a）ルート[1]について判定　　[判定式：$\Sigma\, 2.5\ \alpha\ A_w + \Sigma\ 0.7\ \alpha\ A_c \geqq Z \cdot W \cdot A_i$]

階	方向	A_w	A_c	$\Sigma\, 2.5\ \alpha\ A_w + \Sigma\ 0.7\ \alpha\ A_c$	$Z \cdot W \cdot A_i$	判定
2	X・Y	0	500 × 500 × 8 = 2000000mm²	0 + 0.7 × 1.15 × 2000000 = 1610000N = 1610kN	1.0 × 1090 × 1.2 = 1308kN	Yes
1					1.0 × 2227 × 1.0 = 2227kN	No

b）ルート[2]-1について判定　　[判定式：$\Sigma\, 2.5\ \alpha\ A_w + \Sigma\ 0.7\ \alpha\ A_c \geqq 0.75 \cdot Z \cdot W \cdot A_i$]

階	方向	A_w	A_c	$\Sigma\, 2.5\ \alpha\ A_w + \Sigma\ 0.7\ \alpha\ A_c$	$0.75 \cdot Z \cdot W \cdot A_i$	判定
2	X・Y	0	2000000mm²	1610kN	0.75 × 1308 = 981kN	Yes
1					0.75 × 2227 = 1670kN	No

c）ルート[2]-2について判定　　[判定式：$\Sigma\, 1.8\ \alpha\ A_w + \Sigma\ 1.8\ \alpha\ A_c \geqq Z \cdot W \cdot A_i$]

階	方向	A_w	A_c	$\Sigma\, 1.8\ \alpha\ A_w + \Sigma\ 1.8\ \alpha\ A_c$	$Z \cdot W \cdot A_i$	判定
2	X・Y	0	2000000mm²	0 + 1.8 × 1.15 × 2000000 = 4140000N = 4140kN	1308kN	Yes
1					2227kN	Yes

以上の計算結果から、X・Y両方向ともにルート[2]-2の設計を行う。

2）設計ルート図

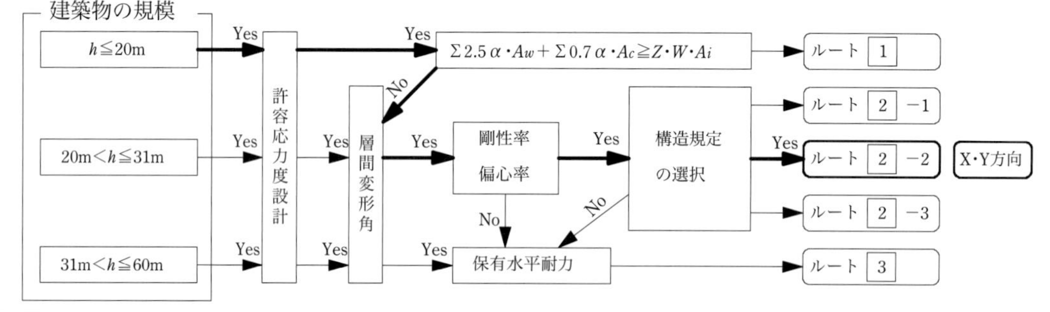

6･3　設計ルート

この計算例がどの設計ルートによって計算するべきかをここで判断する。計算式は、次式で判定する。

設計ルート[1]　　$\Sigma\, 2.5\ \alpha\ A_w + \Sigma\ 0.7\ \alpha\ A_c \geqq Z \cdot W \cdot A_i$ …平成19年国土交通省告示第593号第二号イ(1)より

設計ルート[2]-1　$\Sigma\, 2.5\ \alpha\ A_w + \Sigma\ 0.7\ \alpha\ A_c \geqq 0.75 \cdot Z \cdot W \cdot A_i$ …昭和55年建設省告示第1791号第二第一号イより

設計ルート[2]-2　$\Sigma\, 1.8\ \alpha\ A_w + \Sigma\ 1.8\ \alpha\ A_c \geqq Z \cdot W \cdot A_i$ …昭和55年建設省告示第1791号第三第二号イより

A_w：その階における耐震壁の水平断面積（方向別）（mm²）
この計算例では、壁面はサッシとしているので断面積は0と考える。
A_c：その階における柱の水平断面積（mm²）
Z：地域係数　$Z = 1.0$
W：その階にかかる建築物の重量（kN）
A_i：地震層せん断力係数 C_i の高さ方向の分布係数
α：コンクリートの設計基準強度 F_c による割増し係数

}表6-14より

表6−15より、$\alpha = \sqrt{\dfrac{F_c}{18}} = \sqrt{\dfrac{24}{18}} = 1.15$ を用いる。

表6-15　割増し係数α

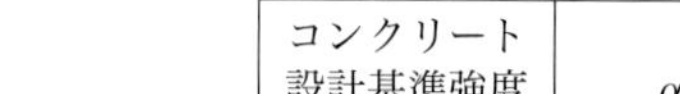

コンクリート設計基準強度（N/mm²）	α
$F_c < 18$	1.0
$18 \leqq F_c \leqq 36$	$\sqrt{\dfrac{F_c}{18}}$
$F_c > 36$	$\sqrt{2}$

（平成19年国土交通省告示第593号より）

計算書

6・4　準備計算

6-4-1　剛比の計算

1）ラーメン部材の剛比

（標準剛度 $K_0 = 1.4 \times 10^6 \text{mm}^3$）

	階	記号	b (mm)	D (mm)	l、h (mm)	I_0 ($\times 10^8 \text{mm}^4$)	ϕ	I ($\times 10^8 \text{mm}^4$)	K ($\times 10^6 \text{mm}^3$)	k
梁	R・2	G_1	400	600	6000	72.0	1.5	108.0	1.8	1.3
		G_2	400	600	6000	72.0	1.5	108.0	1.8	1.3
		G_3	400	600	6000	72.0	1.5	108.0	1.8	1.3
		G_4	400	600	6000	72.0	2.0	144.0	2.4	1.7
柱	2	C_1	500	500	3300	52.1	1.0	52.1	1.6	1.1
		C_2	500	500	3300	52.1	1.0	52.1	1.6	1.1
	1	C_1	500	500	3600	52.1	1.0	52.1	1.4	1.0
		C_2	500	500	3600	52.1	1.0	52.1	1.4	1.0
基礎梁	基礎	FG_1	400	900	6000	243.0	1.0	243.0	4.1	2.9
		FG_2	400	900	6000	243.0	1.0	243.0	4.1	2.9
		FG_3	400	900	6000	243.0	1.0	243.0	4.1	2.9
		FG_4	400	900	6000	243.0	1.0	243.0	4.1	2.9

注）柱の断面が正方形でない場合、X 方向・Y 方向で剛比が異なる。

2）ラーメン部材の剛比一覧図

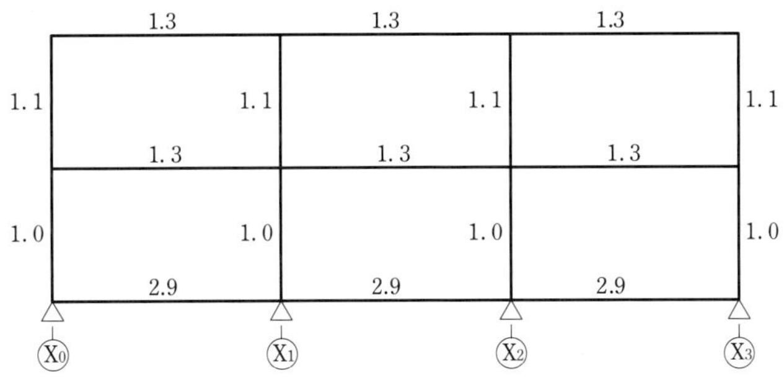

(a) $Y_0 \cdot Y_1$ ラーメン

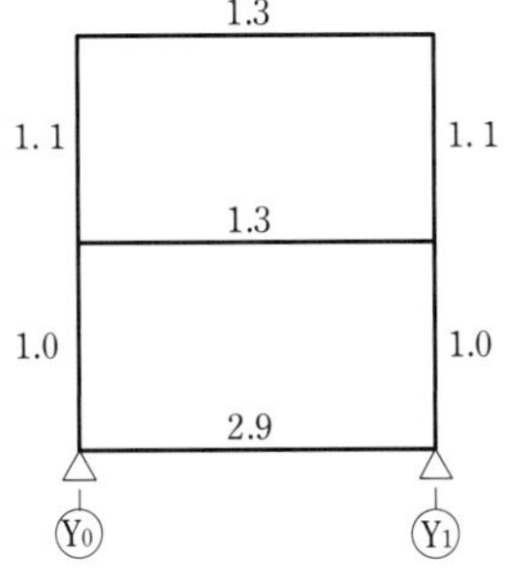

(b) $X_0 \cdot X_3$ ラーメン

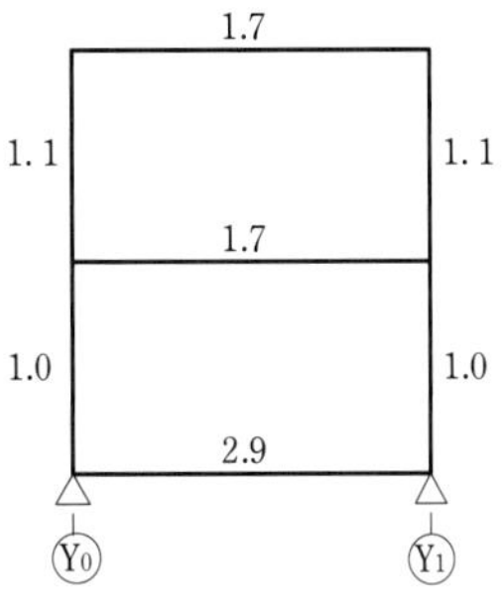

(c) $X_1 \cdot X_2$ ラーメン

6-4-1 剛比の計算

1）ラーメン部材の剛比

剛度Kおよび剛比kは、次式から求める。標準剛度K_0は、構造計画上、基準となる柱材の剛度で最も小さな値を用いる。

この計算例では、パラペットの影響を無視した。

［剛度］ $K=\dfrac{I}{l\text{または}h}$ 　I：断面二次モーメント　l：材長　h：計算用階高

［剛比］ $k=\dfrac{K}{K_0}$ （単位：無名数）　K：部材の剛度　K_0：標準剛度

大梁RG1の剛比をa）～f）の手順で計算する。他の梁も同様に計算し、表にまとめる。

a）長方形断面の断面二次モーメントI_0

$$I_0=\frac{bD^3}{12}=\frac{400\times600^3}{12}=72\times10^8\text{mm}^4$$

b）断面二次モーメントの割増し係数ϕ　これは、スラブによる梁の断面二次モーメントの割増し率で、略算的には、スラブが片側にある場合$\phi=1.5$、両側にある場合$\phi=2.0$として計算する。したがって、大梁RG1は図6-16より片側スラブなので、$\phi=1.5$を使う。柱は、そで壁がないので、$\phi=1.0$とする。また、基礎梁については、1階の床が土間コンクリートの置きスラブ形式なので、$\phi=1.0$とする。

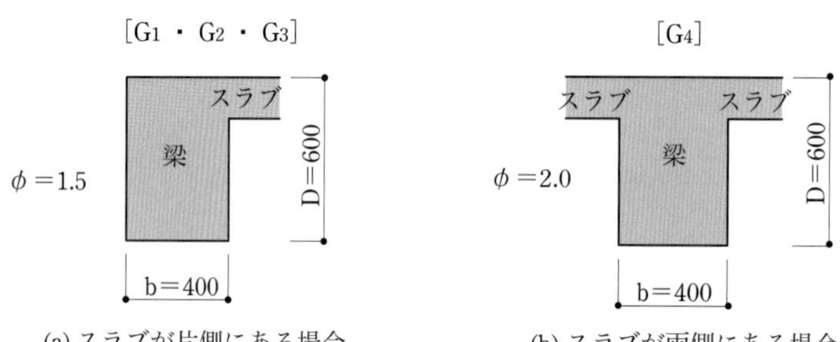

(a) スラブが片側にある場合　(b) スラブが両側にある場合

図6-16　断面二次モーメントの割増し係数ϕ

c）床スラブを考慮した断面二次モーメントI

$I=\phi\cdot I_0=1.5\times72\times10^8\text{mm}^4=108\times10^8\text{mm}^4$

d）剛度K

$$K=\frac{I}{l}=\frac{108\times10^8\text{mm}^4}{6000\text{mm}}=1.8\times10^6\text{mm}^3$$

このようにして、各階の梁・基礎梁および柱のすべての剛度を求める。

e）標準剛比K_0　すべての部材の剛度Kを計算した後、最も小さい値を標準剛度K_0とする。

$K_0=1.4\times10^6\text{mm}^3$

f）剛比k　RG1の剛比は、次式から求まる。

$$k=\frac{K}{K_0}=\frac{1.8\times10^6\text{mm}^3}{1.4\times10^6\text{mm}^3}=1.3$$

2）剛比一覧図

上記の方法で求めた剛比を一覧できるように図にまとめたものが、ラーメン部材の剛比一覧図である。

計算書

6-4-2　鉛直荷重時柱軸方向力の計算

記号	階	軸方向力 N				ΣN_i (kN)
		荷　重	単位荷重	単位荷重×面積または長さ	N_i (kN)	
C_1	2	パラペット	2.7kN/m	(X方向)　2.7kN/m × 3m = 8.1kN		
				(Y方向)　2.7kN/m × 3m = 8.1kN		
		R階床	5.1kN/m^2	5.1kN/m^2 × 3m × 3m = 45.9kN		
		大梁	4.6kN/m	(X方向)　4.6kN/m × 3m = 13.8kN		
				(Y方向)　4.6kN/m × 3m = 13.8kN		
		小梁	2.6kN/m	$\frac{2.6\text{kN/m}\times 3\text{m}}{2}=3.9\text{kN}$		
		柱	7.0kN/m	$7.0\text{kN/m}\times\left(\frac{3.3\text{m}}{2}+\frac{0.6\text{m}}{2}\right)=13.7\text{kN}$	合計値 110.3 ↓	
		サッシ	0.4kN/m^2	(X方向)　0.4kN/m^2 × 2.75m × 1.35m = 1.5kN	決定値	
				(Y方向)　0.4kN/m^2 × 2.75m × 1.35m = 1.5kN	111	111
	1	2階床	6.3kN/m^2	6.3kN/m^2 × 3m × 3m = 56.7kN		
		大梁	4.6kN/m	(X方向)　4.6kN/m × 3m = 13.8kN		
				(Y方向)　4.6kN/m × 3m = 13.8kN		
		小梁	2.6kN/m	$\frac{2.6\text{kN/m}\times 3\text{m}}{2}=3.9\text{kN}$		
		柱	7.0kN/m	$7.0\text{kN/m}\times\left(\frac{3.3\text{m}+3.6\text{m}}{2}\right)=24.2\text{kN}$	118.7	
		サッシ	0.4kN/m^2	(上側)　0.4kN/m^2 × 5.5m × 1.35m = 3.0kN	↓	
				(下側)　0.4kN/m^2 × 5.5m × 1.50m = 3.3kN	119	230
	F	柱	7.0kN/m	$7.0\text{kN/m}\times\left(\frac{3.6\text{m}}{2}-\frac{0.9\text{m}}{2}\right)=9.5\text{kN}$	10	240
C_2	2	パラペット	2.7kN/m	(X方向)　2.7kN/m × 6m = 16.2kN		
		R階床	5.1kN/m^2	5.1kN/m^2 × 6m × 3m = 91.8kN		
		大梁	4.6kN/m	(X方向)　4.6kN/m × 6m = 27.6kN		
			4.4kN/m	(Y方向)　4.4kN/m × 3m = 13.2kN		
		小梁	2.6kN/m	$\frac{2.6\text{kN/m}\times 6\text{m}}{2}=7.8\text{kN}$		
		柱	7.0kN/m	$7.0\text{kN/m}\times\left(\frac{3.3\text{m}}{2}+\frac{0.6\text{m}}{2}\right)=13.7\text{kN}$	173.3 ↓	
		サッシ	0.4kN/m^2	0.4kN/m^2 × 5.5m × 1.35m = 3.0kN	174	174
	1	2階床	6.3kN/m^2	6.3kN/m^2 × 6m × 3m = 113.4kN		
		大梁	4.6kN/m	(X方向)　4.6kN/m × 6m = 27.6kN		
			4.4kN/m	(Y方向)　4.4kN/m × 3m = 13.2kN		
		小梁	2.6kN/m	$\frac{2.6\text{kN/m}\times 6\text{m}}{2}=7.8\text{kN}$		
		柱	7.0kN/m	$7.0\text{kN/m}\times\left(\frac{3.3\text{m}+3.6\text{m}}{2}\right)=24.2\text{kN}$	192.5	
		サッシ	0.4kN/m^2	(上側)　0.4kN/m^2 × 5.5m × 1.35m = 3.0kN	↓	
				(下側)　0.4kN/m^2 × 5.5m × 1.5m = 3.3kN	193	367
	F	柱	7.0kN/m	$7.0\text{kN/m}\times\left(\frac{3.6\text{m}}{2}-\frac{0.9\text{m}}{2}\right)=9.5\text{kN}$	10	377

6-4-2　鉛直荷重時柱軸方向力の計算

図6-17のように、各スパンの中心で線を引き、計算用階高の中心を区切り、その中心線で囲まれるブロックを考えて重さを計算すれば、柱に作用する軸方向力となる。具体的には、単位荷重に面積または長さを乗じて計算する。

図6-18の柱 C_1 を例にして柱軸方向力を計算する。

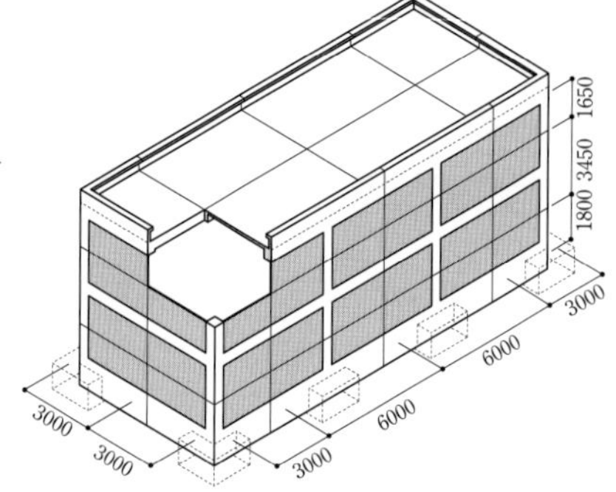

図6-17　各階柱の軸方向力の求め方

［2階］①パラペット（単位荷重×長さ）

（X方向）2.7kN/m × 3m = 8.1kN　（Y方向）8.1kN

②R階床（単位荷重×面積）

R階床の単位荷重は、6-2-2-2）からラーメン用のTL値を使う。$5.1\text{kN/m}^2 \times 3\text{m} \times 3\text{m} = 45.9\text{kN}$

③大梁自重（単位荷重×長さ）

（X方向）4.6kN/m × 3m = 13.8kN

（Y方向）4.6kN/m × 3m = 13.8kN

④小梁自重（単位荷重×長さ）

$2.6\text{kN/m} \times 3\text{m} \times 1/2 \fallingdotseq 3.9\text{kN}$

小梁は、長さは3mあるが、幅の中央を中心線が通るので、自重計算では全体の重量の半分になる。

⑤柱自重（単位荷重×長さ）

$$7.0\text{kN/m} \times \left(\frac{3.3\text{m}}{2} + \frac{0.6\text{m}}{2}\right) = 13.7\text{kN}$$

柱の長さは、計算用階高3.3mの半分に梁せい0.6mの半分を加えて柱の長さとしている。

⑥サッシ柱自重（単位荷重×面積）

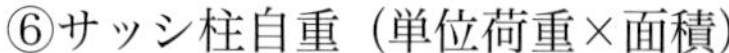

（X方向）$0.4\text{kN/m}^2 \times 2.75\text{m} \times 1.35\text{m} = 1.5\text{kN}$　（Y方向）1.5kN

これらを合計した値が2階の柱 C_1 に作用する重量であり、軸方向力になる。

$N_2 = 8.1 + 8.1 + 45.9 + 13.8 + 13.8 + 3.9 + 13.7 + 1.5 + 1.5 = 110.3 \rightarrow 111\text{kN}$

［1階］① 2階床スラブ（単位荷重×面積）

$6.3\text{kN/m}^2 \times 3\text{m} \times 3\text{m} = 56.7\text{kN}$

②大梁自重（単位荷重×長さ）

（X方向）4.6kN/m × 3m = 13.8kN　（Y方向）4.6kN/m × 3m = 13.8kN

③小梁自重（単位荷重×長さ）

2階と同じ計算で、3.9kN。

④柱自重（単位荷重×長さ）

$$7.0\text{kN/m} \times \left(\frac{3.3\text{m} + 3.6\text{m}}{2}\right) = 24.2\text{kN}$$

柱の長さは、2階の計算用階高3.3mの半分に1階の計算用階高の3.6mの半分を加えて柱の長さとしている。

⑤サッシ柱自重（単位荷重×面積）

（上側）$0.4\text{kN/m}^2 \times 5.5\text{m} \times 1.35\text{m} = 3\text{kN}$

（下側）$0.4\text{kN/m}^2 \times 5.5\text{m} \times 1.50\text{m} = 3.3\text{kN}$

これらを合計した値が1階の柱 C_1 に作用する重量である。

$N_1 = 56.7 + 13.8 + 13.8 + 3.9 + 24.2 + 3.0 + 3.3 = 118.7 \rightarrow 119\text{kN}$

また、1階の柱 C_1 に作用する軸方向力は2階の軸方向力との合計である。

$\Sigma N_1 = N_2 + N_1 = 111 + 119 = 230\text{kN}$

［基礎］基礎の重量は、柱自重のみなので、$7.0\text{kN/m} \times \left(\frac{3.6\text{m}}{2} - \frac{0.9\text{m}}{2}\right) = 10\text{kN}$ となる。よって、順次加算した値（$\Sigma N_F = 111 + 119 + 10 = 240\text{kN}$）が軸方向力になる。

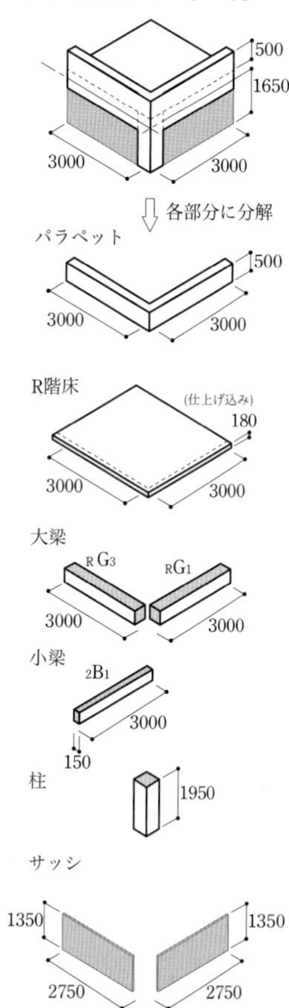

図6-18　柱 $_2C_1$ の軸方向力

計算書

6-4-3 鉛直荷重時 C、M_0、Q_0 の算定

通り	梁記号	荷重状態	荷重種別	l_x (m)	l_y (m)	λ	w W	C (kNm)	M_0 (kNm)	Q_0 (kN)
Y_0・Y_1	$_RG_1$・$_RG_2$	(A) l_x l_y	(A) 床荷重	3.0	6.0	2.0	5.1	20	32	17
			(B) パラペット 大梁自重 サッシ				2.7 4.6 0.5 計 7.8	23	35	23
							計	43	67	40
	$_2G_1$・$_2G_2$	(B) w $l=6000$	(A) 床荷重	3.0	6.0	2.0	6.3	25	39	21
			(B) 大梁自重 サッシ				4.6 1.1 計 5.7	17	26	17
							計	42	65	38
X_0・X_3	$_RG_3$	(A) l_y l_x l_x	(A) 床荷重	3.0	6.0	2.0	5.1	38	69	29
			(B) パラペット 大梁自重 サッシ				2.7 4.6 0.5 計 7.8	23	35	23
			(C) 小梁自重				7.8	6	12	4
		(B) w $l=6000$					計	67	116	56
	$_2G_3$		(A) 床荷重	3.0	6.0	2.0	6.3	47	85	35
		(C) P $l=6000$ $P=2.6$kN/m×3m=7.8kN	(B) 大梁自重 サッシ				4.6 1.1 計 5.7	17	26	17
			(C) 小梁自重				7.8	6	12	4
							計	70	123	56

[サッシの 1m あたりの重量計算]

$_RG_3$ の場合：サッシ高さ×幅(1m)×単位重量＝ 1.18m × 1m × 0.4kN/m^2 ＝ 0.472 ≒ 0.5kN

$_2G_3$ の場合：サッシ高さ×幅(1m)×単位重量＝(1.32m ＋ 1.33m)× 1m × 0.4kN/m^2 ＝ 1.06 ≒ 1.1kN

[$_RG_3$ の計算式]

a) 床荷重の場合のみ計算式を示す（スラブが片側にしか付かないので、各式の値を半分にする）。

$$C=2\left(\frac{\lambda}{8}+\frac{5}{192}\right)wl_x^{\ 3}\times\frac{1}{2}=2\times\left(\frac{2}{8}+\frac{5}{192}\right)\times5.1\times3^3\times\frac{1}{2}=38.0\text{kNm}$$

$$M_0=\frac{\lambda}{2}wl_x^{\ 3}\times\frac{1}{2}=\frac{2}{2}\times5.1\times3^3\times\frac{1}{2}=68.9\text{kNm}$$

$$Q_0=2\left(\frac{\lambda}{4}+\frac{1}{8}\right)wl_x^{\ 2}\times\frac{1}{2}=2\times\left(\frac{2}{4}+\frac{1}{8}\right)\times5.1\times3^2\times\frac{1}{2}=28.7\text{kN}$$

b) 大梁の自重が等分布荷重として作用する場合

$$C=\frac{wl^2}{12}=\frac{7.8\times6^2}{12}=23.4\text{kNm}$$

$$M_0=\frac{wl^2}{8}=\frac{7.8\times6^2}{8}=35.1\text{kNm}$$

$$Q_0=\frac{wl}{2}=\frac{7.8\times6}{2}=23.4\text{kN}$$

c) 小梁の自重が集中荷重として作用する場合

$$C=\frac{Pl}{8}=\frac{7.8\times6}{8}=5.9\text{kNm}$$

$$M_0=\frac{Pl}{4}=\frac{7.8\times6}{4}=11.7\text{kNm}$$

$$Q_0=\frac{P}{2}=\frac{7.8}{2}=3.9\text{kN}$$

通り	梁記号	荷重状態	荷重種別	l_x (m)	l_y (m)	λ	w W	C (kNm)	M_0 (kNm)	Q_0 (kN)
X_1・X_2	$_RG_4$	(A)	(A) 床荷重	3.0	6.0	2.0	5.1	76	138	57
			(B) 大梁自重				4.4	13	20	13
			(C) 小梁自重				15.6	12	23	8
							計	101	181	78
	$_2G_4$		(A) 床荷重	3.0	6.0	2.0	6.3	94	170	71
			(B) 大梁自重				4.4	13	20	13
			(C) 小梁自重				15.6	12	23	8
							計	119	213	92

(A)

l_y　l_y　l_x　l_x

(B)

ω　l=6000

(C)

P　l=6000

P=2.6kN/m×3m×2本=15.6kN

［$_RG_4$ の計算式］

a）床荷重の場合

$$C=2\left(\frac{\lambda}{8}+\frac{5}{192}\right)wl_x{}^3=2\times\left(\frac{2}{8}+\frac{5}{192}\right)\times5.1\times3^3=76.0\text{kNm}$$

$$M_0=\frac{\lambda}{2}wl_x{}^3=\frac{2}{2}\times5.1\times3^3=137.7\text{kNm}$$

$$Q_0=2\left(\frac{\lambda}{4}+\frac{1}{8}\right)wl_x{}^2=2\times\left(\frac{2}{4}+\frac{1}{8}\right)\times5.1\times3^2=57.4\text{kN}$$

b）大梁の自重が等分布荷重として作用する場合

$$C=\frac{wl^2}{12}=\frac{4.4\times6^2}{12}=13.2\text{kNm}$$

$$M_0=\frac{wl^2}{8}=\frac{4.4\times6^2}{8}=19.8\text{kNm}$$

$$Q_0=\frac{wl}{2}=\frac{4.4\times6}{2}=13.2\text{kN}$$

c）小梁の自重が集中荷重として作用する場合

$$C=\frac{Pl}{8}=\frac{15.6\times6}{8}=11.7\text{kNm}$$

$$M_0=\frac{Pl}{4}=\frac{15.6\times6}{4}=23.4\text{kNm}$$

$$Q_0=\frac{P}{2}=\frac{15.6}{2}=7.8\text{kN}$$

通り	梁記号	荷重状態	荷重種別	l_x (m)	l_y (m)	λ	w W	C (kNm)	M_0 (kNm)	Q_0 (kN)
小梁	$_RB_1$ $_RB_2$	(A)	(A) 床荷重	3.0	6.0	2.0	5.2	42	64	35
			(B) 小梁自重				2.6	8	12	8
							計	50	76	43
	$_2B_1$ $_2B_2$		(A) 床荷重	3.0	6.0	2.0	6.9	55	85	47
			(B) 小梁自重				2.6	8	12	8
							計	63	97	55

(A)

l_x　l_x　l_y

(B)

ω　l=6000

※（A）床荷重は、6-2-2 2）床の単位荷重表より小梁用の TL を使う。

［$_RB_1$・$_RB_2$ の計算式］

a）床荷重の場合

$$C=2\left(\frac{\lambda^2}{24}-\frac{1}{48}+\frac{1}{192\lambda}\right)wl_x{}^3$$

$$=2\times\left(\frac{2^2}{24}-\frac{1}{48}+\frac{1}{192\times2}\right)\times5.2\times3^3$$

$$=41.7\text{kNm}$$

$$M_0=2\left(\frac{\lambda^2}{16}-\frac{1}{48}\right)wl_x{}^3=2\times\left(\frac{2^2}{16}-\frac{1}{48}\right)\times5.2\times3^3$$

$$=64.4\text{kNm}$$

$$Q_0=2\left(\frac{\lambda}{4}-\frac{1}{8}\right)wl_x{}^2=2\times\left(\frac{2}{4}-\frac{1}{8}\right)\times5.2\times3^2=35.1\text{kN}$$

b）小梁の自重が等分布荷重として作用する場合

$$C=\frac{wl^2}{12}=\frac{2.6\times6^2}{12}=7.8\text{kNm}$$

$$M_0=\frac{wl^2}{8}=\frac{2.6\times6^2}{8}=11.7\text{kNm}$$

$$Q_0=\frac{wl}{2}=\frac{2.6\times6}{2}=7.8\text{kN}$$

6-4-3　鉛直荷重時 C、M_0、Q_0 の算定

鉛直荷重時の応力を手計算で求める場合、固定モーメント法を用いる。このとき、応力計算を行うラーメンの梁の両端を固定端にしたときの固定端モーメント C、単純梁とした場合の梁中央の曲げモーメント M_0 およびせん断力 Q_0 の値をここで計算しておく。

求め方は、床荷重とその他荷重に分けて C、M_0、Q_0 を計算し、合算する。

1）床荷重による C、M_0、Q_0

大梁･小梁の両端から 45° の角度で線を引き、図 6-19 のように床を分割する。この区分けされた部分が梁の負担する面積（分担面積）である。この図形上の荷重はその梁が負担することになる。

床荷重による C、M_0、Q_0 を表 6-16 に示す鉄筋コンクリート床梁応力計算式から計算する。

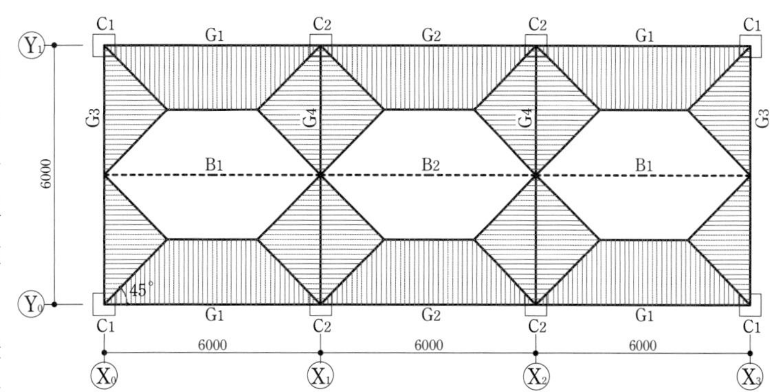

図 6-19　等分布荷重を受ける長方形スラブを支える大梁および小梁の荷重範囲

表 6-16　鉄筋コンクリート床梁応力計算式

荷重状態	鉄筋コンクリート床梁応力計算式
l_y、l_x、wN/m²、$\lambda=\dfrac{l_y}{l_x}$、$\lambda=1$	［梁の両側にスラブが付いている場合の計算式］ $C=2\left(\dfrac{\lambda^2}{24}-\dfrac{1}{48}+\dfrac{1}{192\lambda}\right)wl_x^{\ 3}$　$M_0=2\left(\dfrac{\lambda^2}{16}-\dfrac{1}{48}\right)wl_x^{\ 3}$　$Q_0=2\left(\dfrac{\lambda}{4}-\dfrac{1}{8}\right)wl_x^{\ 2}$ ※梁の片側にスラブが付く場合は、この計算式に 1/2 を乗じる。
wN/m²、$\lambda=\dfrac{l_y}{l_x}$、l_y、l_x、l_x	［梁の両側にスラブが付いている場合の計算式］ $C=2\left(\dfrac{\lambda}{8}+\dfrac{5}{192}\right)wl_x^{\ 3}$　$M_0=\dfrac{\lambda}{2}wl_x^{\ 3}$　$Q_0=2\left(\dfrac{\lambda}{4}+\dfrac{1}{8}\right)wl_x^{\ 2}$ ※梁の片側にスラブが付く場合は、この計算式に 1/2 を乗じる。

（日本建築学会『鉄筋コンクリート構造計算規準』付 6 より抜粋）

2）　その他荷重による C、M_0、Q_0

梁の自重やパラペット、サッシの自重は等分布荷重、小梁は集中荷重が梁に作用すると考える。このとき、C は両端固定梁として解く。M_0、Q_0 については、単純梁として解く。表 6-17 にこの計算例で用いる公式を示す。

表 6-17　等分布荷重･集中荷重が作用したときの C、M_0、Q_0

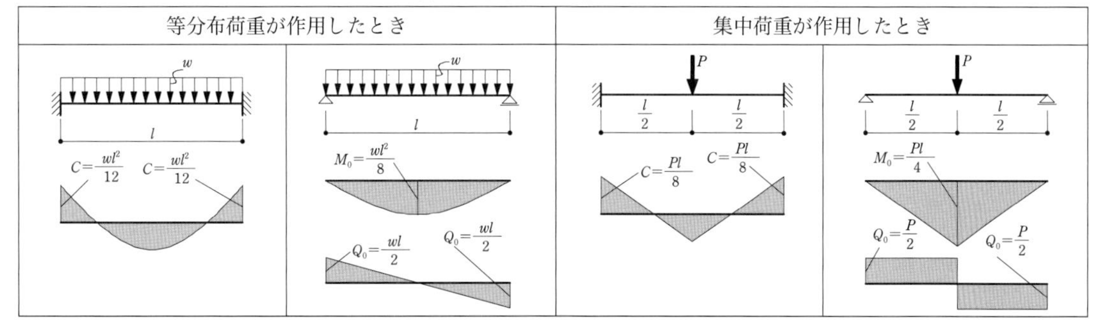

6章　鉄筋コンクリート構造の構造計算例

3）大梁 RG1 の C、M_0、Q_0 の計算例

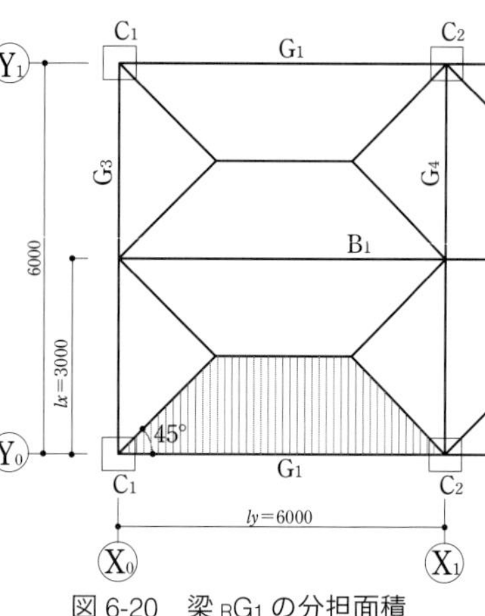

図 6-20　梁 RG1 の分担面積

図 6-20 のように大梁・小梁の両端から 45°の角度で線を引き、床を分割する。この区分けされた部分が大梁・小梁に床荷重として作用する。次の手順で計算する。

a）床荷重による C、M_0、Q_0 の計算

図 6-20 から、$\lambda = \dfrac{l_y}{l_x} = \dfrac{6000\text{mm}}{3000\text{mm}} = 2.0$ となる。

R 階床の床荷重は、「6-2-2 2）床の単位荷重表」のラーメン用の TL の値を使う。

$w = 5.1\text{kN/m}^2$

表 6-16 の応力計算式より C、M_0、Q_0 を計算する。ここで、梁の片側にしかスラブが付かないので各式に 1/2 を乗じる。

$$C = 2\left(\frac{\lambda^2}{24} - \frac{1}{48} + \frac{1}{192\lambda}\right) w l_x^{\,3} \times \frac{1}{2} = 2 \times \left(\frac{2^2}{24} - \frac{1}{48} + \frac{1}{192 \times 2}\right) \times 5.1\text{kN/m}^2 \times (3\text{m})^3 \times \frac{1}{2} = 20.44 \fallingdotseq 20\text{kNm}$$

$$M_0 = 2\left(\frac{\lambda^2}{16} - \frac{1}{48}\right) w l_x^{\,3} \times \frac{1}{2} = 2 \times \left(\frac{2^2}{16} - \frac{1}{48}\right) \times 5.1\text{kN/m}^2 \times (3\text{m})^3 \times \frac{1}{2} = 31.56 \fallingdotseq 32\text{kNm}$$

$$Q_0 = 2\left(\frac{\lambda}{4} - \frac{1}{8}\right) w l_x^{\,2} \times \frac{1}{2} = 2 \times \left(\frac{2}{4} - \frac{1}{8}\right) \times 5.1\text{kN/m}^2 \times (3\text{m})^2 \times \frac{1}{2} = 17.21 \fallingdotseq 17\text{kN}$$

b）その他荷重による C、M_0、Q_0 の計算　パラペット、大梁、サッシが等分布荷重として作用するので、表 6-17 の計算式を用いて計算する。

「6-2-1　固定荷重」から各部材の単位荷重（kN/m）を合計する。

パラペットの自重	2.7kN/m
大梁の自重	4.6kN/m
サッシの自重	0.5kN/m
合　計	w = 7.8kN/m

図 6-21 からサッシの単位荷重は、
$1.18\text{m} \times 1\text{m} \times 0.4\text{kN/m}^2$
$= 0.5\text{kN/m}$
となる。

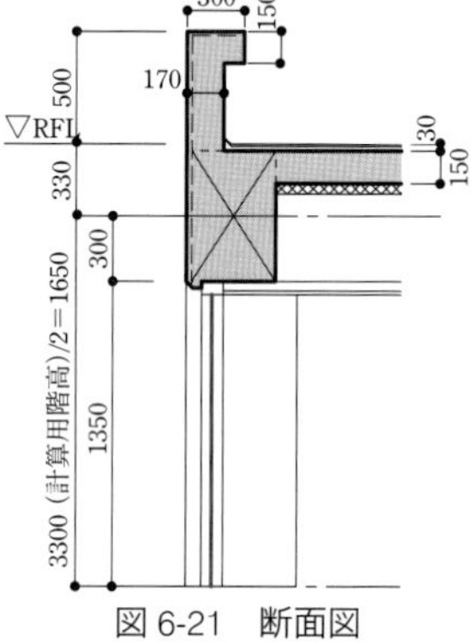

図 6-21　断面図

表 6-17 の等分布荷重が作用する場合の計算式より C、M_0、Q_0 を計算する。

$$C = \frac{wl^2}{12} = \frac{7.8\text{kN/m} \times (6\text{m})^2}{12} = 23.4 \fallingdotseq 23\text{kNm}$$

$$M_0 = \frac{wl^2}{8} = \frac{7.8\text{kN/m} \times (6\text{m})^2}{8} = 35.1 \fallingdotseq 35\text{kNm}$$

$$Q_0 = \frac{wl}{2} = \frac{7.8\text{kN/m} \times 6\text{m}}{2} = 23.4 \fallingdotseq 23\text{kN}$$

c）C、M_0、Q_0 の合計　　a）と b）で求めた C、M_0、Q_0 をそれぞれ合計し、以降の応力計算で用いる。

C = 20kNm + 23kNm = 43kNm

M_0 = 32kNm + 35kNm = 67kNm

Q_0 = 17kN + 23kN = 40kN

計算書

6・5 鉛直荷重時応力の計算

6-5-1 ラーメンの応力計算

単位：kNm （ ）内は、剛比

A (1.3) B

位置	AC	AB	BA	BD
DF	0.46	0.54	0.54	0.46
FEM	0	-67	67	0
D_1	30.8	36.2	-36.2	-30.8
C_1	11.6	-18.1	18.1	-11.6
D_2	3.0	3.5	-3.5	-3.0
ΣM	45	-45	45	-45

C (1.1) (1.3) (1.1) D

位置	CE	CA	CD	DC	DF	DB
DF	0.29	0.33	0.38	0.38	0.29	0.33
FEM	0	0	-70	70	0	0
D_1	20.3	23.1	26.6	-26.6	-20.3	-23.1
C_1	0	15.4	-13.3	13.3	0	-15.4
D_2	-0.6	-0.7	-0.8	0.8	0.6	0.7
ΣM	20	38	-58	58	-20	-38

E (1.0) (2.9) (1.0) F

位置	EC	EF	FE	FD
DF	0.26	0.74	0.74	0.26
FEM	0	0	0	0
D_1	0	0	0	0
C_1	10.2	0	0	-10.2
D_2	-2.6	-7.6	7.6	2.6
ΣM	8	-8	8	-8

（X_0・X_3ラーメン）

A (1.7) B

位置	AC	AB	BA	BD
DF	0.39	0.61	0.61	0.39
FEM	0	-101	101	0
D_1	39.4	61.6	-61.6	-39.4
C_1	17.3	-30.8	30.8	-17.3
D_2	5.3	8.2	-8.2	-5.3
ΣM	62	-62	62	-62

C (1.1) (1.7) (1.1) D

位置	CE	CA	CD	DC	DF	DB
DF	0.26	0.29	0.45	0.45	0.26	0.29
FEM	0	0	-119	119	0	0
D_1	30.9	34.5	53.6	-53.6	-30.9	-34.5
C_1	0	19.7	-26.8	26.8	0	-19.7
D_2	1.8	2.1	3.2	-3.2	-1.8	-2.1
ΣM	33	56	-89	89	-33	-56

E (1.0) (2.9) (1.0) F

位置	EC	EF	FE	FD
DF	0.26	0.74	0.74	0.26
FEM	0	0	0	0
D_1	0	0	0	0
C_1	15.5	0	0	-15.5
D_2	-4.0	-11.5	11.5	4.0
ΣM	12	-12	12	-12

（X_1・X_2ラーメン）

A (1.3) B (1.3) C (1.3) D

位置	AE	AB	BA	BF	BC	CB	CG	CD	DC	DH
DF	0.46	0.54	0.35	0.30	0.35	0.35	0.30	0.35	0.54	0.46
FEM	0	-43	43	0	-43	43	0	-43	43	0
D_1	19.8	23.2	0	0	0	0	0	0	-23.2	-19.8
C_1	7.0	0	11.6	0	0	0	0	-11.6	0	-7.0
D_2	-3.2	-3.8	-4.1	-3.5	-4.1	4.1	3.5	4.1	3.8	3.2
ΣM	24	-24	51	-4	-47	47	4	-51	24	-24

E (1.1) (1.3) (1.1) F (1.3) (1.1) G (1.3) (1.1) H

位置	EI	EA	EF	FE	FJ	FB	FG	GF	GK	GC	GH	HG	HL	HD
DF	0.29	0.33	0.38	0.28	0.21	0.23	0.28	0.28	0.21	0.23	0.28	0.38	0.29	0.33
FEM	0	0	-42	42	0	0	-42	42	0	0	-42	42	0	0
D_1	12.2	13.9	16.0	0	0	0	0	0	0	0	0	-16.0	-12.2	-13.9
C_1	0	9.9	0	8.0	0	0	0	0	0	0	-8.0	0	0	-9.9
D_2	-2.9	-3.3	-3.8	-2.2	-1.7	-1.8	-2.2	2.2	1.7	1.8	2.2	3.8	2.9	3.3
ΣM	9	21	-30	48	-2	-2	-44	44	2	2	-48	30	-9	-21

I (1.0) (2.9) (1.0) J (2.9) (1.0) K (2.9) (1.0) L

位置	IE	IJ	JI	JF	JK	KJ	KG	KL	LK	LH
DF	0.26	0.74	0.43	0.14	0.43	0.43	0.14	0.43	0.74	0.26
FEM	0	0	0	0	0	0	0	0	0	0
D_1	0	0	0	0	0	0	0	0	0	0
C_1	6.1	0	0	0	0	0	0	0	0	-6.1
D_2	-1.6	-4.5	0	0	0	0	0	0	4.5	1.6
ΣM	5	-5	0	0	0	0	0	0	5	-5

（Y_0・Y_1ラーメン）

6-5-1　ラーメンの応力計算

X_1・X_2ラーメンについて、固定モーメント法により、次の①から⑥の手順で曲げモーメントを求める。図 6-22 に計算例を示す。

① 各節点における各部材の分割率 *DF* を求める。

② 各節点における固定端モーメント *FEM* を、「6 - 4 - 3」より大梁の *C* 値を記入する。

柱の *FEM* は常に 0 であり、梁には値が生じる。その符号は、梁左端は（−）とし、梁右端は（+）とする。

③ 各節点ごとに *FEM* を合計した固定モーメント（Σ *FEM*）を求め、その符号を逆にした値（−Σ *FEM*：解放モーメント）に分割率 *DF* を乗じて、第 1 回目の分割モーメント D_1 を求める。

④ 分割モーメント D_1 の $\frac{1}{2}$ を他端に到達させ、到達モーメント C_1 とする。

⑤ 各節点ごとに到達モーメント C_1 を合計した 2 回目の固定モーメントを求め、その符号を逆にした値に分割率を乗じて、2 回目の分割モーメント D_2 を求める。

⑥ 各節点における Σ *M*（$FEM + D_1 + C_1 + D_2$）を求める。この求めた値が各部材の材端モーメントとなる。

⑦ 各節点における材端モーメントの合計が 0 になっていることを確認する。

ただし、四捨五入の関係で、1.0 程度の誤差はある。

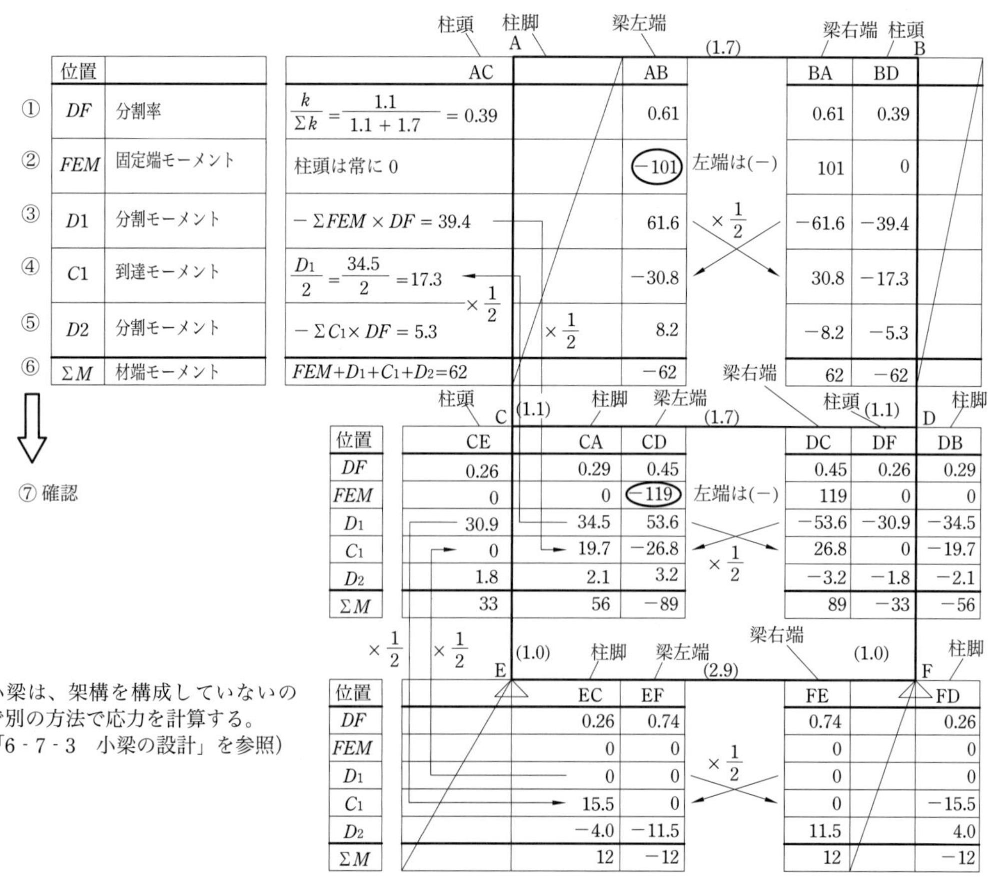

	位置		AC	AB		BA	BD
①	*DF*	分割率	$\frac{k}{\Sigma k} = \frac{1.1}{1.1+1.7} = 0.39$	0.61		0.61	0.39
②	*FEM*	固定端モーメント	柱頭は常に 0	−101	左端は(−)	101	0
③	*D*1	分割モーメント	$-\Sigma FEM \times DF = 39.4$	61.6	×1/2	−61.6	−39.4
④	*C*1	到達モーメント	$\frac{D_1}{2} = \frac{34.5}{2} = 17.3$	−30.8		30.8	−17.3
⑤	*D*2	分割モーメント	$-\Sigma C_1 \times DF = 5.3$	8.2		−8.2	−5.3
⑥	Σ*M*	材端モーメント	$FEM+D_1+C_1+D_2=62$	−62		62	−62

位置	CE	CA	CD		DC	DF	DB
DF	0.26	0.29	0.45		0.45	0.26	0.29
FEM	0	0	−119	左端は(−)	119	0	0
D_1	30.9	34.5	53.6		−53.6	−30.9	−34.5
C_1	0	19.7	−26.8	×1/2	26.8	0	−19.7
D_2	1.8	2.1	3.2		−3.2	−1.8	−2.1
Σ*M*	33	56	−89		89	−33	−56

位置		EC	EF		FE		FD
DF		0.26	0.74		0.74		0.26
FEM		0	0	×1/2	0		0
D_1		0	0		0		0
C_1		15.5	0		0		−15.5
D_2		−4.0	−11.5		11.5		4.0
Σ*M*		12	−12		12		−12

図 6-22　X_1・X_2ラーメンの応力計算

6-5-2　ラーメンの応力図

単位：kNm

（　）内は、せん断力（kN）

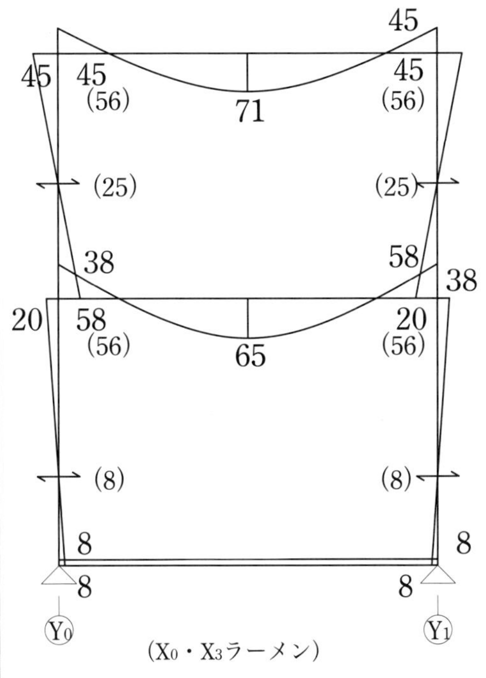

（X0・X3ラーメン）

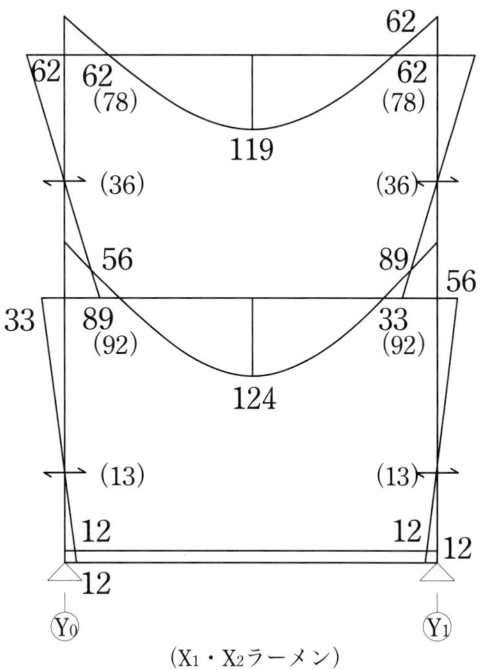

（X1・X2ラーメン）

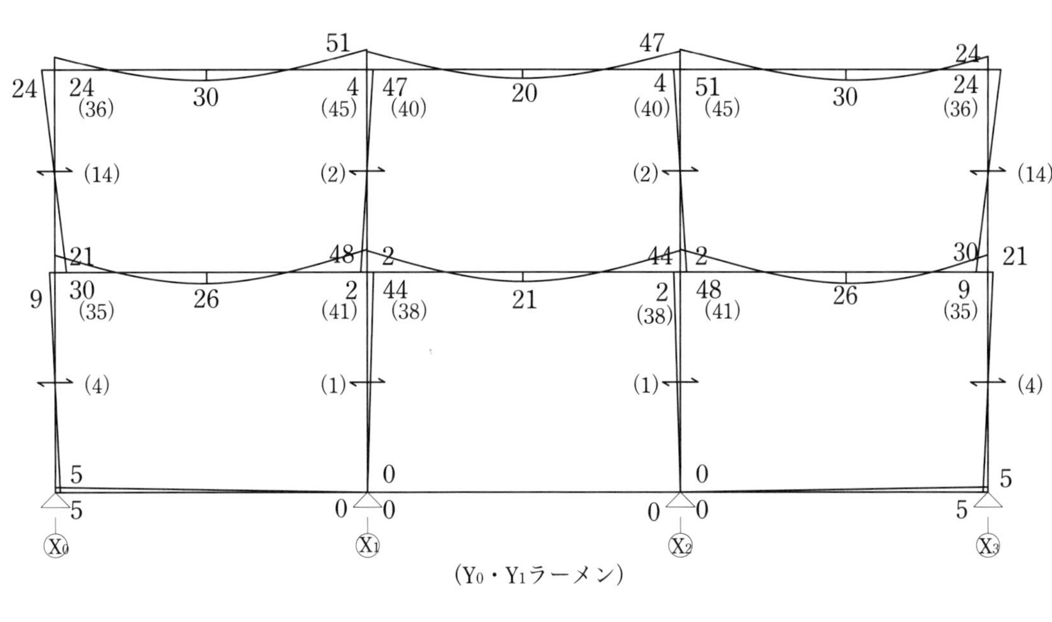

（Y0・Y1ラーメン）

6-5-2　ラーメンの応力図

Y0・Y1 ラーメンについて、「6 - 5 - 1」で求めた材端モーメントと、「6 - 4 - 3」で求めた M_0、Q_0 を用いて曲げモーメント図を描く（図 6-23）。梁中央の曲げモーメント、梁端部のせん断力、柱のせん断力については下の計算式による。

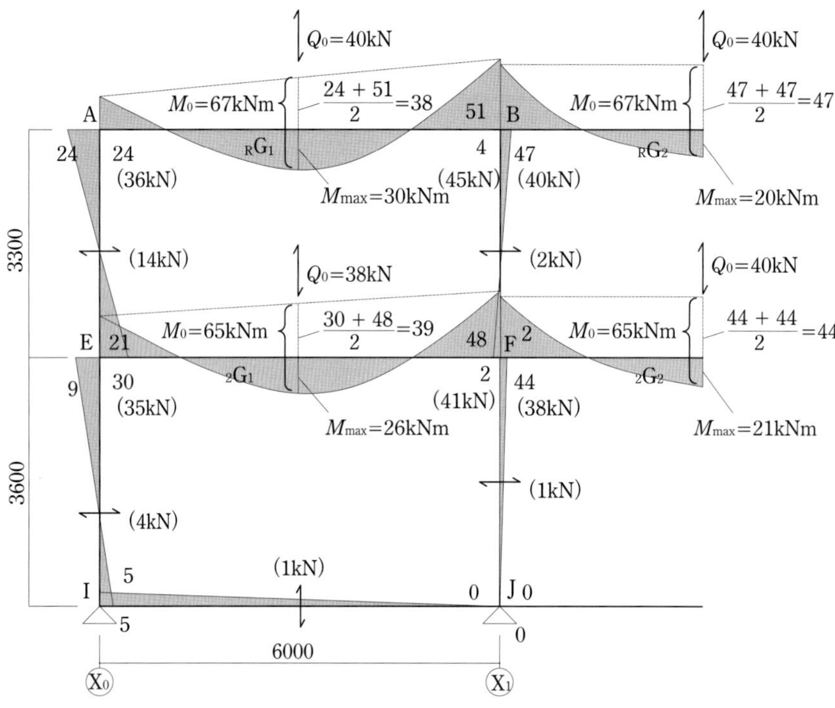

図 6-23　鉛直荷重時ラーメンの応力図　※（　）内はせん断力

① AB 間の大梁

・中央の曲げモーメント

$$M_{max}=67-\frac{|-24|+|51|}{2}=29.5\fallingdotseq 30\text{kNm}$$

・左端のせん断力

$$Q_A=40-\frac{-24+51}{6}=35.5\fallingdotseq 36\text{kN}$$

・右端のせん断力

$$Q_B=40+\frac{-24+51}{6}=44.5\fallingdotseq 45\text{kN}$$

② EF 間の大梁

・中央の曲げモーメント

$$M_{max}=65-\frac{|-30|+|48|}{2}=26\text{kNm}$$

・左端のせん断力

$$Q_E=38-\frac{-30+48}{6}=35\text{kN}$$

・右端のせん断力

$$Q_F=38+\frac{-30+48}{6}=41\text{kN}$$

③ IJ 間の基礎梁中央のせん断力

$$Q=\frac{|-5|+0}{6}=0.8\fallingdotseq 1\text{kN}$$

④ AE 間柱のせん断力

$$Q=\frac{|24|+|21|}{3.3}=13.6\fallingdotseq 14\text{kN}$$

⑤ BF 間柱のせん断力

$$Q=\frac{|-4|+|-2|}{3.3}=1.8\fallingdotseq 2\text{kN}$$

⑥ EI 間柱のせん断力

$$Q=\frac{|9|+|5|}{3.6}=3.9\fallingdotseq 4\text{kN}$$

⑦ FJ 間柱のせん断力

$$Q=\frac{|-2|+|0|}{3.6}=0.6\fallingdotseq 1\text{kN}$$

計算書

6・6　水平荷重時応力の計算

6-6-1　柱のせん断力分布係数 D 値及び反曲点高比 y の計算

（　）は、剛比

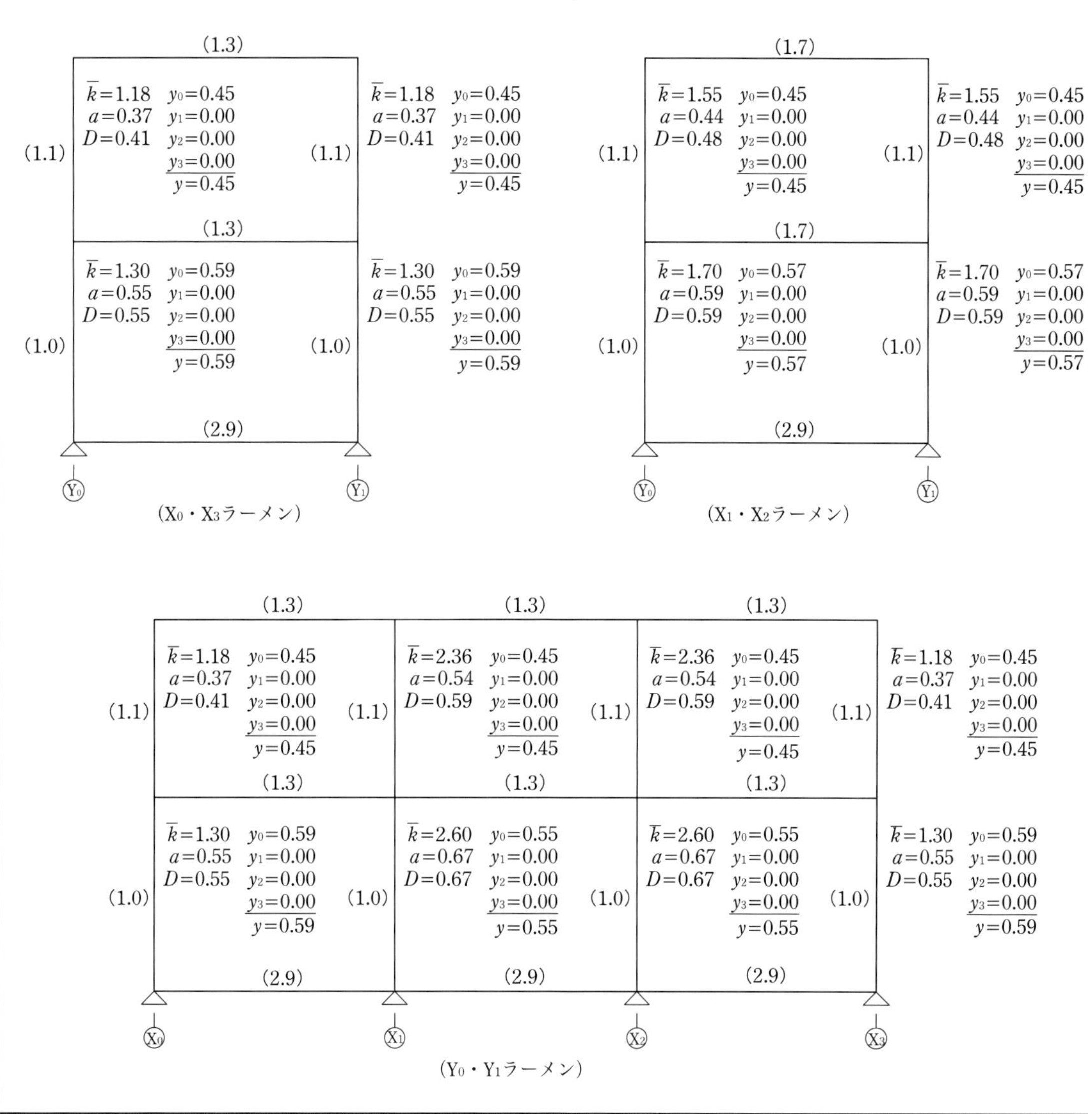

表 6-18　k、a および D の公式

一般階			最下階		
条件	記号	$\bar{k}$、a および D	条件	記号	$\bar{k}$、a および D
一般条件	梁の剛比k_1　梁の剛比k_2 柱の剛比k_c 梁の剛比k_3　梁の剛比k_4	$\bar{k}=\dfrac{k_1+k_2+k_3+k_4}{2k_c}$ $a=\dfrac{\bar{k}}{2+\bar{k}}$ $D=a\cdot k_c$	柱脚固定	梁の剛比k_1　梁の剛比k_2 柱の剛比k_c	$\bar{k}=\dfrac{k_1+k_2}{k_c}$ $a=\dfrac{0.5+\bar{k}}{2+\bar{k}}$ $D=a\cdot k_c$

6-6-1　柱のせん断力分布係数 D 値及び反曲点高比 y の計算

水平荷重時ラーメンの応力を手計算で行う場合に、武藤 清博士が提案されたD値法がよく用いられている。D値とは、せん断力分布係数のことで、各階ごとに柱・壁に生じているせん断力の大きさの割合を表し、その柱・壁と上下に接続されている梁の剛比によって計算される係数である（表 6-18）。

X_1・X_2 ラーメンの柱 C_2 についてD値および反曲点高比 y を求める（図 6-24）。

$$\bar{k}=\frac{k_1+k_2+k_3+k_4}{2k_c}$$

$$=\frac{0+1.7+0+1.7}{2\times1.1}=1.55$$

$$a=\frac{\bar{k}}{2+\bar{k}}=\frac{1.55}{2+1.55}=0.44$$

$$D=a\cdot k_c=0.44\times1.1=0.48$$

$$\bar{k}=\frac{k_1+k_2}{k_c}=\frac{0+1.7}{1.0}=1.70$$

$$a=\frac{0.5+\bar{k}}{2+\bar{k}}=\frac{0.5+1.7}{2+1.7}=0.59$$

$$D=a\cdot k_c=0.59\times1.0=0.59$$

(1.7)

(1.1)
$\bar{k}=1.55$　$y_0=0.45$
$a=0.44$　$y_1=0.00$
$D=0.48$　$y_2=0.00$
$y_3=0.00$
$y=0.45$

(1.7)

(1.0)
$\bar{k}=1.70$　$y_0=0.57$
$a=0.59$　$y_1=0.00$
$D=0.59$　$y_2=0.00$
$y_3=0.00$
$y=0.57$

(2.9)

〔X_1・X_2ラーメン〕

図 6-24　D 値および反曲点高比 y の計算

・標準反曲点高比 $y_0=0.45$（表 6-19 より）

・上下の梁の剛比変化による修正値 $y_1=0$（表 6-20 より）

$$a_1=\frac{k_1+k_2}{k_3+k_4}=\frac{0+1.7}{0+1.7}=1.0$$

・上層の層高変化による修正値 $y_2=0$（表 6-21 より）
　※最上層は考えなくてよいので、0とする。

・下層の層高変化による修正値 $y_3=0$（表 6-21 より）

$$a_3=\frac{3.6\text{m}}{3.3\text{m}}=1.1$$

・柱の反曲点高比 $y=0.45$
　$\therefore y=y_0+y_1+y_2+y_3=0.45$

基礎梁の剛比が内柱の 2 倍以上あるので、柱脚を固定として計算する。

・標準反曲点高比 $y_0=0.565\fallingdotseq0.57$（表 6-19 より）
　※中間値の場合、比例配分をする。

・上下の梁の剛比変化による修正値 $y_1=0$（表 6-20 より）
　※最下層は考えなくてよいので、0とする。

・上層の層高変化による修正値 $y_2=0$（表 6-21 より）

$$a_2=\frac{3.3\text{m}}{3.6\text{m}}=0.92$$

・下層の層高変化による修正値 $y_3=0$（表 6-21 より）
　※最下層は考えなくてよいので、0とする。

・柱の反曲点高比 $y=0.57$
　$\therefore y=y_0+y_1+y_2+y_3=0.57$

表 6-19　標準反曲点高比 y_0（日本建築学会『鉄筋コンクリート構造計算用資料集 2002 年版』による）

層数 m	層位置 n	$\bar{k}$ 0.1	0.2	0.3	0.4	0.5	0.6	0.7	0.8	0.9	1.0	2.0	3.0	4.0	5.0
2	2	0.50	0.45	0.40	0.40	0.40	0.40	0.40	0.40	0.40	0.45	0.45	0.45	0.45	0.50
	1	1.00	0.85	0.75	0.70	0.70	0.65	0.65	0.65	0.60	0.60	0.55	0.55	0.55	0.55

表 6-20　上下の梁の剛比変化による修正値 y_1（日本建築学会同上書による）

a_1	$\bar{k}$ 0.1	0.2	0.3	0.4	0.5	0.6	0.7	0.8	0.9	1.0	2.0	3.0	4.0	5.0
0.4	0.55	0.40	0.30	0.25	0.20	0.20	0.20	0.15	0.15	0.15	0.05	0.05	0.05	0.05
0.5	0.45	0.30	0.20	0.20	0.15	0.15	0.15	0.10	0.10	0.10	0.05	0.05	0.05	0.05
0.6	0.30	0.20	0.15	0.15	0.10	0.10	0.10	0.10	0.05	0.05	0.05	0.05	0.0	0.0
0.7	0.20	0.15	0.10	0.10	0.10	0.05	0.05	0.05	0.05	0.05	0.05	0.0	0.0	0.0
0.8	0.15	0.10	0.05	0.05	0.05	0.05	0.05	0.05	0.05	0.0	0.0	0.0	0.0	0.0
0.9	0.05	0.05	0.05	0.05	0.0	0.0	0.0	0.0	0.0	0.0	0.0	0.0	0.0	0.0

注）

$$a_1=\frac{k_1+k_2}{k_3+k_4}$$

最下層の場合、a_1 は考えなくてよいので $y_1=0$ とする。

表 6-21　上層の層高変化による修正値 y_2、下層の層高変化による修正値 y_3（日本建築学会同上書による）

a_2 上	a_3 下	$\bar{k}$ 0.1	0.2	0.3	0.4	0.5	0.6	0.7	0.8	0.9	1.0	2.0	3.0	4.0	5.0
1.4	0.6	0.10	0.05	0.05	0.05	0.05	0.05	0.05	0.05	0.05	0.0	0.0	0.0	0.0	0.0
1.2	0.8	0.05	0.05	0.05	0.0	0.0	0.0	0.0	0.0	0.0	0.0	0.0	0.0	0.0	0.0
1.0	1.0	0.0	0.0	0.0	0.0	0.0	0.0	0.0	0.0	0.0	0.0	0.0	0.0	0.0	0.0
0.8	1.2	− 0.05	− 0.05	− 0.05	0.0	0.0	0.0	0.0	0.0	0.0	0.0	0.0	0.0	0.0	0.0
0.6	1.4	− 0.10	− 0.05	− 0.05	− 0.05	− 0.05	− 0.05	− 0.05	− 0.05	− 0.05	0.0	0.0	0.0	0.0	0.0

注）

$$y_2:a_2=\frac{h_{上}}{h}$$

$$y_3:a_3=\frac{h_{下}}{h}$$

最上層の場合、$y_2=0$、最下層の場合、$y_3=0$ とする。

計算書

6-6-2 各柱の負担せん断力と曲げモーメント

1）各階のせん断力分布係数（D 値）一覧

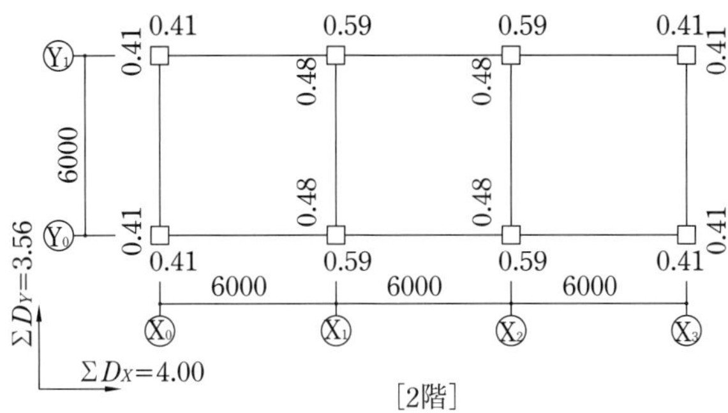

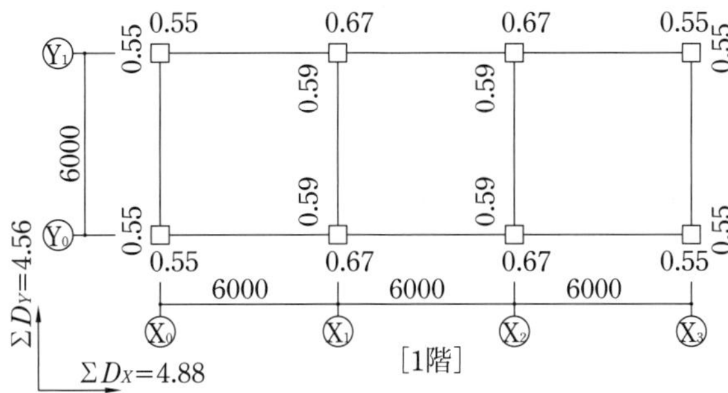

2）各階の柱が負担するせん断力

方向	階	層せん断力（表6・14より）Q（kN）	ΣD	$\frac{Q}{\Sigma D}$ (kN)	柱 C_1 が負担するせん断力		柱 C_2 が負担するせん断力	
					D 値	$Q_c = D値 \times \frac{Q}{\Sigma D}$(注)	D 値	$Q_c = D値 \times \frac{Q}{\Sigma D}$(注)
X	2	262	4.00	65.50	0.41	0.41 × 65.50 = 26.86	0.59	0.59 × 65.50 = 38.65
	1	446	4.88	91.39	0.55	0.55 × 91.39 = 50.26	0.67	0.67 × 91.39 = 61.23
Y	2	262	3.56	73.60	0.41	0.41 × 73.60 = 30.18	0.48	0.48 × 73.60 = 35.33
	1	446	4.56	97.81	0.55	0.55 × 97.81 = 53.80	0.59	0.59 × 97.81 = 57.71

（注）各柱が負担するせん断力の合計が層せん断力と等しくなるように、小数点以下第2位まで求めている。

3）各階の柱の曲げモーメント

方向	階	柱のせん断力 Q_c（kN）		計算用階高（m）	反曲点高比 y	柱の曲げモーメント（kNm）	
X	2	C_1	26.86	3.3	0.45	柱頭	49
						柱脚	40
		C_2	38.65	3.3	0.45	柱頭	70
						柱脚	57
	1	C_1	50.26	3.6	0.59	柱頭	74
						柱脚	107
		C_2	61.23	3.6	0.55	柱頭	99
						柱脚	121

方向	階	柱のせん断力 Q_c（kN）		計算用階高（m）	反曲点高比 y	柱の曲げモーメント（kNm）	
Y	2	C_1	30.18	3.3	0.45	柱頭	55
						柱脚	45
		C_2	35.33	3.3	0.45	柱頭	64
						柱脚	52
	1	C_1	53.80	3.6	0.59	柱頭	79
						柱脚	114
		C_2	57.71	3.6	0.57	柱頭	89
						柱脚	118

6-6-2　各柱の負担せん断力と曲げモーメント

次の手順で各柱の負担せん断力と曲げモーメントを求める。図 6-25 に Y_0・Y_1 ラーメン（X 方向）の計算を示す。

1）各階のせん断力分布係数（D 値）一覧

「6 - 6 - 1」で得られた D 値を、以降の計算で使いやすいように平面図に転記する。このとき、X 方向の D 値の合計 ΣD_X、Y 方向の D 値の合計 ΣD_Y を記入する。

2）各階の柱が負担するせん断力

各階の柱が負担するせん断力は、「6 - 2 - 5」で求めた地震層せん断力を D 値の合計 ΣD で除した値 $\left(\dfrac{Q}{\Sigma D}\right)$ に、各柱の D 値を乗じて求める。

［2 階　X 方向 C_1 の場合］

2 階の地震層せん断力　　$Q_2 = 262\text{kN}$

2 階 X 方向の D 値の合計　$\Sigma D_X = 4.00$

したがって、C_1 の負担するせん断力は D 値が 0.41 なので、$\dfrac{262\text{kN}}{4.00} \times 0.41 = 26.86\text{kN}$　になる。

3）各階の柱の曲げモーメント

柱のモーメントは、柱頭と柱脚に分けて考える。

・柱頭の曲げモーメント　$M_{柱頭}$＝柱のせん断力 Q_C ×（計算用階高－反曲点高さ h）

・柱脚の曲げモーメント　$M_{柱脚}$＝柱のせん断力 Q_C ×反曲点高さ h

ここで、反曲点高さ h は、h ＝計算用階高×反曲点高比 y で求める。

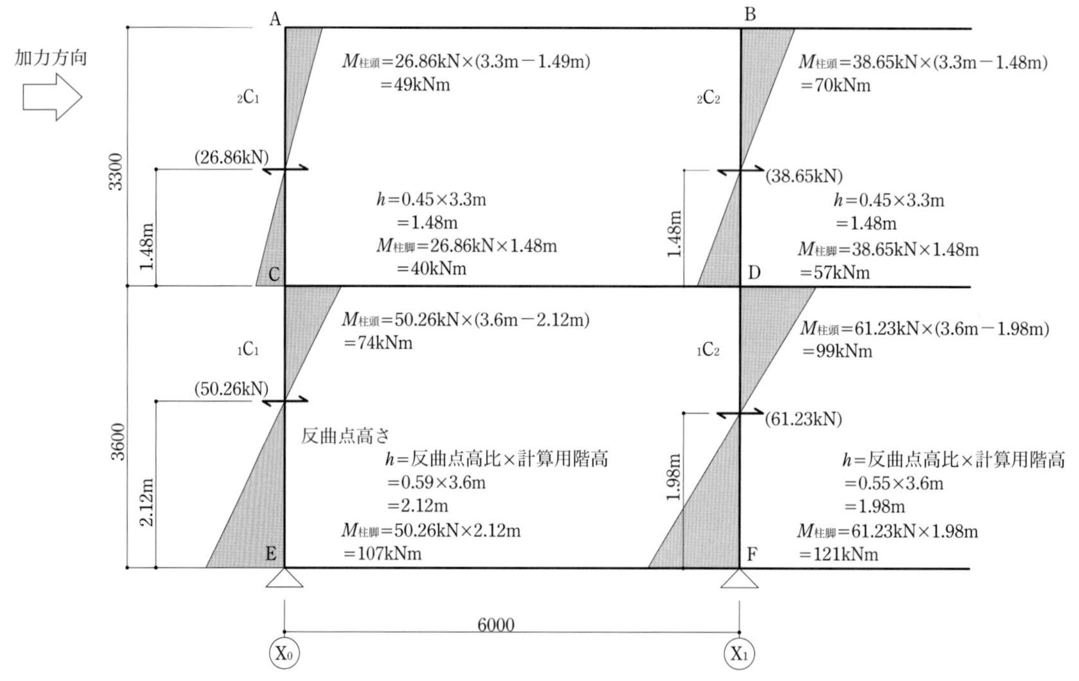

図 6-25　反曲点高さと柱の曲げモーメント

6-6-3　ラーメンの応力図

単位：kNm

(　) 内は、せん断力 (kN)

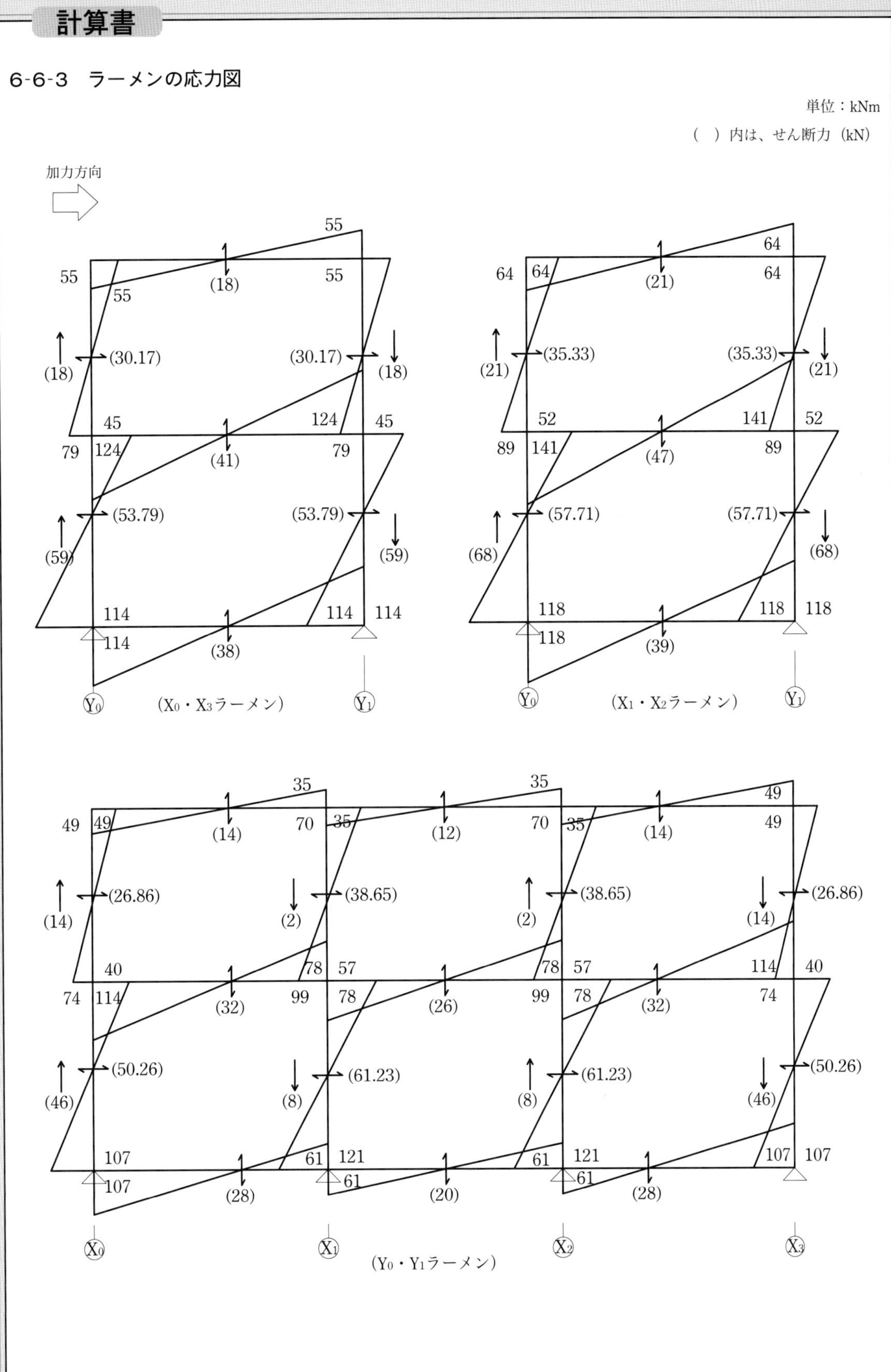

6-6-3　ラーメンの応力図

Y0・Y1 ラーメンの水平荷重時の応力図を次の手順で描く（図 6-26）。

① 「6 - 6 - 2 3)」で求めた柱の柱頭・柱脚モーメントを使って柱の応力図を描く（図 6・25）。

② 柱のモーメントを用いて梁の曲げモーメントを求める。

［A 点］ 梁の曲げモーメントは、柱頭の曲げモーメントと同じ値になる。

［B 点］ 梁の曲げモーメントは、柱頭の曲げモーメントを左右に配分する（剛比が等しいので $\frac{1}{2}$ずつ配分）。

［C 点］ 梁の曲げモーメントは、2 階柱の柱脚の曲げモーメントと 1 階柱の柱頭の曲げモーメントを合算する。

［D 点］ 梁の曲げモーメントは、2 階柱の柱脚の曲げモーメントと 1 階柱の柱頭の曲げモーメントを合算し、左右に配分する（剛比が等しいので$\frac{1}{2}$ずつ配分）。

［E 点］ 梁の曲げモーメントは、1 階柱の柱脚の曲げモーメントと同じ値になる。

［F 点］ 梁の曲げモーメントは、柱脚の曲げモーメントを左右に配分する（剛比が等しいので $\frac{1}{2}$ずつ配分）。

ここで、AB 間、CD 間、EF 間の梁中央部に曲げモーメントが生じるが、値が小さいので、この計算書では無視して以降の断面算定を行う。

③ 梁のせん断力 Q を求める。

$$Q=\frac{M_{左端}+M_{右端}}{スパン長}$$

RG1・2G1・FG1 の梁のせん断力は梁中央に生じるものとして、以降の断面算定を行う。

④ 柱の軸方向力 N を求める。

外柱は、梁のせん断力が軸方向力になり、内柱は、左右の梁のせん断力の差が軸方向力になる。いずれの場合も、軸方向力 N は上階からの総和となる。

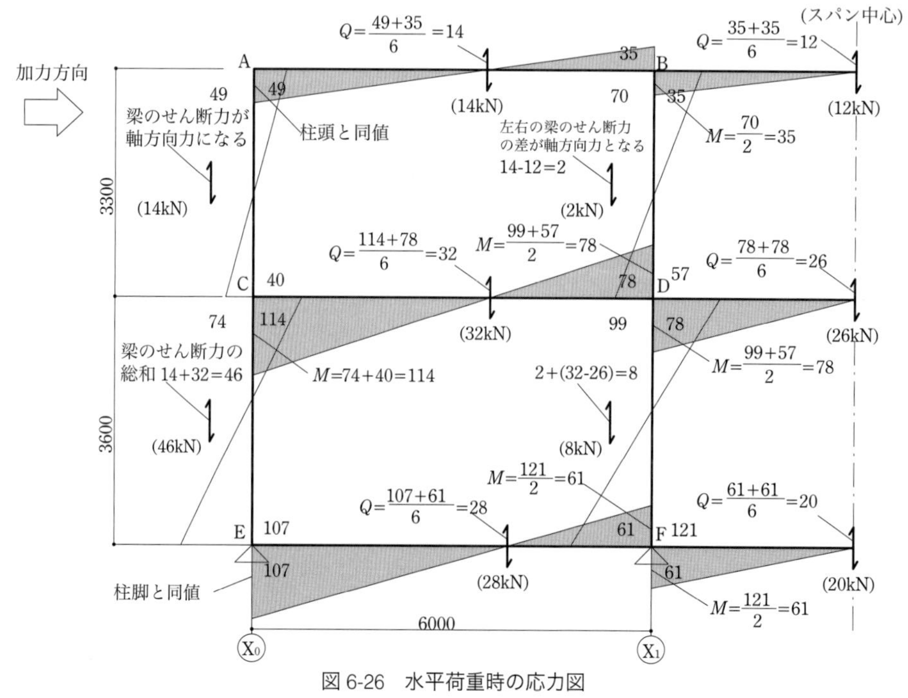

図 6-26　水平荷重時の応力図

6・7　断面算定

6-7-1　大梁の設計

<table>
<tr><td colspan="2">記　号</td><td colspan="6">$_{R}G_{1}$</td><td colspan="6">$_{2}G_{1}$</td><td colspan="4">$_{R}G_{2}$</td><td colspan="4">$_{2}G_{2}$</td></tr>
<tr><td colspan="2">位　置</td><td colspan="2">X_0端</td><td colspan="2">中央</td><td colspan="2">X_1端</td><td colspan="2">X_0端</td><td colspan="2">中央</td><td colspan="2">X_1端</td><td colspan="2">端部</td><td colspan="2">中央</td><td colspan="2">端部</td><td colspan="2">中央</td></tr>
<tr><td rowspan="4">断面諸係数</td><td>b（mm）</td><td colspan="6">400</td><td colspan="6">400</td><td colspan="4">400</td><td colspan="4">400</td></tr>
<tr><td>D（mm）</td><td colspan="6">600</td><td colspan="6">600</td><td colspan="4">600</td><td colspan="4">600</td></tr>
<tr><td>d（mm）</td><td colspan="6">540</td><td colspan="6">540</td><td colspan="4">540</td><td colspan="4">540</td></tr>
<tr><td>j（mm）</td><td colspan="6">473</td><td colspan="6">473</td><td colspan="4">473</td><td colspan="4">473</td></tr>
<tr><td rowspan="4">M</td><td>M_L（kNm）</td><td colspan="2">24</td><td colspan="2">30</td><td colspan="2">51</td><td colspan="2">30</td><td colspan="2">26</td><td colspan="2">48</td><td colspan="2">47</td><td colspan="2">20</td><td colspan="2">44</td><td colspan="2">21</td></tr>
<tr><td>M_E（kNm）</td><td colspan="2">49</td><td colspan="2"></td><td colspan="2">35</td><td colspan="2">114</td><td colspan="2"></td><td colspan="2">78</td><td colspan="2">35</td><td colspan="2"></td><td colspan="2">78</td><td colspan="2"></td></tr>
<tr><td>M_S 上M_S（kNm）</td><td colspan="2">73</td><td colspan="2"></td><td colspan="2">86</td><td colspan="2">144</td><td colspan="2"></td><td colspan="2">126</td><td colspan="2">82</td><td colspan="2"></td><td colspan="2">122</td><td colspan="2"></td></tr>
<tr><td>M_S 下M_S（kNm）</td><td colspan="2">25</td><td colspan="2"></td><td colspan="2"></td><td colspan="2">84</td><td colspan="2"></td><td colspan="2">30</td><td colspan="2"></td><td colspan="2"></td><td colspan="2">34</td><td colspan="2"></td></tr>
<tr><td rowspan="4">Q</td><td>Q_L（kN）</td><td colspan="2">36</td><td colspan="2"></td><td colspan="2">45</td><td colspan="2">35</td><td colspan="2"></td><td colspan="2">41</td><td colspan="2">40</td><td colspan="2"></td><td colspan="2">38</td><td colspan="2"></td></tr>
<tr><td>Q_E（kN）</td><td colspan="2"></td><td colspan="2">14</td><td colspan="2"></td><td colspan="2"></td><td colspan="2">32</td><td colspan="2"></td><td colspan="2"></td><td colspan="2">12</td><td colspan="2"></td><td colspan="2">26</td></tr>
<tr><td>Q_S（kN）</td><td colspan="2">50</td><td colspan="2"></td><td colspan="2">59</td><td colspan="2">67</td><td colspan="2"></td><td colspan="2">73</td><td colspan="2">52</td><td colspan="2"></td><td colspan="2">64</td><td colspan="2"></td></tr>
<tr><td>$Q_{D1}=Q_L+2Q_E$</td><td colspan="2">64</td><td colspan="2"></td><td colspan="2">73</td><td colspan="2">99</td><td colspan="2"></td><td colspan="2">105</td><td colspan="2">64</td><td colspan="2"></td><td colspan="2">90</td><td colspan="2"></td></tr>
<tr><td>長期（L）</td><td>短期（S）</td><td>L</td><td>S</td><td>L</td><td>S</td><td>L</td><td>S</td><td>L</td><td>S</td><td>L</td><td>S</td><td>L</td><td>S</td><td>L</td><td>S</td><td>L</td><td>S</td><td>L</td><td>S</td><td>L</td><td>S</td></tr>
<tr><td rowspan="6">主筋の算定</td><td>C（N/mm²）</td><td>0.21</td><td>0.63</td><td></td><td></td><td>0.44</td><td>0.74</td><td>0.26</td><td>1.24</td><td></td><td></td><td>0.41</td><td>1.08</td><td>0.40</td><td>0.70</td><td></td><td></td><td>0.38</td><td>1.05</td><td></td><td></td></tr>
<tr><td>P_t（%）</td><td>0.20</td><td>0.20</td><td></td><td></td><td>0.22</td><td>0.24</td><td>0.20</td><td>0.40</td><td></td><td></td><td>0.21</td><td>0.35</td><td>0.20</td><td>0.22</td><td></td><td></td><td>0.20</td><td>0.34</td><td></td><td></td></tr>
<tr><td>a_t 上a_t（mm²）</td><td colspan="2">432</td><td colspan="2">174</td><td colspan="2">519</td><td colspan="2">864</td><td colspan="2">150</td><td colspan="2">756</td><td colspan="2">476</td><td colspan="2">116</td><td colspan="2">735</td><td colspan="2">122</td></tr>
<tr><td>a_t 下a_t（mm²）</td><td colspan="2">154</td><td colspan="2">289</td><td colspan="2"></td><td colspan="2">515</td><td colspan="2">250</td><td colspan="2">184</td><td colspan="2"></td><td colspan="2">193</td><td colspan="2">209</td><td colspan="2">202</td></tr>
<tr><td>主筋 上端筋</td><td colspan="2">3 - D22</td><td colspan="2">2 - D22</td><td colspan="2">3 - D22</td><td colspan="2">3 - D22</td><td colspan="2">2 - D22</td><td colspan="2">3 - D22</td><td colspan="2">3 - D22</td><td colspan="2">2 - D22</td><td colspan="2">3 - D22</td><td colspan="2">2 - D22</td></tr>
<tr><td>主筋 下端筋</td><td colspan="2">2 - D22</td><td colspan="2">3 - D22</td><td colspan="2">2 - D22</td><td colspan="2">2 - D22</td><td colspan="2">3 - D22</td><td colspan="2">2 - D22</td><td colspan="2">2 - D22</td><td colspan="2">3 - D22</td><td colspan="2">2 - D22</td><td colspan="2">3 - D22</td></tr>
<tr><td rowspan="5">あばら筋の算定</td><td>$f_s \cdot b \cdot j$（kN）</td><td>140</td><td>210</td><td></td><td></td><td>140</td><td>210</td><td>140</td><td>210</td><td></td><td></td><td>140</td><td>210</td><td>140</td><td>210</td><td></td><td></td><td>140</td><td>210</td><td></td><td></td></tr>
<tr><td>α</td><td></td><td></td><td></td><td></td><td></td><td></td><td></td><td></td><td></td><td></td><td></td><td></td><td></td><td></td><td></td><td></td><td></td><td></td><td></td><td></td></tr>
<tr><td>$\alpha \cdot f_s \cdot b \cdot j$（kN）</td><td></td><td></td><td></td><td></td><td></td><td></td><td></td><td></td><td></td><td></td><td></td><td></td><td></td><td></td><td></td><td></td><td></td><td></td><td></td><td></td></tr>
<tr><td>P_w（%）</td><td colspan="6">0.2</td><td colspan="6">0.2</td><td colspan="4">0.2</td><td colspan="4">0.2</td></tr>
<tr><td>あばら筋</td><td colspan="6">□ - D10 @ 150</td><td colspan="6">□ - D10 @ 150</td><td colspan="4">□ - D10 @ 150</td><td colspan="4">□ - D10 @ 150</td></tr>
<tr><td rowspan="6">付着</td><td>C（mm）</td><td colspan="6">110</td><td colspan="6">110</td><td colspan="4">110</td><td colspan="4">110</td></tr>
<tr><td>W（mm）</td><td colspan="6">25.4</td><td colspan="6">25.4</td><td colspan="4">25.4</td><td colspan="4">25.4</td></tr>
<tr><td>K</td><td colspan="6">2.25</td><td colspan="6">2.25</td><td colspan="4">2.25</td><td colspan="4">2.25</td></tr>
<tr><td>必要付着長さ(mm)</td><td colspan="6">707</td><td colspan="6">707</td><td colspan="4">707</td><td colspan="4">707</td></tr>
<tr><td>$l_{db}+d$（mm）</td><td colspan="6">707 + 540 = 1247</td><td colspan="6">707 + 540 = 1247</td><td colspan="4">707 + 540 = 1247</td><td colspan="4">707 + 540 = 1247</td></tr>
<tr><td>設計値（mm）</td><td colspan="6">l_d = 1705</td><td colspan="6">1705</td><td colspan="4">1705</td><td colspan="4">1705</td></tr>
<tr><td rowspan="4">設計</td><td>断　面
（$\gamma=0.6$）</td><td colspan="2">(0.004bd)</td><td colspan="2">(0.004bd)</td><td colspan="2">(0.004bd)</td><td colspan="2">(0.004bd)</td><td colspan="2">(0.004bd)</td><td colspan="2">(0.004bd)</td><td colspan="2">(0.004bd)</td><td colspan="2">(0.004bd)</td><td colspan="2">(0.004bd)</td><td colspan="2">(0.004bd)</td></tr>
<tr><td>上端筋</td><td colspan="2">3 - D22</td><td colspan="2">2 - D22</td><td colspan="2">3 - D22</td><td colspan="2">3 - D22</td><td colspan="2">2 - D22</td><td colspan="2">3 - D22</td><td colspan="2">3 - D22</td><td colspan="2">2 - D22</td><td colspan="2">3 - D22</td><td colspan="2">2 - D22</td></tr>
<tr><td>下端筋</td><td colspan="2">2 - D22</td><td colspan="2">3 - D22</td><td colspan="2">2 - D22</td><td colspan="2">2 - D22</td><td colspan="2">3 - D22</td><td colspan="2">2 - D22</td><td colspan="2">2 - D22</td><td colspan="2">3 - D22</td><td colspan="2">2 - D22</td><td colspan="2">3 - D22</td></tr>
<tr><td>あばら筋</td><td colspan="6">□ - D10 @ 150</td><td colspan="6">□ - D10 @ 150</td><td colspan="4">□ - D10 @ 150</td><td colspan="4">□ - D10 @ 150</td></tr>
</table>

［使用材料］
主　筋　SD345 D22
あばら筋　SD295 D10
コンクリート　$F_c = 24\text{N/mm}^2$

［許容応力度］
・コンクリート
$_Lf_s = 0.74\text{N/mm}^2$　$_Lf_b = 0.8\text{N/mm}^2$（上端筋）
$_Sf_s = 1.11\text{N/mm}^2$　$_Sf_b = 1.2\text{N/mm}^2$（上端筋）

・鉄筋
$_Lf_t = 220\text{N/mm}^2$
$_Sf_t = 345\text{N/mm}^2$

記号		$_RG_3$				$_2G_3$				$_RG_4$				$_2G_4$			
位置		端部		中央		端部		中央		端部		中央		端部		中央	
断面諸係数	b (mm)	400				400				400				400			
	D (mm)	600				600				600				600			
	d (mm)	540				540				540				540			
	j (mm)	473				473				473				473			
M	M_L (kNm)	45		71		58		65		62		119		89		124	
	M_E (kNm)	55				124				64				141			
	M_S 上M_S (kNm)	100				182				126				230			
	M_S 下M_S (kNm)	10				66				2				52			
Q	Q_L (kN)	56				56				78				92			
	Q_E (kN)			18				41				21				47	
	Q_S (kN)	74				97				99				139			
	$Q_{D1} = Q_L + 2Q_E$	92				138				120				186			
長期（L）	短期（S）	L	S	L	S	L	S	L	S	L	S	L	S	L	S	L	S
主筋の算定	C (N/mm²)	0.39	0.86			0.50	1.56			0.53	1.08			0.76	1.97		
	P_t (%)	0.20	0.27			0.25	0.51			0.27	0.35			0.38	0.65		
	a_t 上a_t (mm²)	584		410		1102		375		756		687		1404		716	
	a_t 下a_t (mm²)	62		683		405		625		13		1144		319		1192	
	主筋 上端筋	3 - D22		2 - D22		3 - D22		2 - D22		3 - D22		2 - D22		4 - D22		2 - D22	
	主筋 下端筋	2 - D22		3 - D22		2 - D22		3 - D22		2 - D22		3 - D22		2 - D22		4 - D22	
あばら筋の算定	$f_s \cdot b \cdot j$ (kN)	140	210			140	210			140	210			140	210		
	α																
	$\alpha \cdot f_s \cdot b \cdot j$ (kN)																
	P_w (%)	0.2				0.2				0.2				0.2			
	あばら筋	□ - D10 @ 150				□ - D10 @ 150				□ - D10 @ 150				□ - D10 @ 150			
付着	C (mm)	110				110				110				70.7			
	W (mm)	25.4				25.4				25.4				19.1			
	K	2.25				2.25				2.25				1.62			
	必要付着長さ(mm)	707				707				707				982			
	$l_{db} + d$ (mm)	707 + 540 = 1247				707 + 540 = 1247				707 + 540 = 1247				982 + 540 = 1522			
	設計値 (mm)	$l_d = 1705$				1705				1705				1705			
設計	断面 ($\gamma = 0.6$)	(0.004bd)		(0.004bd)				(0.004bd)		(0.004bd)							
	上端筋	3 - D22		2 - D22		3 - D22		2 - D22		3 - D22		2 - D22		4 - D22		2 - D22	
	下端筋	2 - D22		3 - D22		2 - D22		3 - D22		2 - D22		3 - D22		2 - D22		4 - D22	
	あばら筋	□ - D10 @ 150				□ - D10 @ 150				□ - D10 @ 150				□ - D10 @ 150			

6･7　断面算定

6-7-1　大梁の設計

[1] 大梁の設計の手順

「6 - 1 - 3」で求めた材料の許容応力度、「6 - 1 - 4」で仮定した大梁の断面寸法、「6 - 5」で求めた鉛直荷重時応力、「6 - 6」で求めた水平荷重時応力をもとに図 6-27 に示す主筋の径および本数、あばら筋の径および間隔を算定する（詳しくは 5 章を参照）。

図 6-27　梁の配筋例

a）仮定断面の諸係数の算定（図 6-28）

b）設計応力の算定

・鉛直荷重時の応力（M_L）の記入……「6 - 5 - 2 ラーメンの応力図」より転記。

・水平荷重時の応力（M_E）の記入……「6 - 6 - 3 ラーメンの応力図」より転記。

・短期応力の計算

上端筋の短期曲げモーメント　$_{上}M_S = M_L + M_E$

下端筋の短期曲げモーメント　$_{下}M_S = M_L - M_E$（$M_L > M_E$ の場合）

短期設計用せん断力　$Q_D = Q_L + 2 \cdot Q_E$

大梁 $_2G_4$ の設計応力を例に集計すると表 6-22 のようになる。

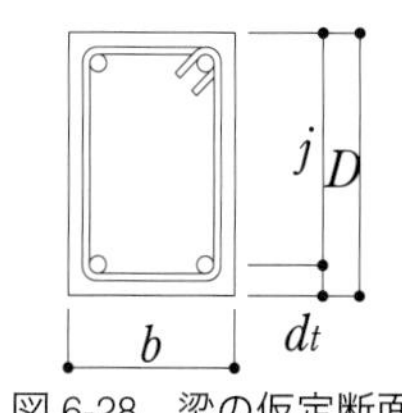

図 6-28　梁の仮定断面

表 6-22　大梁 $_2G_4$ の設計応力の集計

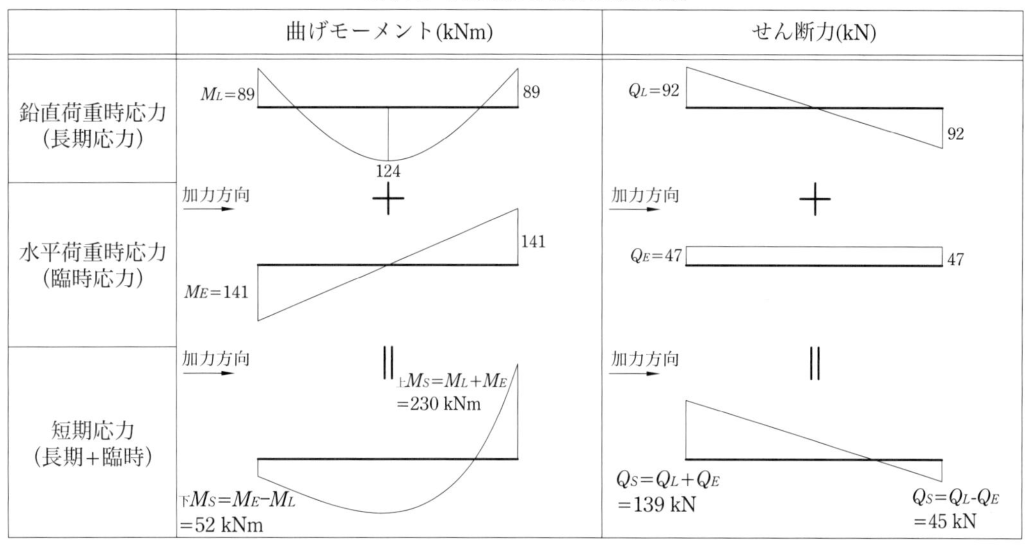

	曲げモーメント(kNm)	せん断力(kN)
鉛直荷重時応力 (長期応力)	M_L=89　89　124	Q_L=92　92
水平荷重時応力 (臨時応力)	加力方向　141　M_E=141	加力方向　Q_E=47　47
短期応力 (長期+臨時)	加力方向　$_{上}M_S=M_L+M_E$ =230 kNm　$_{下}M_S=M_E-M_L$ =52 kNm	加力方向　$Q_S=Q_L+Q_E$ =139 kN　$Q_S=Q_L$-Q_E =45 kN

c）あばら筋の径の決定と間隔の算定　　あばら筋は、直径 9mm 以上の丸鋼、または異形鉄筋では呼び名に用いた数値 D10 以上を用いる。その間隔 x は、d)で求めたあばら筋比 P_w を使って次式から求める（図 6-29）。

$$あばら筋の間隔\quad x = \frac{a_w}{P_w \cdot b}$$

a_w ：1 組のあばら筋の断面積
b ：梁の幅
P_w ：あばら筋比

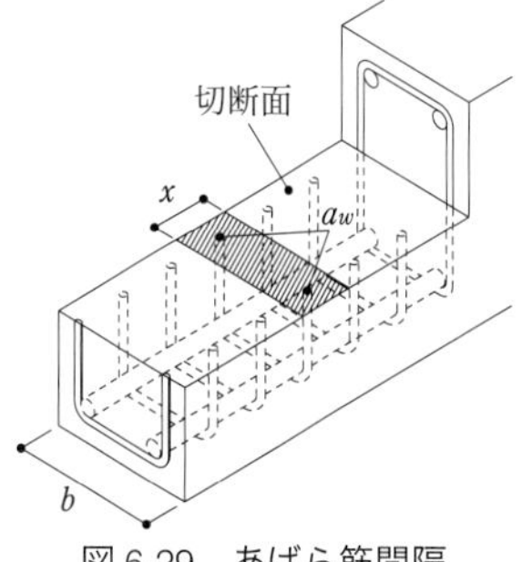

図 6-29　あばら筋間隔

あばら筋の間隔は、折曲げ筋の有無にかかわらず、直径 9mm の丸鋼または異形鉄筋で呼び名に用いた数値 D10 を用いる場合は、梁せい D の 1/2 以下かつ 250mm 以下とする。

d）せん断補強筋比（あばら筋比）P_w の算定

せん断補強筋比（あばら筋比）P_w を算定する流れを次に示す。

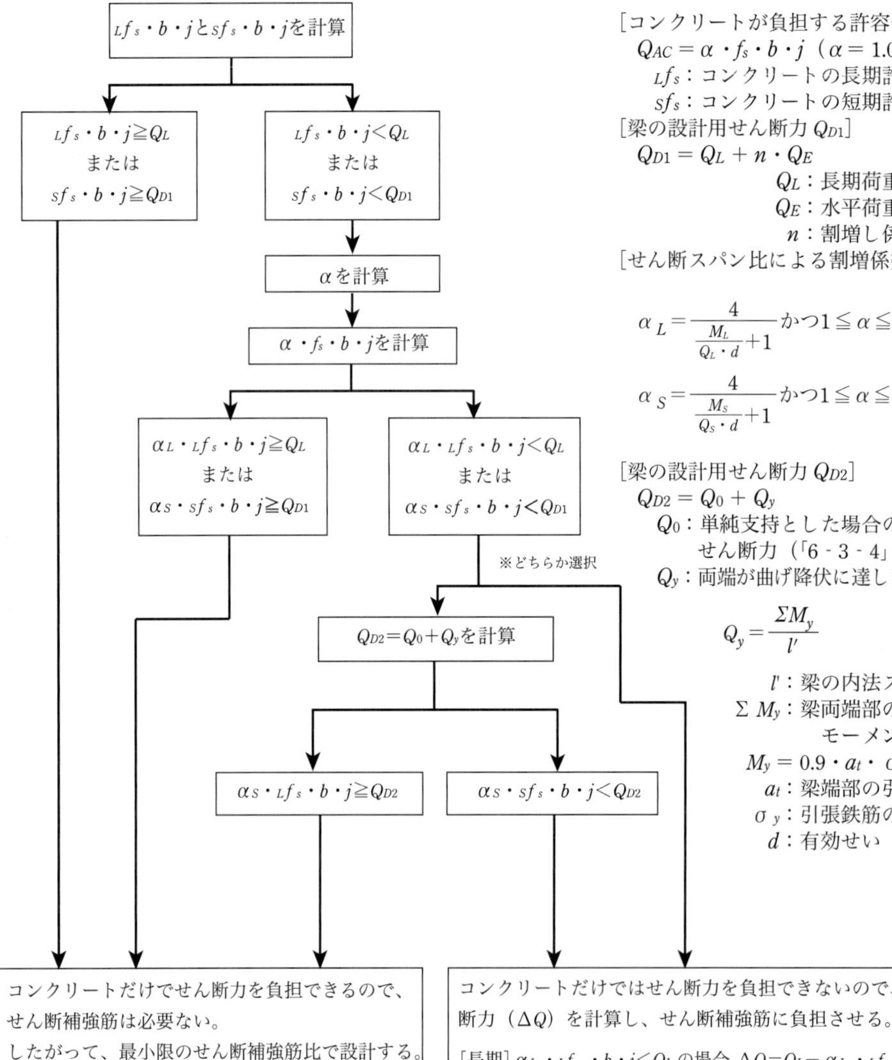

［コンクリートが負担する許容せん断力］

$Q_{AC}=\alpha\cdot f_s\cdot b\cdot j$（$\alpha=1.0$ として計算）

${}_Lf_s$：コンクリートの長期許容せん断応力度

${}_Sf_s$：コンクリートの短期許容せん断応力度

［梁の設計用せん断力 Q_{D1}］

$Q_{D1}=Q_L+n\cdot Q_E$

Q_L：長期荷重によるせん断力

Q_E：水平荷重によるせん断力

n：割増し係数

［せん断スパン比による割増係数 α］

$$\alpha_L=\frac{4}{\frac{M_L}{Q_L\cdot d}+1} \text{ かつ } 1\leqq\alpha\leqq 2$$

$$\alpha_S=\frac{4}{\frac{M_S}{Q_S\cdot d}+1} \text{ かつ } 1\leqq\alpha\leqq 2$$

［梁の設計用せん断力 Q_{D2}］

$Q_{D2}=Q_0+Q_y$

Q_0：単純支持とした場合の長期荷重によるせん断力（「6 - 3 - 4」参照）

Q_y：両端が曲げ降伏に達したときのせん断力

$$Q_y=\frac{\Sigma M_y}{l'}$$

l'：梁の内法スパン長さ

ΣM_y：梁両端部の降伏曲げモーメントの絶対値の和

$M_y=0.9\cdot a_t\cdot\sigma_y\cdot d$

a_t：梁端部の引張側鉄筋断面積

σ_y：引張鉄筋の降伏点強度

d：有効せい

コンクリートだけでせん断力を負担できるので、せん断補強筋は必要ない。
したがって、最小限のせん断補強筋比で設計する。

$P_w=0.2\%$ で設計

コンクリートだけではせん断力を負担できないので、超過するせん断力（ΔQ）を計算し、せん断補強筋に負担させる。

［長期］$\alpha_L\cdot {}_Lf_s\cdot b\cdot j<Q_L$ の場合 $\Delta Q=Q_L-\alpha_L\cdot {}_Lf_s\cdot b\cdot j$ を計算

［短期］$\alpha_S\cdot {}_Sf_s\cdot b\cdot j<Q_{D1}$ の場合 $\Delta Q=Q_{D1}-\alpha_S\cdot {}_Sf_s\cdot b\cdot j$ を計算

$\alpha_S\cdot {}_Sf_s\cdot b\cdot j<Q_{D2}$ の場合 $\Delta Q=Q_{D2}-\alpha_S\cdot {}_Sf_s\cdot b\cdot j$ を計算

ΔQ：せん断補強筋が負担するせん断力

せん断補強筋が負担する許容せん断力（Q_{AR}）の式から、超過するせん断力（ΔQ）でのせん断補強筋比 P_w を求める。

$Q_{AR}=0.5\,{}_wf_t\,(P_w-0.002)\,b\cdot j$ より、

$$P_w=\frac{2\Delta Q}{{}_wf_t\cdot b\cdot j}+0.002$$

ΔQ：せん断補強筋が負担するせん断力

${}_wf_t$：あばら筋のせん断補強用許容引張応力度

ここで、P_w の値が1.2%以下になるようにする。

以上の流れで求めたせん断補強筋比 P_w を使って、あばら筋の間隔を計算する。

[3] 大梁の計算例

大梁 ${}_2$G4 の断面算定を表 6-23 で行う。

表 6-23　大梁 ${}_2$G4 の計算例

<table>
<tr><td colspan="3">梁記号</td><td colspan="4">${}_2$G4</td><td>補足説明</td></tr>
<tr><td colspan="3">位置</td><td colspan="2">端部</td><td colspan="2">中央</td><td>左右対称なので、端部と中央を計算する。</td></tr>
<tr><td rowspan="4">断面の諸係数</td><td colspan="2">b（mm）</td><td colspan="4">梁幅 $b=400$</td><td rowspan="4">[梁の仮定断面]
j　D　b　d_t
※主筋は最低必要本数を記入している。</td></tr>
<tr><td colspan="2">D（mm）</td><td colspan="4">梁せい $D=600$</td></tr>
<tr><td colspan="2">d（mm）</td><td colspan="4">有効せい $d=D-d_t=600-60=540$</td></tr>
<tr><td colspan="2">j（mm）</td><td colspan="4">応力中心間距離 $j=7/8d \fallingdotseq 473$</td></tr>
<tr><td rowspan="8">設計応力</td><td rowspan="4">曲げモーメント</td><td>M_L（kNm）</td><td colspan="2">89</td><td colspan="2">124</td><td rowspan="8">この設計応力は表 6-22 を参照。
${}_上M_S=M_L+M_E=|89+141|=230\text{kNm}$
${}_下M_S=M_L-M_E=|89-141|=52\text{kNm}$

$Q_S=Q_L+Q_E=92+47=139\text{kN}$
$Q_{D1}=Q_L+2Q_E=92+2\times47=186\text{kN}$</td></tr>
<tr><td>M_E（kNm）</td><td colspan="2">141</td><td colspan="2" rowspan="3">通常、長期応力で決まるので省略した。</td></tr>
<tr><td>${}_上M_S$（kNm）</td><td colspan="2">230</td></tr>
<tr><td>${}_下M_S$（kNm）</td><td colspan="2">52</td></tr>
<tr><td rowspan="4">せん断力</td><td>Q_L（kN）</td><td colspan="2">92</td><td colspan="2">−</td></tr>
<tr><td>Q_E（kN）</td><td colspan="2">−</td><td colspan="2">47</td></tr>
<tr><td>Q_S（kN）</td><td colspan="2">139</td><td colspan="2">−</td></tr>
<tr><td>$Q_{D1}=Q_L+2Q_E$（kN）</td><td colspan="2">186</td><td colspan="2">−</td></tr>
<tr><td colspan="2">長期（L）</td><td>短期（S）</td><td>L</td><td>S</td><td>L</td><td>S</td><td rowspan="2">[短期の場合]
図 6-30　P_t の求め方
C(N/mm²)　2.0　1.97　1.5　1.0　0.5　0.0
0.2　0.4　0.6　Pt(%) 0.64</td></tr>
<tr><td rowspan="7">主筋の算定</td><td colspan="2">C（N/mm²）</td><td colspan="2">[長期]
$C_L=\dfrac{{}_上M_L}{bd^2}$
$=\dfrac{89\times10^6}{400\times540^2}=0.76$
[短期]
$C_S=\dfrac{{}_上M_S}{bd^2}$
$=\dfrac{230\times10^6}{400\times540^2}=1.97$
・この値を使って、図 5-12 から P_t を読む（図 6-30）。</td><td colspan="2">この計算書では、中央の下端筋の必要鉄筋量を計算図表から求めないので、空欄となる。

[P_t の求め方]
・$P_t \leqq P_{tb}$ のとき、C 値から P_t を読む。縦軸の C と危険側となる $\gamma=0$ の直線の交点から横軸の P_t の値を読む。
・$P_t \geqq P_{tb}$ のとき C 値から γ を決め、P_t を読む。
（$\gamma=0.4\sim0.6$）</td></tr>
<tr><td colspan="2">P_t（%）</td><td>0.38</td><td>0.65</td><td></td><td></td><td>大きい方の値を採用し、端部上端筋の計算をする。</td></tr>
<tr><td rowspan="2">必要断面積 a_t（mm²）</td><td>上端筋</td><td colspan="2">${}_上a_t=P_t\cdot b\cdot d$
$=\dfrac{0.65}{100}\times400\times540$
$=1404\text{mm}^2$</td><td colspan="2">${}_上a_c=\gamma\cdot{}_下a_t$
$=0.6\times1192$
$=715\text{mm}^2$</td><td>端部上端筋の長期荷重時における引張鉄筋の必要断面積の検討を行う。
・$0.004\cdot b\cdot d=864\text{mm}^2$
・必要とする量の 4/3 倍
${}_上a_t={}_LP_t\cdot b\cdot d=\dfrac{0.43}{100}\times400\times540=929\text{mm}^2$
$929\text{mm}^2\times\dfrac{4}{3}=1239\text{mm}^2>864\text{mm}^2$
したがって、小さい方の 864mm² 以上必要。</td></tr>
<tr><td>下端筋</td><td colspan="2">${}_下a_t=\dfrac{{}_下M_S}{{}_Sf_t\cdot j}$
$=\dfrac{52\times10^6}{345\times473}$
$=319\text{mm}^2$</td><td colspan="2">${}_下a_t=\dfrac{{}_下M_L}{{}_Lf_t\cdot j}$
$=\dfrac{124\times10^6}{220\times473}$
$=1192\text{mm}^2$
$(P_t=0.55\%<P_{tb})$</td><td rowspan="3">中央下端筋の場合、長期応力で設計する。また、端部上端筋と同様に長期荷重時における引張鉄筋の必要断面積の検討を行う。
・$0.004\cdot b\cdot d=864\text{mm}^2$
・必要とする量の 4/3 倍
$1192\text{mm}^2\times\dfrac{4}{3}=1589\text{mm}^2$
したがって、小さい方の 864mm² 以上必要。</td></tr>
<tr><td rowspan="2">主筋</td><td>上端筋</td><td colspan="2">4 - D22（1548mm²）</td><td colspan="2">2 - D22（774mm²）</td></tr>
<tr><td>下端筋</td><td colspan="2">2 - D22（774mm²）</td><td colspan="2">4 - D22（1548mm²）</td></tr>
</table>

6章　鉄筋コンクリート構造の構造計算例

	項目				備考
あばら筋の算定	$fs \cdot b \cdot j$ (kN) （$\alpha = 1.0$ として計算）	140 ＞ 82	210 ＞ 158		［コンクリートが負担する許容せん断力］ （長期の場合） $Q_{AC} = {}_Lfs \cdot b \cdot j$ $= \frac{0.74\text{N/mm}^2 \times 400\text{mm} \times 473\text{mm}}{1000}$ $\fallingdotseq 140\text{kN} > Q_L = 92\text{kN}$ （短期の場合） $Q_{AC} = {}_sfs \cdot b \cdot j$ $= \frac{1.11\text{N/mm}^2 \times 400\text{mm} \times 473\text{mm}}{1000}$ $\fallingdotseq 210\text{kN} > Q_{D1} = 186\text{kN}$ 以上より、せん断補強が必要ないので、$P_w = 0.2\%$であばら筋を設計する。
	$\frac{M}{Q \cdot d}$	これより、せん断補強が必要ないので、計算外規定より$P_w = 0.2\%$で設計する。また、計算書の表では、この表の項目の一部を省略している。		中央は、端部の方がせん断力が大きいので計算しない。	
	α				
	$\alpha \cdot fs \cdot b \cdot j$ (kN)				
	M_y (kNm) 上端筋				
	M_y (kNm) 下端筋				
	ΣM_y				
	l'		P_wは、0.2%以上、1.2%以下。端部と中央で大きい方を採用し、あばら筋間隔を計算する。		
	$Q_{D2} = Q_0 + \frac{\Sigma M_y}{l'}$				
	P_w (%)	0.2			
	あばら筋	D10 @ 150	あばら筋に D10 を使うとすると、その間隔は、 $x = \frac{a_w}{P_w \cdot b} = \frac{2本 \times 71.3\text{mm}^2}{\frac{0.2}{100} \times 400\text{mm}} = 178.3\text{mm}$ となる。 計算外規定から、あばら筋間隔を D/2 かつ 250mm 以下にしなければならない。したがって、施工上も考慮して、150mm 間隔（D10 @ 150）とする。		
定着	C (mm)	70.7	かぶり厚さ 40mm、梁主筋 4 - D22、あばら筋 D10 ・かぶり厚さの 3 倍 $= 40 \times 3 = 120\text{mm}$ ・鉄筋径の 5 倍 $= 22 \times 5 = 110\text{mm}$ ・鉄筋間の空き $= \frac{400-(40\times2+10\times2+22\times4)}{3} = 70.7\text{mm}$ $\therefore C = 70.7\text{mm}$（最小値）		
	W (mm)	19.1	$A_{st} = 2$ 本 $\times 71.3\text{mm}^2$ (D10) $= 143\text{mm}^2$、$s = 150\text{mm}$、$N = 4$ 本 ・$W = 80 \times \frac{A_{st}}{s \cdot N} = 80 \times \frac{143}{150\times4} \times 4 = 19.1\text{mm}$ ・鉄筋径の 2.5 倍以下 $= 22 \times 2.5 = 55\text{mm}$ $\therefore W = 19.1\text{mm}$（最小値）		
	K	1.62	$d_b = 22\text{mm}$ (D22) $K = 0.3 \times \frac{C+W}{d_b} + 0.4 = 0.3 \times \frac{70.7+19.1}{22} + 0.4 = 1.62$ $\therefore K = 1.62$		
	必要付着長さ l_{db} (mm)	982	$\sigma_t = 345\text{N/mm}^2$、$A_s = 387\text{mm}^2$、$_sf_b = 1.2\text{N/mm}^2$（上端筋）、$\phi = 70\text{mm}$ $l_{db} = \frac{\sigma_t \cdot A_s}{K \cdot f_b \cdot \phi} = \frac{345\times387}{1.62\times1.2\times70} \fallingdotseq 982\text{mm}$		
	$l_{db} + d$ (mm)	1522	$l_{db} + d = 982 + 540 = 1522\text{mm}$		
	設計値 (mm)	1705	$l_d = 1705\text{mm}$（図 6-31）$> 1522\text{mm}$（OK）		以上の結果をまとめ、配筋を立体的に表すと図 6-31 のようになる。
設計	断面	［端部］	［中央］		
	上端筋	4 - D22	2 - D22		
	下端筋	2 - D22	4 - D22		
	あばら筋	□ - D10 @ 150			図 6-31 大梁 $_2G_4$ の配筋

6-7-2　柱の設計

		柱記号	$_1C_1$				$_2C_1$				$_1C_2$				$_2C_2$			
		方　向	X		Y		X		Y		X		Y		X		Y	
		位　置	柱頭	柱脚	柱頭	柱脚	柱頭	柱脚	柱頭	柱脚	柱頭	柱脚	柱頭	柱脚	柱頭	柱脚	柱頭	柱脚
断面		$b \times D$（mm）	500 × 500				500 × 500				500 × 500				500 × 500			
		d（j）（mm）	440（385）				440（385）				440（385）				440（385）			
		0.8%$b \cdot D$（mm²）	2000				2000				2000				2000			
設計応力	N（kN）	N_L	230				111				366				174			
		N_E	46		59		14		18		8		68		2		21	
		N_S（max）	276		289		125		129		374		434		176		195	
		N_S（min）	184		171		97		93		358		298		172		153	
	M（kNm）	M_L	9	5	20	8	24	21	45	38	2	0	33	12	4	2	62	56
		M_E	74	107	79	114	49	40	55	45	99	121	89	118	70	57	64	52
		M_S	83	112	99	122	73	61	100	83	101	121	122	130	74	59	126	108
	Q（kN）	Q_L	4		8		14		25		1		13		2		36	
		Q_E	51		54		27		31		62		58		39		36	
		$Q_D = Q_L + 2Q_E$	106		116		68		87		125		129		80		108	
主筋の算定	長期	$N_L / b \cdot D$	0.92		0.92		0.44		0.44		1.46		1.46		0.70		0.70	
		M_L（max）／$b \cdot D^2$	0.07		0.16		0.19		0.36		0.02		0.26		0.03		0.50	
		P_t（%）	0.00		0.00		0.01		0.10		0.00		0.00		0.00		0.12	
	短期	N_S（max）$/b \cdot D$	1.10		1.16		0.50		0.52		1.50		1.74		0.70		0.78	
		N_S（min）$/b \cdot D$	0.74		0.68		0.39		0.37		1.43		1.19		0.69		0.61	
		M_S(max)$/b \cdot D^2$	0.90		0.98		0.58		0.80		0.97		1.04		0.59		1.01	
		P_t（%）	0.16/0.22		0.18/0.25		0.13/0.15		0.21/0.23		0.13/0.15		0.12/0.19		0.11/0.11		0.25/0.27	
		a_t（mm²）	550		625		375		575		375		475		275		675	
		主筋	2 - D22		3 - D22		2 - D22		3 - D22		2 - D22		3 - D22		2 - D22		3 - D22	
帯筋の算定		$f_s \cdot b \cdot j$（長/短）（kN）	142/214		142/214		142/214		142/214		142/214		142/214		142/214		142/214	
		$\Delta Q = Q_D - f_s \cdot b \cdot j$（kN）																
		P_w（%）	0.3		0.3		0.3		0.3		0.3		0.3		0.3		0.3	
		帯　筋	□ - D10 @ 90				□ - D10 @ 90				□ - D10 @ 90				□ - D10 @ 90			
付着		C（mm）	110				110				110				110			
		W（mm）	55				42.4				55				42.4			
		K	2.65				2.48				2.65				2.48			
		必要付着長さ l_{db}（mm）	480				513				480				513			
		付着長さ l_d（mm）	480 + 440 = 920				513 + 440 = 953				480 + 440 = 920				513 + 440 = 953			
設計		断面（コンクリート断面積の0.8%で設計） Y X	3-D22 3-D22 3-D22 3-D22															

6-7-2　柱の設計

[1] 柱の設計の手順

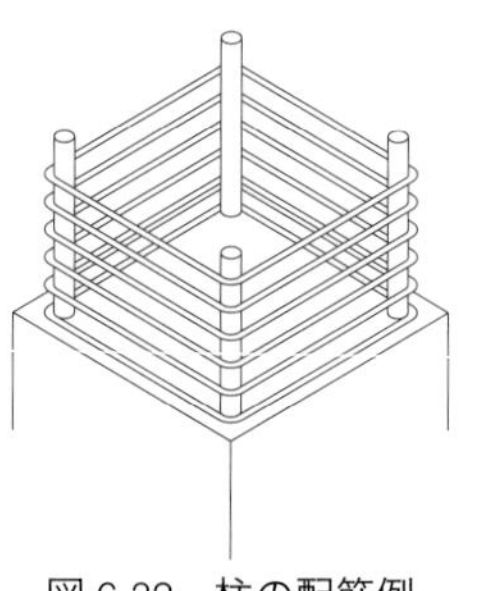

図 6-32　柱の配筋例

「6 - 1 - 3」で求めた材料の許容応力度、「6 - 1 - 4」で仮定した柱の断面寸法、「6 - 4 - 2」で求めた鉛直荷重時軸方向力、「6 - 5」で求めた鉛直荷重時応力、「6 - 6」で求めた水平荷重時応力をもとに図 6-32 に示す主筋の径および本数、帯筋の径および間隔を算定する（詳しくは 5 章参照）。

また、X 方向・Y 方向それぞれについて算定を行う。

a）仮定断面の諸係数の算定（図 6-33）

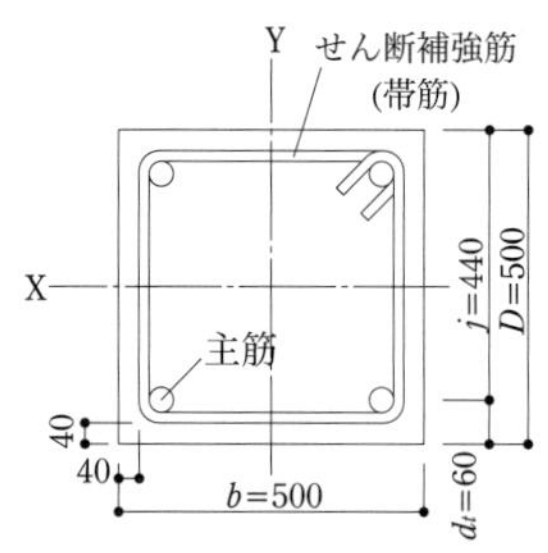

図 6-33　柱の仮定断面

b）設計応力の算定

・鉛直荷重時の応力（N_L、M_L、Q_L）の記入

・水平荷重時の応力（N_E、M_E、Q_E）の記入

・短期応力の計算

　・N_S（max）$= N_L + N_E$、N_S（min）$= N_L - N_E$

　・M_S（max）$= M_L + M_E$、M_S（min）$= M_L - M_E$

　・$Q_D = Q_L + 2 \cdot Q_E$

c）主筋の算定　主筋の算定は、X 方向・Y 方向別にそれぞれ長期・短期について次の流れで行う。

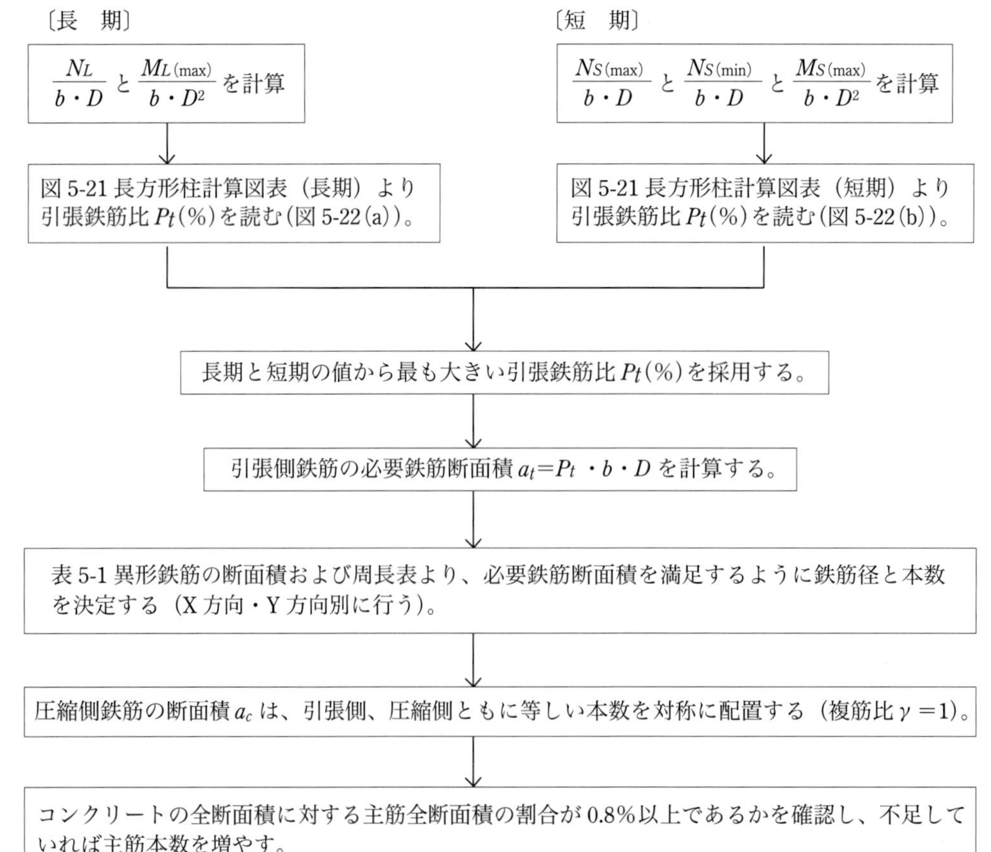

d）せん断補強筋比（帯筋比）P_w の算定　せん断補強筋比（帯筋比）P_w を算定する流れを次に示す。

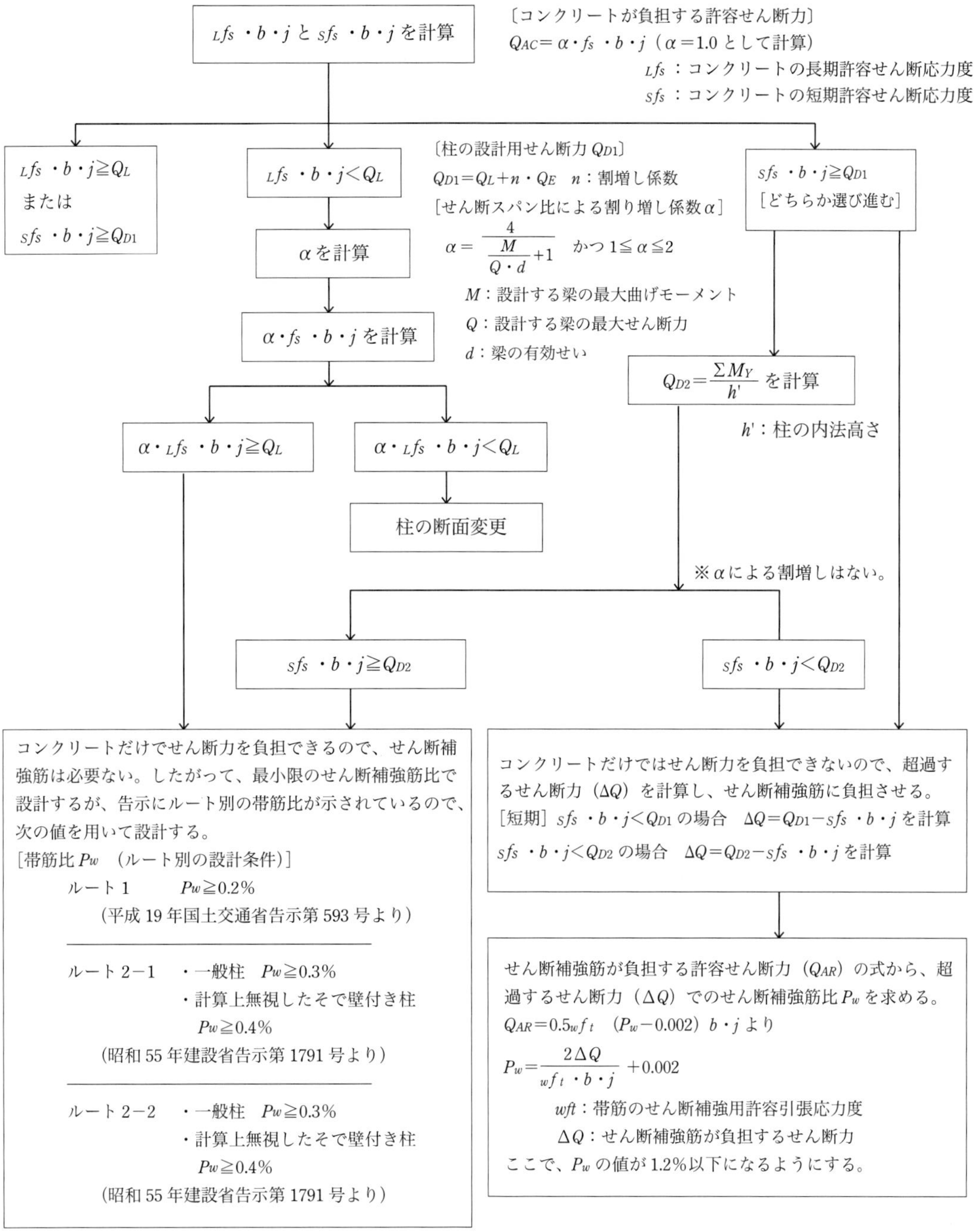

$_Lf_s \cdot b \cdot j$ と $_sf_s \cdot b \cdot j$ を計算

〔コンクリートが負担する許容せん断力〕
$Q_{AC} = \alpha \cdot f_s \cdot b \cdot j$（$\alpha = 1.0$ として計算）
$_Lf_s$：コンクリートの長期許容せん断応力度
$_sf_s$：コンクリートの短期許容せん断応力度

- $_Lf_s \cdot b \cdot j \geqq Q_L$ または $_sf_s \cdot b \cdot j \geqq Q_{D1}$ → 下記「コンクリートだけでせん断力を負担できる」へ
- $_Lf_s \cdot b \cdot j < Q_L$
  - 〔柱の設計用せん断力 Q_{D1}〕
    $Q_{D1} = Q_L + n \cdot Q_E$　n：割増し係数
    ［せん断スパン比による割り増し係数 α］
    $$\alpha = \frac{4}{\frac{M}{Q \cdot d} + 1} \quad かつ\ 1 \leqq \alpha \leqq 2$$
    M：設計する梁の最大曲げモーメント
    Q：設計する梁の最大せん断力
    d：梁の有効せい
  - α を計算
  - $\alpha \cdot f_s \cdot b \cdot j$ を計算
    - $\alpha \cdot {_Lf_s} \cdot b \cdot j \geqq Q_L$ → 「コンクリートだけでせん断力を負担できる」へ
    - $\alpha \cdot {_Lf_s} \cdot b \cdot j < Q_L$ → 柱の断面変更
- $_sf_s \cdot b \cdot j \geqq Q_{D1}$［どちらか選び進む］
  - $Q_{D2} = \frac{\Sigma M_Y}{h'}$ を計算　h'：柱の内法高さ
    ※α による割増しはない。
    - $_sf_s \cdot b \cdot j \geqq Q_{D2}$ → 「コンクリートだけでせん断力を負担できる」へ
    - $_sf_s \cdot b \cdot j < Q_{D2}$ → 「コンクリートだけではせん断力を負担できない」へ
  - （または直接）「コンクリートだけではせん断力を負担できない」へ

［コンクリートだけでせん断力を負担できる場合］

コンクリートだけでせん断力を負担できるので、せん断補強筋は必要ない。したがって、最小限のせん断補強筋比で設計するが、告示にルート別の帯筋比が示されているので、次の値を用いて設計する。

［帯筋比 P_w　（ルート別の設計条件）］

ルート 1　　$P_w \geqq 0.2\%$
（平成 19 年国土交通省告示第 593 号より）

ルート 2－1　・一般柱　$P_w \geqq 0.3\%$
・計算上無視したそで壁付き柱
$P_w \geqq 0.4\%$
（昭和 55 年建設省告示第 1791 号より）

ルート 2－2　・一般柱　$P_w \geqq 0.3\%$
・計算上無視したそで壁付き柱
$P_w \geqq 0.4\%$
（昭和 55 年建設省告示第 1791 号より）

［コンクリートだけではせん断力を負担できない場合］

コンクリートだけではせん断力を負担できないので、超過するせん断力（ΔQ）を計算し、せん断補強筋に負担させる。
［短期］$_sf_s \cdot b \cdot j < Q_{D1}$ の場合　$\Delta Q = Q_{D1} - {_sf_s} \cdot b \cdot j$ を計算
$_sf_s \cdot b \cdot j < Q_{D2}$ の場合　$\Delta Q = Q_{D2} - {_sf_s} \cdot b \cdot j$ を計算

↓

せん断補強筋が負担する許容せん断力（Q_{AR}）の式から、超過するせん断力（ΔQ）でのせん断補強筋比 P_w を求める。
$Q_{AR} = 0.5 {_wf_t}$（$P_w - 0.002$）$b \cdot j$ より

$$P_w = \frac{2\Delta Q}{_wf_t \cdot b \cdot j} + 0.002$$

$_wf_t$：帯筋のせん断補強用許容引張応力度
ΔQ：せん断補強筋が負担するせん断力
ここで、P_w の値が 1.2%以下になるようにする。

e）帯筋の径の決定と間隔の算定　帯筋は、異形鉄筋では D10 以上を用いる。その間隔は、d）で求めた帯筋比 P_w を使って次式から求める。

帯筋の間隔　$x = \frac{a_w}{P_w \cdot b}$　a_w：1組の帯筋の断面積　b：柱の幅　P_w：帯筋比

帯筋の間隔は、柱の上下端から柱径の 1.5 倍以内では@ 100mm、その他の範囲では@ 150mm、そして帯筋比は 0.2%以上とする（ただし、ルート別の設計条件を満足させる）。

[3] 柱の計算例

柱 ${}_1C_2$ の断面算定を表 6-24 で行う。

表 6-24　柱 ${}_1C_2$ の計算例

柱記号			${}_1C_2$				補足説明
方向			X		Y		
位置			柱頭	柱脚	柱頭	柱脚	
断面の諸係数		b (mm)	柱幅 $b = 500$				
		D (mm)	柱せい　$D = 500$				
		d (mm)	$d = D - d_t = 500 - 60 = 440$				d_t = かぶり厚さ（40mm）＋あばら筋（10mm）$+\frac{\text{主筋}(22\text{mm})}{2} \fallingdotseq 60\text{mm}$
		j (mm)	$j = \frac{7}{8}d = \frac{7\times440}{8} = 385$				
設計応力	軸方向力	N_L (kN)	366				6・4・2 鉛直荷重時軸方向力より
		N_E (kN)	8		68		6・6・3 ラーメンの応力図より
		N_S(max) (kN)	$366 + 8 = 374$		$366 + 68 = 434$		N_S (max) $= N_L + N_E$
		N_S(min) (kN)	$366 - 8 = 358$		$366 - 68 = 298$		N_S (min) $= N_L - N_E$
	曲げモーメント	M_L (kNm)	2	0	33	12	6・4・2　ラーメンの応力図より
		M_E (kNm)	99	121	89	118	6・5・3　ラーメンの応力図より
		M_S (kNm)	$2 + 99 = 101$	$0 + 121 = 121$	$33 + 89 = 122$	$12 + 118 = 130$	$M_S = M_L + M_E$
	せん断力	Q_L (kN)	1		13		6・4・2 ラーメンの応力図より
		Q_E (kN)	$61.23 \fallingdotseq 62$		$57.71 \fallingdotseq 58$		6・5・3 ラーメンの応力図より
		$Q_{D1} = Q_L + 2Q_E$ (kN)	$1 + 2 \times 62 = 125$		$13 + 2 \times 58 = 129$		
主筋の算定		$\frac{N}{bD}$ (N/mm^2) $\frac{M}{bD^2}$ (N/mm^2) P_t (%)	$\frac{N_L}{bD} = \frac{366\times10^3}{500\times500} = 1.46$ $\frac{M_{L(\max)}}{bD^2} = \frac{2\times10^6}{500\times500^2} = 0.02$ 図 5-21 長方形柱計算図表（長期）より $P_t = 0.0\%$ $\frac{N_{S(\max)}}{bD} = \frac{374\times10^3}{500\times500} = 1.50$ $\frac{N_{S(\min)}}{bD} = \frac{358\times10^3}{500\times500} = 1.43$ $\frac{M_{S(\max)}}{bD^2} = \frac{121\times10^6}{500\times500^2} = 0.97$ 図 5-21 長方形柱計算図表（短期）より N_S (max) のとき、$P_t = 0.13\%$ N_S (min) のとき、$P_t = 0.15\%$		$\frac{N_L}{bD} = \frac{366\times10^3}{500\times500} = 1.46$ $\frac{M_{L(\max)}}{bD^2} = \frac{33\times10^6}{500\times500^2} = 0.26$ 図 5-21 長方形柱計算図表（長期）より $P_t = 0.0\%$ $\frac{N_{S(\max)}}{bD} = \frac{434\times10^3}{500\times500} = 1.74$ $\frac{N_{S(\min)}}{bD} = \frac{298\times10^3}{500\times500} = 1.19$ $\frac{M_{S(\max)}}{bD^2} = \frac{130\times10^6}{500\times500^2} = 1.04$ 図 5-21 長方形柱計算図表（短期）より N_S (max) のとき、$P_t = 0.12\%$ N_S (min) のとき、$P_t = 0.19\%$		長期応力から引張鉄筋比 P_t（%）を求める。 短期応力から引張鉄筋比 P_t（%）を求める。
		必要断面積 a_t (mm^2)	$a_t = P_t \cdot b \cdot D$ $= \frac{0.15}{100} \times 500 \times 500 = 375$		$a_t = P_t \cdot b \cdot D$ $= \frac{0.19}{100} \times 500 \times 500 = 475$		3 つの P_t（%）値から、最も大きい値を採用する。
		0.8%bD (mm^2)	$\frac{0.8}{100} \times 500 \times 500 = 2000$		$\frac{0.8}{100} \times 500 \times 500 = 2000$		全主筋の断面積は、コンクリート断面積の 0.8%以上必要。

〈次のページに続く〉

	項目			備考
	主筋	4-D22（1548mm²）＜ 0.8％bD ＝ 2000mm²…NO 鉄筋量が不足 → 6-D22（2322mm²）＞2000mm²…OK 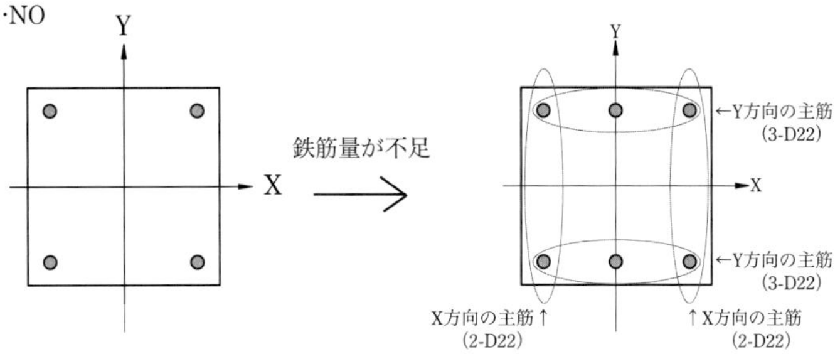 ←Y方向の主筋（3-D22） ←Y方向の主筋（3-D22） X方向の主筋↑（2-D22） ↑X方向の主筋（2-D22） X・Y 両方向とも、最低 2 本（計 4 本）は配置し、かつ全主筋の断面積は、コンクリート断面積の 0.8％以上必要である。主筋に D22 を用いると、全体で 2 本不足する。したがって、Y 方向の曲げモーメントの方が大きいので、この方向の主筋を 3 - D22 とする。		
帯筋の算定	$f_s \cdot b \cdot j$（kN）	$_Lf_s \cdot b \cdot j = \frac{0.74 \times 500 \times 385}{1000} \fallingdotseq 142$kN $_Sf_s \cdot b \cdot j = \frac{1.11 \times 500 \times 385}{1000} \fallingdotseq 214$kN	（長期）142　（短期）214	X・Y 方向とも $_Lf_s \cdot b \cdot j > Q_L$ $_Sf_s \cdot b \cdot j > Q_{D1}$ となる。
	$\Delta Q = Q_D - f_s \cdot b \cdot j$（kN）			
	P_w（%）	0.3	0.3	ルート 2 - 2 による。
	帯筋	帯筋に D10 を使うとすると、その間隔は、 $x = \frac{a_w}{P_w \cdot b} = \frac{71\text{mm}^2 \times 2\text{本}}{\frac{0.3}{100} \times 500\text{mm}} \fallingdotseq 95$mm 以下にする必要がある。 ∴□ - D10 @ 90		施工上も考慮して、90mm 間隔とする。
付着	C（mm）	110	110	Y 方向の付着について かぶり厚さ 40mm、柱主筋 3 - D22、あばら筋 D10 ・かぶり厚さの 3 倍＝ 40 × 3 ＝ 120mm ・鉄筋径の 5 倍＝ 22 × 5 ＝ 110mm ・鉄筋間の空き＝$\frac{500-(40\times2+10\times2+22\times3)}{2}$＝ 167mm ∴ C ＝ 110mm（最小値）
	W（mm）	55	42.4	A_{st} ＝ 2 本× 71.3mm²（D10）＝ 143mm²、s ＝ 90mm、N ＝ 3 本 ・$W = 80 \times \frac{A_{st}}{s \cdot N} = 80 \times \frac{143}{90 \times 3} = 42.4$mm ・鉄筋径の 2.5 倍以下＝ 22 × 2.5 ＝ 55mm ∴ W ＝ 42.4mm（最小値）
	K	2.65	2.48	$K = 0.3 \times \frac{C+W}{d_b} + 0.4$　d_b：曲げ補強鉄筋径 $= 0.3 \times \frac{110+42.4}{22} + 0.4 = 2.48$　∴ $K = 2.48$
	必要付着長さ l_{db}（mm）	480	513	$\sigma_t = 345$N/mm²、$A_s = 387$mm²、$_sf_b = 1.5$N/mm²（その他）、主筋 1 本の周長 $\phi = 70$mm $I_{db} = \frac{\sigma_t \cdot A_s}{K \cdot f_b \cdot \phi} = \frac{345 \times 387}{2.48 \times 1.5 \times 70} \fallingdotseq 513$
	付着長さ l_d（mm）	480 ＋ 440 ＝ 920	953	l_d は、$l_{db} + d$ ＝ 513 ＋ 440 ＝ 953mm 以上必要。
	設計			柱の場合、通常は、圧接で継ぐので付着長さは必要としない。

計算書

6-7-3　小梁の設計

鉄筋の長期許容引張応力度　$_{L}f_{t}$ = 220N/mm²
鉄筋の長期許容せん断応力度　$_{L}f_{s}$ = 0.74N/mm²

記号			${}_{R}B_{1}$						${}_{2}B_{1}$						${}_{R}B_{2}$				${}_{2}B_{2}$			
位置			外端		中央		内端		外端		中央		内端		両端		中央		両端		中央	
断面諸係数		b (mm)	300						300						300				300			
		D (mm)	500						500						500				500			
		d (mm)	440						440						440				440			
		j (mm)	385						385						385				385			
		0.4%bd (mm²)	528						528						528				528			
M	M_L	上M_L (kNm)	30				60		38				76		50				63			
		下M_L (kNm)			44						57						39				50	
	M_E (kNm)																					
	M_S	上M_S (kNm)																				
		下M_S (kNm)																				
Q		Q_L (kN)	38				48		49				62		43				55			
		Q_E (kN)																				
		Q_S (kN)																				
長期(L)	短期(S)		L	S	L	S	L	S	L	S	L	S	L	S	L	S	L	S	L	S	L	S
主筋の算定	C	上端筋	0.51				1.03		0.65				1.31		0.86				1.08			
		下端筋																				
	P_t	上端筋	0.25				0.53		0.33				0.67		0.43				0.55			
		下端筋																				
	a_t	上a_t(mm²)	330				900		436				885		568				726			
		下a_t(mm²)			520						673						461				591	
	主筋	上端筋	2 - D19				3 - D19		2 - D19				4 - D19		2 - D19				3 - D19			
		下端筋			3 - D19						3 - D19						2 - D19				3 - D19	
あばら筋の算定		$f_s \cdot b \cdot j$ (kN)	85				85		85				85		85				85			
		α																				
		$\alpha \cdot f_s \cdot b \cdot j$ (kN)																				
		P_w (%)	0.2						0.2						0.2				0.2			
		あばら筋	□ - D10 @ 200						□ - D10 @ 200						□ - D10 @ 200				□ - D10 @ 200			
設計		断面 (γ = 0.6)													注)				注)			
		上端筋	2 - D19		2 - D19		3 - D19		2 - D19		2 - D19		4 - D19		3 - D19		2 - D19		4 - D19		2 - D19	
		下端筋	2 - D19		3 - D19		2 - D19		2 - D19		3 - D19		2 - D19		2 - D19		2 - D19		2 - D19		3 - D19	

注）小梁 ${}_{2}B_{2}$ の端部上端筋は、計算では 3 - D19 となったが、隣の小梁 ${}_{2}B_{1}$ の内端上端筋が 4 - D19 なので、バランスを考慮して 4 - D19 で設計する。小梁 ${}_{R}B_{2}$ 端部上端筋についても、同様の理由で隣の小梁 ${}_{R}B_{1}$ 内端上端筋の 3 - D19 に合わせた。

6-7-3　小梁の設計

小梁の場合は架構を形成していないので、鉄筋コンクリート構造設計規準から図6・34のように仮定して曲げモーメントを算出する。設計上の注意点は大梁と同じようにする。また、この計算例では、3スパンの場合で計算する。

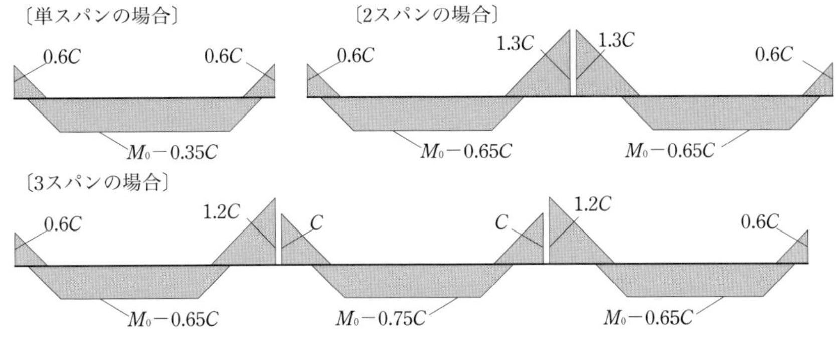

図6-34　小梁の曲げモーメント

1）断面の諸係数の算定

小梁の仮定断面（図6-35）より

・梁幅 b = 300mm

・梁せい D = 500mm

・断面の有効せい $d = D - d_t$ = 500mm − 60mm = 440mm

・応力中心間距離 $j = \frac{7}{8}d = \frac{7}{8} \times 440 = 385$mm

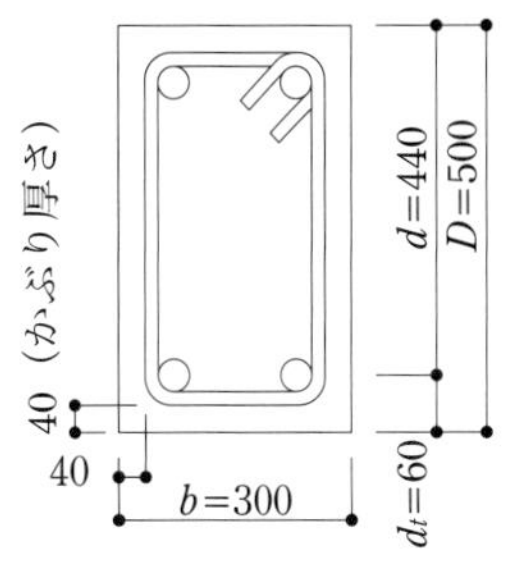

図6-35　小梁仮定断面

2）設計応力の算定

「6 - 4 - 3 鉛直荷重時 C、M_0、Q_0 の算定」から、2階の小梁 ${}_2B_1$、${}_2B_2$ の応力を算定する。

2階の場合、B_1、B_2 共に、C = 63kNm、M_0 = 97kNm、Q_0 = 55kN なので、2階の応力は図6-36のようになる。

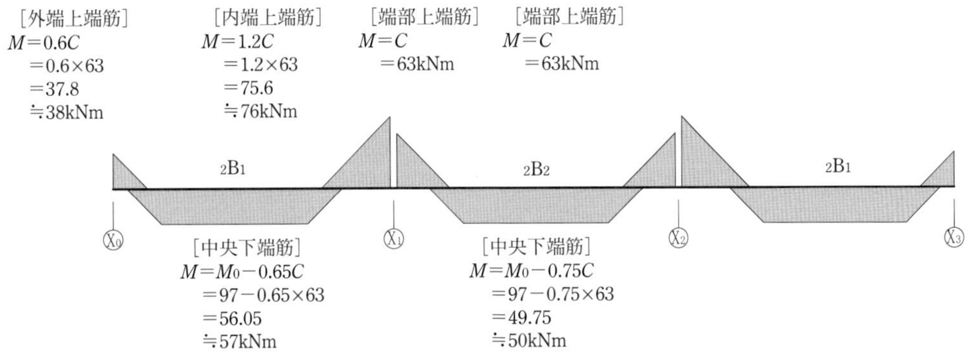

〔${}_2B_1$〕 $Q_{外端} = Q_0 - \frac{M_{内端} - M_{外端}}{スパン長} = 55\text{kN} - \frac{76\text{kNm} - 38\text{kNm}}{6\text{m}} = 48.67 ≒ 49\text{kN}$　〔${}_2B_2$〕 Q 端部 = 55kN

$$Q_{内端} = Q_0 + \frac{M_{内端} - M_{外端}}{スパン長} = 55\text{kN} + \frac{76\text{kNm} - 38\text{kNm}}{6\text{m}} = 61.33 ≒ 62\text{kN}$$

図6-36　2階の小梁の応力図

3）主筋の算定

図6-34より梁端部上端側と中央下端側が引張応力となる。小梁は長期応力で決まるので、端部上端筋と中央下端筋の引張鉄筋の断面積は0.4% bd 以上確保するように設計する。大梁と同じ方法で、小梁 $_2B_1$ について算定を行う。

a）外端上端筋の算定　梁の端部では、上端筋が主筋となり、C の値を求めて断面算定図表から P_t の値を読む。

$$C=\frac{M}{b\cdot d^2}=\frac{38\times10^6\text{Nmm}}{300\text{mm}\times(440\text{mm})^2}=0.65$$

この値をもとに、図5-12の断面算定図表から P_t を読むと、$P_t=0.32\%$が読める（$P_t<P_{tb}$）。

主筋断面積は、$_{上}a_t=P_t\cdot b\cdot d=\frac{0.32}{100}\times300\times440=422.4\text{mm}^2\quad<0.4\%bd=528\text{mm}^2$となる。

したがって、2 - D19（574mm²）とする。

b）外端下端筋の算定　　外端下端筋の曲げモーメントは0なので、複筋比 $\gamma=0.6$ と仮定して計算すると、$_{下}a_c={}_{上}a_t\cdot\gamma=422.4\times0.6=253.4\text{mm}^2$ 以上必要となるので、2 - D19（574mm²）とする。

c）中央下端筋の算定　　下端筋が主筋となり、次式から主筋の必要断面積を求める。

$$_{下}a_t=\frac{M}{_Lf_t\cdot i}=\frac{57\times10^6\text{Nmm}}{220\text{N/mm}^2\times385\text{mm}}=673.0\text{mm}^2\quad>0.4\%bd=528\text{mm}^2\quad となる。$$

したがって、3 - D19（861mm²）とする。　　$_Lf_t$：鉄筋の長期許容せん断応力度

d）中央上端筋の算定　　中央上端筋の曲げモーメントは0なので、複筋比 $\gamma=0.6$ と仮定して計算すると、$_{上}a_c={}_{下}a_t\cdot\gamma=673.0\times0.6=403.8\text{mm}^2$ 以上必要となるので、2 - D19（574mm²）とする。

e）内端上端筋の算定　　外端上端筋と同様に C の値を求めて断面算定図表から P_t の値を読む。

$$C=\frac{M}{b\cdot d^2}=\frac{76\times10^6\text{Nmm}}{300\text{mm}\times(440\text{mm})^2}=1.31$$

この値をもとに、図5-12の断面算定図表から P_t を読むと、$P_t=0.67\%$が読める（$P_t<P_{tb}$）。

主筋断面積は、$_{上}a_t=P_t\cdot b\cdot d=0.67/100\times300\times440=884.4\text{mm}^2>0.4\%bd=528\text{mm}^2$ となる。

したがって、4 - D19（1148mm²）とする。

f）内端下端筋の算定　　内端下端筋の曲げモーメントは0なので、複筋比 $\gamma=0.6$ と仮定して計算すると、$_{下}a_c={}_{上}a_t\cdot\gamma=884.4\times0.6=530.6\text{mm}^2$ 以上必要となるので、2 - D19（574mm²）とする。

4）せん断補強筋の算定

コンクリートが負担する長期許容せん断力 $_LQ_{AC}$ を求め、この値が設計用せん断力 Q_L より大きければ、鉄筋コンクリート構造計算規準の計算外規定で設計する。

$_LQ_{AC}={}_Lf_s\cdot b\cdot j=0.74\text{N/mm}^2\times300\text{mm}\times385\text{mm}\fallingdotseq85\text{kN}>Q_L$

$_Lf_s$：コンクリートの長期許容せん断応力度

小梁 B_1、B_2 のせん断力と比較すると、すべて長期許容せん断力以下となり、計算外規定の $P_w=0.2\%$で設計する。

あばら筋にD10（D10 2本の断面積：143mm²）を使用し、その間隔を計算すると、

$$あばら筋間隔\,x=\frac{a_w}{b\cdot P_w}=\frac{143\text{mm}^2}{300\text{mm}\times\frac{0.2}{100}}\fallingdotseq237\text{mm}以下にする。$$

a_w：1 組のあばら筋の断面積

P_w：あばら筋比

また、鉄筋コンクリート構造計算規準の計算外規定から、あばら筋間隔を D/2 かつ 250mm 以下にしなければならない。

したがって、施工上も考慮して、200mm 間隔（D10 @ 200）とし、配筋図を図 6-37 に示す。

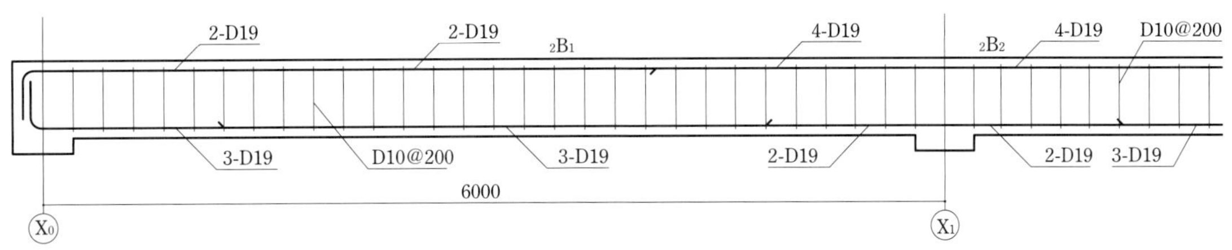

図 6-37　小梁 2B1 の配筋図

計算書

6-7-4　スラブの設計

鉄筋の長期許容引張応力度　$_Lf_t$ = 200N/mm²

符号	方向		有効スパン l_x (mm)	有効スパン l_y (mm)	有効スパン λ	荷重 w [w_x] (kN/m²)	曲げモーメント (kNm/m)	d (j) (mm)	a_t (mm²)	配筋
$_RS_1$	短辺	端部	2700	5650	2.1	5.3 [5.04]	M_{x1} = 3.06	115 [101]	151.5	D10・D13 交互@ 200　(495mm²)
		中央					M_{x2} = 2.04		101.0	D10 @ 200　(355mm²)
	長辺	端部					M_{y1} = 1.61	105 [92]	87.5	D10・D13 交互@ 250　(396mm²)
		中央					M_{x2} = 1.07		58.2	D10 @ 250　(284mm²)
$_2S_2$	短辺	端部	2700	5650	2.1	7.4 [7.03]	M_{x1} = 4.27	115 [101]	211.4	D10・D13 交互@ 200 (495mm²)
		中央					M_{x2} = 2.85		141.1	D10 @ 200 (355mm²)
	長辺	端部					M_{x1} = 2.25	105 [92]	122.3	D10・D13 交互@ 250 (396mm²)
		中央					M_{x2} = 1.50		81.5	D10 @ 250 (284mm²)

6-7-4　スラブの設計

表 6-25　スラブ厚さ

支持条件	スラブ厚さ (mm)
周辺固定	$t=0.02\left(\frac{\lambda-0.7}{\lambda-0.6}\right)\left(1+\frac{w_p}{10}+\frac{l_x}{10000}\right)l_x$
片持ち	$t=\frac{l_x}{10}$

注 1)　$\lambda=\frac{l_y}{l_x}$　　l_x：短辺有効スパン (mm)　l_y：長辺有効スパン (mm)

ただし、有効スパンとは、梁、その他支持部材間の内法寸法をいう。

注 2)　w_p：積載荷重と仕上げ荷重との和 (kN/m²)

注 3) 片持スラブの厚さは支持端について制限する。その他の部分の厚さは適当に低減してよい。

(鉄筋コンクリート構造計算規準・同解説 1999 表 10 より)

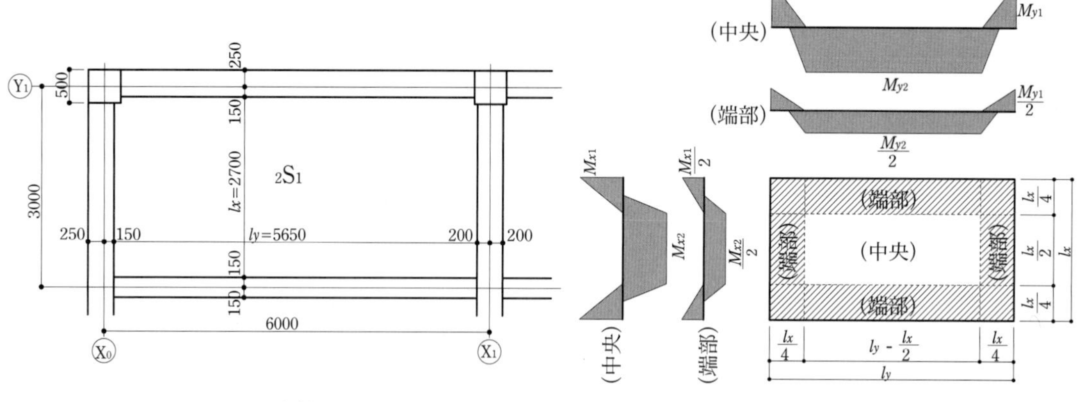

図 6-38　有効スパン

図 6-39　長方形スラブに生じる曲げモーメント

6-7-4　スラブの設計

1）スラブの設計の手順

「6-2-2　2）床の単位荷重表」から、2階の床が最も大きい値になるので、2階床 $_2S_1$ について次の手順で設計する。

a）スラブ厚さの検討　スラブ厚さは、表6-25の値以上、かつ、80mm以上必要である。しがって、仮定したスラブ厚さ（150mm）でよいかをここで検討する。

・λの値　図6-38の有効スパンから計算する。

$$\lambda=\frac{\text{長辺有効スパン}l_y}{\text{短辺有効スパン}l_x}=\frac{5650}{2700}=2.1$$

・荷重 w_p（積載荷重と仕上げ荷重の和）　この計算例では、仕上げを省略しているので、積載荷重の値を使う。

w_p ＝2階床荷重－コンクリートスラブ重量＝ 7.4 － 24 × 0.15 ＝ 3.8kN/m²

・スラブ厚さ t　表6-25から、スラブの支持条件が周辺固定の場合のスラブの厚さを求める。

$$t=0.02\left(\frac{\lambda-0.7}{\lambda-0.6}\right)\left(1+\frac{w_p}{10}+\frac{l_x}{10000}\right)l_x$$

$$=0.02\left(\frac{2.1-0.7}{2.1-0.6}\right)\left(1+\frac{3.8}{10}+\frac{2700}{10000}\right)\times2700$$

$$=83.16\text{mm}$$

したがって、80mm以上必要なので、仮定したスラブ厚さを設計スラブ厚さ t ＝ 150mmとする。

b）単位面積あたりのスラブ計算用荷重 w　「6-2-2　2）床の単位荷重表」の床用の値を用いる。

w ＝ 7.4kN/m²

c）曲げモーメント　図6-39、図6-40のように短辺方向と長辺方向のそれぞれ、スラブ幅1mの梁と仮定して、次式で曲げモーメントを求める。

$$w_x=\frac{l_y^4}{l_x^4+l_y^4}w=\frac{5.65^4}{2.7^4+5.65^4}\times7.4=7.03\text{kN/m}^2$$

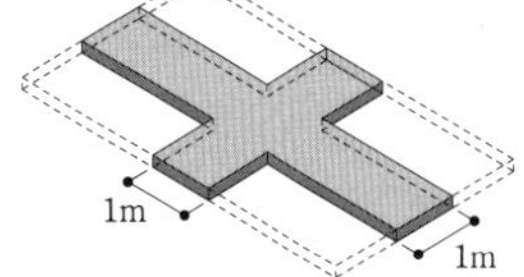

図6-40　幅1mの梁

［短辺方向］

（両端）$M_{x1}=-\frac{1}{12}w_x\cdot l_x^2=-\frac{1}{12}\times7.03\times2.7^2=-4.27\text{kNm/m}$

（中央）$M_{x2}=\frac{1}{18}w_x\cdot l_x^2=\frac{1}{18}\times7.03\times2.7^2=2.85\text{kNm/m}$

［長辺方向］

（両端）$M_{y1}=-\frac{1}{24}w\cdot l_x^2=-\frac{1}{24}\times7.4\times2.7^2=-2.25\text{kNm/m}$

（中央）$M_{y2}=\frac{1}{36}w\cdot l_x^2=\frac{1}{36}\times7.4\times2.7^2=1.05\text{kNm/m}$

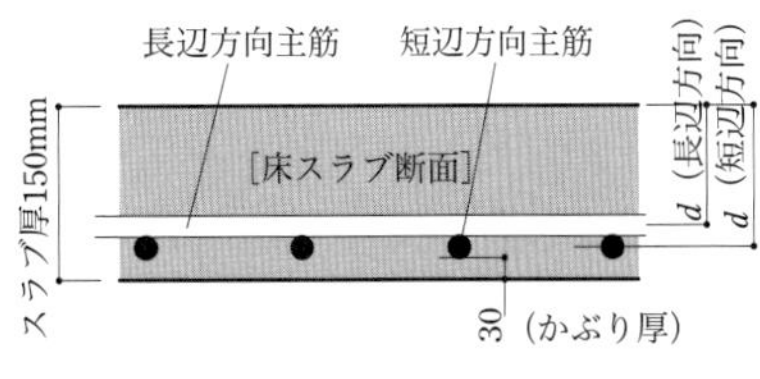

図6-41　有効せい

d）床スラブの有効せい　d と応力中心間距離 j

［短辺方向］　図6-41から、下端筋にD10を使用すると、d ＝スラブ厚さ－かぶり厚さ－鉄筋径の半分＝ 150mm － 30mm $-\frac{10\text{mm}}{2}$ ＝ 115mm

6章　鉄筋コンクリート構造の構造計算例

$$j = \frac{7}{8}d = \frac{7 \times 115\text{mm}}{8} = 101\text{mm}$$

［長辺方向］図 6-41 から、下端筋に D10 を使用すると、この下に短辺方向の D10 があるので、その分も考慮する。

$$d = 150\text{mm} - 30\text{mm} - 10\text{mm} - \frac{10\text{mm}}{2} = 105\text{mm}$$

$$j = \frac{7}{8}d = \frac{7 \times 105\text{mm}}{8} = 92\text{mm}$$

e）スラブ筋の算定　床スラブの配筋は、幅 1m の梁と考えて、つり合い鉄筋比以下の梁の断面算定の方法に従って求める。

・必要鉄筋間隔 x を求める基本式（$_Lf_t = 200\text{N/mm}^2$ の場合）

$x = \frac{0.175\,a_1}{M}d$　a_1：鉄筋 1 本の断面積（mm^2）　d：有効せい（mm）

［短辺方向］

（上端筋）両端　D10・D13交互にすると、$x = \frac{0.175 \times \left(\frac{71+127}{2}\right)}{4.27} \times 115 = 466.6\text{mm}$

（下端筋）中央　D10にすると、$x = \frac{0.175 \times 71}{2.85} \times 115 = 501.4\text{mm}$

RC 規準より、短辺方向の鉄筋間隔は 200mm 以下にしなければならないので、200mm で設計する。

［長辺方向］

（上端筋）両端　D10・D13交互にすると、$x = \frac{0.175 \times \left(\frac{71+127}{2}\right)}{2.25} \times 105 = 808.5\text{mm}$

（下端筋）中央　D10にすると、$x = \frac{0.175 \times 71}{1.50} \times 105 = 869.8\text{mm}$

RC 規準より、長辺方向の鉄筋間隔は 300mm 以下にしなければならないので、250mm で設計する。

計算で求めた箇所（着色部分）のスラブ筋をまとめると次のようになる。この計算例では、ダブル配筋とする。

	短辺方向		長辺方向	
	端部	中央	端部	中央
上端筋	D10・D13 交互@ 200	(D10・D13 交互 @200)	D10・D13 交互@ 250	(D10・D13 交互@ 250)
下端筋	(D10 @ 200)	D10 @ 200	(D10 @ 250)	D10 @ 250

（　）内は、ダブル配筋なので、上端筋、下端筋それぞれ同一とした。

f）鉄筋量の検討　ダブル配筋の場合、検討は必要ないが上記の計算結果から短辺方向について、スラブ鉄筋全断面積のコンクリート全断面積に対する割合が 0.2%以上あることを確認する。

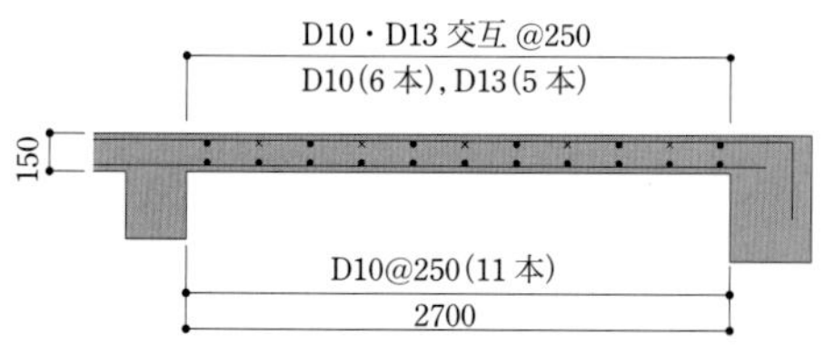

図 6-42　短辺方向中央の配筋

$$\frac{71\text{mm}^2\times 17本+127\text{mm}^2\times 5本}{150\text{mm}\times 2700\text{mm}}\times 100\% = 0.45\% > 0.2\%\cdots\text{OK}$$

D10 1本の断面積：71mm^2

D13 1本の断面積：127mm^2

g) 床スラブの配筋図　一度に上端筋と下端筋を書き込むと混乱するので、ここでは分けて作図した（図6-43）。

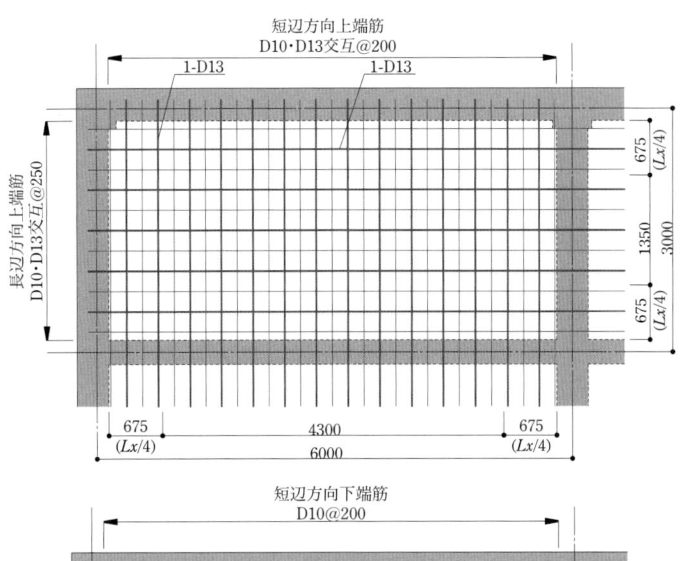

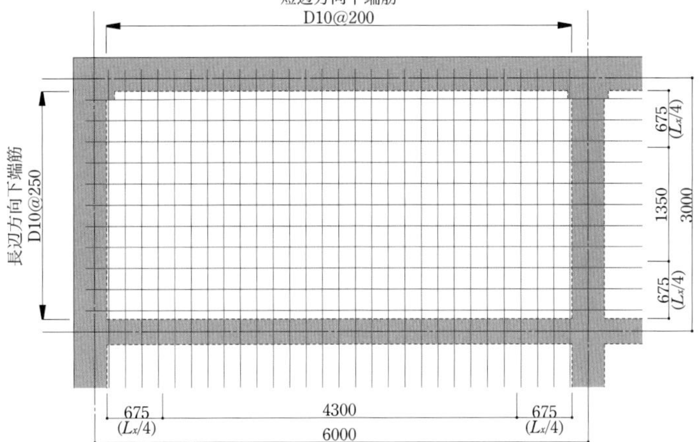

図6-43　スラブ配筋

6-7-5 基礎梁の設計

鉄筋の短期許容引張応力度：$_sf_t$ = 345N/mm^2（SD345）
コンクリートの短期許容せん断応力度：$_sf_s$ = 1.11N/mm^2
コンクリートの短期許容付着応力度：$_sf_b$ = 1.2N/mm^2

記号		$_FG1$						$_FG2$						$_FG3$				$_FG4$			
位置		X_0端		中央		X_1端		X_0端		中央		X_1端		端部		中央		端部		中央	
断面諸係数	b (mm)	400						400						400				400			
断面諸係数	D (mm)	900						900						900				900			
断面諸係数	d (mm)	800						800						800				800			
断面諸係数	j (mm)	700						700						700				700			
M	M_L (kNm)	5		3		0		0		0		0		8		8		12		12	
M	M_E (kNm)	107		23		61		61		0		61		144		0		118		0	
M	M_S 上M_S (kNm)	112		26		61		61		0		61		122		8		130		12	
M	M_S 下M_S (kNm)	102		20		61		61		0		61		106		0		106		0	
Q	Q_L (kN)	1						0						1				2			
Q	Q_E (kN)			28						20						38				39	
Q	Q_S (kN)	29						20						39				41			
Q	$Q_L + 2Q_E$ (kN)	57						40						77				806			
長期(L)	短期(S)	L	S	L	S	L	S	L	S	L	S	L	S	L	S	L	S	L	S	L	S
主筋の算定	C (N/mm^2)		0.44				0.24		0.24				0.24		0.48				0.51		
主筋の算定	P_t (%)		0.4		0.4		0.4		0.4		0.4		0.4		0.4		0.4		0.4		0.4
主筋の算定	a_t 上a_t(mm^2)		1280		1280		1280		1280		1280		1280		1280		1280		1280		1280
主筋の算定	a_t 下a_t(mm^2)		1280		1280		1280		1280		1280		1280		1280		1280		1280		1280
主筋の算定	主筋 上端筋	4 - D22		4 - D22		4 - D22		4 - D22		4 - D22		4 - D22		4 - D22		4 - D22		4 - D22		4 - D22	
主筋の算定	主筋 下端筋	4 - D22		4 - D22		4 - D22		4 - D22		4 - D22		4 - D22		4 - D22		4 - D22		4 - D22		4 - D22	
あばら筋の算定	f_s・b・j (kN)		311						311						311				311		
あばら筋の算定	α																				
あばら筋の算定	α・f_s・b・j (kN)																				
あばら筋の算定	P_w (%)		0.2		0.2		0.2		0.2		0.2		0.2		0.2		0.2		0.2		0.2
あばら筋の算定	あばら筋	□ - D10 @ 150						□ - D10 @ 150						□ - D10 @ 150				□ - D10 @ 150			
付着	C (mm)	44.0						44.0						44.0				44.0			
付着	W (mm)	19.1						19.1						19.1				19.1			
付着	K	1.26						1.26						1.26				1.26			
付着	必要付着長さ (mm)	1261						1261						1261				1261			
付着	$l_{db} + d$ (mm)	1261 + 800 = 2061						1261 + 800 = 2061						1261 + 800 = 2061				1261 + 800 = 2061			
付着	設計																				
設計	断面	[全断面]						[全断面]						[全断面]				[全断面]			
設計	上端筋	4 - D22		4 - D22		4 - D22		4 - D22		4 - D22		4 - D19		4 - D22		4 - D22		4 - D22		4 - D22	
設計	下端筋	4 - D22		4 - D22		4 - D22		4 - D22		4 - D22		4 - D22		4 - D22		4 - D22		4 - D22		4 - D22	

6-7-5　基礎梁の設計

基礎梁の設計は、梁を長方形梁とみなして計算する。主筋の算定にあたって、複筋比γは長期の曲げモーメントが小さいことより、$\gamma = 1.0$とする。また、主筋断面積は上端筋、下端筋それぞれ0.4%以上確保するように設計する。基礎梁FG4について、以下の手順で設計を行う。

区分	項目				
記号		FG4			
位置		端部		中央	
断面諸係数	$b \times D$（mm）	400 × 900			
	d（mm）	900 − 100 = 800			
	j（mm）	$\frac{7}{8}d = 700$			
M	M_L（kNm）	12		12	
	M_E（kNm）	118		0	
	M_S 上M_S（kNm）	130		12	
	M_S 下M_S（kNm）	106		0	
Q	Q_L（kN）	4			
	Q_E（kN）			39	
	Q_S（kN）	43			
	$Q_L + 2Q_E$（kN）	82			
長期（L）	短期(S)	L	S	L	S
主筋の算定	C（N/mm²）	0.05	0.51		
	P_t（%）		0.4		0.4
	a_t 上a_t(mm²)	1280		1280	
	a_t 下a_t(mm²)	1280		1280	
	主筋 上端筋	4 - D22		4 - D22	
	主筋 下端筋	4 - D22		4 - D22	
あばら筋の算定	$f_s \cdot b \cdot j$（kN）		311		
	α				
	$\alpha \cdot f_s \cdot b \cdot j$（kN）				
	P_w（%）		0.2		0.2
	あばら筋	D10 @ 150			
付着	C（mm）	44.0			
	W（mm）	19.1			
	K	1.26			
	必要付着長さ（mm）	1261			
	$l_{db} + d$（mm）	1261 + 800 = 2061			
	設計				
設計	断面	［全断面］			
	上端筋	4 - D22		4 - D22	
	下端筋	4 - D22		4 - D22	

1）端部の設計（図5-12(1)、(2)を用いて計算する）

①長期　$C_L = \dfrac{M_L}{bd^2} = \dfrac{12 \times 10^6}{400 \times 800^2} = 0.05\text{N/mm}^2$

図5-12(1)より、$P_t = 0.2\% \rightarrow P_t = 0.4\%$以上必要。

②短期　$C_S = \dfrac{M_S}{bd^2} = \dfrac{130 \times 10^6}{400 \times 800^2} = 0.51\text{N/mm}^2$

図5-12(2)より、$P_t = 0.2\% \rightarrow P_t = 0.4\%$以上必要。

③端部下端筋

必要鉄筋断面積 $a_t = P_t \cdot b \cdot d = \dfrac{0.4}{100} \times 400 \times 800 = 1280\text{mm}^2$

∴表5-1より4 − D22（1548mm²）とする。

④端部上端筋

$a_c = a_t \cdot \gamma = 1280 \times 1.0 = 1280\text{mm}^2$

∴ 4 - D22（1548mm²）とする。

2）中央部の設計（$M = a_t \cdot f_t \cdot j$を用いて計算する）

①中央上端筋　$a_t = \dfrac{M_S}{{}_sf_t \cdot j} = \dfrac{12 \times 10^6\text{Nmm}}{345\text{N/mm}^2 \times 700\text{mm}} = 49.7\text{mm}^2$

主筋断面積は、中央部でも0.4%以上必要なので、4-D22（1548mm²）とする。

②中央下端筋

$\gamma = 1.0$なので、4 - D22（1548mm²）とする。

3）せん断補強筋

①短期許容せん断力Q_A

$Q_A = {}_sf_s \cdot b \cdot j = 1.11\text{N/mm}^2 \times 400\text{mm} \times 700\text{mm} \fallingdotseq 311\text{kN}$

②短期設計用せん断力Q_D

$Q_D = Q_L + 2Q_E = 4\text{kN} + 2.0 \times 39\text{kN} = 82\text{kN}$

したがって、$Q_A > Q_D$となり、せん断補強の必要はないから、$P_w = 0.2\%$とする。

③あばら筋

あばら筋にD10を使用し、その間隔を計算すると、

あばら筋間隔 $x = \dfrac{a_w}{b \cdot P_w} = \dfrac{143\text{mm}^2}{400\text{mm} \times \dfrac{0.2}{100}} \fallingdotseq 179\text{mm}$

したがって、施工上も考慮して150mm間隔（D10 @ 150）とする。

4）付着の検討

大梁と同様に行う（かぶり厚さを80mmで計算した）。

計算書

6-7-6 独立基礎の設計

1) 基礎設計用軸方向力

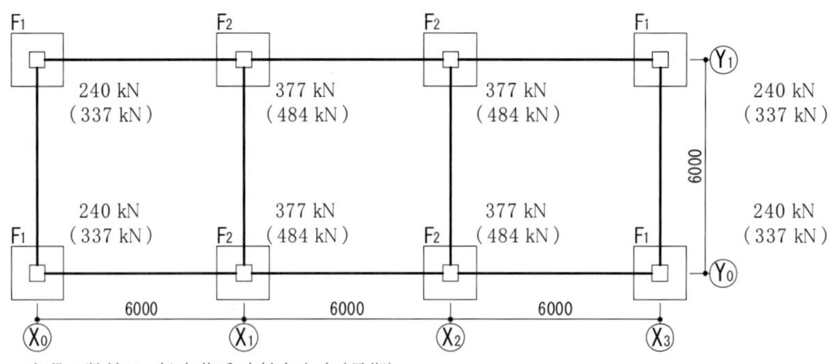

上段の数値は、鉛直荷重時軸方向力(長期)。
( )内は、鉛直荷重時軸方向力と水平荷重時軸方向力(X・Y方向のうち最大値)を合算した値(短期)。

2) 基礎底盤に作用する直圧力と基礎底面形の算定

基礎および土の重量は、底面の根入れ深さ1.2m、土と基礎の平均重量20kN/m³と仮定して計算する。

地盤の許容応力度　長期 $_Lf_e = 100\text{kN/m}^2$　短期 $_sf_e = 200\text{kN/m}^2$

基礎記号	柱	柱直圧力 N' (kN)	W' (kN)	N $(N'+W')$ (kN)	$A=\dfrac{N}{_Lf_e}$ (m²)	基礎形状 $L \times L'$ (m)×(m)	$\dfrac{N}{A}$ (kN/mm²)
F1	C1	240	76	316	3.16	1.8 × 1.8	97.5
F2	C2	377	120	497	4.97	2.3 × 2.3	94.0

柱の直圧力は、長期×1.5＞短期なので長期の値を採用した。

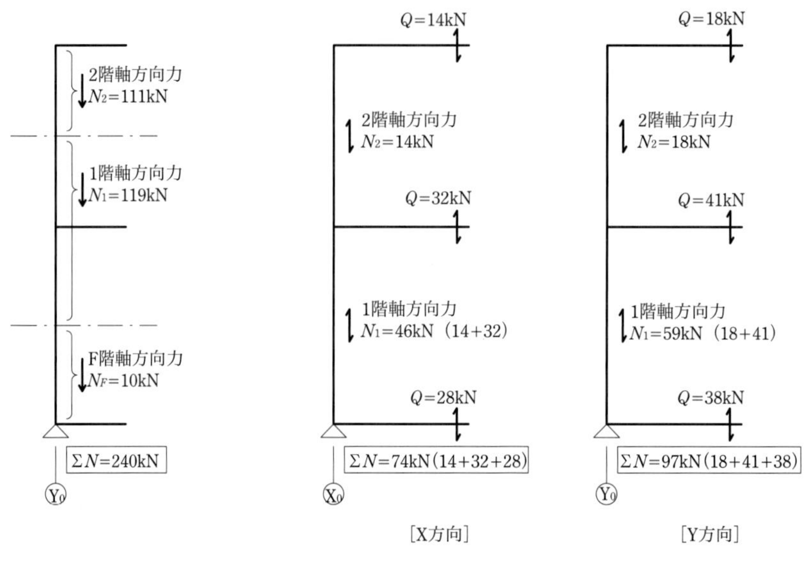

図6-44　柱 C_1 の軸方向力

6-7-6　独立基礎の設計

柱脚曲げモーメントはすべて基礎梁によって抵抗するものとし、基礎は直圧力のみについて設計を行う。

1）基礎設計用軸方向力（基礎重量を除く）

長期応力を1.5倍したものと短期応力を比較して、大きい方を設計応力とする。

基礎設計用の軸方向向力を図6-44から求める。

長期応力……「6 - 4 - 2　鉛直荷重時軸方向力」より転記。

臨時応力……「6 - 6 - 3　水平荷重時の応力図」より X 方向、Y 方向別に転記。

短期応力……長期応力＋臨時応力。

2）基礎底盤に作用する直圧力と基礎底面形の算定

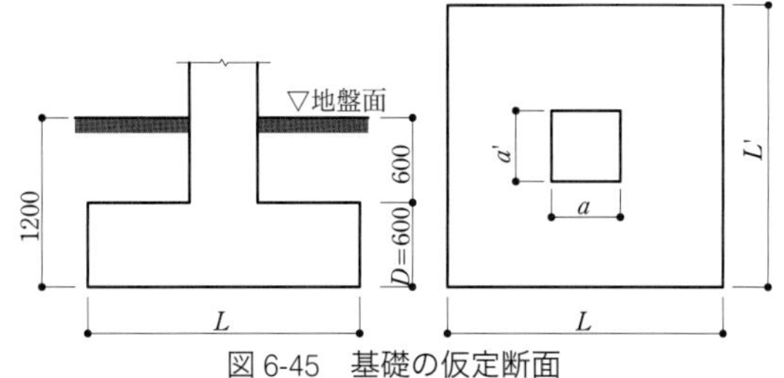

図6-45　基礎の仮定断面

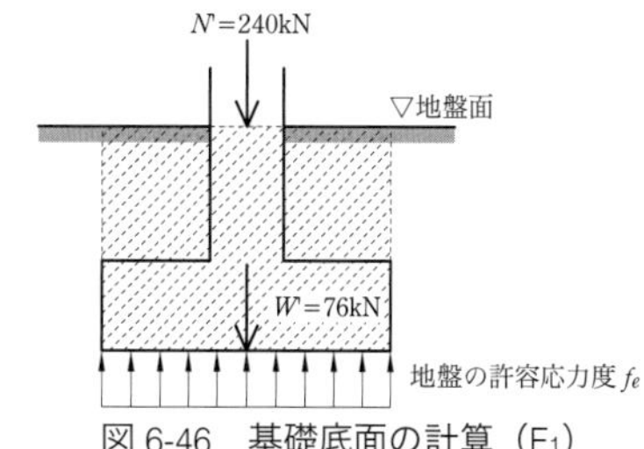

図6-46　基礎底面の計算（F1）

図6-45に仮定する断面に、図6-46の建物の重量 N' と基礎と土の重量 W' の合計が基礎底面に作用する。基礎底面の地盤がこれらを支える。したがって、$\frac{N}{A} \leqq f_e$ であれば建物を支えることができる。基礎および土の重量は、底面の根入れ深さ1.2m、土と基礎の平均重量20kN/m³と仮定して計算を行う。計算結果を表6-26に示す。

表6-26　基礎底盤に作用する直圧力と基礎底面形の算定

地盤の許容応力度　長期 $_Lf_e$ = 100kN/m²　短期 $_Sf_e$ = 200kN/m²

基礎記号	柱	柱直圧力 N'（kN） 長期	柱直圧力 N'（kN） 短期	W' (kN)	N $(N'+W')$ (kN)	$A=\frac{N}{_Lf_e}$ (m²)	基礎形状 $L \times L'$ (m)×(m)	$\frac{N}{A}$ (kN/mm²)
F1	C1	240	X　240＋（14＋32＋28）＝314	76	316	3.16	1.8 × 1.8	97.5 ＜ 100 OK
			Y　240＋（18＋41＋38）＝337					
F2	C2	377	X　377＋（2＋6＋8）＝393	120	497	4.97	2.3 × 2.3	94.0 ＜ 100 OK
			Y　377＋（21＋47＋39）＝484					

柱の直圧力は、長期× 1.5 ＞短期なので長期の値を採用した。

［F1の計算例］

$$W' = \frac{\text{柱の直圧力}N'}{\text{地震の許容応力度}-\text{土と基礎の平均重量}\times\text{根入れ深さ}} \times \text{土と基礎の平均重量}\times\text{根入れ深さ}$$

$$= \frac{240\text{kN}}{100\text{kN/m}^2 - 20\text{kN/m}^2 \times 1.2\text{m}} \times 20\text{kN/m}^2 \times 1.2\text{m} = 76\text{kN}$$

$N = N' + W' = 240\text{kN} + 76\text{kN} = 316\text{kN}$

$A = \frac{N}{_Lf_e} = \frac{316\text{kN}}{100\text{kN/m}^2} = 3.16\text{m}^2$ 以上の基礎底面積が必要なので、1辺の長さ（L、L'）にすると、$\sqrt{3.16} = 1.78\text{m}$ 必要である。したがって、1辺の長さを1.8mとする。

$\frac{N}{A} = \frac{316\text{kN}}{1.8\text{m} \times 1.8\text{m}} = 97.5\text{kN/m}^2 <$ 地盤の許容応力度 $_Lf_e = 100\text{kN/m}^2$…OK

計算書

3）基礎スラブの算定

基礎記号		F_1	F_2
基礎底面の一辺の長さ L（mm）		1800	2300
柱の一辺の長さ a（mm）		500	
基礎スラブせい D（mm）		600	
断面の有効せい d（mm）		500	
応力中心間距離 j（mm）		437.5	
柱直圧力 N'（kN）		240	377
せん断	$\frac{Q_F}{N'}$ Q_F（kN）	0.36 86.4	0.39 147.1
	$\tau=\frac{Q_F}{L \cdot j}$（N/mm^2）	0.11	0.15
曲げ	$\frac{M_F}{N' \cdot a}$ M_F（kNm）	0.24 28.8	0.35　66.0
	$a_t=\frac{M_F}{f_t \cdot j}$（mm^2）	329	755
	$n=\frac{a_t}{a_0}$（本）	3	6
設計		10 - D13	13 - D13
付着	C	65	65
	K	1.9	1.9
	付着長さ（mm）	834	834

※パンチングシャーに対する検討は省略する。

3）基礎スラブの算定

基礎記号		F$_1$
基礎底面の一辺の長さ L（mm）		1800
柱の一辺の長さ a（mm）		500
基礎スラブせい D（mm）		600
断面の有効せい d（mm）		500
応力中心間距離 j（mm）		437.5
柱直圧力 N'（kN）		240
せん断	$\frac{Q_F}{N'}$ Q_F （kN）	0.36 86.4
	$\tau=\frac{Q_F}{L\cdot j}$ （N/mm^2）	0.11
曲げ	$\frac{M_F}{N'\cdot a}$ M_F （kNm）	0.24 28.8
	$a_t=\frac{M_F}{f_t\cdot j}$ （mm^2）	329
	$n=\frac{a_t}{a_0}$ （本）	3
設計		10 - D13
付着	C	65
	K	1.9
	付着長さ（mm）	834

a）主筋の算定　基礎は、偏心のない鉛直方向軸方向力のみ受けるものとする。

・$\frac{Q_F}{N'}=\frac{1}{2}\cdot\frac{L-a}{L}=\frac{1}{2}\times\frac{1800-500}{1800}=0.36$

$Q_F=N'\times0.36=240\text{kN}\times0.36=86.4\text{kN}$

・せん断応力度

$$\tau=\frac{Q_F}{L\cdot j}=\frac{86.4\times10^3\text{N}}{1800\text{mm}\times437.5\text{mm}}$$

$=0.11\text{N/mm}^2<{}_Lf_s=0.74\text{N/mm}^2$……OK

・$\frac{M_F}{N'\cdot a}=\frac{1}{8}\cdot\frac{(L-a)^2}{L\cdot a}=\frac{1}{8}\times\frac{(1800-500)^2}{1800\times500}=0.24$

$M_F=N'\cdot a\times0.24=240\text{kN}\times500\text{mm}\times0.24=28.8\text{kNm}$

・必要鉄筋断面積

$$a_t=\frac{M_F}{{}_Lf_t\cdot j}=\frac{28.8\times10^6\text{Nmm}}{200\text{N/mm}^2\times437.5\text{mm}}=329\text{mm}^2$$

・必要鉄筋本数

D13 を使用すると、$n=\frac{a_t}{a_0}=\frac{329\text{mm}^2}{127\text{mm}^2}=2.59\fallingdotseq3$本

基礎底面 1800mm の間に鉄筋が 3 本では間隔が大きくなりすぎるので、基礎底面の配筋は、D13 を 1800mm の幅に 200mm 間隔で配置する。すると、$\frac{1800\text{mm}}{200\text{mm}}+1$本$=10$本必要となる。したがって、10 - D13 の配筋となる。

b）付着の検討

・付着長さ l_d　基礎スラブ幅の小さい F$_1$ が危険側になるので、これについて検討する。

$$l_d=\frac{L-a'}{2}-(\text{かぶり厚さ}+3.5\,d_b)=\frac{1800\text{mm}-500\text{mm}}{2}-(70\text{mm}+3.5\times13\text{mm})=534.5\text{mm}$$

・C の計算　最小かぶり厚さの 3 倍（70mm × 3 = 210mm）、鉄筋間の空き$\left(\frac{1800\text{mm}-(70\text{mm}\times2+13\text{mm}\times10\text{本})}{9}=170\text{mm}\right)$の小さい方の値以下、かつ、鉄筋径の 5 倍（13mm × 5 = 65mm）以下の値。したがって、$C=65$mm となる。

・W は、あばら筋や帯筋などの付着割裂面を横切る横補強筋効果を表す換算長さなので、基礎スラブでは計算しない。

・K の計算

〔長期〕$K=0.3\times\frac{C}{d_b}+0.4=0.3\times\frac{65\text{mm}}{13\text{mm}}+0.4=1.9$

・必要付着長さ l_{db}

$$l_{db}=\frac{\sigma_t\cdot A_s}{K\cdot{}_Lf_b\cdot\phi}=\frac{200\text{N/mm}^2\times127\text{mm}^2}{1.9\times1.0\text{N/mm}^2\times40\text{mm}}=334.2\fallingdotseq334\text{mm}<l_{db}=534.5\text{mm}\cdots\text{OK}$$

したがって、付着長さ l_d は、$l_d=l_{db}+d=334\text{mm}+500\text{mm}=834\text{mm}$ となる。

6・8　二次設計

6-8-1　層間変形角

雑壁を考慮しない場合

方向	階	加力方向	階高（mm）	最大の層間変位（mm）	最大の層間変形角
X	2	正	3300	2.02	1/1634
	1	正	3300	3.36	1/1071
Y	2	正	3600	2.27	1/1454
	1	正	3600	3.59	1/1003

各階の層間変形角≦ 1/200

6-8-2　剛性率

雑壁を考慮しない場合

方向	階	加力方向	剛性率を計算する場合の層間変位（mm）	剛性率を計算する場合の層間変形角	剛性率
X	2	正	2.02	1/1634	1.21
	1	正	3.36	1/1071	0.79
Y	2	正	2.27	1/1454	1.18
	1	正	3.59	1/1003	0.82

各階の剛性率≧ 0.6（階高は床版上面から上面とする。）

6-8-3　偏心率

雑壁を考慮しない場合

方向	階	加力方向	重心 g_y (m)	剛心 l_y（m）	r_{ex}（m）	e_x（m）	偏心率
X	2	正	3.0	3.0	6.82	0.0	0.0
	1	正	3.0	3.0	7.06	0.0	0.0

方向	階	加力方向	重心 g_x (m)	剛心 l_x（m）	r_{ey}（m）	e_y（m）	偏心率
Y	2	正	9.0	9.0	7.23	0.0	0.0
	1	正	9.0	9.0	7.31	0.0	0.0

各階の偏心率≦ 0.15

6・8　二次設計

6-8-1　層間変形角

建築基準法施行令第 82 条の 2 では、地震力によって各階に生ずる水平方向の層間変形角を 1/200 以内にするように定めている。図 6-47 と下記の式から層間変形角が 1/200 以内であることを確認する。計算結果を表 6-27 に示す。

図 6-47　層間変位および層間変形角

［層間変位 δ］

$$\delta_i = \frac{Q_i}{\Sigma D_i} \times \frac{h_i^2}{12E \cdot K_0}$$

Q_i：地震層せん断力（表 6-14 より）
ΣD_i：D 値の和（6 - 6 - 2 より）
E：ヤング係数（E = 21kN/mm²）
K_0：標準剛度（6 - 4 - 1 より）
h_i：計算用階高

［層間変形角 γ］

$$\gamma_i = \frac{\delta_i}{h_i} \leqq \frac{1}{200}$$

表 6-27　層間変形角の計算（K_0 = 1.4 × 10⁶mm³　E = 21kN/mm²）

方向	階	地震層せん断力 Q_i (kN)	ΣD_i	h_i (mm)	$\frac{12 \cdot E \cdot K_0}{h_i^2}$ (kN/mm)	$\frac{12 \cdot E \cdot K_0 \cdot \Sigma D}{h_i^2}$ (kN/mm)	δ_i (mm)	γ_i	判定 $\gamma_s \leqq \frac{1}{200}$
X	2	262	4.00	3300	32.40	129.60	2.02	$\frac{1}{1634}$	OK
	1	446	4.88	3600	27.22	132.83	3.36	$\frac{1}{1071}$	OK
Y	2	262	3.56	3300	32.40	115.34	2.27	$\frac{1}{1454}$	OK
	1	446	4.56	3600	27.22	124.12	3.59	$\frac{1}{1003}$	OK

6-8-2　剛性率

建築基準法施行令第 82 条の 6 では、各階の剛性率が 6/10 以上必要であると定めている。図 6-48 と下記の式をから各方向・各層で剛性率が 6/10 以上あることを確認する。計算結果を表 6-28 に示す。

剛性率は、立面的な剛性のバランスの程度を検討する指標で、各階のばらつきが少ないほどよい設計である。

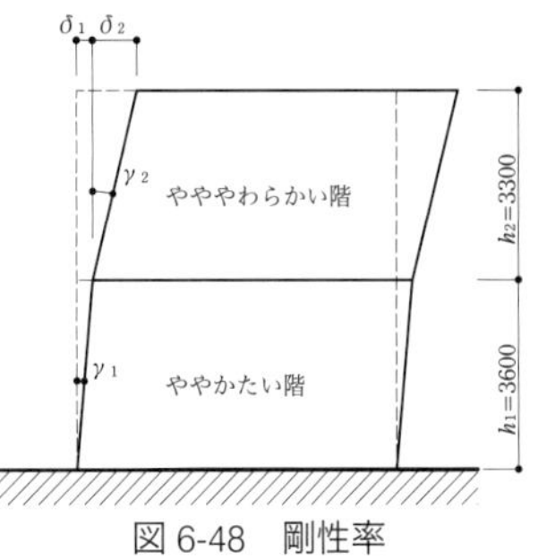

図 6-48　剛性率

［層間変形角 γ の逆数 r_s］

$$\gamma_{si} = \frac{1}{\gamma_i} = \frac{h_i}{\delta_i}$$　h_i：設計階高（mm）　δ_i：層間変位（mm）

［各階の r_s の相加平均］

$$\bar{r}_s = \frac{1}{n}(r_{s1} + r_{s2} + r_{s3} \cdots + r_{sn})$$　n：階数

［剛性率 R_s］

$$R_s = \frac{r_s}{\bar{r}_s} \geqq 0.6$$

表 6-28　剛性率の計算

方向	階	r_s	$\bar{r}_s$	R_s	判定 $R_s \geqq$ 0.6
X	2	1634	1353	1.21	OK
	1	1071		0.79	OK
Y	2	1454	1229	1.18	OK
	1	1003		0.82	OK

6-8-3　偏心率

建築基準法施行令第 82 条の 6 では、各階の偏心率がそれぞれ 15/100 を超えてはならないと定めている。したがって、下式を用いて偏心率が 15/100 を超えていないことを確認する。

1）重心位置の算定

原点を X_0、Y_0 の柱心として重心の座標（g_x、g_y）を求める。

$$g_x = \frac{\Sigma(N \cdot X)}{\Sigma N} \quad g_y = \frac{\Sigma(N \cdot Y)}{\Sigma N}$$

計算結果は、表 6-29 のようになる。また、重心位置を図 6-49 に図示する。

2）剛心位置の算定

原点を X_0、Y_0 の柱心として剛心の座標（l_x、l_y）を求める。

$$l_x = \frac{\Sigma(D_y \cdot X)}{\Sigma D_y} \quad l_y = \frac{\Sigma(D_x \cdot Y)}{\Sigma D_x}$$

計算結果は、表 6-30 のようになる。また、剛心位置を図 6-49 に図示する。

偏心距離 e は、重心および剛心の座標から次式のように計算される。

$$e_x = |l_x - g_x| \quad e_y = |l_y - g_y|$$

表 6-29、表 6-30 の結果より、偏心距離はいずれも 0 となる。

3）ねじり剛性の算定

各階の剛心周りのねじり剛性は各階ごとに一つ求められる。剛心周りに計算を行うので、座標の平行移動により剛心を座標原点にする。新しい座標系を $\overline{X}$、$\overline{Y}$ とすれば、各耐震要素の座標は、次のように表される。

$$\overline{X} = |X - l_x| \quad \overline{Y} = |Y - l_y|$$

剛心周りのねじり剛性 K_R は次式より求める（平成 19 年国土交通省告示第 594 号第 5 より）。

$$K_R = \Sigma(D_x \cdot \overline{Y}^2) + \Sigma(D_y \cdot \overline{X}^2)$$

計算結果は、表 6-31 のようになる。

4）弾性半径の算定

・X、Y 方向検討時の弾性半径 r_e は、次式より求める。

$$r_{ex} = \sqrt{\frac{K_R}{\Sigma D_x}} = \sqrt{\frac{\Sigma(D_x \cdot \overline{Y}^2) + \Sigma(D_y \cdot \overline{X}^2)}{\Sigma D_x}}$$

$$r_{ey} = \sqrt{\frac{K_R}{\Sigma D_y}} = \sqrt{\frac{\Sigma(D_x \cdot \overline{Y}^2) + \Sigma(D_y \cdot \overline{X}^2)}{\Sigma D_y}}$$

・X、Y 方向に対する偏心率（R_{ex} および R_{ey}）は、次式で求める。

$$R_{ex} = \frac{e_y}{r_{ex}} \quad R_{ey} = \frac{e_x}{r_{ey}}$$

計算結果は、表 6-32 のようになる。

偏心率は、剛性率の計算と同様に一次設計の地震力の作用時の応力を算定した状態で計算する。

表 6-29　重心位置の算定結果

方向	階	通り	柱軸方向力 (kN) 各柱	計	距離 Y (m)	N·Y (kNm)	Σ(N·Y) (kNm)	重心距離 g_y (m)
X	2	Y_1	111 174 174 111	570	6.0	3420		$\frac{\Sigma(N \cdot Y)}{\Sigma N}$
		Y_0	111 174 174 111	570	0.0	0		
		ΣN= 1140					3420	3.0
	1	Y_1	230 366 366 230	1192	6.0	7152		$\frac{\Sigma(N \cdot Y)}{\Sigma N}$
		Y_0	230 366 366 230	1192	0.0	0		
		ΣN= 2384					7152	3.0

方向	階	通り	柱軸方向力 (kN) 各柱	計	距離 X (m)	N·X (kNm)	Σ(N·X) (kNm)	重心距離 g_x (m)
Y	2	X_3	111 111	222	18.0	3996		$\frac{\Sigma(N \cdot X)}{\Sigma N}$
		X_2	174 174	348	12.0	4176		
		X_1	174 174	348	6.0	2088		
		X_0	111 111	222	0.0	0		
		ΣN= 1140					10260	9.0
	1	X_3	230 230	460	18.0	8280		$\frac{\Sigma(N \cdot X)}{\Sigma N}$
		X_2	366 366	732	12.0	8784		
		X_1	366 366	732	6.0	4392		
		X_0	230 230	460	0.0	0		
		ΣN= 2384					21456	9.0

表 6-30　剛心位置の算定結果

方向	階	通り	D_x 各柱壁	計	距離 Y (m)	$D_x \cdot Y$ (m)	$\Sigma(D_x \cdot Y)$ (m)	剛心距離 l_y (m)
X	2	Y_1	0.41 0.59 0.59 0.41	2.0	6.0	12.0		$\frac{\Sigma(D_x \cdot Y)}{\Sigma D_x}$
		Y_0	0.41 0.59 0.59 0.41	2.0	0.0	0		
		$\Sigma D_x = 4.0$					12.0	3.0
	1	Y_1	0.55 0.67 0.67 0.55	2.44	6.0	14.64		$\frac{\Sigma(D_x \cdot Y)}{\Sigma D_x}$
		Y_0	0.55 0.67 0.67 0.55	2.44	0.0	0		
		$\Sigma D_x = 4.88$					14.64	3.0

方向	階	通り	D_y 各柱壁	計	距離 X (m)	$D_y \cdot X$ (m)	$\Sigma(D_y \cdot X)$ (m)	剛心距離 l_x (m)
Y	2	X_3	0.41 0.41	0.82	18.0	14.76		$\frac{\Sigma(D_y \cdot X)}{\Sigma D_y}$
		X_2	0.48 0.48	0.96	12.0	11.52		
		X_1	0.48 0.48	0.96	6.0	5.76		
		X_0	0.41 0.41	0.82	0.0	0		
		$\Sigma D_y = 3.56$					32.04	9.0
	1	X_3	0.55 0.55	1.10	18.0	19.80		$\frac{\Sigma(D_y \cdot X)}{\Sigma D_y}$
		X_2	0.59 0.59	1.18	12.0	14.16		
		X_1	0.59 0.59	1.18	6.0	7.08		
		X_0	0.55 0.55	1.10	0.0	0		
		$\Sigma D_y = 4.56$					41.04	9.0

以上の結果、X・Y 方向とも 1・2 階の重心と剛心が一致するので、偏心率が 0 となるのが明白であるが計算を続ける。

表 6-31　ねじり剛性の算定結果

階	重心距離 (m)		剛心距離 (m)		偏心距離 (m)		剛心周りのねじり剛性		
	g_x	g_y	l_x	l_y	e_x	e_y	$\Sigma(D_x \cdot \overline{Y}^2)$	$\Sigma(D_y \cdot \overline{X}^2)$	K_R
2	9.0	3.0	9.0	3.0	0.0	0.0	$2.00\times(6-3.0)^2=18.0$ $2.00\times(0-3.0)^2=18.0$ $\Sigma(D_x \cdot \overline{Y}^2)=36.0$	$0.82\times(18-9.0)^2=66.42$ $0.96\times(12-9.0)^2=8.64$ $0.96\times(6-9.0)^2=8.64$ $0.82\times(0-9.0)^2=66.42$ $\Sigma(D_y \cdot \overline{X}^2)=150.12$	186.12
1	9.0	3.0	9.0	3.0	0.0	0.0	$2.44\times(6-3.0)^2=21.96$ $2.44\times(0-3.0)^2=21.96$ $\Sigma(D_x \cdot \overline{Y}^2)=43.92$	$1.10\times(18-9.0)^2=89.10$ $1.18\times(12-9.0)^2=10.62$ $1.18\times(6-9.0)^2=10.62$ $1.10\times(0-9.0)^2=89.10$ $\Sigma(D_y \cdot \overline{X}^2)=199.44$	243.36

表 6-32　弾性半径と偏心率の算定結果

方向	階	弾性半径 r_e	偏心距離		偏心率 R_e	判定 $R_e \leqq 0.15$
			e_x	e_y		
X	2	$r_{eX2}=\sqrt{\dfrac{K_R}{\Sigma D_x}}=\sqrt{\dfrac{186.12}{4.00}}=6.82$	0.0	0.0	$R_{eX2}=\dfrac{e_y}{r_{eX2}}=\dfrac{0}{6.82}=0$	OK
	1	$r_{eX1}=\sqrt{\dfrac{K_R}{\Sigma D_x}}=\sqrt{\dfrac{243.36}{4.88}}=7.06$	0.0	0.0	$R_{eX1}=\dfrac{e_y}{r_{eX1}}=\dfrac{0}{7.06}=0$	OK
Y	2	$r_{eY2}=\sqrt{\dfrac{K_R}{\Sigma D_y}}=\sqrt{\dfrac{186.12}{3.56}}=7.23$	0.0	0.0	$R_{eY2}=\dfrac{e_x}{r_{eY2}}=\dfrac{0}{7.23}=0$	OK
	1	$r_{eY1}=\sqrt{\dfrac{K_R}{\Sigma D_y}}=\sqrt{\dfrac{243.36}{4.56}}=7.31$	0.0	0.0	$R_{eY1}=\dfrac{e_x}{r_{eY1}}=\dfrac{0}{7.31}=0$	OK

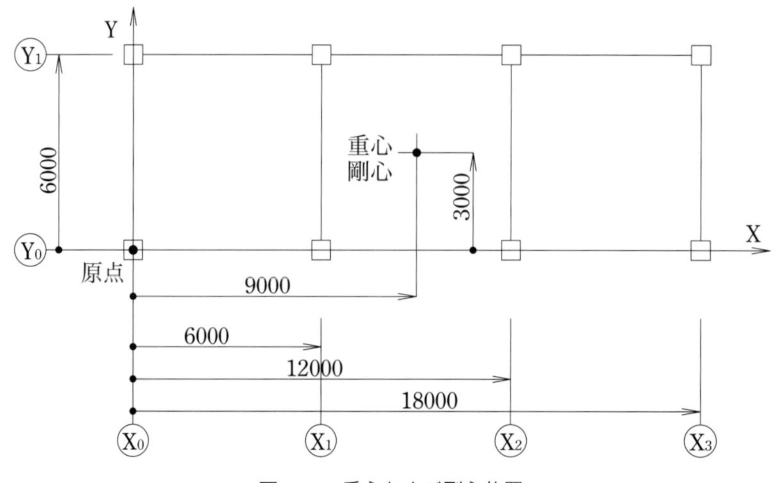

図 6-49　重心および剛心位置

6・9 構造図

1）各階伏図

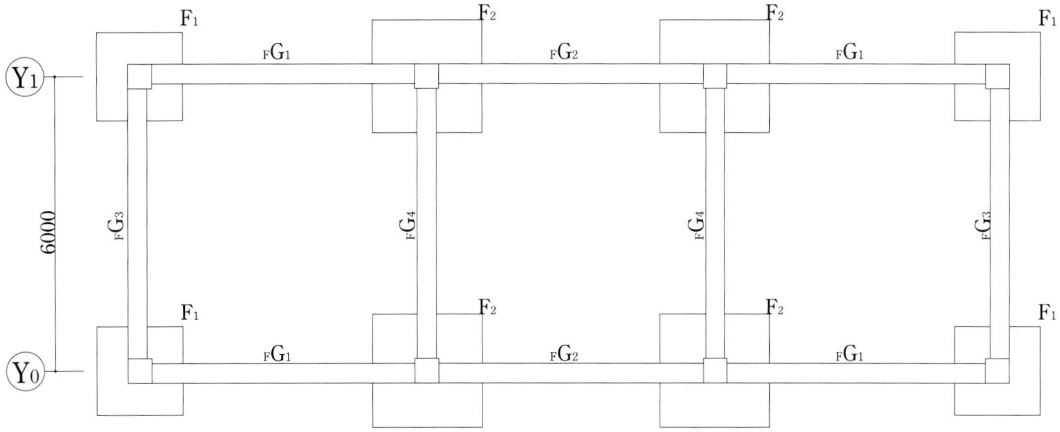

〔基礎伏図〕

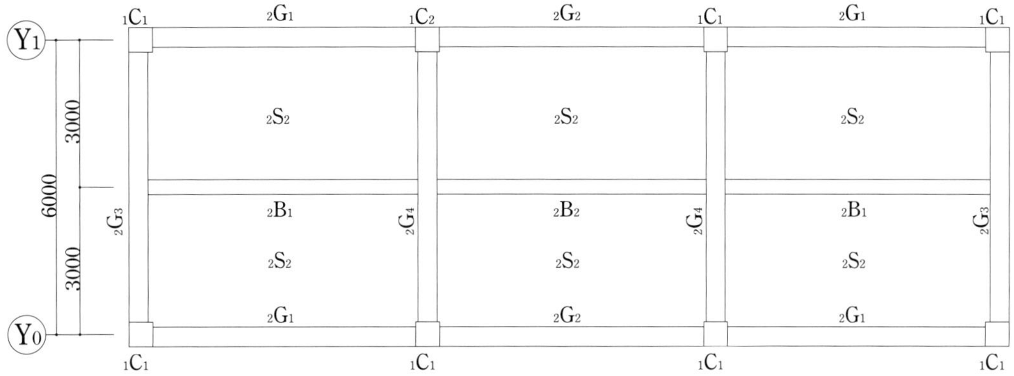

〔2階梁伏図〕

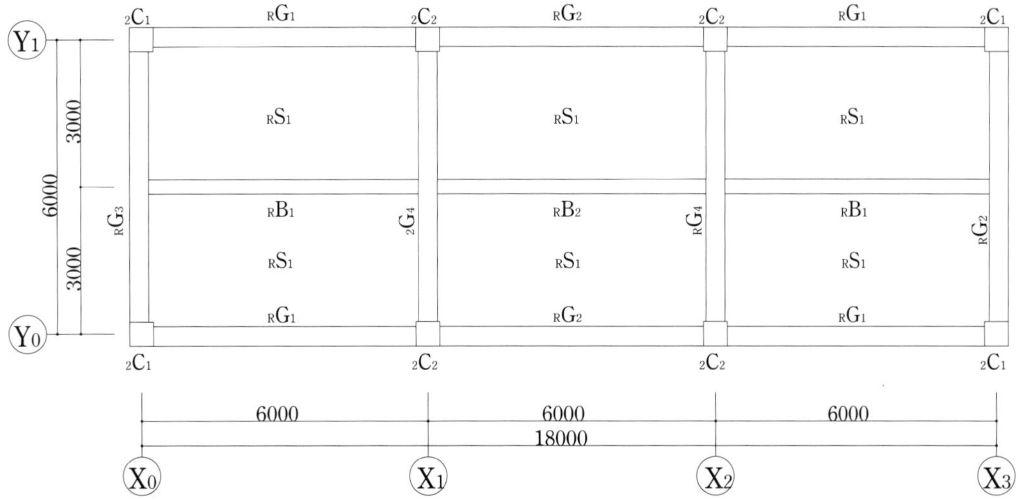

〔R階梁伏図〕

2）梁断面リスト

・腹筋 2－D10　・幅止筋 D10＠500

記　号	$_{R}G_{1}$			$_{R}G_{2}$		$_{R}G_{3}$		$_{R}G_{4}$	
R 階	外 端	中 央	内 端	端 部	中 央	端 部	中 央	端 部	中 央
上端筋	3-D22	2-D22	3-D22	3-D22	2-D22	3-D22	2-D22	3-D22	2-D22
下端筋	2-D22	3-D22	2-D22	2-D22	3-D22	2-D22	3-D22	2-D22	3-D22
あばら筋	□-D10@150			□-D10@150		□-D10@150		□-D10@150	

記　号	$_{2}G_{1}$			$_{2}G_{2}$		$_{2}G_{3}$		$_{2}G_{4}$	
2 階	外 端	中 央	内 端	端 部	中 央	端 部	中 央	端 部	中 央
上端筋	3-D22	2-D22	3-D22	3-D22	2-D22	3-D22	2-D22	4-D22	2-D22
下端筋	2-D22	3-D22	2-D22	2-D22	3-D22	2-D22	3-D22	2-D22	4-D22
あばら筋	□-D10@150			□-D10@150		□-D10@150		□-D10@150	

3）柱断面リスト

記　号	C_{1}	C_{2}
2・1 階	y x	y x
主　筋	6-D22	6-D22
帯　筋	□-D10@90	□-D10@90

4）小梁断面リスト

記　号	$_{R}B_{1}$			$_{R}B_{2}$	
R 階	外 端	中 央	内 端	端 部	中 央
上端筋	2-D19	2-D19	3-D19	3-D19	2-D19
下端筋	2-D19	3-D19	2-D19	2-D19	2-D19
あばら筋	□-D10@200			□-D10@200	

記　号	$_{2}B_{1}$			$_{2}B_{2}$	
2 階	外 端	中 央	内 端	端 部	中 央
上端筋	2-D19	2-D19	4-D19	4-D19	2-D19
下端筋	2-D19	3-D19	2-D19	2-D19	3-D19
あばら筋	□-D10@200			□-D10@200	

5）基礎梁断面リスト

・腹筋　4－D10　・幅止筋　D10＠500

記　号	$_FG_1$			$_FG_2$		$_FG_3$		$_FG_4$	
	外　端	中　央	内　端	端　部	中　央	端　部	中　央	端　部	中　央
断　面									
上端筋	4-D22	4-D22	4-D22	4-D22	4-D22	4-D22	4-D22	4-D22	4-D22
下端筋	4-D22	4-D22	4-D22	4-D22	4-D22	4-D22	4-D22	4-D22	4-D22
あばら筋	□-D10@150			□-D10@150		□-D10@150		□-D10@150	

6）スラブリスト

階	記号	版厚(cm)	位置	短辺方向	長辺方向
				中　央・端　部	中　央・端　部
R	S_1	15	上端筋	D10・D13交互@200	D10・D13交互@250
			下端筋	D10@200	D10@250
2	S_2	15	上端筋	D10・D13交互@200	D10・D13交互@250
			下端筋	D10@200	D10@250

7）スラブ配筋図

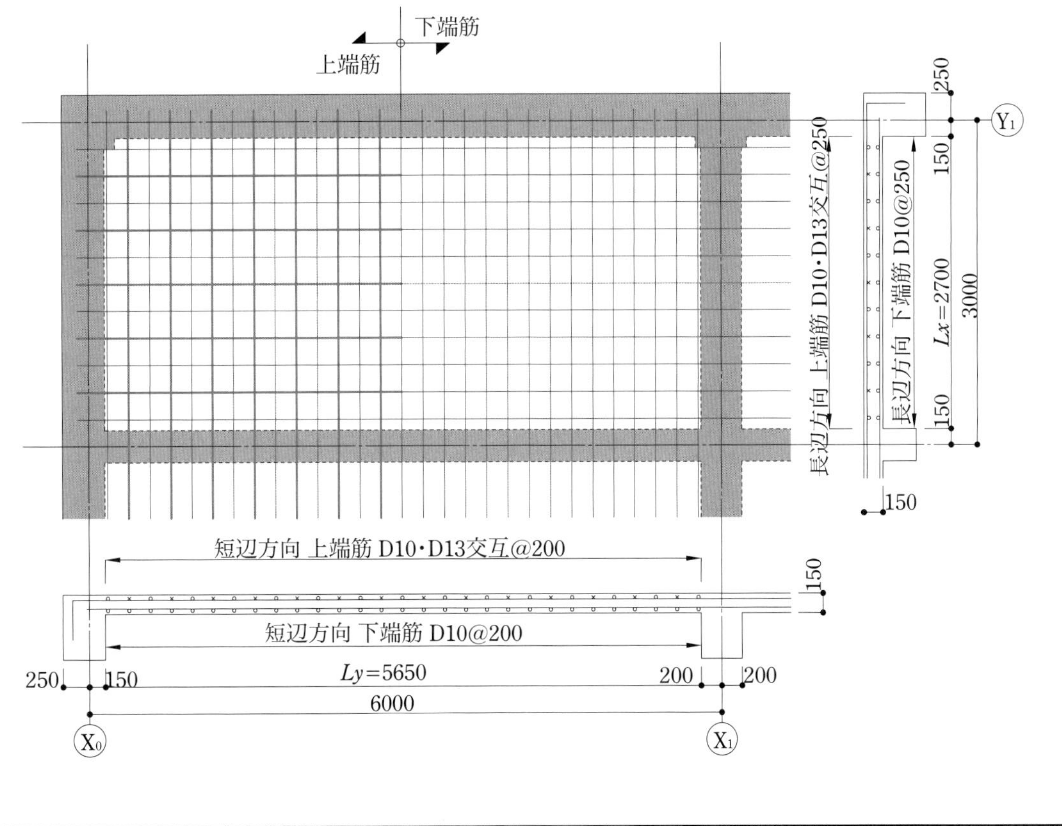

8）基礎リスト・配筋図

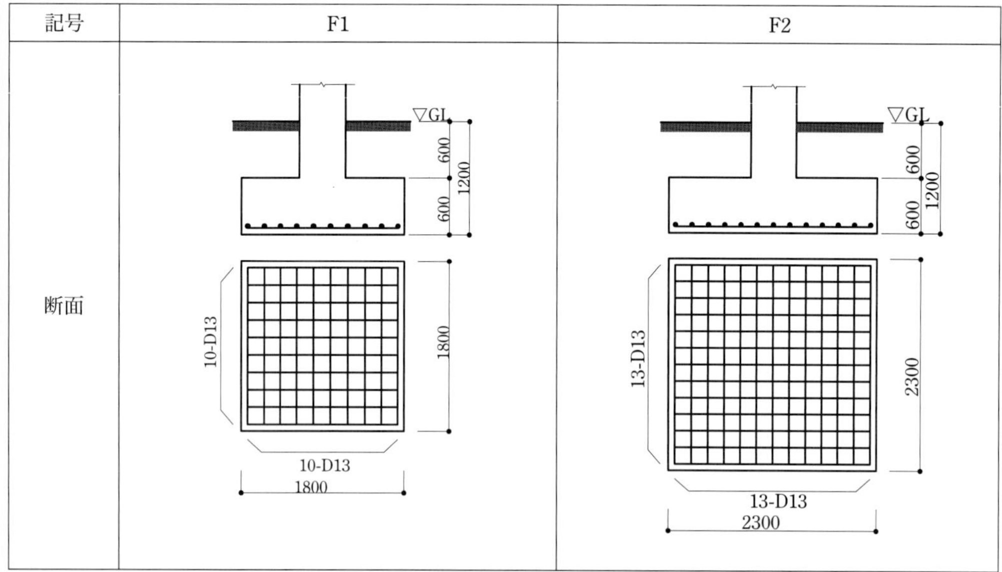

記号	F1	F2
断面	▽GL 600 1200 600 10-D13 1800 10-D13 1800	▽GL 600 1200 600 13-D13 2300 13-D13 2300

9）ラーメン配筋詳細図

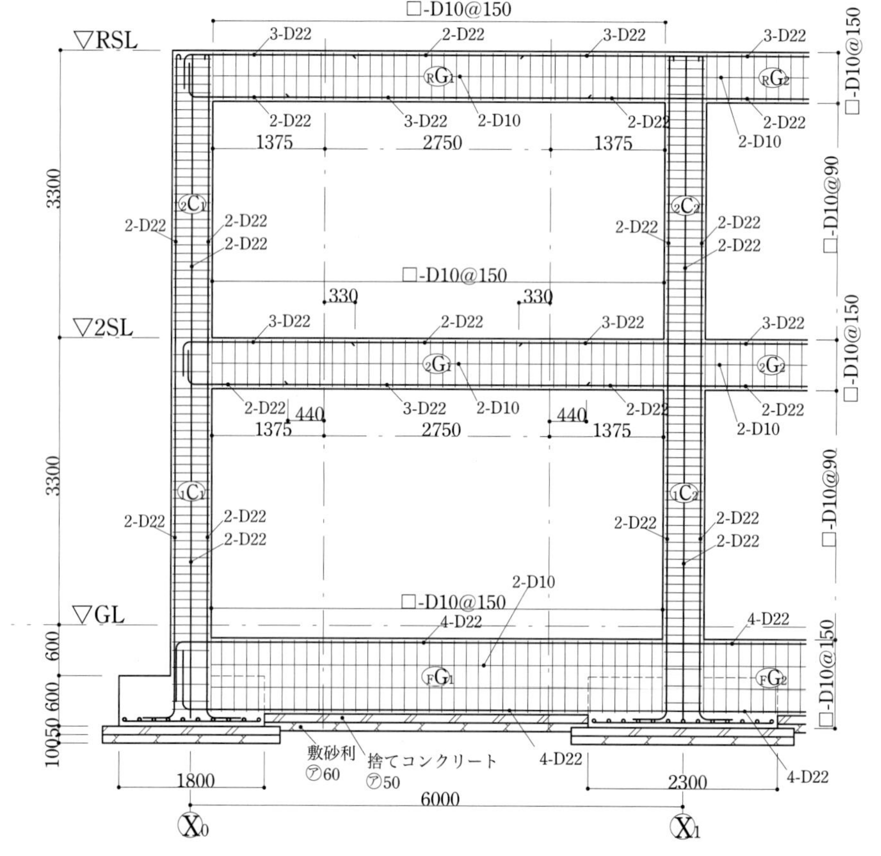

[Y0・Y1通りラーメン配筋図]

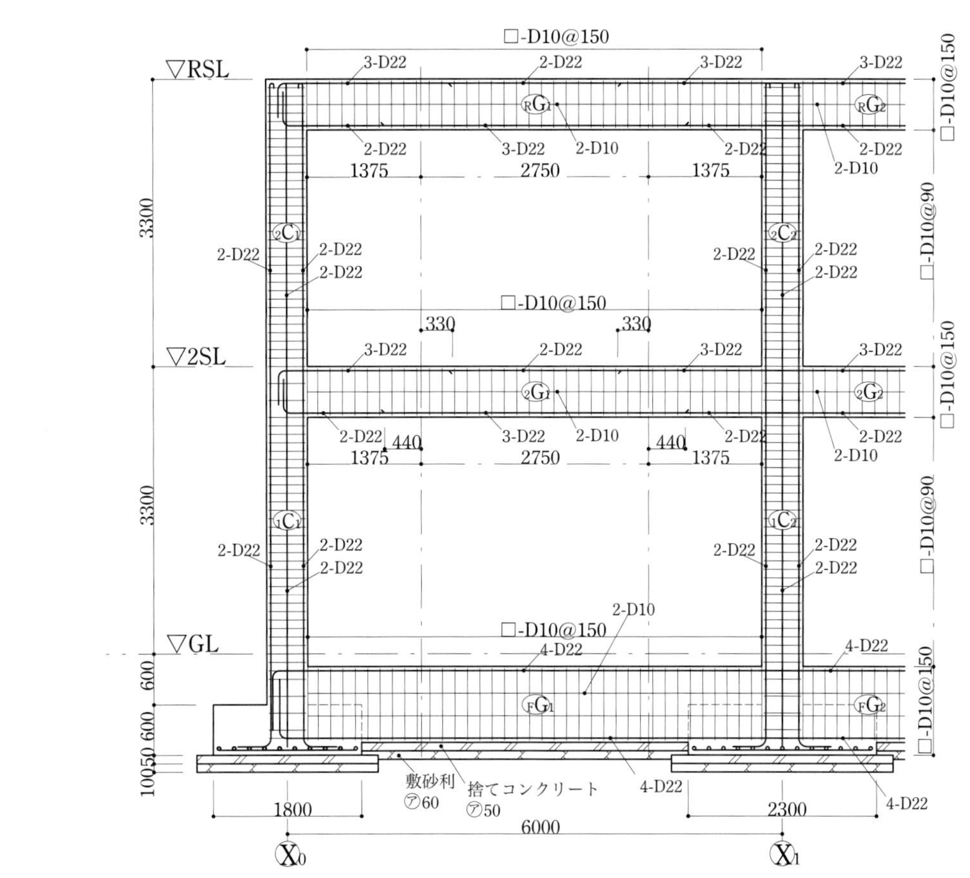

[X1・X2 通りラーメン配筋図]

練習問題解答

4章

問題 4-1

1. 外装材の風圧力は、平均速度 × ピーク風力係数で計算する。このとき、ピーク風力係数は、構造骨組に用いる風圧力より大きいので、窓ガラスに用いる風圧力の検討には、ピーク風力係数を考慮する。
2. 風圧力 $P = q \times Cf$ で計算する。このとき、q は速度圧で、次式で計算する。
$q = 0.6E \cdot V_0^2$ (N/m^2)、$E = Er^2 \cdot Gf$
　よって、速度圧 q は、風圧力を計算する部分の高さ h_1 には関係しない。すなわち、Er, Gf ともに建築物の高さと軒の高さとの平均 H 及び地表面粗度区分によって決まる係数である。したがって、高さ h_1 の庇の風圧力は、建築物の高さと軒の高さとの平均 H に影響される。
3. 屋根面や建築物の角の部分は、風当たりが強いので、ピーク風力係数を考慮するとよい。したがって、屋根葺き材に作用する風圧力の算定にもピーク風力係数を用いる。
4. 速度圧 q は、$q = 0.6E \cdot V_0^2$ (N/m^2) より計算する値で、その地方における基準風速 V_0、地表面粗度区分（Ⅰ～Ⅳ）及び建築物の高さと軒の高さとの平均 H に影響される。また、風力係数 Cf は，切妻屋根や片流れ屋根など建築物の形状に応じて定められている。

正解 2

問題 4-2

1. 固有周期が長い場合には振動特性係数 R_t が 1.0 以下になり、地方によっては地震地域係数 Z が 1.0 以下になる場合がある。したがって、$C_i = Z \cdot R_t \cdot A_i \cdot C_0$ で計算する地震層せん断力係数 C_i は、標準せん断力係数 C_0（$= 0.2$）より小さくなることがある。
2. ガスト影響係数 Gf は、気流の乱れを表す係数である。建築物の高さと軒の高さとの平均 H が低くなると、気流の乱れが多くなるのでガスト影響係数 Gf は大きくなる。また、極めて平坦で障害物のない区域Ⅰより高層建築が立ち並ぶ都市化が極めて著しい区域Ⅳのほうが気流の乱れが激しいのでガスト影響係数 Gf は大きくなる。
3. 高さ 13m 以下の建築物において、屋根葺き材や外装材及び建築物の壁の角の部分は、風当たりが強いので、ピーク風力係数を用いて風圧力を計算することができる。
4. 多雪区域では、暴風時の荷重の組合せは、$G + P + 0.35S + W$ であり、地震時の荷重の組合せは、$G + P + 0.35S + K$ である。したがって、積雪荷重 $0.35S$ との組合せが必要である。

正解 2

問題 4-3

1. 必要保有水平耐力は、$Q_{un} = D_s \cdot F_{es} \cdot Q_{ud}$ より求める。このとき、地震層せん断力は $Q_{ud} = Z \cdot R_t \cdot A_i \cdot C_0 \cdot W_i$ より求め、標準せん断力係数 C_0 は大地震を想定して、$C_0 \geqq 1.0$ として計算する。
2. 振動特性係数 R_t は、低減係数で、建築物の設計用一次固有周期 T が長いほど小さくなる。したがって、高層建築物ほど固有周期 T は長くなり、振動特性係数 R_t は低減される。また、地盤が硬質になるほど低減される。
3. 地震層せん断力係数の建築物の高さ方向の分布を表す係数 A_i は、建築物の上階になるほど大きくなり、建築物の設計用一次固有周期 T が長くなるほど大きくなる。一般に、地上部分の最下階では、$A_i = 1.0$ である。
4. 建築物の地下部分の各部分に作用する地震力は、当該部分の重量 W_B（固定荷重と積載荷重の和）に水平震度 k を乗じて計算する。よって、地下部分の地震力 $= k \cdot W_B$ である。

正解 2

問題 4-4

1. 建築物の設計用一次固有周期 T が長い場合、地盤が良好な第一種地盤より、軟弱地盤である第三種地盤のほうが低減率が小さいので値が大きくなり、地上部分の地震力は大きくなる。
2. 建築物の設計用一次固有周期 T の計算は、$T = h(0.02 + 0.01\alpha)$ より求める。このとき、鉄骨造の場合は、$\alpha = 1$ とするので、$T = 0.03h$ となって、建築物の高さ h に 0.03 を乗じて算出する。
3. 建築物の地上部分における各層の地震層せん断力係数 C_i は、最下層における地震層せん断力係数の高さ方向の分布を表す係数A_iが1.0と最も小さいので、最下層のC_iの値も最も小さくなる。

4. 地震地域係数Zは、その地方における地震の記録に基づく震害の程度、地震活動の状況等によって定まる数値で、地震の危険度を示す低減係数である。1.0〜0.7の範囲で各地域ごとに定められている。

正解 2

問題 4-5

1. A_iを算出する場合の建築物の設計用一次固有周期Tと振動特性係数R_tを算出する場合のTとは同じ値である。
2. 地震層せん断力係数C_iは、$C_i = Z \cdot R_t \cdot A_i \cdot C_0$より計算する。このときの振動特性係数$R_t$は、建築物の設計用一次固有周期$T$が0.4秒を超えると、グラフは下降して値は小さくなり、低減することができる。よって、Tが1.0秒の場合、第一種地盤（硬質）より第三種（軟弱）の場合のほうが低減が小さく、値は大きいので、地震層せん断力係数C_iも大きくなる。
4. 建築物の地上部分の最下層における地震層せん断力係数C_iは、地震地域係数Zが1.0、振動特性係数R_tが0.9、標準せん断力係数C_0が0.2とし、最下層における地震層せん断力係数の建築物の高さ方向の分布を表す係数A_iは1.0であるから、$C_i = Z \cdot R_t \cdot A_i \cdot C_0 = 1.0 \times 0.9 \times 1.0 \times 0.2 = 0.18$となる。

正解 2

問題 4-6

1. 多雪区域における暴風時の応力の組合せは、$G + P + W$及び$G + P + 0.35S + W$より計算するので、積雪荷重がある場合とない場合とを考慮して計算することになる。
2. 荷重及び外力の組合せにおいては、多雪区域以外すなわち一般の地域でも積雪時の短期に生ずる力を計算するには、積雪荷重によって生ずる力を加えなくてはならない。$G + P + S$より計算する。
3. 特定行政庁が指定する多雪区域にあっては、応力の組合せは、$G + P + 0.35S + K$より計算するので、積雪荷重を考慮しなければならない。
4. 多雪区域に指定された区域外すなわち一般の区域では、地震時の短期に生ずる力は、常時の長期に生ずる力に地震力によって生ずる力を加えたものである。$G + P + K$より計算する。

正解 2

5章

問題 5-1

1. 鉄筋コンクリート用に用いられる径が28mm以下の異形鉄筋SD345の許容引張応力度は220N/mm²であり、基準強度は345N/mm²であるから、2/3（$345 \times 2/3 = 230$N/mm²）の値より小さくなる。
2. SD295Bは、引張強さの下限値が440N/mm²であり、降伏点の範囲は295〜390N/mm²と決められている。
3. SD295Aは、降伏点の下限値が295N/mm²であり、上限値は決められていない。
4. 鉄筋の定着長さは、コンクリートの設計基準強度F_cが大きくなれば、コンクリートの付着力が大きくなるので、定着長さは短くてよい。

正解 4

問題 5-2

1. 圧縮側応力は、圧縮鉄筋と圧縮側コンクリートの応力の合力を用い、引張側応力は、引張側コンクリートの強度を無視して引張鉄筋のみを用いて柱の許容曲げモーメントを算出する。
2. 「開口に対するせん断耐力の低減率」と「開口に対する水平剛性の低減率」を考慮して、開口を有する耐力壁の許容応力度計算を行う。
3. 梁の許容曲げモーメントは、「圧縮縁がコンクリートの許容圧縮応力度に達したとき」、及び「引張鉄筋が許容引張応力度に達したとき」に対して算定した曲げモーメントのうち、小さい方の値とする。
4. 平面形状が細長い建築物において、短辺方向の両妻面のみに耐力壁が配置されている場合で、建築物にねじれ変形がなければ、同じ層の柱や壁の水平変形が全て同じであると考える剛床仮定に基づく解析でよいが、細長かったり、吹き抜けがある場合など床の面内剛性が弱いと床がねじれて変形するので、これを考慮した解析を行う必要がある。

正解 3

問題 5-3

1. 柱の小径は、構造耐力上主要な支点間の距離の1/15以上とする。設問の柱が座屈しないことを確認しなかったので、構造耐力上主要な支点間の距離の1/10としたのは安全側である。
2. 通常、梁せいは、梁の有効長さの1/10以上とする。建築物の使用上の支障が起こらないことを確認しなかった場合は、それよりも大きくする必要がある。

1/15では梁せいが小さすぎる。

3. 耐力壁の厚さは、通常、壁板の内法高さの1/30以上、かつ、120mm以上とする。したがって、内法高さの1/20である150mmは安全側である。

4. 床スラブの厚さは、通常80mm以上、かつ、短辺方向の有効スパンの1/40以上とする。したがって、建築物の使用上の支障が起こらないことを確認しなかった場合でも有効スパンの1/25である200mmは安全側である。

正解 2

問題 5-4

1. コンクリートにひび割れが発生すると、部材が剛性低下を起こすから、このことを考慮して、構造耐力上主要な部分に生じる力を計算する。

2. 耐力壁に開口部を設けた場合、剛性及び耐力の低減を考慮して構造計算を行う必要がある。

せん断剛性の低減率 $\gamma_1 = 1 - 1.25\gamma_0$

せん断耐力の低減率 $\gamma_2 = 1 - \max\left[\dfrac{l_0}{l}, \dfrac{h_0}{h}, \gamma_0\right]$

ただし、$\gamma_0 = \sqrt{\dfrac{l_0 \cdot h_0}{l \cdot h}}$

3. 保有水平耐力計算では、主筋にJIS規格品を使用する場合は、材料強度を基準強度の1.1倍に増大して梁の曲げ強度を算定することができる。

4. 保有水平耐力に対する耐力壁の水平耐力の和の比率β_uが0.5から0.8となった場合、耐力壁・筋かいの水平耐力の和が大きくなるので、構造体の靭性(粘り強さ)が低減され、D_sは大きくなる。基本的にβ_uが大きくなると、D_sも大きくなる。

正解 4

問題 5-5

1. 部材の種別をFAとするためには、せん断破壊、付着割裂破壊、圧縮破壊など急激な耐力の低下のおそれがある破壊を生じさせないことが条件になる。その上で、梁部材の種別をFAとするためには、「メカニズム時の平均せん断応力度τ_u」/「コンクリート設計基準強度F_c」が0.15以下となるように設計しなければならない。

2. 耐力壁の種別をWAとするためには、せん断破壊など急激な耐力の低下のおそれのある破壊を生じさせないことが条件になる。その上で、壁式構造以外の構造の耐力壁部材の種別をWAとするためには、τ_u/F_cが0.2以下となるように設計する。

3. 壁式構造の耐力壁部材の種別をWAとするために、τ_u/F_cが0.1以下となるように設計する。

4. メカニズム時に耐力壁部材がせん断破壊した場合は、2.の条件に当てはまらないので、WA、WB、WC以外の部材種別、すなわち、その耐力壁の種別はWDとなる。

正解 1

問題 5-6

1. 梁端部の引張鉄筋量

$a_t = 0.004bd = 0.004 \times 40 \times 60 = 9.6\text{cm}^2$

鉄筋D25 3本:$a_t = 5.0 \times 3 = 15.0\text{cm}^2 > 9.6\text{cm}^2$ OK

2. 梁端部にせん断補強筋比(あばら筋比)

$$p_w = \frac{a_w}{b \cdot x} \times 100 = \frac{2 \times 0.7}{40 \times 20} \times 100 = 0.175\% < 0.2\% \quad \text{N.G}$$

3. 柱の全主筋量

$$\text{コンクリート全断面積 } A_c = 70 \times 70 \times \frac{0.8}{100} = 39.2\text{cm}^2$$

鉄筋D25 8本:$a_t = 5.0 \times 8 = 40.0\text{cm}^2 > 39.2\text{cm}^2$ OK

4. 耐力壁のせん断補強筋比

$$p_w = \frac{a_w}{t \cdot x} \times 100 = \frac{2 \times 0.7}{18 \times 20} \times 100 = 0.389\% > 0.25\% \quad \text{O.K}$$

正解 2

問題 5-7

1. 材料をSN400BからSN490Bに変更すると、基準強度Fが大きくなるので、大きな力に対して安全であるために、幅厚比の制限は厳しく(小さく)なる。

2. H形鋼の梁の横座屈を抑制するためには、圧縮側フランジの横変位を拘束するように小梁などの横補剛材を取り付ける必要がある。

3. 角形鋼管や箱型断面を柱に用いる場合、横座屈が生じるおそれがないので、許容曲げ応力度f_bを許容応力度f_tと同じ値とすることができる。ただし、f_t以上とすることはできない。

4. 柱の横移動が拘束されているラーメン架構において、柱材の座屈長さは階高より小さくなるので、座屈長さを階高(節点間距離)とするのは安全側の設計である。

正解 1

問題 5-8

1. 引張力を負担する筋かいは、接合部の破壊強度を軸部の降伏強度より十分に大きくしなければならない。

2. 筋かいに山形鋼を背中合わせに用いた場合でも、接合部に高力ボルトを使用すれば、有効断面積は全断面積から高力ボルトの穴断面積を差し引いて設計しなければならない。
3. 圧縮力を負担する筋かいの耐力は、部材が座屈することを考慮して設計する。
4. 筋かいが柱に偏心して取り付けられた場合、柱の設計には偏心による応力の影響を考慮しなければならない。

正解 2

問題 5-9

短期応力は、鉛直荷重時応力＋水平荷重時応力より求める。

柱の短期圧縮応力 $N = 100\text{kN} + 100\text{kN}$
$= 200\text{kN} = 200000\text{N}$

柱の断面積 $A = 1.0 \times 10^4\text{mm}^2 = 10000\text{mm}^2$

圧縮応力度 $\sigma_c = \dfrac{N}{A} = \dfrac{200000}{10000} = 20\text{N/mm}^2$

柱の曲げモーメント $M = 100\text{kN·m} + 200\text{kN·m}$
$= 300\text{kN·m} = 300000000\text{N·m}$

柱の断面係数 $Z = 2.0 \times 10^6\text{mm}^3 = 2000000\text{mm}^2$

曲げ応力度 $\sigma_b = \dfrac{M}{Z} = \dfrac{300000000}{2000000} = 150\text{N/mm}^2$

したがって、圧縮応力度 σ_c と曲げ応力の σ_b の和は、$\sigma = \sigma_c + \sigma_b = 20 + 150 = 170\text{N/mm}^2$ となる。

正解 3

付録

1　建築物の各部分の重量

建築物の部分	種別			単位面積当たり荷重（単位 N/m^2）		備考
屋根	瓦ぶき	ふき土がない場合		屋根面につき	640	下地及びたるきを含み、もやを含まない。
		ふき土がある場合			980	下地及びたるきを含み、もやを含まない。
	波形鉄板ぶき	もやに直接ふく場合			50	もやを含まない。
	薄鉄板ぶき				200	下地及びたるきを含み、もやを含まない。
	ガラス屋根				290	鉄製枠を含み、もやを含まない。
	厚形スレートぶき				440	下地及びたるきを含み、もやを含まない。
木造のもや	もやの支点間の距離が 2m 以下の場合			屋根面につき	50	
	もやの支点間の距離が 4m 以下の場合				100	
天井	さお縁			天井面につき	100	つり木、受木及びその他の下地を含む。
	繊維板張、打上げ板張、合板張又は金属板張				150	
	木毛セメント板				200	
	格縁				290	
	しっくい塗				390	
	モルタル塗				590	
床	木造の床	板張		床面につき	150	根太を含む。
		畳敷			340	床板及び根太を含む。
		床ばり	張り間が 4m 以下の場合		100	
			張り間が 6m 以下の場合		170	
			張り間が 8m 以下の場合		250	
	コンクリート造の床の仕上げ	板張			200	根太及び大引を含む。
		フロアリングブロック張			150	仕上げ厚さ 1cm ごとに、そのセンチメートルの数値を乗ずるものとする。
		モルタル塗、人造石塗及びタイル張			200	
		アスファルト防水層			150	厚さ 1cm ごとに、そのセンチメートルの数値を乗ずるものとする。
壁	木造の建築物の壁の軸組				150	柱、間柱及び筋かいを含む。
	木造の建築物の壁の仕上げ	下見板張、羽目板張又は繊維板張			100	下地を含み、軸組を含まない。
		木ずりしっくい塗			340	
		金網モルタル塗			640	
	木造の建築物の小舞壁				830	軸組を含む。
	コンクリート造の壁の仕上げ	しっくい塗			170	仕上げ厚さ 1cm ごとに、そのセンチメートルの数値を乗ずるものとする。
		モルタル塗及び人造石塗			200	
		タイル張			200	

（建築基準法施行令第84条より）

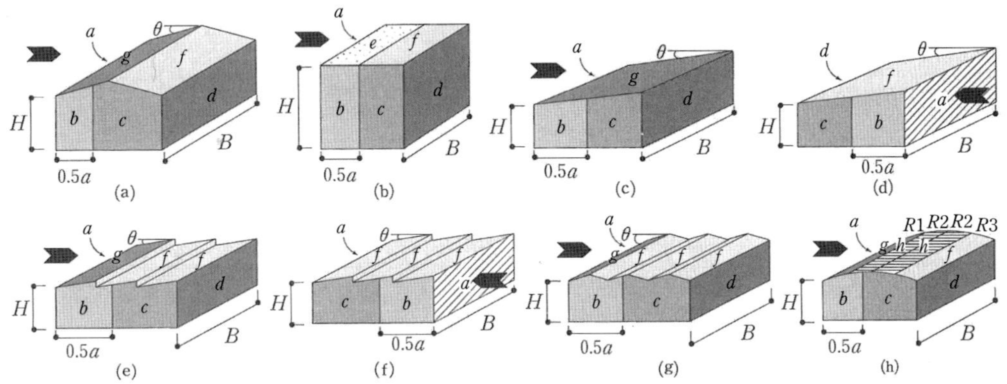

図(1)　閉鎖型の建築物ではり間方向に風を受ける場合（表(d)〜(h)を用いる）

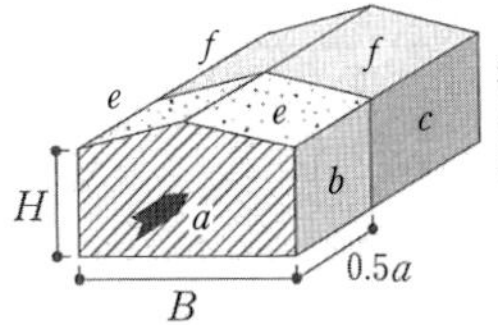

注：屋根面については，はり間方向に風を受ける陸屋根と同じ扱いとする。

図(2)　閉鎖型の建築物でけた行き方向に風を受ける場合（表(d)，(e)，(h)を用いる）

(a) 風下開放

(b) 風上開放

図(3)　開放型の建築物（表(d)，(f)，(h)を用いる）

(d)　壁面の *Cpe*

部位	風上壁面	側壁面		風下壁面
		風上端部より 0.5a の領域	それ以外の領域	
	a	b	c	d
Cpe	0.8kz	−0.7	−0.4	−0.4

(e)　陸屋根面の *Cpe*

部位	風上端部より 0.5a の領域	それ以外の領域
	e	f
Cpe	−1.0	−0.5

(f)　切妻屋根，片流れ屋根及びのこぎり屋根面の *Cpe*

部位 / θ	風上面		風下面
	g		f
	正の係数	負の係数	
10° 未満	—	−1.0	−0.5
10°	0	−1.0	
30°	0.2	−0.3	
45°	0.4	0	
90°	0.8	—	

(g)　円弧屋根面の *Cpe*

部位 / D/f	R1 部				R2 部	R3 部
	h/D が 0 の場合		h/D が 0.5 以上の場合			
	g		g		h	f
	正の係数	負の係数	正の係数	負の係数		
0.05 未満	—	0	—	−1.0	−0.8	−0.5
0.05	0.1	0	0	−1.0		
0.2	0.2	0	0	−1.0		
0.3	0.3	0	0.2	−0.4		
0.5 以上	0.6	—	0.6	—		

(h)　閉鎖型および開放型の建築物の *Cpi*

型式	閉鎖型	開放型	
		風上開放	風下開放
Cpi	0 および −0.2	0.6	−0.4

索 引

【な】

【は】

【ま】

【や】

【ら】

著者略歴

植村典人（うえむら　ふみと）

1966年名古屋工業大学建築学科卒業、元修成建設専門学校嘱託教員。『一級建築士試験構造力学のツボ』『一級建築士試験構造設計のツボ』（学芸出版社）ほか著者多数。

藤田光男（ふじた　みつお）

和歌山県立和歌山工業高等学校建築科科長。一級建築士、一級建築施工管理技士。

大津秀夫（おおつ　ひでお）

関西大学大学院建築学修士課程修了。大阪府立今宮工科高等学校建築系教諭。

図説 建築構造設計

2015年10月1日 第1版第1刷発行
2016年3月20日 第2版第1刷発行
2017年2月20日 第3版第1刷発行
2023年2月20日 第3版第4刷発行

著　者　植村典人・藤田光男・大津秀夫
発行者　井口夏実
発行所　株式会社学芸出版社
京都市下京区木津屋橋通西洞院東入
〒600-8216　電話 075-343-0811
http: //www. gakugei-pub. jp/
E-mail info@gakugei-pub. jp

印　刷　オスカーヤマト印刷／製　本　山崎紙工
装　丁　KOTO DESIGN Inc.　山本剛史

ISBN978-4-7615-2607-8　Printed in Japan

学芸出版社・既刊書のご案内

初めての建築構造設計　構造計算の進め方

＜建築のテキスト＞編集委員会 編

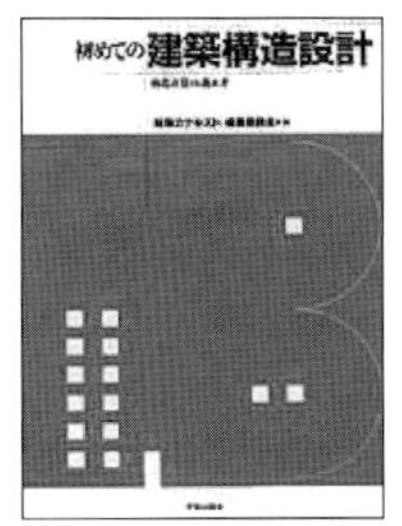

B5判・240頁・定価 本体3200円＋税

鉄筋コンクリート構造と鉄骨構造の構造計算書を例示し、対面頁でその構造計算の具体的な手順を丁寧に解説した見開き2頁構成。特に重要な用語については、最終章でさらに詳しい解説を付した。数多くの図表と対話形式による解説を随所に取り入れるなど、親しみやすくわかりやすい記述に十分配慮した、初学者に最適なテキスト。

図説　やさしい構造設計

浅野清昭 著

B5変・200頁・定価 本体2800円＋税

高等数学や物理をきちんと理解できていない人に向け、難しい数式はできるだけ使わずに解説した、建築構造設計初学者のための入門教科書。手描きによるイラストで図解し、丁寧な解説をこころがけ、複雑な内容をできるかぎりわかりやすく工夫した。例題をとおして設計法の理解をはかり、〈手順〉どおりにやれば誰でも解ける。

改訂版　実務から見たRC構造設計

上野嘉久 著

B5判・上製・328頁・定価 本体8500円＋税

実務経験から生み出された実務設計術を、計算手順が理解しやすく、設計の参考資料としても役立つように3階建程度の実際の設計例をもとに解説。必要な資料を使いやすい図表にまとめ、法令や告示、学会の規準等必要な規準・指針の要旨を網羅。大好評の『実務から』シリーズ待望の2007年改正基準法対応版。構造設計者の座右の書。

第三版　実務から見た鉄骨構造設計

上野嘉久 著

B5判・上製・440頁・定価 本体9700円＋税

実務経験から生み出された実務設計術を、計算手順が理解しやすく、設計の参考資料としても役立つように3階建程度の実際の設計例をもとに解説。必要な資料を使いやすい図表にまとめ、法令や告示、学会の規準等必要な規準・指針の要旨を網羅。大好評の『実務から』シリーズ待望の07年改正基準法対応版。構造設計者の座右の書。

図解レクチャー　構造力学　静定・不静定構造を学ぶ

浅野清昭 著

B5変判・200頁・定価 本体2800円＋税

力の基礎から静定・不静定構造、構造物の崩壊までを一冊で学習することができる、一級建築士試験にも対応したテキスト。苦手意識を持たれやすい構造力学の分野だが、図解で丁寧に繰り返し解説することで基礎から応用まで網羅。四則計算のみで解説しているため、デザイン系の学生にも活用できる、初学者のための入門テキスト。

図説　やさしい構造力学

浅野清昭　著

B5変判・192頁・定価 本体2600円＋税

数学や物理はよく理解できていないけれども、初めて、あるいはもう一度、構造力学を勉強しなければならない人に向けた入門教科書。すべてを手描きによるイラストで図解し、丁寧な解説をこころがけ、〈手順〉どおりにやれば誰でも解けるように構成を工夫した。二級建築士の資格試験（一級建築士レベルの基礎的学習）に対応。

絵ときブック 構造力学入門

浅野清昭　著

B5変判・160頁・定価 本体2500円＋税

構造力学は、構造設計の基礎をなす重要な分野だが、物理学や数学を必要とするため、どうしても苦手という人が多い。本書では、先生と生徒の会話を通して、力の基本原則、反力の求め方をイラストを駆使して丁寧に解説し、最もつまずきやすい部分である曲げモーメント図、せん断力図の描き方までの完全理解を目指すものである。

基礎からわかる　静定構造力学

村上雅英　著

B5判・224頁・定価 本体3000円＋税

大学建築学科での静定構造力学の講義や一級建築士試験レベルの学習に対応したテキスト。感覚的な解法のハウツーだけではなく、「なぜそうなるか」を理解するための説明を重視し、講義や教科書で省略しがちで、学生がつまずきやすい論理・数式の展開も丁寧に明記している。数学が得意でない学生でも独学できるよう配慮した。

図説　建築構造力学

浅野清昭 著

B5変判・200頁・定価 本体2800円＋税

力学の基礎から、ラーメン架構や塑性解析までを四則計算のみで解いていける、構造力学初学者のための入門書。「力」を人の体やスパナに置き換えた易しいイラストで徹底図解しつつも、不静定構造までを網羅し丁寧に解説することで、一級建築士受験にも対応。解けるだけでなく「力の流れ」を見通すことができるようになる1冊。

改訂版　初めての建築構造力学

〈建築のテキスト〉編集委員会 編

B5判・200頁・定価 本体2800円＋税

実績ある初学者向け定番教科書をいっそう親しみやすくなるよう改訂した。構造力学は苦手にする人が多いので、初めての人でもスムーズに学べるように導入部を工夫した。紙面構成は、問題を解くポイントをつかみやすくするために、数式による解法とともに数多くの図版をおいた。基礎から体系的に学びたい初学者に役立つ構成。

図説　やさしい建築一般構造

今村仁美・田中美都 著

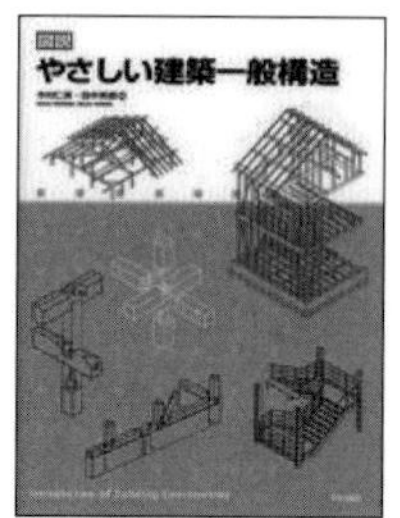

B5変判・192頁・定価 本体2800円＋税

材料、骨組み、構造形式、各部の名称としくみなど、建築物の構造の基本を初学者にも容易に理解できるよう工夫されたテキスト。木構造、鉄骨造、鉄筋コンクリート造の3つを中心に、その他の構造、基礎、下地と仕上げの各分野を、イラストを多用してイメージをつかみ理解を深めるように構成した。建築士受験レベルにも対応。

図説　やさしい建築施工

松本進・臼井博史 著

B5変判・192頁・定価 本体3000円＋税

建築施工は、建物がどのようにつくられていくのかを学ぶ科目である。工事計画、規準や取り決め、契約、工法、工事の流れ、安全性などについて、多岐に渡る内容を理解することが必要である。豊富な表・写真、親しみやすいイラストをもとに、初学者でも理解しやすいように工夫している一冊。なるほど納得なエピソードが満載！